韓国の歴史教育

皇国臣民教育から歴史教科書問題まで

金漢宗 著
國分麻里・金玹辰 訳

明石書店

序文

歴史教育に映った韓国現代史の姿

二〇一三年の夏、韓国はいつもより暑かった。それと同じほど、歴史教育の話も熱く語られた。マスコミは、この韓国社会で将来の主人公になる生徒が、自国の歴史をよく知らないという内容を盛んに報道していた。教育部は、歴史教育を強化する方針のための準備に奔走した。一方で、近現代史認識をめぐっての論争も続いた。既存の韓国史教科書の近現代史叙述に満足しない人々が直接書いた教科書が検定を通過した。その内容について批判と憂慮の声が上がった。

歴史に対する人々の関心は高い。それは昔に対する単純な好奇心や興味だけではない。とても陳腐な言葉であるが、歴史は社会の根本であり源である。歴史は社会で生きている人々や集団が存在する根拠を与えたりもする。私たちは歴史を通して、過去の人々の生活を自己に映し出したり、生活に活かしたりもする。特に、近現代史は今日の私たちの社会が形成されてきた直接的な過程である。人々が近現代史に敏感な理由もここにある。

しかし、歴史教育と関連した問題は、学問的な関心や教育的な目的だけで始まったわけではない。政治的な意図も隠されていたり、社会の雰囲気に左右されたりする場合が多い。「教育の自主性・専門性・政治的中立性」を保証すると韓国の憲法では明示されているが、教育ほど政治の影響を強く受けるものもない。特に、歴史教育はそうである。韓国社会において、歴史教育は統治イデオロギーを伝播し、国家が必要とする国民をつくるために利用されてきた。権力を持った人々は、自身の統治を正当化するために歴史を利用しようとした。特に権威主義の政権においては、このような現象がさらに浮き彫りになる。また、独裁政権に向き合い、社会の民主化に力を尽くした人々も、社会意識を高めるのに歴史を利用した。互いの目的は正反対なのであるが、政治や社会的な理由により歴史を強調し重視するという点は同じである。このことから、特に韓国史の教育が良くないという指摘がされると社会は敏感に反応する。歴史教育を強化するための対策を講じようとする声が高くなる。だが、なぜ歴史を知らなければならないのか、どのような歴史を学ばなければならないのかについての真摯な議論はない。ただ社会の雰囲気にしたがい、歴史科目を必修にしたり、教科書の字数を増やしたり、歴史を試験科目に含めたりする程度である。この結果、学校教育において歴史教育の占める割合はある程度上がっていくものの、歴史教育が定位置を確保したという声は聞かない。時間の経過にしたがい社会の関心は減り、再び本来の状況に戻ることが繰り返されるのである。

このように、一九四五年の解放以後の歴史教育が進んできた道は社会的な産物でもある。歴史教育は韓国社会を眺め見ることができる窓なのである。教育制度や教育課程のような規定からではなく、政治・社会的観点から歴史教育を見なければならない理由がここにある。

この本では、一九四五年の解放前後から現在までの歴史教育の足跡を二十三の項目別に叙述した。「歴史教育」とするが、学校教育に限定せずに、歴史教育と関連した理念や政策や研究も含めた。最初の項目「国民学校と国民科」から、最後の項目である「『韓国近・現代史』教科書問題」まで、二十三の項目は韓国現代史の姿をそのまま映し出してくれる。最初の項目である「国民学校と国民科」は日本の植民地統治末期に起こったことがらであるが、一九四五年の解放以後の韓国教育と密接な関連があり、相当な期間、韓国の学校教育に影響を与え続けた。最後の項目である「『韓国近・現代史』教科書問題」は、筆者ととても関係の深いことがらである。今もその関係は完全に終わっておらずに進行中であるために、当初は二十三の項目から除外することにしていた。しかし、歴史教育との関連で避けることができない重要な事件であるという周囲の言葉にしたがい、項目に入れることにした。

本稿の構成は、便宜上、二十三の項目を時期別に三部に分けた。

一部は、一九四五年の解放直後から一九六〇年代までに起こった八つの事項で構成した。

一　皇国臣民を育てる教育—国民学校と国民科
二　解放以後の初めての国史教科書—『初等国史』と中等用『国史教本』
三　民主市民育成とアメリカ式民主主義教育—新教育運動と社会科の導入
四　民主的民族教育から科学的歴史認識まで—解放直後の朝鮮史認識と国史教育論
五　「広く人間を有益にする」—檀君思想と弘益人間の教育理念
六　李承晩政府の統治イデオロギーに変化した歴史理念—一民主義
七　互いに異なる三韓の位置—一九五〇〜六〇年代の中学校国史教科書の学説問題
八　発展的観点の韓国史認識—韓国史研究と国史教科書の植民史観克服

解放以後から一九六〇年代までは、韓国の歴史教育が成立して根を下ろした時期である。日本の植民地統治下でも粘り強くその流れを維持した朝鮮史教育は、日本の皇国臣民化政策と戦争支援のための教育政策によって中断された。小学校を国民学校と名前を変え、「国民科」という科目を置き、この中に歴史を含めたのである。したがって、解放以後の歴史教育の課題は、日本から独立した朝鮮半島に合致する歴史教育を立ち上げ、自国史教育を再建することであった。しかし、数十年の植民地統治を経る中で、荒廃化した歴史教育を再びつくりあげるのは楽な作業では決してなかった。新しい教科書の発行から植民史学の論理を克服して自分たちの民族史観を定立するまで、一つひとつ大きな努力と時間が必要であった。これには新しい歴史研究の成果も必要であった。歴史観や歴史研究の方法はもちろん、歴史教育をどのようにするのかについてもたくさんの意見が出た。アメリカ式民主主義教育を導入しようとする教育主導の勢力と、民族伝統に土台を置いた教育を願う民族主義者の間で論戦が起こった。解放直後にはマルクス史観を土台にした歴史研究と教育を主張する人々もいた。アメリカ式教育を受けるために新教育運動が起こり社会科教育が導入されたが、檀君神話の弘益人間が教育理念として採択されたことは当時の複雑な教育の様相を表わしている。

国史教科書の著者らは、自己の研究や支持している学説をそのまま教科書に掲載した。一九五〇〜六〇年代の中学校国史教科書の学説問題とされた古代史叙述の違いはその産物である。さらに、社会と学界を政治的に利用しようという動きがすでに現れていた。李承晩《イスンマン》政府が統治イデオロギーとして打ち立てた一民主義がそれである。一九六〇年代後半になると、解放以後の新しい韓国史研究成果が教科書に掲載されるようになった。これは韓国史教育が定位置に収まっていくシグナルでもあった。

二部の八項目は一九六〇年代後半から一九七〇年代中盤までの歴史教育と韓国社会の姿である。歴史教育を取り巻くさまざまな視線が見られる。

九　民族中興の歴史的使命―国民教育憲章と歴史教育
十　初等学校から大学校まで国史を必修に―国史教育強化と国史科独立
十一　主体的民族史観を大義名分として―国史教科書の国定化
十二　国難克服史観と伝統倫理―朴正煕政府の歴史教育観
十三　国会に出された「国史を再び取り戻す運動」―上古史論争と国史教科書
十四　支配層の歴史から民衆の歴史へ―民衆史学の台頭と歴史教科書への批判
十五　「生きている生活のための歴史教育」―全国歴史教師の会による歴史教育運動
十六　「抗争」か「暴動」か―国史教科書準拠案の問題

一九七〇年代に入ると、国史教育は朴正煕《パクチョンヒ》政府の政策にしたがい強化された。社会科の中にあった「国史」が独立教科になり、大学入学試験での配点が大きくなった。公務員試験を始めとして各種の試験でも「国史」は必修科目になった。このような政策は、学校教育での国史科目の地位を確固たるものにした。しかし、朴正煕政府の国史教育強化政策には、「国史」を国定として利用しようとする意図が背景にあった。国民教育憲章の頒布から国難克服の精神と伝統倫理を強調するまで、朴正熙政府の教育政策は歴史教育に大きな影響を与えた。「国民倫理」とともに、「国史」は国民に国家主義精神の情緒を植え付けようとする精神教育に利用された。朴正熙政府は国難克服史観を打ち立て、儒教の伝統倫理を国民が持たなければならない精神として強調した。それまで検定で発行されていた国史教科書は国定図書に変わった。国史教科書は政府の統治理念を大衆に伝達する通路となり、国定国史教科書の内容はこれを反映した。

一九八〇年代中盤、韓国社会での民主化が進展すると、このような歴史教育と国定国史教科書は大きな批判にさらされるようになった。科学的・実践的な歴史学を前面に押し出した歴史学者たちは、国史教科書の内容と歴史認識を本格的に検討した。国定国史教科書が前近代では支配層を主として叙述しており、近現代史では政府広報の役割を果たしたり、行き過ぎた反共イデオロギーから抜け出したりしていないことを声高く批判した。歴史学者らは民衆中心の歴史叙述を唱え、南北分断と理念の対立によりおろそかにされていた近現代史のさまざまな側面を研究した。一九八〇年代後半に始まった民間の歴史教師の会も、政府の政策や歴史観を一方的に伝達する歴史教育に反対しながら、自主的で民主的な歴史教育の先頭に立つと宣言した。歴史教師の会はこのような歴史教育を「生きている生活のための歴史教育」と定め、歴史教育運動として拡散させていった。一九九〇年代に入ると、国史教科書は歴史学と歴史教育界のこのような主張を一部受け入れ、内容を改訂した。しかし、この変化は部分的で断片的な修正であり、既存の内容構造をそのまま維持し、国定図書が持つ限界は以前と変わらなかった。だが、保守勢力から見ると、このような変化自体が危険なものだった。保守勢力は、歴史学と歴史教育界のこのような動きを警戒し、その主張が学校教育の歴史教育に反映されることを止めようとした。このことは、歴史認識の差異、特に近現代史叙述を理念論争に追いやってしまった。一九九四年の国史教科書準拠案の問題はその産物である。

国史教科書が国定化されると、歴史教育の学校に占める比重はさらに高まった。利害関係や観点が異なる集団が、以前より自然に国史教科書に対する関心を持つようになった。一般に「在野史学者」と呼ばれる一部学者は、国史教科書の上古史が縮小・歪曲されたと主張し、教科書内容の改訂を要求した。これらの主張は一九七〇年代にもあったが、一九八〇年代になると政治家の一部とマスコミの加勢を受けて力をつけた。結局、当時の文教部は国史教育審議会を構成して準拠案を作成し、古代史叙述を検討して教科書内容を一部修正した。しかし、自分たちの主張が教科書に反映されないと知るや、彼らはこの後にも同様の主張を繰り返した。

一九九〇年代になると、歴史教育に対する関心がさらに高くなった。歴史研究が進展する中で、歴史教育をめぐる論議の素材が多様になった。三部の七項目は一九九〇年代中盤以後の歴史教育のさまざまな問題を叙述している。

十七　歴史と社会科は敵対関係なのか―社会科の統合と国史教育の選択をめぐる論争
十八　ポストモダン歴史学と民族主義歴史学―民族主義歴史学と歴史教育の論争
十九　「西欧中心」から「ヨーロッパ中心・中国副中心」へ―ヨーロッパ中心の世界史教育批判
二十　戦争と植民地支配を合理化する歴史教育―日本の歴史歪曲と日韓歴史紛争
二十一　高句麗史はどの国の歴史であるのか―中国の東北工程と高句麗史論争
二十二　自国史を越えて地域史へ―東アジア史の誕生と歴史和解
二十三　政権が変わると教科書内容も変わるべきか―『韓国近・現代史』教科書問題

多様な歴史教育の問題の中で最も目を引くのは、歴史認識をめぐる衝突と対立である。『韓国近・現代史』教科書の問題に代表される近現代史認識をめぐる国内の論争に、日本の右翼教科書の歴史歪曲と中国の東北工程によって韓国や中国を始めとした東アジア国家と日本、韓国と中国との間での歴史紛争が加わった。これら国内外の歴史紛争は終了することのないまま現在も続いている。これ以外にも、ポストモダン歴史学と民族主義歴史学・歴史教育論争、ヨーロッパ中心世界史教育批判など、歴史教育に関心を持つ階層が広がり、関心が多様になったことを項目は示している。

このような関心の拡大とは別に、一九九〇年代以後、学校歴史教育は次第に危機を迎えているようにも感じる。教育課程や実際の授業において歴史の比重は減り、生徒からもそっぽを向かれている。歴史教育の力が弱くなっている重要な理由の一つとして、社会科としての統合拡大を指摘することができる。歴史と社会科はいつも論争関係であったが、一九九〇年代になると対立の溝を深くした。国史を社会科に統合して、高等学校国史を選択科目に変えるという第六次教育課程の試案は、その決定的な契機となった。確定した教育課程では、国史を必修科目として維持する反面、国史科をなくして社会科に統合する一種の折衷案で終わった。これについては今もなお摩擦が続いている。

この本で取り扱う二十三の歴史教育の項目は、ほぼ韓国現代史の時代順に並べており、政治・社会的状況を基礎としている。したがって、本の内容を読むと韓国現代史の流れを追えるようになっている。しかし、他方では、各々の項目は独立的な性格も持っている。時間の流れや当時の状況だけでなく、過ぎた日の話を挿入したり、筆者の個人的な経験や感情を添えたりする場合もある。厳密に時間順に構成しているのではなく、「韓国現代の歴史教育史」のような通史のかたちでもない。このような点において、前から順番通りに読むほうが便利ではあるが、どの項目を最初に読んでも内容を理解するのに大きな苦労はないであろう。本書は韓国現代史から歴史教育を見ることであり、いずれにせよ、韓国現代史の基本知識が必要なのかもしれない。それでも、単に「あ！　このようなことがあったんだ」と知り、歴史教育に対する関心を少しでも高めてもらえればとてもありがたいことである。

日本語版序文
民主主義のための歴史教育を期待して

韓国と日本は、歴史認識と歴史教育をめぐり、これまで数十年に渡って争いを繰り返して来ました。この解決のために韓国政府と日本政府が交渉をしたり、学者や教育者、教師、市民団体などがさまざまな活動を行ってきたりしました。しかし近年、こうした争いは以前よりむしろ多くなっています。その理由がどこにあり、いかなる解決策があるかについては、歴史教育に関心を持つ人ならば一度は考えたことがあるでしょう。

ところが、こうした歴史をめぐる争いは韓国と日本の間だけでなく、日韓両国の内部でも続いています。しばしば韓国と日本の歴史教育は似通っていると言われます。歴史教育をめぐり論争する両国の歴史教育が似ているということに皮肉を感じます。しかし、もしかすると、両国の歴史教育が同じような展開過程を経て、さらに今も同じような問題に直面しているために、こうした争いが解消されないのかもしれません。韓国と日本の歴史教育は、歴史研究の成果や教育的意図だけではなく、政治や社会的状況からも影響を受けています。もちろん、世界のどの国の歴史教育も国家や政治権力から自由ではありません。しかし、韓国と日本の歴史教育は、他の国々よりもさらにそうした理念や政治的意図から影響を受けて来ました。それが韓国と日本の間、そして韓国や日本の内部において、歴史教育をめぐる争いが繰り返される理由でしょう。

この本は、一九四五年に日本の植民地から解放された韓国の歴史教育がどのような出来事を経て二〇〇〇年代まで来たのかを、事件やトピックを中心に叙述したものです。韓国の歴史教育において記憶されるべき二十三の出来事を選んで叙述しました。この中には、歴史研究の成果と歴史教育の関係を扱ったものもあれば、学校や大衆の歴史教育に国家政策がどのように反映したのかを分析したものもあります。また、韓国と日本、韓国と中国の歴史的な争いを述べたり、歴史教育と歴史教科書をめぐる韓国社会内部の争いを検討したりもしました。多くは資料を基に叙述していますが、時々私個人の経験や想い出を描いた場面もあります。歴史教育が韓国社会の変化にどのような影響を受け、逆に個人の暮らしと考え方にいかなる影響を与えたのかを伝えたかったからです。これらを通じて、読み手に歴史教育が社会の問題だけではなく、自分の暮らしにも直接関連があることを感じてもらいたいという思いがあります。

この本を日本の読者の手に届けることができて、私としてはただただ嬉しいばかりです。私はこの本を書きながら、韓国と日本の歴史教育は同じような道を歩んできたという考えに何度も至りました。この本は韓国の歴史教育を扱っていますが、日本と関連した話もいくつかあります。一つ目の「国民学校と国民科」と二十番目の「日本の歴史歪曲と日韓歴史紛争」は、直接的に日本に関連する話です。その他にも、日本の政治・社会的状況が韓国の歴史教育に影響を与えたりしていること、韓国と日本の歴史教育が同様の問題を持っていることなど、さまざまなトピックの中で推測されると思います。これらは、歴史教育に作用する国家権力の巨大な力やイデオロギーから始まる場合が多いです。そのため、この問題の解決も明快です。歴史教育を国家や政治ではなく、生徒や市民の手に取り戻すことです。民主主義社会のために、歴史教育の道を進む努力をすることです。韓国と日本の歴史教育がともにそうなれば、これほど喜ばしいことはありません。そして、歴史教育が争いの源ではなく、和解と平和の媒体になることを願います。歴史は過去を返り見ることで未来を展望することです。この本を通じて、韓国の読者だけではなく日本の読者にもそのような考えが伝わることを望みます。

最後に、この本を日本語に翻訳してくれた國分麻里さんと金玹辰さん、本の刊行を引き受けてくださった明石書店の石井昭男会長、編集担当の森富士夫さんに感謝を申し上げます。また、この本を手に取ってくださった読者のみなさまにも心からの感謝をお伝えします。この本を読んだ経験が少しでも意味あることになることを祈りながら。

二〇一五年五月　김한종

金漢宗

韓国の歴史教育―皇国臣民教育から歴史教科書問題まで―【目次】

【凡　例】

① 韓国の名称については、一九四八年に朝鮮半島で二つの国家が成立したことを契機として、それ以前を朝鮮、以後を韓国とした。このため、解放直後を叙述している一部四節までは原則的に「朝鮮」、「朝鮮史」、「朝鮮民族」などと表記する。ただ、それ以後の「韓国史」の場合は前後の文脈において「朝鮮史」と「韓国史」を使い分けるが、どちらも朝鮮半島全体の歴史を指している。また、全体的に「韓民族」「韓半島」「北韓」「南韓」などの表記は、「朝鮮民族」「朝鮮半島」「北朝鮮」「韓国」など日本での通常の表記に従った。

② 文中の（　）は韓国語原書にて原著者がつけたものであり、〔　〕は訳者註である。

③ 韓国語原書における註は、＊、＊＊などとして、脚注を付した。ある程度の補足説明が必要だと判断された部分には、❶、❷、❸などの訳者註を付し、各章の末尾に記しておいた。また、韓国語原書の註のうち、一部は翻訳の過程で本文内に挿入した。

一部

解放前後から一九六〇年代まで

一九四五年八月十五日は、日本の植民地であった朝鮮の解放であり、朝鮮民族の解放であるとともに歴史教育の解放でもあった。日本の植民地歴史教育を捨て独立した国家にふさわしい新しい歴史教育の基礎を打ち立てなければならなかった。その中でも、日本の植民地末期に中断された朝鮮史教育を再建することが当面の課題であった。

解放されるやいなや、多数の朝鮮史解説書と初等・中等用の臨時国史教科書が刊行された。米軍政と結合した教育主導勢力は、アメリカ式の民主主義精神に立脚した歴史教育を模索した反面、民族主義者は民族精神に立脚した国史教育を主張した。結局、社会科が導入され、弘益人間が教育理念として採択された。しかし、民族主義者が打ち立てた民主的民族教育は一民主義という名前になり、李承晩《イスンマン》政府の統治イデオロギーとして利用された。

国史教育がその位置を固めるためには、韓国史研究がその後ろ支えをしなければならない。解放以後の相当の期間、国史教科書の多くの内容は植民史学の論理から抜け出すことができなかった。一九五〇年代には学説上の差異により古代史の同事実をめぐって教科書ごとに叙述が異なり、混乱に直面した。このような問題を克服し、国史教育が本道を歩み始めたのは一九六〇年代後半からであった。植民史学の他律性論と停滞性論から抜け出し、民族史観に立脚した韓国史の研究成果が蓄積され、教科書に反映され始めたのであった。国史学者も中・高の国史教育に関心を持ち、教科書叙述の体系を整えるのに参加した。

一　皇国臣民を育てる教育――国民学校と国民科

現在、韓国で最も広範囲に使用されているパソコンのワードプログラムは「ハングル」である。これに「国民学校」という単語を入力してスペースやエンターキーを押すと、「初等学校」という言葉に変換する。これはプログラムに組み込まれている「素早い矯正」機能のためである。入力した際に国民学校（국민학교）の分かち書きがうまくできていなかったり誤字脱字をしたりしたわけでもないのに、国民学校は間違った単語とみなされたのである。国民学校という名称から初等学校に変わって十五年以上過ぎたが、未だに国民学校という言葉をそのまま用いる人が多いことを知っているパソコンのプログラマーが親切心からそのように組み込んだのである。確かに五十代以上の人々の間では、依然として、初等学校より国民学校という言葉の方が馴染深いかもしれない。しかし、文章に国民学校という言葉を書かなければならない私のような者には、かえって不便である。そのため、バージョンアップした「ハングル」プログラムをパソコンに入れた後、わざわざ「素早い矯正」の対象項目からこの国民学校という単語を消さなければならない。

国民学校から初等学校へ

一八九四年の甲午改革❶により朝鮮半島において近代教育が始まった直後、初等教育を担当する学校の名称は小学校であった。その後、乙巳条約〔第二次日韓協約〕が結ばれ日本の内政干渉が本格化した一九〇六年には、小学校の名前が普通学校に変わった。この名前には、朝鮮人はこの程度の教育だけでも普通の水準になるという意味があった。日本の植民地統治が始まった後も普通学校という名前はそのまま維持された。これに反して、日本人が通う学校の名前は小学校だった。朝鮮人には普通の水準であるが、日本人には低水準の教育だったわけである。その後、一九三八年には朝鮮人と日本人を同じにするという建前から普通学校と小学校の名前は小学校に統一された。これは朝鮮人に「日本国民」という認識を持たせ、天皇に服従させ、侵略戦争に動員させるという意図があった。

これに先立ち、日本は一九三七年に中国大陸を征服するために日中戦争を起こした。日本軍は、中国を簡単に服従させることができると考えた。しかし、中国の強固な抵抗によりそうはならなかった。日本は中国の主要都市と道路を占領し、国民党政府に降伏するように要求したが、国民党政府は討伐対象だった共産党と国共合作を結び、内陸に本拠地を移した後も抵抗を続けた。中国共産党も満州で遊撃隊を結成して日本軍を苦しめ、華北では八路軍、華南では新四軍を組織して日本軍と戦闘を行った。

戦争が長びくにつれて、日本軍は次第に兵力と物資が不足するようになった。中国で決定的な勝利を得ることができずに戦争が膠着状況に陥ると、日本軍は南方に前線を拡大した。日中戦争が終わらないのは、アメリカを始めとする連合国が中国を支援し、日本に対して経済封鎖をしたためと考えたからである。連合軍の中国支援を遮断し、アジア南部で戦争に必要な物資と兵力を補充する計画であった。中国で苦戦していた陸軍が南方戦線の拡大に躊躇した反面、陸軍と競争関係にあった海軍は戦線の拡大を主張した。日本軍とアメリカの間には一触即発の雰囲気が広がっていた。日本は、アメリカとの戦争を避けて平和的な関係を維持するために会談を行ったが、これは言い訳を積み重ねただけに過ぎなかった。

こうした一連の過程を通じて、日本は戦時総動員体制を整えていった。一九三八年に日本は国家総動員法を制定した。戦争に必要なすべてのものを動員するためだった。戦争をするには人も物資も必要であった。動員対象地域は、日本本土はもちろん、植民地である朝鮮や台湾も例外ではなかった。植民地朝鮮においても、兵力を補充するために志願兵制度を経て徴兵制度を実施した。労働力が不足すると徴用制度を実施し、女子精神勤労報国隊（女子勤労挺身隊）

は今でも解決していない日本軍「慰安婦」問題を生んだ。

戦時総動員体制は、人力と物資を動員するためだけではなかった。すべての国民に対して、戦争に勝たなければならないという精神を強要した。国体明徴・内鮮一体・忍苦鍛錬が教育綱領で提示され、学校教育もこれに合わせて改編された。一九四一年には日本と植民地朝鮮、台湾において同時に「国民学校令」が公布された。国民学校令では、小学校が国民学校に変わり、従来の十二科目が四科目〈国民科、理数科、体錬科、芸能科〉に統合された。国民科はこのような学校教育改編の核心科目であった。国民科は修身を中心に、国語（日本語）、歴史、地理などを一つにした教科であった。国民学校で朝鮮語が廃止され、朝鮮史と朝鮮地理も一斉に教えなくなった。一九四三年には朝鮮教育令が改訂され、中学校と高等女学校にも国民科が設置された。

解放直後、「国民学校」という看板が掲げられている学校校門に児童が登校している姿。©イギョンモ

国民学校と国民科は、「皇国臣民教育」の象徴のように思われていた。そのため、戦後の日本ではただちに国民科が廃止され、国民学校の名称はそれ以前の小学校に戻った。しかし、韓国では国民学校という名前が引き続き使用された。たまに国民学校が皇国臣民を育てる学校という意味であるから名前を変えなければならないという主張があったが、受け入れられなかった。「国民」という言葉自体が特別悪い意味でもなく、「国民学校」を他の名前に変更すると混乱を引き起こすなど、名称変更は社会的負担が少なくないという反論のためである。

それが、一九九〇年代に入ると、国民学校の名称を変える運動が本格化した。一九九五年に金泳三《キムヨンサム》政府は過去の問題でよいか清算作業を行った。この作業の核心は第五・第六共和国❷の清算と日本の植民支配の清算であった。全斗煥《チョンドゥファン》、盧泰愚《ノテウ》の二人の前職大統領がクーデター嫌疑で逮捕され、裁判に立たされた。日本の植民統治を清算する作業の一環として、朝鮮総督府の庁舎であった当時の国立中央博物館の建物を爆破して解体した。建物上層部の尖塔部分だけは切り離して、天安にある独立記念館の野外展示場に置かれた。

あわせて、国民学校の名称変更も植民地の残滓清算の一環となった。国民学校の名称を何に変えるのか、そのための世論調査が行われた。初等学校、小学校、普通学校などの意見が出た。初等学校は国民学校教育を「初等教育」と呼んでいることもあり、人々に馴染のあるものだった。しかし、英語の初等学校に該当する「elementary school」の翻訳に過ぎないという印象も与えた。近代教育で初めて使用された小学校に名称変更をしたらよいと主張する人々もいた。しかし、この小学校という名称は、日本の初等学校が「小学校」という名前であるということが足を引っ張った。あえて日本の学校と同じ名前にする理由があるのかという反対意見であった。大韓帝国の時から日本植民地期の前半期に使用されていた普通学校を主張する人もいたが、少数であった。結局、世論調査を経て、「初等学校」という名前を使用するようになった。一九九六年三月から「国民学校」は「初等学校」に名前を変えた。全国的に国民学校という名称を初等学校に変えるのにどれほどの費用がかかったかはわからないが、一部で憂慮された混乱が起こることもなく、変更した名前は社会で簡単に定着していった。

「国民」は皇国臣民である

国民学校と国民科教育は、一九三八年の教育審議会により提起された。教育審議会は日本が教育刷新を打ち出し、一九三七年十二月に日本の総理大臣直属下に置かれた専門機関であった。教育審議会は戦争を後押しするために国家教育体制を根本的に再編成する目的で設立した機構であった。教育審議会は、日本政府に「皇国の道」を教育の基本精神として、総力戦体制の下で国家的任務を忠実に遂行する愛国的人材養成を教育の主眼点とすることを要請した。さらに、身体訓練、団体訓育と訓練を中心とする集団主義的な教育方法の導入を建議した。日本政府がこれを認め施行したものが国民学校制度と国民科であった。

いかなる過程を経て、「国民学校」という名前が出てきたのかは明確には知られていない。元来は、天皇の兵士をつくる学校という意味で「皇民学校」としようとしたが、校門に「皇民学校」という表札を掲げた時、「皇」の字が雨や雪にさらされた場合、天皇への不敬になるのではないかという理由で「国民学校」という名前を使うようになったという説もある。この問題を深く研究していない筆者にとって、このことが事実かどうかを確認するだけの能力はない。さらに、この説が事実だとしても、なぜ「皇民学校」ではないのかはわかるが、「国民学校」という名前を使うようになった理由は説明できない。ただ確実なことは、国民学校の「国民」が「皇国臣民」の意味ということである。国民学校令と一緒に制定された「国民学校規定」では、国民学校教育の方向を次のように提示しており、国民学校教育の目的が皇国臣民化にあることを示している。

教育勅語の趣旨に基礎をおいて、全般にかけて皇国の道を修練させ、特に国体に対する信念を宣伝し、皇国臣民という自覚を徹底的に植えつけるのに力を尽くさなければならない――「国民学校規程」第二条一

教育内容も自然とここに焦点を合わせている。「国民学校規程」では上の条項に続いて、「一視同仁の誓詞を体で受け止め、忠良な皇国臣民の資質を身につけ、内鮮一体、新愛協力の美風を育てるのに力を尽くさなければならない（「国民学校規程」第二条二）」と定めた。

引用した規程に出てくる教育勅語は、一八九〇年に日本で明治天皇の署名で発表した国家教育の方向である。日本では明治維新以後、西欧の自由主義思想が入り自由民権運動が起こった。教育においても自由主義的、地方分権的傾向が強くなると、明治政府は干渉と統制を強化し、天皇中心の国家主義教育観を大衆に伝播しようとした。教育勅語はこのような教育理念を反映したものである。

教育勅語は、忠と孝という儒教理念を借りて天皇を崇拝させ、天皇中心の統治体制を強化しようとするところに目的があった。国家を一つの家庭として、天皇と国民を父母と子どもの関係としている。国家と皇室に忠誠を誓う国民精神を持たなければならないということが教育勅語の理念だった。

以後、教育勅語は日本だけでなく植民地朝鮮でも教育の基本理念となった。大韓帝国を強制的に併合して植民地とした日本が優先的にしたことは、教育勅語を朝鮮語に翻訳して学校に普及することであった。一九三〇年代後半に日本の侵略戦争が拡大する中で、社会は急激に戦時体制となり、皇国臣民化教育が強化された。あわせて教育勅語の精神もさらに強化された。日本は一九四〇年に教育勅語発布五十周年行事を大々的に開催したりもした。国民学校令において述べられた「国民」は教育勅語を通じて育てようとする「臣民」に他ならなかった。ただ、教育勅語当時よりさらに露骨になり、積極的に皇国臣民を育てることが教育の本領であり目的であると叫んだのである。

国民学校教育のこのような意図は「国民」を育てる核心教科であった国民科の教科目標にもよく表れている。「国民学校規程」では、「国民科」の性格を次のように説明している。

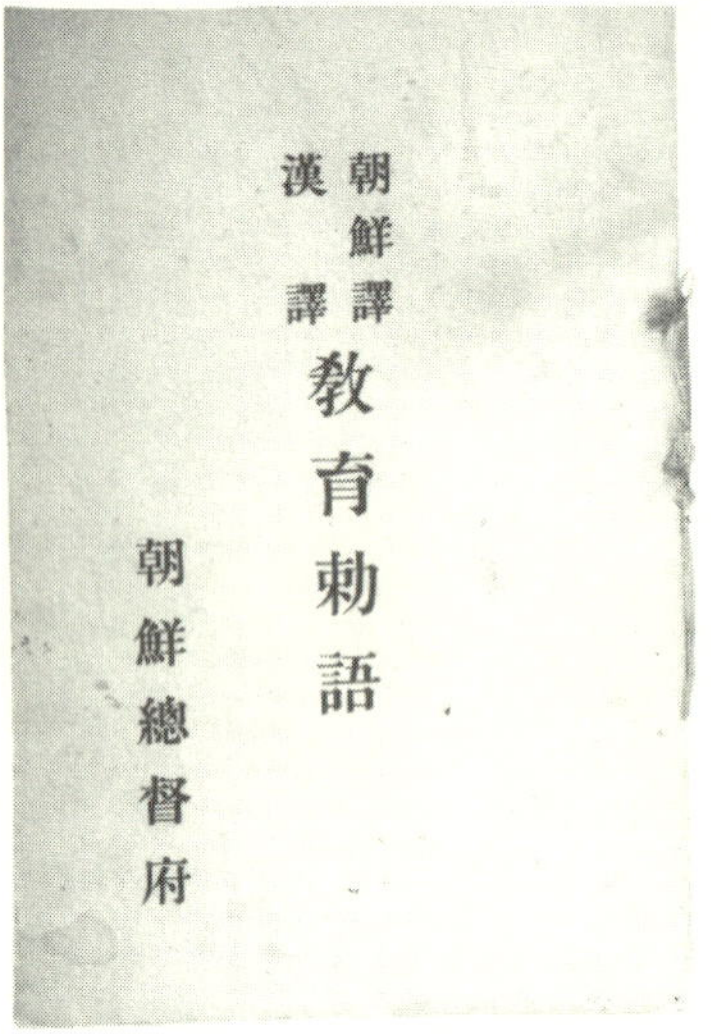

ハングルと漢文に翻訳された『教育勅語』

朕惟フニ我カ皇祖皇宗國ヲ肇ムルコト宏遠ニ徳ヲ樹ツルコト深厚ナリ我カ臣民克ク忠ニ克ク孝ニ億兆心ヲ一ニシテ世世厥ノ美ヲ濟セルハ此レ我カ國體ノ精華ニシテ教育ノ淵源亦實ニ此ニ存ス

爾臣…常ニ國憲ヲ重シ國法ニ遵ヒ一旦緩急アレハ義勇公ニ奉シ以テ天壤無窮ノ皇運ヲ扶翼スヘシ是ノ如キハ獨リ朕カ忠良ノ臣民タルノミナラス又以テ爾祖先ノ遺風ヲ顯彰スルニ足ラン

斯ノ道ハ實ニ我カ皇祖皇宗ノ遺訓ニシテ子孫臣民ノ倶ニ遵守スヘキ所之ヲ古今ニ通シテ謬ラス之ヲ中外ニ施シテ悖ラス朕爾臣民ト倶ニ拳々服膺シテ咸其徳ヲ一ニセンコトヲ庶幾フ

教育勅語渙発 50 年記念切手

国民科ハ我ガ国ノ道徳、言語、歴史、国土国勢等ニ付テ習得セシメ特ニ国体ノ精華ヲ明ニシテ国民精神ヲ涵養シ皇国ノ使命ヲ自覚セシムルヲ以テ要旨トス…

我ガ国ノ歴史、国土ガ優秀ナル国民性ヲ育成シタル所以ヲ知ラシムルト共ニ我ガ国文化ノ特質ヲ明ニシテ其ノ創造発展ニ力ムルノ精神ヲ養フベシ… ――「国民学校令施行規則」第二条

天皇に忠誠を誓い、日本を愛する精神を育てることが、国民科の目的であったのである。このような国民科の性格を最もよく示しているのが「修身」科目であった。植民地朝鮮において、使用された修身教科書の内容は、ごく一部を除いて日本の修身教科書と同じだった。修身教科書では日本を神の国と美化して、天皇を神として下支えする内容が至るところに含まれていた。日本は天照大神の血を引いた天皇が治める「神の国」であり、最初から君と臣の身分が分かれていたと強調した。教科書の内容の相当部分が戦争に自分の身体をささげる人物の話で占められていた。特に、日露戦争や太平洋戦争において戦死した日本軍の話は、全国民が従わなければならない英雄的な行動としてあがめられた。

国民科国史教育

歴史教科書も修身教科書と同じであった。修身と同じように、国民科に属する歴史は、皇国臣民化教育のための重

要な科目だった。国史は国体明徴と内鮮一体を歴史的事実として証明して、忍苦鍛錬の姿を具体的に見せた。国民学校規程では、国民科国史の目的を次のように定めている。

国民科国史ハ我ガ国ノ歴史ニ付テ其ノ大要ヲ会得セシメ皇国ノ歴史的使命ヲ自覚セシムルモノトス ――「国民学校令施行規則」第五条

このように国民科国史の目的は、前で見たように、国民学校や国民科教育の目的と同じである。国民学校令以前の一九三八年朝鮮教育令では、小学校国史の目的を「国史ハ肇国ノ由来ト国運進展ノ大要トヲ授ケテ国体ノ尊厳ナル所以ヲ知ラシメ皇国臣民タルノ精神ヲ涵養スルヲ以テ要旨トナス」としていた。内容は大体似ているが、小学校令の「皇国臣民タルノ精神ヲ涵養スル」という言葉が、国民学校令では「皇国ノ歴史的使命」と変化したことがわかる。これは国民学校令がつくられた当時、日中戦争が盛んであり、太平洋方面でもアメリカやイギリス等との間で今にも戦争が起こりそうな状況を意識したと思われる。

一九四三年の朝鮮教育令改訂として作成された中学校「国民科歴史」科目の目標も同じである。「国民科歴史は内外の歴史を取得させ、国体の精華と東亜および世界の推移を明らかにし、国民精神を涵養し、皇国の歴史的使命を自覚させ、実践に寄与するようにする。国民科歴史は東亜および世界の変遷と皇国進展の体勢に対して教える」ということであった。

国史教科書は、このような目的を達成するために忠実に構成されている。日本の皇室と対外戦争をバランスよく扱い、天皇を現人神として美化し、植民地支配と侵略戦争を合理化した。日本が古代から朝鮮を支配していたとすることで、強制併合は過去の歴史を復元したものに過ぎないと強弁した。日本がロシアを追い散らし、東アジアにおいて主導権を掌握した日露戦争は、教科書総二八八頁の中で実に二十頁もかけて詳細に叙述している。日本の右翼が、世界最大の陸軍大国であるロシアを倒し、日本と東アジアを危機から救い、ヨーロッパの侵略に悩まされていたアジアの人々に希望を与えたと今も日露戦争を自慢げに評価することと軌を一にする。さらに日中戦争と太平洋戦争は大東亜共栄圏の建設のためのものであり、さかのぼると国始以来引き続いてきた精神である八紘一宇の実践とすることもできる。八紘一宇は「すべての天下が一つの家」という意味であり、天皇の統治の下で日本を中心にアジア人が一つになり、世界を統一しようとする大東亜戦争論の論理だった。また、内鮮一体教育を強化して、朝鮮と朝鮮人が日本の強圧によるのではなく、自発的に服従したように宣伝した。

特に、戦争に出兵して死亡した軍人を英雄として扱い、戦争と天皇のための死を美化することで、戦争参加への意志を高め、戦意を燃え上がらせた。日本が最も自慢した戦争である日露戦争において勇敢に戦った姿を叙述することで、愛国心を鼓吹させようとした。次は日露戦争において日本の勝利を決定的につくった日本海海戦を描写した内容である。

> 午前五時五分、敵艦発見の報告をうけた東郷司令長官はただちに、全艦隊四十隻の出動を命ずるとともに、大本営に打電して、敵艦撃滅のちかひをたて、沖島附近を決戦の所と思ひ定め、午前六時三十分、旗艦三笠以下の主力艦隊をひきゐて基地を出発しました。
>
> 午後一時三十九分、わが艦隊の左舷にあたり、敵艦隊のすがたがあらわれはじめました。戦艦・巡洋艦以下、艦艇三十八隻は、司令長官ロジエストウェンスキーにひきゐられて、堂々と進んで来ます。
>
> やがて、わが旗艦三笠の檣頭《しょうとう》〔帆柱〕高く、戦闘旗とともに、緊急信号旗がひるがへりました。皇国の興廃、此の一戦にあり。各員一層奮励努力せよ。全艦隊の将兵は、感きはまって聲さへありませんでした。――『初等国史』第六学年用、朝鮮総督府、一九四四年、二百十一―二百十二頁

日本の連合艦隊を率い、ロシアのバルチック艦隊を撃破した東郷平八郎は、日本の戦争の英雄である。国史教科書はこのような日本海海戦を生々しく描写することで、帝国主義戦争を合理化し、国民として持たなければならない姿

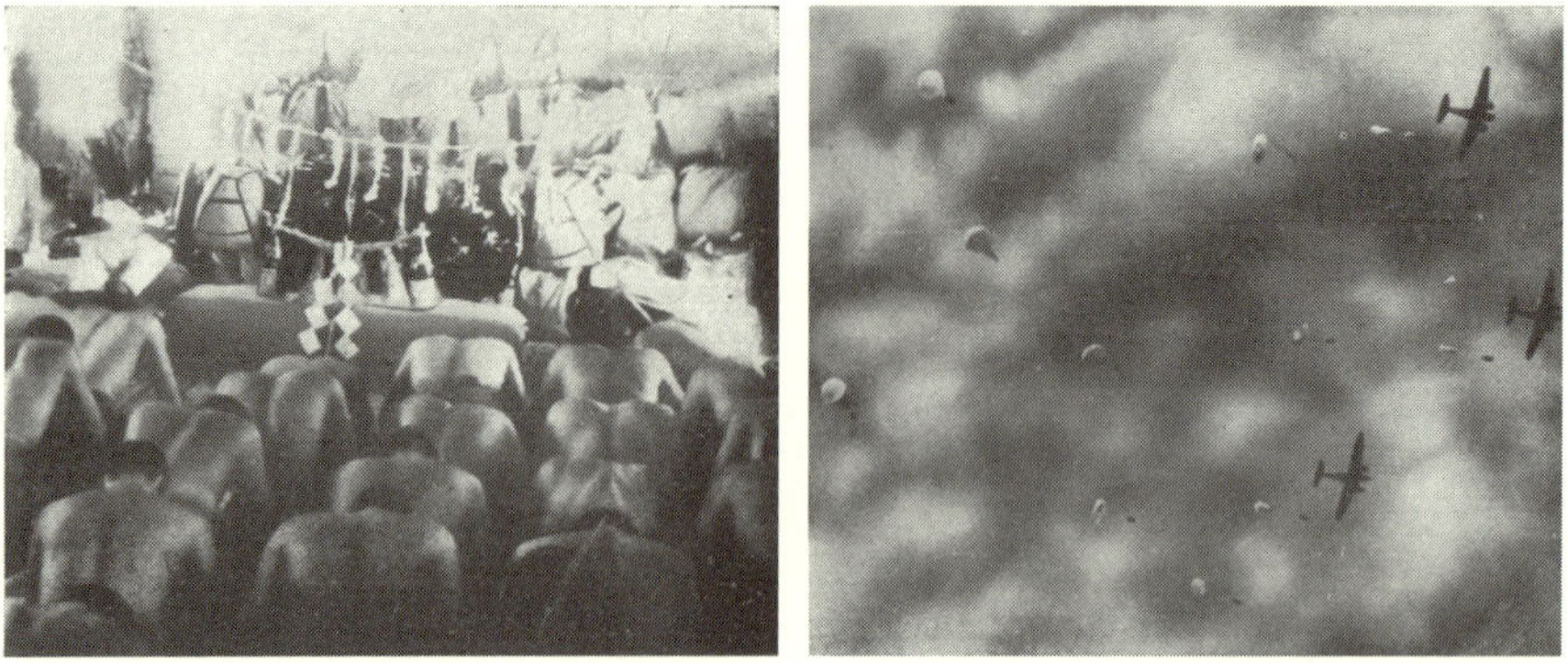

1940年代の日本『中等国史』(低学年用)に掲載された落下傘部隊（右）と無事に落下ができることを祈る軍人の姿（左）

勢として戦争に参加して勇敢に戦ったことを強調した。日本海海戦以外にも、日露戦争の他の海戦や奉天の戦闘を始めとして満州で陸軍が起こした戦闘も詳しく紹介した。

当時、勃発していた太平洋戦争の開始過程と戦況も国史教科書に具体的に叙述されていた。日本はアメリカと戦争を避けるためにひたすら我慢していたが、アメリカの強硬な対応により東アジアの安定と世界平和を望む心から仕方なく戦争をするようになったと先制攻撃を合理化した。太平洋戦争の始まりである日本の真珠湾攻撃を国史教科書は次のように生々しく伝えている。

八日未明、早くも、わが海軍航空部隊と特別攻撃隊は、空と海からハワイにせまり、眞珠灣を襲ひました。眞珠灣こそは、久しい間にわたり、敵アメリカが、我が國に攻めよせる基地として、かためにかためた軍港であります。わが軍の奇襲は、見事に成功し、敵の太平洋艦隊は、その主力がほとんど全滅しました。

この海戦に、敵の軍港深く潜入した特別攻撃隊は、いづれも二十臺の青年勇士たちでした。みな七生報國のちかひをかため、征戦の日を目あてに、生死をわすれて訓練を積んで来たのであります。

君のため、何かを惜まん若櫻、散つて甲斐ある命なりせば。

身はたとへ、異郷の海にはつるとも、護らでやまじ大和皇國を。

勇士たちは、うちそろつて、このやうな、ををしい覚悟で任務につき、りつぱなてがらをたてて異境の海に花と散りました。――『初等国史』第六学年用、朝鮮総督府、一九四四年、二百七十二－二百七十三頁

ここまでくると、歴史教科書であるのか軍隊の教材であるのか区分するのが難しいほどである。国史教科書では戦争で勇敢に戦った軍人の姿も出てくる。すでに情勢が確実に傾いていたとしても、降伏するよりも最後まで戦い玉砕することを皇国の軍人、臣民として持たなければならない精神姿勢として美化する。そしてこれを国民の決戦意志を確かめる事例として利用した。

二月はじめ、マーシャル諸島のわが陸海軍守備部隊六千五百は、大敵をむかへて戦ふこと七日、残念にも、れんらくをたたれて力がつき、クエゼリン・ルオット二島に、愛国の熱血をそそいで玉砕しました。皇士の一角は、つひに守りをうしなつて、夷狄の足にけがされたのであります。

つづく皇軍精鋭の玉砕に、一億國民の胸は、はり裂けるばかりです。今日にして、神國のほこりをきずつけては、祖先に対して面目が立ちません。涙をのんでマーシャルの空をにらみ、元寇*のいにしへを思ひおこして、敵国降伏のちかひをかたくしました。――『初等国史』第六学年用、朝鮮総督府、一九四四年、二百八十四－二百八十五頁

このように、戦争において勇敢に戦って亡くなった軍人を軍神として崇め奉ったり、戦争の展開状況を叙述することは、修身や国語教科書も同じであった。この時期、国民科に属していた修身、国語、歴史、地理などの科目が追求した目的は、すべて皇国臣民として日本の為に戦争に行き、命をささげるという精神を持つことであった。

＊高麗との戦争を終えて十三世紀後半二回にわたって日本に遠征した元の軍隊を指す言葉。日本軍の力強い抵抗と台風により元の軍隊は日本遠征に失敗した。日本はその時の台風を神風と呼ぶ。

「国民」育成のための教育

支配層や上流層だけでなく大衆を対象にして、知・徳・体の全人教育を追求する点において、近代教育は前近代教育と区分される。しかし、近代教育の目的は、「国民」を育てるところにもあった。「国民」は社会生活に必要な知的・情緒的資質を涵養した社会構成員であるが、一方では、国家の政策を遂行する資源であった。教育は国民を国家の下に一つに結びつける手段であった。それが、近代国民国家（nation state）が大衆教育に力を尽くした理由であった。国民国家において、「国民」は国家に忠誠を尽くそうとする精神姿勢と国家の政策を後支えすることができる能力を持たなければならなかった。

しかし、実際の現実では、国民が忠誠を誓う国家は権力を行使する政府である場合が多かった。日本の教育勅語がそうであり、朝鮮でも同じであった。よく朝鮮の近代教育が始まった基点は甲午改革とされる。甲午改革が始まった次の年である一八九五年に高宗は百姓に教育の拡大を明らかにする詔書を出した。「教育詔書」あるいは「教育立国詔書」と呼ばれる詔書である。

> 貴方たち臣民の祖先がまさに私の祖宗の保育される良臣民であり、貴方たち臣民も貴方の祖先の忠愛をよく引き継いだので、朕が保育する良臣民として…。
>
> 朕が政府に命じて学校を広く建てて人材を養成しようとした点は、貴方たち臣民の学識で国家の中興の大功を打ち立てようとしたものである。貴方たち臣民は忠君愛国する心で貴方がたの徳と体と智を養え。王室の安全が貴方がた臣民の教育にあり、国家の富強も臣民の教育にある。——「旧韓国官報」一八九五年二月二日

明治天皇に日本国民がそうであったように、高宗にも朝鮮国民は臣民であった。国民は「国王に忠実で国の為に命をささげる心」を持たなければならないとされた。そのような心を持つようになることが、まさに教育の目的であった。

戦時体制下での日本や植民地朝鮮において、国民が忠誠を誓わなければならない対象は天皇であった。天皇は国家の象徴を超えて、まさに国家それ自体であった。天皇は神であり、神の国である日本の統治者であった。国民はそのような天皇に忠誠を誓う「皇国臣民」であった。国民学校の教育の目的は、皇国臣民を育てるところにあることを公に明らかにすることであり、国民科はこれを代弁する教科であった。

「国民」という言葉に愛着を持つ理由

ところで、なぜ私たちは「国民学校」という名前を捨てるのに躊躇したのか？　二〇一二年には国会議員総選挙と大統領選挙があった。選挙がある時に最も多く聞かれる言葉が、「国民」である。選挙に出馬した人からは「国民を支える」「国民と意思疎通する」「国民を尊敬する」というような言葉がよく聞かれる。ここでの「国民」は国家、すなわち権力者に忠誠を誓う臣民ではなく、権力者が尊重しなければならない存在である。歴史において、国民は実際にそのような存在ではなかったが、権力を持ちたい人はそのように装ってきた。実際には、「国家（権力）に忠実を誓う国民」として育てることを望んでいたが、表面では「権力者が奉仕をする国民」と褒めたたえる。このため、「国民」という言葉はよい意味で大衆に伝わってきた。

しかし、「国民」という言葉に愛着を持っていた理由はこれだけではない。韓英事典において、「国民」という言葉を探すと、「nation」と「people」が一緒に記載されている。反対に、英韓事典では「people」の意味は「人々」であり、この二つの単語を合わせて「nation people」が「国民」となっている。民主主義をよく表現した言葉としてリンカーンのゲティスバーグでの演説がある。この演説内容の“of the people, by the people, for the people!”は、「人民の、人民による、人民のための」という意味であり、学校でもそのように教える。このことが、いつからか「国民の、国民による、国民のための」に変化した。「people」が「人民」、すなわち人々ではなく「国民」になったのである。共産主義者が「人民」という言葉を主に使用したために、言葉が変化したことをよく示す事実である。二つとも歴史性を持つ用語ではあるが、「解放」と書いていたものが「光復」と変わったことも同じ脈絡である。そうして、「国民」は「人民」の代わりに人々を区別する言葉として使用された。時間を経るにしたがい、反共教育が強化されるにしたがい、人々の心の中に「人民」は悪い意味で、「国民」はよい意味であると定着した。「国民学校」も拒否感のない名称となった。本来の「国民学校」とここでの「国民」が持つ歴史的意味は忘却された。しかし、今も「国民」を繰り返して使う権力者の心の中には「国民学校」の「国民」を望む姿が潜んでいないだろうか？

歴史教育も同じである。周辺国家との争いを戦争で解決することや、「もし敵の侵攻を受けたら」という条件を付けて、戦争で自分の命がある限り勇敢に戦い死ぬことを美徳と描写する。時期と場所、そして程度の差はあるものの、植民地期末の国民学校教育の姿は解放後からの長い期間、私たちの教育でも同様に繰り返された。当時、国民学校で育てようとしたある人間像は、再度、学校教育と社会において手本となった。歴史教育も同様である。これから詳しく見ていく歴史教育のさまざまな問題がこれを示している。しかし、現在、そのような人間を育てる道具として使用された歴史教育をやめなければならない。解放後の歴史教育の姿を探すこの本において、ここに一つ目の項目として解放以前の国民学校教育を扱う理由がある。

〈訳注〉

❶甲午改革　一八九四年（甲午）から一八九五年にかけて朝鮮で行われた近代化を目指す改革。日本の干渉によって成立した金弘集《キムホンジプ》内閣により、国政事務と宮中事務の分離、科挙の廃止、銀本位制の採用、身分差別の撤廃などの改革が行われた。

❷第五・六共和国　第五共和国は全斗煥、第六共和国は盧泰愚が大統領だった時を指す。一九七九年十・二六事件で朴正熙が死亡した後、十二月十二日に全斗煥・盧泰愚が中心となった新軍部勢力は軍を掌握した十二・軍事政変を起こした。十二月二十一日に崔圭夏が第十代大統領に就任していたが、実質的には新軍部勢力が権限を握った。一九八〇年九月一日に全斗煥が第十一代大統領に就任した後、十月二十七日に大統領の任期七年・間接選挙制・再選禁止などを定めた第五共和国憲法が公布された。一九八一年三月三日に全斗煥が正式に第十二代大統領に就任することで、第五共和国が成立した。一九八七年六月に独裁に反対する民主化運動が全国的に広がり（六月抗争）、六月二十九日に与党の大統領候補であった盧泰愚が大統領直接選挙制を約束する「六・二九宣言」を発表した。同年十月二十九日に大統領直接選挙制の改定憲法が公布された。十二月十六日に実施された大統領選挙で当選した盧泰愚が一九八八年二月二十五日に第十三代大統領に就任することで、第六共和国が成立した。

二 解放以後の初めての国史教科書――『初等国史』と中等用『国史教本』

ＫＢＳ第一テレビの長寿番組として、日曜日午前に「珍品名品」が放映されている。視聴者が大切にしている物を持ち込んで、該当分野の専門家がどのような物であるかを説明し、現在、どの程度の価値があるのかを鑑定してくれる番組である。このプログラムに出てくる物は陶磁器や絵画から書籍、民俗品、記念品に至るまでとても多様である。鑑定を引き受ける専門家が依頼を受けた物の意味や用途、鑑賞の要点などを興味深く伝えてくれるが、やはりハイライトは鑑定価格を当てるところにある。「ショー鑑定団」として出演する芸能人や有名人が予想される価格を書くと、その中から専門家が鑑定した価格に最も近い人に人形を与える。正確な価格を当てた場合、人形を二つ与える。そのため、番組が終わるまでに数多くの人形を獲得した人は陶磁器でつくられた韓国の伝統的な太鼓を優勝賞品としてもらう。鑑定価格が電光掲示板に示される瞬間、視聴者だけでなくショー鑑定団の出演者も、依頼した物の価格がどの程度であるか、しばし緊張する。予想よりかなり高い価格の場合は感嘆し、期待していたよりも低い価格が出ると依頼人は「値段の問題ではない」としながらも、失望した表情を隠さない。時々、偽物と判明し、価格自体がつかない場合もある。

この番組に最も多く出展される品物の一つが本である。いつか『パヅギとチョルス』という本が出たことがある。初等学校一学年用であるこの本は、米軍政期に製作された教授要目にしたがい大韓民国政府の樹立後に初めて刊行された国語教科書である。そのため、価値も高い。当時、この本の鑑定価格は三百万ウォン程度になったようである。それならば、解放以後に出た最初の歴史教科書がこの番組に出された場合、どの程度の価格と鑑定されるであろうか？

急を要した解放直後の教科書

一九四五年八月十五日、日本が連合軍に降伏すると、多くの学校において教育が中断した。教育行政が成り立たなくなったこともあるが、植民地期の戦時教育と皇民化教育に協力していた学校長や一部教師が学校を捨てて逃避したことも重要な原因だった。一九四五年九月八日、仁川に上陸した米軍は次の日である九月九日に公式に軍政を始めた。学校が運営されていないことを見た米軍政は、急いで学校教育を再開するようにした。九月十七日に一般命令四号をだし、九月二十四日を基準にすべての公立初等学校の開校を指示し、九月二十八日には各道に通牒して十月一日から中等学校以上の官公立学校の教育を再び始めるように指示した。米軍政の命令にしたがい、教育関係者は学校教育を正常化するのに力を尽くした。米軍政が植民地下で行われてきた行為を特に問題としていないことを確認した学校長と教師も学校に復帰したことで、学校教育が正常化した。

しかし、授業を実施しようとしても教科書が問題であった。植民地期末の朝鮮の学校においては朝鮮語を一切使用することができなかった。そもそも朝鮮語教科書がなかったのである。解放された朝鮮において、日本語で書かれた教科書を使用することはできない。さらに、教科書の多くの部分が日本の侵略戦争を褒めたたえ、皇国臣民化のための内容で構成されていた。国民科に属していた日本語、修身、歴史、地理などの科目は特にひどかったが、他科目も似たり寄ったりであった。

このような問題は戦争で負けた日本でも起こった。日本に軍政を実施した連合国最高司令官総司令部（GHQ）はその時まで日本で施行されていた軍国主義教育を民主主義教育に転換しようとした。しかし、すぐさま使用することができる教科書は軍国主義の下で発行されたものだった。そうだとしても数日や数週間で教科書を新しく作ることもできない。どうしようもなく、従来の教科書で問題があると考えられた部分に墨を塗って消し、そのまま使用した。「墨塗り教科書」が登場したのである。しかし、内容全般に軍国主義理念が含まれている社会関連教科書は「墨塗り教科書」として授業をするのに困難が多く、急いで新しい教科書を作成しなければならなかった。

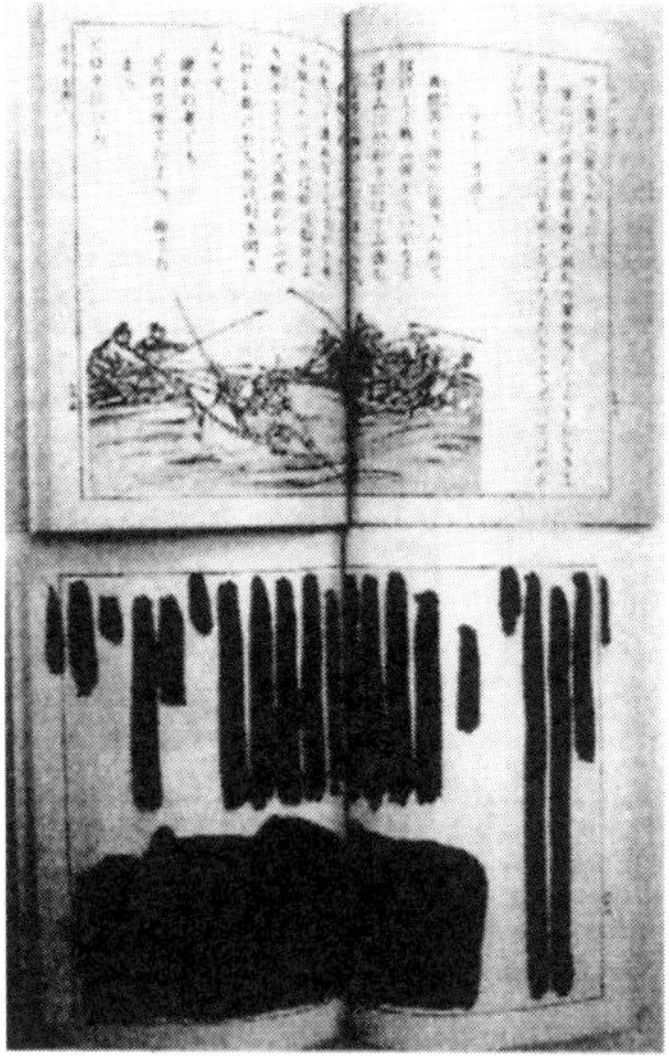
日本の墨塗り教科書

ハングルで書かれた教科書がなかった朝鮮では、数学や科学のような理科科目は、植民地期末の教科書を翻訳したり要約、整理したりしたプリント類を教科書に代えた。しかし、そうすることができなかった国語や社会関連科目は、新しい教科書を編纂すること以外に他の方法はなかった。軍政庁学務局で最初に編纂されたのは国語教科書であった。『ハングル第一歩』、初等用『国語教本』一・二、中等学校用『国語教本』、教師用『国語教本』などが次第に編纂された。前述した『パヅギとチョルス』はこの時に編纂された教科書ではなく、教授要目が公布された後の一九四八年に教科書発行制度により作成されたものだった。国語教科書の次に発行されたのが国史教科書であった。当時、中学校（今の中・高等学校）では毎学年、国民学校では五～六学年に週当たり二時間ずつ歴史が配置されており、国史教材の刊行がとても急がれた状況があった。

民族主義的性向が強かった初等用歴史教科書『初等歴史』

解放以後、最初に刊行された歴史教科書は『初等国史』であった。この本には著者が明示されていないが、軍政庁文教部編修官であった黄義敦《ファンイドン》が書いたものと知られている。黄義敦は植民地下の徽文義塾《フィムンイスク》、普成《ボソン》高等普通学校、中《チュン》東《ドン》学校などで歴史を教え、『新編朝鮮歴史』（一九二三年）、『中等朝鮮歴史』（一九二六年）などの朝鮮史の本を書いた人物であった。この中で、『新編朝鮮歴史』は朴海默《パクヘムク》が剽窃して『半萬年朝鮮歴史』（一九二三年）という名前の本を出すほど、内容が体系的であった。黄義敦はこのことを裁判所に訴え、朝鮮で最初に著作権を認定された。解放直後には『中等朝鮮歴史』を『中等国史』という名前で再び刊行し、米軍政の文教部編修官になり歴史教科書編修業務を引き受けたりするなど、朝鮮史研究と国史教育に力を尽くした。

『初等国史』の草稿内容がいつ完成したのかについては定かではない。米軍政が震檀学会❶に初等と中等用国史教科書の執筆を依頼して、震檀学会では九月二十一日に国史教科書の原稿を提出したとか、軍政庁学務局で十月十五日に編集が終了したとかが語られていた。しかし、この原稿は現在確認することができず、実際に完成した草稿であったのかも明確でない。米軍政は一九四五年十月に学務局編修官の体制を整備し、以後、教科書編集業務も担当するようになった。学務局編修課長はよく知られている国語学者の崔鉉培《チェヒョンベ》であり、歴史担当の編修官が黄義敦であった。『初等国史』の著者である黄義敦は震檀学会の主流を形成していた文献考証史学者とは距離のある人物で、いわゆる文化史学者と分類される。だが、震檀学会会員が文化史学を排斥したことはなく、さらに解放直後には震檀学会でも親日派は排除して民族史学を追求しなければならないという動きが起こったりもした。黄義敦も震檀学会会員と学術的交流をした。このような当時の状況を考慮してみると、震檀学会で提出された草稿を黄義敦が相当部分を修正し『初等国史』を完成したのかもしれない。本に著者を明示していない可能性もある。ただ、『初等国史』の刊行経緯を詳しく見ていくことはここらで終わりとし、さらに詳しい事情は今後の課題としたい。

学務局編修課は初等用国史臨時教材を完成し、一九四六年一月に各道の学務局に謄写版を一〜二冊ずつ送った。その後、各道や地域で需要を調査して、本を印刷し使用するようにした。要するに、筆者が持っている『初等歴史』は慶尚南道密陽農蚕学校で使われたもので、活字印刷ではなく謄写をしたものである。本の名前も『初等国史』ではなく、『国史臨時教材』となっている。本の内容中にモスクワで開かれた三国外務長官会議が出ており、米ソ共同委員会が一九四六年一月にソウルで開かれるだろうと叙述していることを考えると（米ソ共同委員会は実際には三月に開かれた）、一九四五年十二月末に書かれたことが推測される。この本は清龍美術社で印刷され、百二十四部発行されている。

米軍政は正式に一九四六年六月『中等国史教本』と一緒に『初等国史』を発行した。しかし、正式発行された『初等歴史』は臨時教材とほとんど違いはなかった。ただ、本の最後の部分にあったモスクワにおける三国の外務長官会議の決定と米ソ共同委員会開催予定などの内容が反共精神とされ、独立国家を成し遂げる内容と交代している。二つの本の叙述を比較してみると次のようになる。

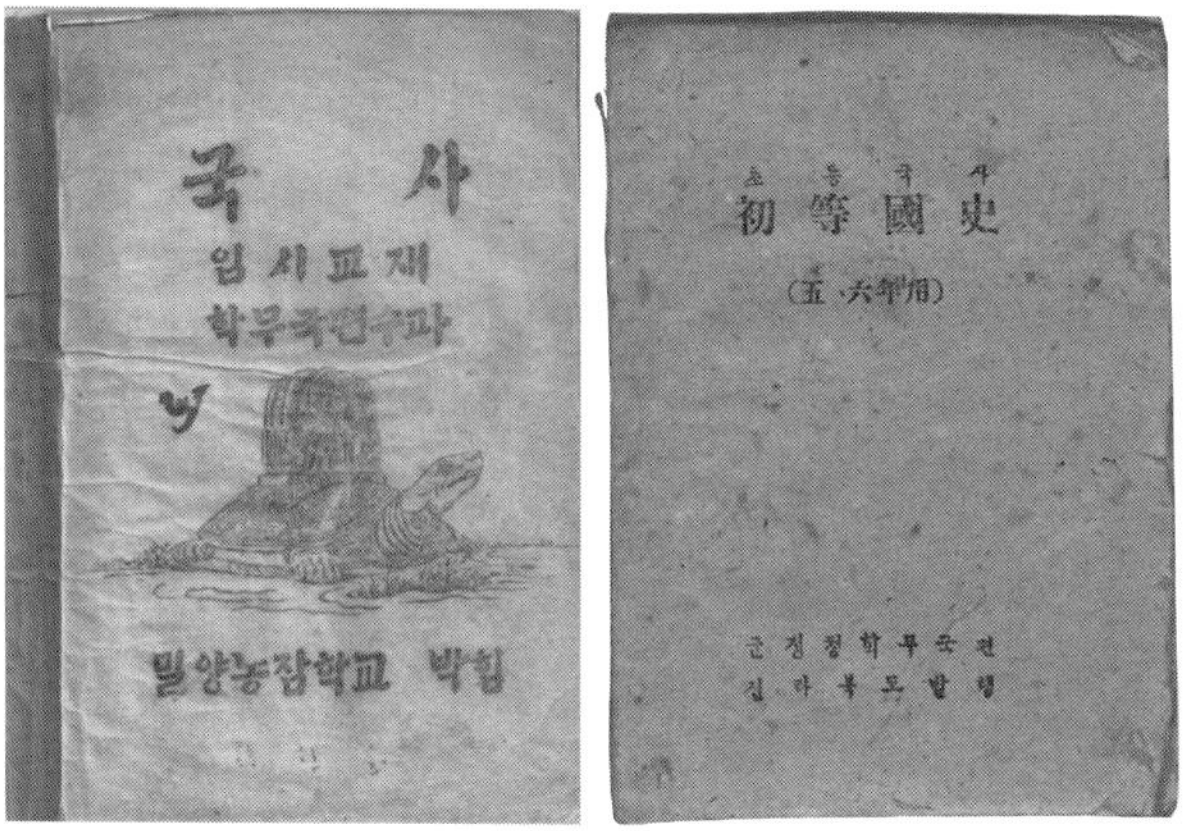

密陽農蚕学校が刊行した『国史臨時教材』（左）と全羅北道が刊行した『初等国史』

政党と信託

ソウルではすべての力を新政府樹立に傾けていた時、多くの政党が林立するようになり、我が国を世界で最も理想的な国にするとして民衆の福利を図る国家を作ろうと努力している。その中で、四二七八年❷度十二月モスクワで開かれた三相会議において我が国を五年間信託管理するということは、喜びの中で最も残念な話である。これは三国が批准したというだけのものであり、四二七九年一月ソウルで三十八度線問題として米ソ会議が開かれるのである…。――『国史臨時教材』密陽農蚕学校刊行、五十七頁

私たちの将来

私たちはこの間の間違っていたさまざまなことを悔み、直すと同時に、私利私欲を捨てて協同奉公の精神から我が国の独立がすぐに成し遂げられるようにし、私たちの文化と武力を育て大きくしてきた世界の文化線に立つ国になり、全人類の幸福な生活を助けることを約束し進んでいかなければならない。――『初等国史』五－六学年用、全羅北道刊行、六十六頁

左翼と右翼の対立が激しくなり、米軍政の反共政策が本格化した一九四六年上半期の政治的激変がうかがい知れる

部分である。臨時教材に叙述されたモスクワ三国外務長官会議の内容は、正式に刊行された教材では削除された。その代わりに、我が国の将来を抽象的に言及することになった。信託統治問題をめぐって深刻な社会的葛藤が起こり、モスクワ三国外務長官会議決定事項を実践に移すために、米・ソ共同委員会が開かれていた当時の現実を考慮したものだと思われる。いずれにせよ、すでにこの時期に歴史教科書が政治的な影響を強く受けていたことを考えると、内容がどんなものであっても物悲しくなる。

『初等国史』の内容をさらにもう少し詳しく検討する。この本は章・節の区分がなく十五個の主題を時代別に配列しており、各主題は三~五個の小主題や歴史的事件により構成されている。十五の主題を見ると次の通りである。

一　昔の朝鮮と檀君王倹　二　さまざまな国に分裂　三　上古の文化
四　三国がおこる　五　高句麗は大きくて強固　六　三国の文化
七　渤海と（北朝）のおこりと文化　八　新羅（南朝）の文化（一）　九　新羅（南朝）の文化（二）
十　高麗がおこる　十一　高麗の文化　十二　世宗大王の偉業
十三　壬辰倭乱と李舜臣の大きな功績　十四　日本の侵略　十五　独立運動

『初等国史』は本文だけで構成されており、挿絵や資料は全くない。目次を見ればわかるように、古代史の比重が高い反面、近代史の内容は脆弱である。解放直後に出たという時期の問題とともに、近代史研究があまり行われていなかったためであろう。内容が主に政治的変化と文化で構成されていることは黄義敦の学問の傾向と、当時の朝鮮史研究の水準を反映している。『初等国史』の内容構成からわかるこのような傾向は、当時の他の歴史本でも見ることができる。

『初等国史』の最も大きな特徴は、民族主義的な傾向を強く持っている点である。檀君を朝鮮史の始まりとしており、高句麗・百済・新羅の三国の中で、唯一高句麗だけは別の項目で叙述を行っている。渤海を「北朝」、新羅を「南朝」として、統一新羅と渤海が存在した時代を「南北朝」と理解していた。高句麗と隋・唐の戦争、高麗の契丹・女真との戦争、壬辰倭乱〔豊臣秀吉の朝鮮侵略〕当時の李舜臣の活躍など、外国の侵略を防いだ戦争を重点的に扱っている。さらに、上古から朝鮮まで各時代の文化を叙述し、その優秀性を強調していた。

『初等国史』の内容は、解放直後当時の朝鮮社会の雰囲気を反映しているが、執筆者である黄義敦の個人の歴史観から大きな影響を受けていることを推し量ることができる。黄義敦が植民地下において執筆した本からも同様の傾向が見られているからである。普成高等普通学校の教師であった黄義敦は、一九一九年『朝鮮通史』という名前の朝鮮史概説書を執筆、朝鮮総督府警務局に出版認可を申請した。しかし、この本は内容の一部が適切でないという理由で出版許可が下りなかった。朝鮮史の檀君起源説が入っており、神功皇后の南韓征伐を認めていないなどがその理由だった。だが、黄義敦はこれに反発して、本の内容を謄写し生徒に教えた。そうしたところ、一九二三年に一部の内容を修正して本の出版が許可されたが、その本が『新編朝鮮歴史』であった。日本が朝鮮に朝鮮語と朝鮮史教育を禁止すると、黄義敦は教師を辞めて、朝鮮日報社に入社した。ここで黄義敦は郷土文化調査事業に取り掛かるなど、私たちの歴史と言語を研究するのに力を尽くしたのであった。

特に黄義敦は、文化を通じて私たち民族の優秀性を誇示しようとした。三国文化が日本に伝わり、日本の文化発達に寄与したことを強調したり、新羅の仏国寺と石窟庵、高麗磁器と印刷術のような文化遺産の優秀性を高く評価したりしたのである。「石窟庵に掘られているさまざまな仏像はすべて全世界を通じて珍しい彫刻品であり、その中でも観世音像はその美しさと愛らしさにおいて見る人々が賞賛せずにはいられない神品である（『初等国史』二十七頁）」とか、「〔八万大蔵経は〕全世界を通じて、今ある仏教の標準になる。他には見られない貴重品である（『初等国史』四十一頁）」のような記述である。黄義敦の史観が民族主義的でありながら文化主義的であることを知らせてくれる。

植民史観の論理が残っている中等用『国史教本』

中等用国史教科書である『国史教本』は、『初等国史』とともに一九四六年五月に発行された。米軍政の報告書では一九四五年十二月十一日に中等学校用国史を編纂したとなっているが、震檀学会は一九四五年十二月に米軍政庁の委託を受け、一九四六年一月に草稿を完成させたという。いずれにせよ、現在私たちが確認することができる『国史教本』が正式に刊行されたのは一九四六年五月である。委託を受けてわずか一か月で執筆したということは、現在から考えると拙速に作成したとの批判を避けることはできないが、一方では当時の国史教科書の刊行がどれほど急務であり重要なことであったかを推測させてくれる。ただ、初等国史教材より、少し遅れて教科書の刊行が推進されたという事実は、当時の米軍政庁や朝鮮人教育者らが中等教育より初等教育をさらに喫緊の問題と認識していたことを示している。

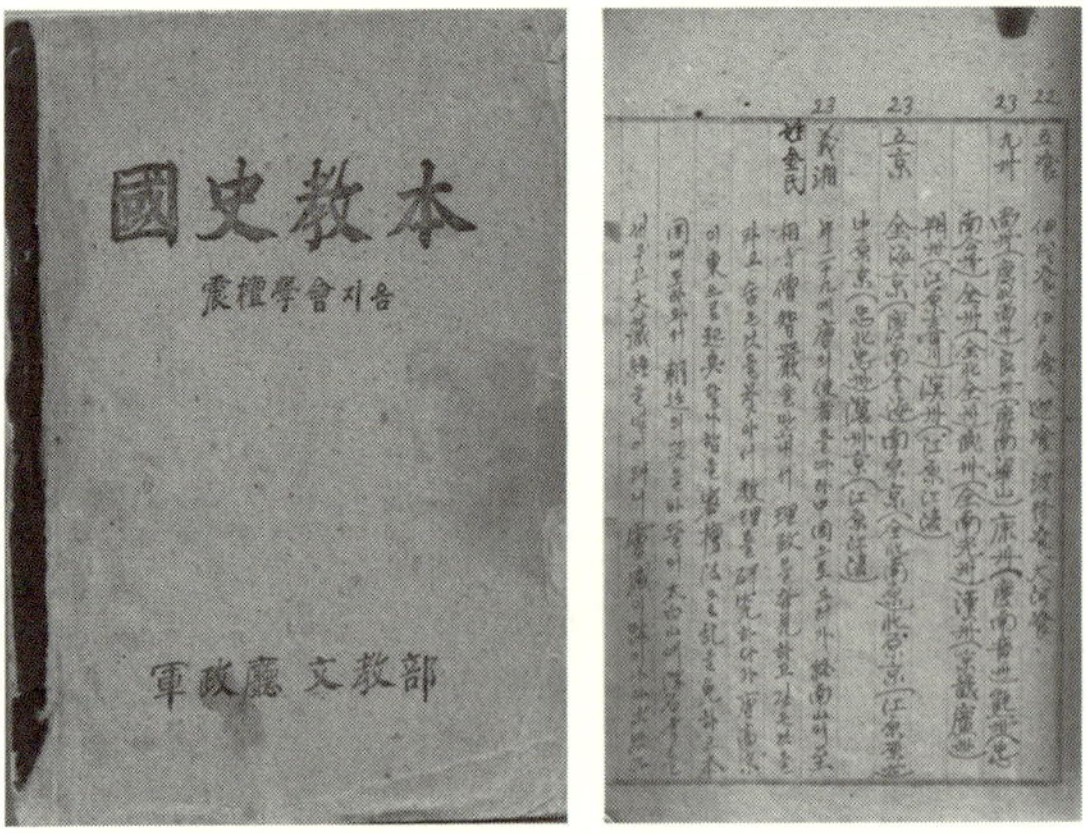

『国史教本』（左）と『国史教本教授参書』の用語説明部分

『国史教本』は序文において、「急に本書の編纂を行うようになり、挿絵も地図も掲載することができなかったことをとても残念に思う」と書いているほど、急いでつくられたのであった。「本書の内容体裁は以後、版を重ねるにつれて多少修正する」という言葉でも推測されるように、一旦、急いで刊行した後に少しずつ修正・補完をする計画であった。しかし、『国史教本』の修正版は結局出なかった。使用に耐えうる中等学校用の国史教材がなかったという事実により『国史教本』が広く使用された。米軍政庁は一九四八年大韓民国政府の樹立後、業務を引き渡すまで四万六百冊の『国史教本』を刊行した。当時、韓国の行政業務を担当していた米軍政庁において発行されたという点から、『国史教本』は米軍政の時期の中等国史教育の内容を代弁する教材とすることができる。このような中で、学校では『国史教本』に出てくる用語を解説したり、事実や人物を補充説明した教師用指導書を作成したりして、教える時に活用した。

『国史教本』の実際の執筆者は金庠基《キムサンギ》と李丙燾《イビョンド》である。上古から中古まで、すなわち先史時代から高麗までを金庠基、近世と最近世、すなわち朝鮮以後を李丙燾が書いた。最初、『国史教本』に目を触れた時、執筆者と執筆部分を見て怪訝な印象を持った。筆者にとって李丙燾は古代史の研究者であり、金庠基は近現代史研究者というイメージが埋め込まれており、金庠基は『東学と東学の乱』の著者として記憶していたからであった。大学生活の初期に読んだ歴史本の中の一つが、金庠基が書いた『東学と東学の乱』であった。

李丙燾と金庠基は、震檀学会の発起人であり、主要構成メンバーとして活発に研究活動を行っていた。二人とも日本の早稲田大学を卒業しており、当時の日本の歴史学会の一般的な傾向であったランケ史学の影響を受けて、個別的な歴史的事実を文献考証の方法で研究した。このような縁からか、金庠基は李丙燾と路線が同じであった。解放直後に震檀学会が活動を再開すると、一部の構成メンバーが親日派排斥を打ち出して李丙燾を学会の中心から外そうとすると、李丙燾はこれに対抗して新しく朝鮮史研究会をつくった。この時、金庠基も李丙燾を助けて、朝鮮史研究会では主導的な活動をした。

しかし、金庠基と李丙燾の学問傾向は相当な違いを見せた。李丙燾は代表的な韓国古代史研究者として、相当の期間、学会で通用した韓国古代史認識の体系を打ち立てた。特に、古朝鮮を始めとした上古史の型を整えた人物として数えられる。しかし、朝鮮総督府が植民地支配に正当性を付与するために、歴史的変遷を目的に作成された朝鮮史編修会に参加したことなどから親日論争を呼び起こしたりもした。李丙燾は日本統治期に古代の歴史地理と思想史研究に焦点を当てていた。しかし、高麗や朝鮮の歴史地理と思想史に関する論文も多数発表した。金庠基は主に新羅と高麗の対外関係史を研究したが、民衆抗戦史にも関心を持っていた。特に一九三一年に金庠基が『東亜日報』に連載した「東学と東学の乱」は東学農民戦争❸研究の原型として評価を受けている。この連載は解放以後の一九四七年に大成出版社により単行本として刊行され、一九七五年に韓国日報社の春秋文庫で再刊行されるほど、その価値が認められた研究だった。筆者が最初に読んだ『東学と東学の乱』も再刊行されたこの文庫本であった。このような二人の研究動向をみると、李丙燾が前半部分を、金庠基が後半部分を執筆することが自然に見えるが、入れ替えて執筆したとしても大きな問題はなかった。

中等用『国史教本』は同時期に刊行されたが、『初等国史』とは内容構成や歴史観において大きな違いがある。中等用教科書という点において、『初等国史』に比べて学問的性格を重視しており、執筆者の歴史研究方法も影響を与えたと考える。『国史教本』は朝鮮史を上古・中古・近世・最近の四つの編に分け、さらに上古と中古は各々前期と後期、近世は前期・中期・後期の三種類に区分している。上古は三国時代までであり、中古は統一新羅と高麗、近世は朝鮮と大韓帝国時期、最近は日本の植民支配以後である。「上古・中世・近世」などに時代区分をしているものの、実際にこれは王朝区分に過ぎないものであった。ただ、統一新羅と高麗ではなく、三国と統一新羅を別の単元に区分したことは、近年、私たちが見る教科書とは異なる点である。『初等国史』に比べると、古代史が少ない代わりに、高麗と朝鮮の比重が大きい点も目を引く。『国史教本』には、『初等国史』のような強い民族主義的性格は表れなかった。檀君を朝鮮史の始まりと見ることは『初等国史』と同じであるが、三国時代で新羅の比重を大きくし、新羅と渤海を南北国として認識していない。

『国史教本』の最も大きな問題の一つは、植民史学の論理をそのまま繰り返しているという点である。これは当時の朝鮮史研究の水準のためであるが、震壇学会の研究方法を用いているという側面もある。震壇学会主流の研究を「植民史学の亜流」と批判することがあり、『国史教本』の内容でもそのような点を探すことができる。近世に区分されている朝鮮時代の時期区分を党争や社会を基準にしているとか、朝鮮史で重要な社会変化の動きを対外的な要因から探すことなどが代表的である。いわゆる「党派性論」や「他律性論」の論理から抜け出すことができていないのである。

この中でも朝鮮時代の社会や党争は、『国史教本』で特に詳細に叙述されている。近世の前期と中期、全八章中三章がこれに関する叙述であり、士禍❹と党争の展開様相にしたがい、章を分けている。要するに、朝鮮中期を扱う近世の中期において時期区分の基準を次のように提示している。

第十四代の宣祖元年から第二十代の景宗末年までの約百五十七年間を近世中期とするが、これをさらに二つに分けると宣祖から第十六代仁祖末までの約八十二年間を前一期、第十七代孝宗から景宗末までの約七十五年間を後一期とすることができる。

前一期においては、それまでの長い泰平の中で、蓄積された支配階級（両班）の政権争いがついに党派の大分裂を起こし、自党を愛護して、反対党を攻撃する圧力がさらに露骨化・先鋭化し、さらに、この間に南から倭人の二回にわたる大入寇と、その後、北からの胡人による二回の大侵入を受け、いわば土崩瓦解の世になった。

要するに、中期の歴史は、外寇の侵入と党争の激しさが最もあらわれた特徴とすることができるが、次の後期にあらわれる勢道政治あるいは門閥政治だろうが国家経済の大紊乱だろうが、またこれによる民衆の大動乱はまだなかったのである。これが後期の歴史と区別される点である。──『国史教本』百三－百四頁

次は、植民史学の核心的論理である他律性論が繰り返されている。対外接触と外来文物、思想の伝来によって、ようやく朝鮮社会が変化したという流れである。例えば、実学❺が現れるようになった背景を次のように叙述している。

在来の朝鮮学者の学問というものは、中国の経学・文学─特に朱子学にだけ偏っており、長い間、その弊害を抜け出すことができなかった。倭乱・胡乱を経て、さらに外来文物の刺激を受けた後にようやく自我に目覚めた私たちの過去がとても空しく、欠陥が多かったということを悟った。空理空論の死んだ学問より、実際に有利な生きた学問─すなわち利用厚生の学をするという考えが次第に起こるようになり、これに学風の一変をみるようになった。──『国史教本』百二十七頁

実学がおこるようになった原因を、朝鮮社会内部の改革の動きよりも外来文物からの刺激に求めている。このような観点は、ローマカトリック教会伝来など教科書叙述全般に現れている。

『初等国史』と中等用『国史教本』の価値

米軍政期に初・中等学校教科書として使用された歴史本は、『初等国史』と『国史教本』に限定されない。教科書発行制度が整備されなかった米軍政期には必ずこの本だけを教科書として使用しなければならないということはなかった。状況に応じて、市中の他の朝鮮史の本を教科書として使用したり、自ら教材を製作したりすることもできた。近年、歴史教科書の自由発行制度を主張する声が次第に高まっているが、教科書発行制度が準備されていなかったことが、かえって自由発行制の効果をもたらしたのである。

解放直後、朝鮮史に対する関心が高まると、多くの朝鮮史概説書が刊行された。ちょっと目につく本だけでも、黄義敦の『中等国史』（啓蒙社、一九四五年）、権悳奎《クォンドッギュ》の『朝鮮史』（正音社、一九四五年）、申鼎言《シンジョンオン》の『常識国史』（啓蒙倶楽部、一九四五年）と『救恤国史』（啓蒙倶楽部、一九四六年）、申泰和《シンテファ》の『朝鮮歴史』（三文社、一九四五年）、咸敦益《ハムドンイク》の『朝鮮歴史』（ハングル文化普及会、一九四五年）、李周洪《イジュホン》の『初等国史』（名門堂、一九四五年）、金聖七《キムソンチル》の『朝鮮歴史』（一九四六年）、張《チャン》道《ド》斌《ビン》の『国史』（国史院、一九四六年）、黄義敦の『増訂中等朝鮮歴史』（三中堂、一九四六年）、崔南善《チェナムソン》の『新版朝鮮歴史』（東明社、一九四六年）等、少なくない数である。一冊ずつこれらの本の説明はしないが、中には植民地期に出版された本が再び刊行された場合もあった。黄義敦の『中等国史』は一九二六年に執筆した『中等朝鮮歴史』の題目を変えて再び刊行したものであり、修正・補完したものが『増訂中等朝鮮歴史』であった。また、中等用『国史教本』を執筆した李丙燾は、一九四八年に中学校用国史教材である『新しい国史教本』を刊行した。この本の書名を『新しい国史教本』として刊行したのは、『国史教本』を新しく書いたという意味からであろう。

これらの本も、場合によっては教科書の役割を果たしたとみられる。ただ、最初から教科用図書として出されたものではないために、漢文調の文章が多かったり、内容が難しかったりして、多くの学校で使用が難しかったと推測される。この点において、『初等国史』と中等用『国史教本』は、米軍政期の国史教科書としての意義が大きい。米軍政は一九四六年に国民学校の教授要目❻を、一九四七年に中学校教授要目を公布して、初中等学校の教科目、授業時数、教科内容などを提示した。教科書検定制度が施行され、一九四八年に検定教科書が発行された。これにより、解放直後、最初に刊行された国史教科書である『初等国史』と中等用『国史教本』もその寿命を終えた。

最初の話に戻ろう。『初等国史』はそう簡単に見ることができる本ではないが、非常に珍しく貴重な本というわけでもない。中等用『国史教本』を古本屋で見つけることは簡単である。全国に何冊しか残っていない『パヅギとチョルス』に比べると、「珍品名品」のテレビに出しても鑑定価格はかなり低いであろう。しかし、今日、この本に言及したり、その内容を研究対象にしたりしていることを鑑みると、「本」の価値とその「内容」の価値は異なることがわかる。歴史に関心を持ち勉強する人にとっては、内容の価値が自分に一層重要となって迫ってくる場合もある。

〈訳注〉

❶震檀學會　一九三四年に朝鮮および近隣地域の文化研究を目的として組織された学術団体。当時朝鮮文化に関する研究の多くは日本人が中心となって行われ、日本語で発表されていた。これに対して、朝鮮人が朝鮮語で自分たちの文化について研究する必要性を感じた知識人たちが集まり結成した会である。

❷四二七八年　西暦一九四五年。一九四八年九月から一九六一年までの韓国では、檀君の古朝鮮建国の時点を基準とする檀君紀元（檀紀、西暦＋二三三三年）という紀年法が使われていた。

❸東学農民戦争　一八六〇年に崔済愚が西学（天主教）に対抗してつくった宗教である東学を信奉する教徒や指導者により一八九四年に起こされた反侵略・反封建の農民戦争である。時代や立場によって、東学の乱、東学革命、東学農民運動などと呼ばれる。

❹士禍　朝鮮中期に起こった新旧官僚間の対立。当初は、勲舊派や外戚が新興勢力の士林派に対して政治的弾圧を行ったが、後には勲舊派も巻き込んだり、士林派同士による士禍も起こったりした。戊午士禍（一四九八年）、甲子士禍（一五〇四年）、己卯士禍（一五一九年）、乙巳士禍（一五四五年）を四大士禍という。

❺実学　朝鮮後期に既存の性理学を批判し現実改革を求めた学問潮流。農村を中心に朝鮮社会の現実を改革しようとした経世致用派、商工業の発展や技術革新を主張した利用厚生派（北学派）に分かれる。

❻教授要目　一九四五年の解放後、ＧＨＱによって一九四六年に制定され一九五五年まで使われた各学校で教える教科内容を定めたもの。日本の学習指導要領と同じく course of study の訳語である。

三　民主市民育成とアメリカ式民主主義教育——新教育運動と社会科の導入

中学校三年生の時、学校で「完全学習」という副教材を授業で用いたことがあった。筆者が中学校二年生までは高校入試があったが、それまで入試準備のための参考書は学校では使用したことがなかった。一九七三年三月に三年生になり高校標準化❶が発表された。初年度はソウルと釜山だけに先駆けて施行されたが、ソウルの学校に通っていた筆者は標準化政策の恩恵を受け、高校入試がなくなった。そのため、学校で入試に備えた補習授業のようなものは行われず、「完全学習」教材が正規の授業時間に使用された。筆者の経験では、学校の授業時間に教科書以外で使用した最初の教材であったように思う。

韓国教育の枠組みがつくられた米軍政期

「完全学習（mastery learning）」は、アメリカの教育学者キャロル（J.B.Caroll）の学習模型を土台に、ブルーム（B.S.Bloom）が開発した理論であった。授業の質と理解力を高めて学習に必要な時間を少なくし、全体の学習時間を増加するなど学習機会を十分に提供すると誰でも学習目標に到達することができるという考えであった。完全学習の理論家は約九十五パーセントの生徒が、与えられた学習課題の九十パーセントを成し遂げることができると主張した。本当にそうなのか疑問がわく。しかし、韓国では「mastery learning」が「完全学習」という言葉で翻訳されたために、より魅力的に響いたようである。教材がつくられ、学校でそれを用いて授業をするようになったのである。後々になって考えてみると、多分、筆者の学校は実験学校か研究指定学校だったのだろう。しかし、学校で行われた完全学習は、後日うやむやになった。高校授業では一回も「完全学習」の話を聞いたことがなかった。この理論が生まれたアメリカ社会科と教育を見る観点や環境が異なる韓国では完全学習の理論は入ってこなかったようである。アメリカでも完全学習が学校教育でそのまま実践されたという話は聞いたことがない。結局、アメリカで生まれた理論を、アメリカではない韓国で実験しただけのことである。当時、完全学習の教材を刊行していた出版社は以後、入試用参考書を数多く出す出版社の一つに成り下がった。その後、熾烈な参考書市場の競争で淘汰され、今はその痕跡すら残していない。

よく韓国の教育学はアメリカの教育理論を盲目的に受け取ってきたと批判を受ける。アメリカと韓国は多くの部分において社会的条件が異なるのであるが、アメリカで出た教育理論を韓国教育にそのまま適用しようとしたのである。多くのアメリカ教育理論が韓国の学校教育で実験された。新教育、郷土学習、探究学習、完全学習、開かれた教育、構成主義、遂行評価など、これらアメリカの教育理論が韓国の教育現場を激しく揺さぶり、現在でも大きな影響を与えている。学校教育の根幹を決定する教育課程❷は、改訂されるごとにアメリカの教育思潮にしたがう。第一次教育課程より第四次教育課程までは「教科中心教育課程→経験中心教育課程→学問中心教育課程→人間中心教育課程」というアメリカ教育思潮の変化がそのまま韓国教育課程の基本理念となった。

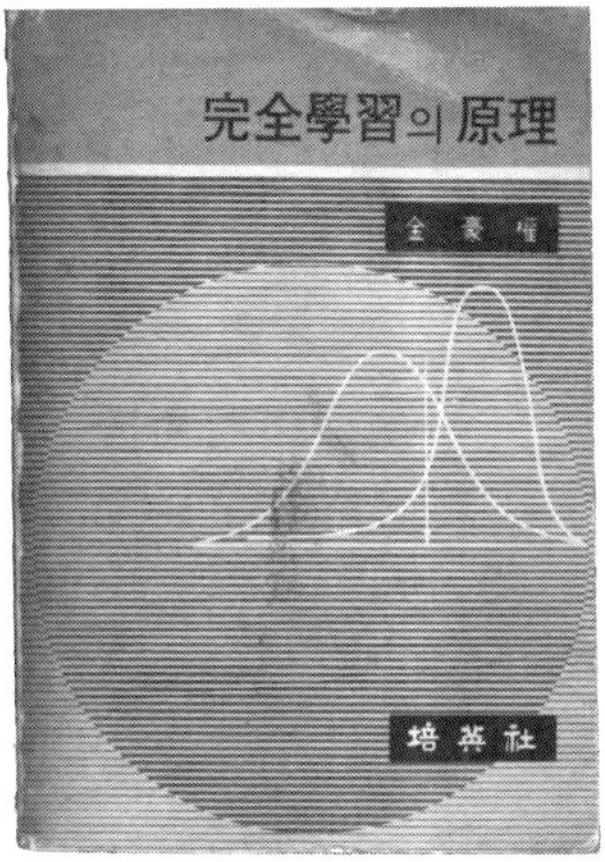

韓国に完全学習理論を紹介した教育学の本『完全学習の原理』

韓国の教育がアメリカの影響を受けた理由はいくつかある。まず、現代の韓国が米軍政より始まったという点である。米軍政の三年間で、日本の植民統治から抜け出し独立国家の形を準備するのに必要な法的、制度を整えた。教育も同じだった。一九五〇年代まで、韓国経済はアメリカの援助に頼った。その中には教育援助も含まれていた。アメリカの教育視察団が何度も韓国に来て、教育全般にかけて諮問をし、教師教育に直接関与した。韓国の教育学者や師範大学

〔教育学部〕で教師教育を担当する教授がアメリカの大学で研修を受けたりもした。先進国の学問に接する機会がなかった韓国の教育界にその影響は少なくなかった。特にアメリカのジョージ・ピーボディ（Peabody）大学の師範大学教授団が韓国文教部と協約を結び、一九五六年から六年間かけて教師養成と再教育のための理論的・実践的な枠組みを整備し、韓国の教育界に大きな影響を与えた。その結果、「ピーボディー学派」と呼ばれる教育学界の人脈が形成されたりもした。これと併せて、韓国社会において長い間維持されてきたアメリカへの憧憬と肯定的なイメージも韓国教育がアメリカの影響を受ける一つの役割を担った。長い間、韓国にとってアメリカは民主主義の国家であり、政治と経済だけでなく、社会、文化など区別することができないすべての部分において仰ぎ見る先進国であった。このような理由により、解放以後から長い期間、韓国の教育学者の多くがアメリカに留学し、そこで学んだ教育理論を韓国に導入しようとした。その中には、実験段階で終わったものもあり、一部は実際に学校現場にそのまま適用されたものもあった。

アメリカ教育が韓国に及ぼした影響の中で、特に注目しなければならないものが米軍政三年間の教育政策である。この時期に形を整えた教育制度と教育思想は、現在もなお韓国教育の基礎になっている。米軍政の時に導入され、現在まで維持されている初等学校六年、中学校三年、高等学校三年、大学四年の六－三－三－四学制は、アメリカの一部地域で施行された制度である。現実的に、韓国の高等学校教育に大きな影響を及ぼす大学入試の主犯として目をつけられている国立ソウル大学校〔現在は国立大学法人〕は、アメリカの州立大学からアイディアを取ったものであった。「弘益人間」という教育理念も米軍政の時に準備され、政府樹立後、最高の教育理念として法的に位置づいた。それ以前の一年三学期制もこの時に二学期制に変化した。

歴史教育と関連して、この時期に成立した最も重要な教育政策は、社会科（social studies）導入である。社会科も、やはりアメリカで開発された教科を解放直後に韓国教育が取り入れたものである。当時、社会科はアメリカ社会と教育の性格をよく示す代表的な教科として認識されていた。以後、社会科の性格と範疇に関しては論争が続き、この教科に含まれた科目間での衝突が終わりを見せることはなかったが、六十余年が過ぎた今日でも社会科は相変わらず歴史と地理、それ以外の社会科学を包括する教科としてその地位を維持している。米軍政時期の教育のさまざまな問題は別に扱うこととして、ここでは社会科がどのような性格の教科であり、どのようにして米軍政の時に韓国社会に入ってきたのかを詳しく見ていこう。

米軍政の教育政策に関与した「教育主導勢力」

日本の降伏後、三十八度線以南を統治した米軍政が当面した教育政策の課題は、日本の軍国主義教育を撤廃することであった。日本の軍国主義教育が追い出されて空いた席に、アメリカ式民主主義教育がおさまることは容易に予想された。米軍政において、教育行政に責任を持っていたのはロッカード（R.N.Lockard）大尉だった。ロッカードは、アメリカ・ボストンのあるカレッジで英語を教えていた人物であったが、第二次世界大戦に参戦した。米軍政の教育業務を引き受けたのもこの経歴からであった。しかし、ロッカードは大学で英語を教えていたという経歴だけで、何ら教育に対する見識を持っていたわけではなかった。さらに、韓国についての知識はほとんどなかった。彼は、戦争が終わると日本で施行された連合軍の軍政に参加することを予定しており、日本に関する勉強をしていたことが知られている。しかし、ある事情で勤務地が朝鮮に変わった。このような理由から、米軍政は教育行政を行うために朝鮮人教育者の協力を得るようにした。英語が上手で意思疎通が可能であり、アメリカ社会とアメリカ式民主主義を理解している上に、教育に対する知識と観点を持っている朝鮮人が自然と米軍政の教育業務のパートナーとして浮上した。

教育問題に関心を持っていた一部学者と政治家は、このような状況を利用して米軍

米軍政期の教育界に強い影響力を行使した教育主導勢力。左から兪億兼、白樂濬、金活蘭、金性洙

政の教育政策に積極的に関与しようとした。この中で、呉天錫《オチョンソク》、兪億兼《ユオッキュム》、金活蘭《キムファラン》、金性洙《キムソンス》はアメリカ軍が朝鮮に上陸する前にすでに会合を持ち、韓国教育の方向を論議していた。この会合はソウルの西大門区天然洞で開かれたので「天然洞の会」と呼ばれる。これらのメンバーは、自分たちが考える教育を実現するために米軍政に接近した。米軍政はこのメンバーを中心に諮問機関である韓国教育委員会（The Korean Committee on Education）を構成した。そして、その意見を参考にして教育問題を処理した。韓国教育委員会の委員は、金性達《キムソンダル》（初等教育）、玄相允《ヒョンサンユン》（中等教育）、兪億兼（専門教育）、白樂濬《パクナクジュン》（教育全般）、金活蘭（女子教育）、金性洙（高等教育）、白南勲《ペクナムフン》（高等教育）の七名であった。これらの中で、白樂濬と金活蘭はアメリカに留学して博士学位を受けており、玄相允・兪億兼・金性洙・白南勲は日本留学経験があった。また、金性達と金活蘭を除くと、代表的な右翼政党である韓国民主党に属していた。金活蘭もこれらの人々と近い関係にあった。さらに、玄相允・兪億兼・白樂濬・金活蘭・白南勲はキリスト教信者でもあった。韓国教育委員会委員として直接参加したことはなかったが、このような動きを実際に主導した人物は呉天錫であった。呉天錫はアメリカに留学して博士学位を受け、韓国民主党所属でキリスト教信者であった。天然洞の会でも中心人物の役割を果たした。

「天然洞の会」参加者や韓国教育委員会委員と同様に、米軍政期の教育界に強い影響を与えた人は「教育主導勢力」とされた。これらの人々の活動を批判的に見る人からは「教育覇権勢力」と呼ばれた。教育主導勢力の経歴と性向は、米軍政が好むものであった。もちろん、玄相允・兪億兼・金性洙・白南勲のような軍国主義下の日本に留学した経験がある人を米軍政は区別することもできた。しかし、これらの人々は学校を経営したり学校長の経験があったりして学校教育を熟知しており、韓国民主党所属でありながらも大部分がキリスト教信者でもあることから、米軍政はあえて拒否しなかったのである。

この教育主導勢力は、米軍政の教育行政に対して単純に諮問の役割をするのではなく、積極的に政策へ関与した。呉天錫の次の告白はこれらの人々の考えをよく表している。

ロッカードが韓国に関する知識をほとんど持っておらず、さらに彼に一国の教育行政を料理するだけの知識や経験が不足しているという事実は、私たちに対しては不幸であると同時に幸運なことであったかもしれない。不幸なことは、かなり複雑であった当時の韓国教育を指導するだけの能力が彼にあれば、より高度な指導性を発揮することができたということである。その反面、幸福なことは、彼の韓国に関する知識と教育的指導力が不足しているために、最初から彼は韓国人の意志を尊重し、韓国人の知恵と判断に依存する度合いが高かったということである。――呉天錫『韓国新教育史（下）』、七頁

ロッカードが韓国の事情をよく知らず、教育に対する識見が不足していたために、自分達の影響力を大きくすることができて幸運だったのである。それだけ教育主導勢力の人々は、米軍政の教育政策に積極的に関与し、自らが考える教育方針を実現させようとした。

米軍政の学務当局も教育政策を打ち立てるのに朝鮮人を参加させた。一九四五年十一月二十三日に教育指導勢力を始めとして、学界と教育界の朝鮮人主要人物百名余りを網羅して自らも参加する朝鮮教育審議会を構成した。朝鮮教育審議会は韓国教育委員会と同じ、教育主導勢力が中心をなしたが、朝鮮人の意見を幅広く聞くという趣旨にしたがい民族主義者も多数含め一部左派知識人も委員として参加していた。朝鮮教育審議会は米軍政の主要教育政策を審議し決定をする役割を担った。朝鮮教育審議会は教育理念、教育制度、教育行政など十の分科会で構成された。各分科委員会は、毎週一回から三回の会議を開き関連事項を審議・議決、その結果を全体会議で報告して事項を検討した。教育理念、学制と学期制、大学の設立、教師養成体制など、教育の基本的な形が朝鮮教育審議会で論議された。

アメリカ式民主主義教育と新教育運動

教育主導勢力が考えた教育の方向は、アメリカ式民主主義教育であった。このような考えは当然、学務当局と一致

するものであった。特に注目したのは、ジョン・デューイ（John Dewey）の教育理論であった。アメリカの進歩主義教育を代表するデューイは、以前から東アジアにおいて関心をもたれていた人物であった。日本では一九一〇年代から一九二〇年代前半期までの大正デモクラシーの時期にデューイの影響により「自由教育論」「自学教育論」「児童教育論」など、児童中心教育が提唱された。デューイは一九一九年五月から約二年二か月もの間中国に滞在し、各省を回りながら講演をした。その影響により、一九二〇年代中国でも実用主義教育が提唱され、児童中心教育運動が起こった。朝鮮でも三・一独立運動以後、教育に対する関心が高くなり、デューイの教育論が紹介された。方定煥《パンチョンファン》の「子ども運動」はその影響を受けたものである。

　教育主導勢力の中で、一部の人はアメリカにおいて留学する時に、デューイの教育論に接し、デューイの弟子であり同僚として一緒に進歩主義教育運動を行ったキルパトリック（W.H.Kilpatrick）に直接学んだりもした。彼らはデューイ教育論の核心を児童中心の生活教育と理解した。そのため、この理念を中心に教育を改革しようとした。

　教育主導勢力は自らが志向する教育を「新教育」と呼び、新教育運動を起こした。「新教育」があれば、「現教育」もあるのか？　彼らは「新教育」を「昔の教育」と対比させる言葉として使用した。彼らが述べる「昔の教育」とは、伝統教育と植民地期の教育を一緒に指していたのである。彼らは日本の教育が人間を道具化する教育であると見ており、私たちの「昔の教育」については抑圧主義的な教育と批判した。さらに、植民地下の教育は封建的な残滓である階級主義・差別主義をそのまま維持したものと見た。「新教育」は画一主義的な教育を拒否し、各人の個人差を認め、個性を生かす教育というものであった。さらに、「新教育」は過去の文化的遺産を伝達することを目的とする知識中心の教育や現在の実生活と遊離した書物中心の教育を排斥し、全人的な発達と向上を目的とする、現実と密接な関連がある生きた教育を志向すると主張した。

　このような児童中心教育、生活中心教育を提唱する新教育運動は、国民学校を中心に展開された。児童の経験を中心に単元を組織して勉強する単元中心学習が登場した。ソウル孝悌《ヒョジェ》国民学校とソウル大学校師範大学附属国民学校などで、全国の教師と教育者七百余名を集めて、新教育方法による研究授業が展開された。

新教育運動の理論的基礎であるデューイの教育論を普及する作業も並行して行われた。呉天錫は教育者を対象にしたデューイの教育理論を紹介する講演を続けた。一九四七年に『民主教育の建設』という本において、デューイ思想に基礎を置く「新教育」を主張した。さらに、翌年にはデューイの代表著書である『民主主義と教育（Democracy and Education）』を翻訳した。その後にも、呉天錫はデューイの『学校と社会』を翻訳したりもした。「新教育」の研究と普及を目的とする白樂濬中心の教育文化協会、呉天錫などの新教育協会、ソウル大学校師範大学附属国民学校が中心の児童教育研究会などさまざまな教育団体がつくられた。ソウル特別市では文教部奨学官と奨学士、学校長を中心として「新教育推進委員会」をつくり、実情に合う問題解決中心の学習法の開発を推進したりもした。

新教育運動の趣旨は、現在も韓国教員団体総連合会で刊行されている機関誌の名前が「新教育」であることからも察することができる。韓国教員団体総連合会の出発は、一九四七年十一月に当時の文教部長であった呉天錫が中心となりつくった教員団体である朝鮮教育連合会である。呉天錫は教員の団結と専門性強化、権益伸長などを標榜しながら、朝鮮教育連合会を創設した。朝鮮教育連合会はアメリカの教員団体である米国教育学会（National Educational Association）の組織と定款をそのまま真似たものであった。そして、機関紙の名前を「新教育」とした。朝鮮教育連合会は大韓民国政府樹立とともに名前を「大韓教育連合会」に変えた。以後、大韓教育連合会は独占的な教員団体の地位を維持した。しかし、一般教師ではない校長などの管理職を中心として運営され、教育の改善よりは政府の教育政策を広報したり、実践したりするのに力を尽くした。このために、政府の御用団体という批判も絶えることがなかった。一九八〇年代に教育の民主化運動が起こり、真の教育を叫ぶ全国教職員労働組合が発足し、大韓教育連合会は危機を迎えた。大韓教育連合会は御用団体のイメージを払拭するために、名前を「韓国教員団体総連合会」に変え、組織と理事の決定過程で一般の教師の影響力を強化する制度改善を推進した。さらに、国際自由教員組合連

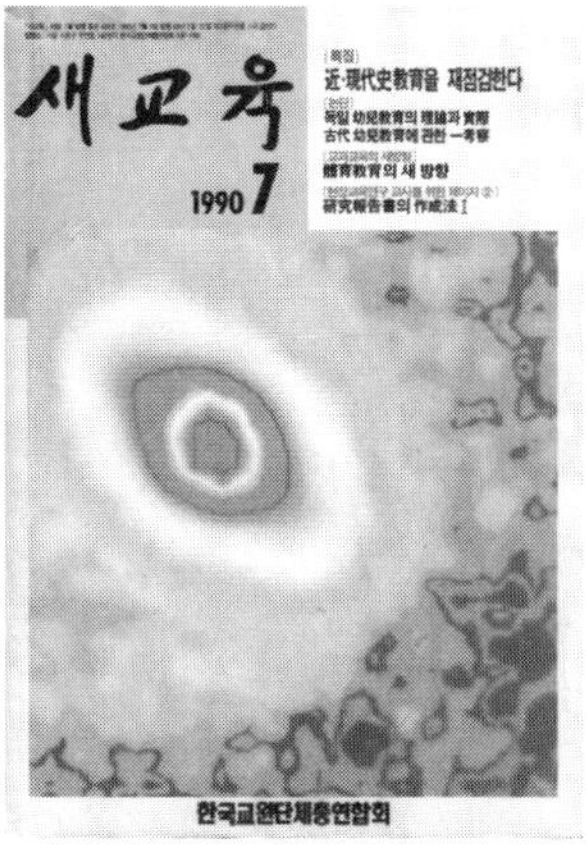

韓国教員団体総連合会の機関誌『新教育』

盟に加入するなど、変化の姿を見せながら今日に至っている。その間にも、機関紙の名称は依然として「新教育」のままであった。

「新教育」を代表する科目は社会科だった。米軍政と教育主導勢力は、日本の軍国主義教育を代表した国民科に代替する科目として社会科を「社会生活科」という名前で導入した。社会科は元来アメリカでつくられた教科であった。一九一六年アメリカ教育学会中等教育改編委員会（The National Education Association of the United States. Commission on the Reorganization of Secondary Education）が「社会科」という教科を最初に提案した。それ以前までアメリカの学校で社会関連科目は大部分が歴史であり、市民政府論（civil government）が一部追加されている程度であった。社会科は「歴史およびその関連領域」を意味する言葉で、委員会は社会科を「人間社会の組織と発展、そしてその構成員である人間と直接的に関連した教科」と定義した。委員会が「社会科」を提案するようになったのは、教育の実用性が重視され、社会的効用性（social efficiency）を強調した当時のアメリカ社会の状況と関連が深かったからである。既存の歴史中心の教育はこのような役割を十分に果たすことができないと見られたのである。一九二〇年代以後、社会科は次第にアメリカに拡大した。児童が成長しながら味わう個人的・社会的な経験や、児童の個性を重視する進歩主義教育思潮もここに一定の役割を果たした。しかし、歴史と社会科は対立した。社会科が拡大すればするほど相対的に歴史の比重が小さくなり、アメリカ人であれば必ず知らなければならないアメリカの歴史を社会科を代表する進歩主義教育思潮が乱雑に扱うようになるという考えからであった。

社会科は民主市民を養成する核心科目であると同時に、韓国社会にアメリカ式民主主義を普及する通路であった。併せて、共産主義で唱えられる人民民主主義や、ヨーロッパで政治・社会理念として相当な影響力を持っていた社会民主主義を遮断する役割も果たした。

一九四六年の国民学校教授要目と一九四七年の中学校教授要目において、社会生活科は正式な教科となった。「social studies」を「社会科」ではなく「社会生活科」という名前にしたのは、生活中心教育という趣旨を確実に表現するためであった。国民学校教授要目では、社会生活科の目的を「人と自然環境および社会環境との関係を正しく認識させ、社会生活に誠実で有能な国民になるようにする」と規定していた。中学校教授要目でもこのような目的はほぼ同一であった。社会生活科教授要目は、内容を主題名で提示する条項式ではなく、質問を投げかける設問式になっていた。「私たちの民族の起源はどのようなものであったか、それら最初の生活の姿はどのようなものであったか?」（国民学校社会生活科教授要目、歴史部分三学年）のような形である。教授要目では、このように教科において教えなければならない内容を設問式にした理由を、民主主義的教育法に依拠したためと説明している。すなわち、「以前と同じように先生が最初に価値判断をして命令的に教える断案的、命令的教授法を超え、先生と子どもが協力して問題を解決するための観察・研究・推理・批判・討論をして、子ども自身に正当な結論に到達するように先生が指導しなければならない」（国民学校〈社会生活科教授要目〉「教授要目の運用法」）ということである。生徒には最初に問題を投げかけ、教師が答えを提示する前に生徒自らこの問題を解決するという方式で学習するという趣旨である。しかし、提示された質問は問題提起というよりも事実を並べた単元名を質問の形式に変えただけのものであり、趣旨にどれだけ符合するかは疑問である。社会生活科教育課程では、当時の社会科を導入し、このような論理を打ち立てたことに言及することで終止符を打とうとしたのである。

解放直後、国史教育を再建しようとの動きが活発になった。社会科が導入され、社会科と歴史との関係をどのように設定するのかが論争に

米軍政期の社会生活科に関する本

なった。一部の者は、歴史、特に国史教育の重要性を強調し、国史を独立的に教えることを主張した。しかし一方では、歴史を社会科の一部分に包含させても、その目的を十分に達成することができると反発する者もいた。このような論争は、敗戦後の日本社会でも展開された歴史科独立論、社会科歴史論、社会科統合論の主張を連想させる。結局、日本の学校教育で「社会科歴史」という形態で歴史を教えるようになったように、韓国でも社会科の枠の中に歴史を置き、国民学校では統合、中学校では歴史・地理・公民を分離させて教える形式となった。国民学校教授要目の「教授要目の運用法」において、社会生活科を統合して内容を構成し教えることを次のように明確にしている。

この要目は下級学年では主に日常的で身近な地域での生活を扱い、上級学年になると、歴史、地理、公民が統合されている。これは、歴史、地理、公民を統合した社会生活科になるのではなく、社会生活科に歴史、地理、公民の統合が必要なためである。したがって、この統合は社会生活の考察および体験を中心にしなければならないものである。従来の分科的概念をもって社会生活科に歴史、地理、公民を取り入れると、その総合に不自然な点が生じやすいので、特に注意して社会生活の究明を基本とし、適切に地理、歴史、公民を扱うことを望む。――国民学校〈社会生活科教授要目〉「社会生活科教授要目の運用法」

これにしたがい、歴史、地理、公民各科目の性格や目標などは別に提示されなかった。中学校教授要目ではこの新しい科目を分科的に教えるが、社会生活科に帰着しなければならないとし、次のような説明をしている。

地理、歴史、公民が分科的になっているからとして、従来のように全面的に独立している科目として扱うのはいけない。私たちの人類社会においておこったさまざまな問題を地理部分は地理的な立場から、歴史部分は歴史的立場から、また公民部分は公民的立場から扱うのである。しかし、いつも地理と歴史とは互いの関連性に留意し、これらの問題を扱うのに公民的見地で検討・批判もし、また公民の問題を扱う時は歴史的ないし地域的にも考察して、私たちの社会生活を全体的に理解、修得させようとすることが要点である。そして、教師はこの新しい部分を何も連絡もなく別々に扱うことなく、いつも各部分が横断的・縦断的な関係を持ち、社会生活科教授の究極の目標に到達するように努力しなければならない。――中学校〈社会生活科教授要目〉「社会生活科教授要目の運用法」

学者と教師の間では、社会科導入に対する批判が起こった。「私たちの実情に合わないアメリカの教育をそのまま直輸入した」「国史教育を無視するものだ」「学問を量的・質的に低下させる憂慮がある」などが主な理由であった。これに対して、米軍政庁学務局役人であった司空桓《サゴンファン》は、固陋な学者の批判に便乗して社会生活科を導入して一年もたたずに教師が多少の不平を我慢することができずに示威をすることは軽率だと指摘した。司空桓は、社会生活科は地理、歴史、公民、勤労など各分科を単純に総合して構成したのではなく、基本的な教育の原理にしたがい生まれた科目であると主張した。彼が見る限り、社会生活科は、人と自然環境、社会環境の関係を明らかにし、現在に立脚して過去を詳しく見て、未来を洞察し、社会で生きていく方法を体得して向上させる科目であった。そして、生徒の学習意欲を鼓吹することで各分科の基本的な知識を得ることができるようにした。このような点において、彼は社会生活科が各分科の教育を弱体化させることはないと強調した。「私たちの民族の発展と祖国の繁栄に寄与しようとする高潔な意図から社会生活科を新設」して、社会生活科を土台に地理、歴史、公民、勤労など実際の教育を総合的に強化させようとする精神を忘れないようにするということである。

しかし、社会科の導入は司空桓の主張のような体系的な研究と計画の下で行われたものではなかった。教育の責任が連邦政府ではなく各州にあるアメリカ社会において、社会科教育課程は州ごとに差異があった。韓国に入ってきた社会科教育課程は、コロラド州のものを基礎とした。国民学校の社会生活科教育課程はコロラド州の八年課程を六年に縮小したものであった。カリフォルニア、テキサス、ニューヨーク、フロリダ、イリノイ等、アメリカ教育に影響力が大きな州ではなく、コロラド州の社会科教育課程を受け入れた理由は何なのか？　新教育運動を推進した人は、その理由をコロラド州が社会生活科を熱心に研究したためだとした。しかし、この時期の社会科はアメリカすべての州に拡大しており、州別に社会科教育課程が準備されていた。その中で、唯一コロラド州の社会科教育課程に倣ったのは、米軍政の教育担当者であるロッカードがコロラド州出身という点と関連があるようである。私たちが受け取った社会科は、アメリカのさまざまな州の社会科を十分に研究して、韓国の事情に適合した教育課程を採択したものではなかった。

新教育運動と社会科は韓国教育を変えた

それでは、このような新教育運動が実際に韓国の教育を変えたのか？　アメリカ式民主主義と社会科の導入が適切だったのかについての可否は別の問題としても、実際に新教育運動の推進者が志向した児童中心、生活中心の教育は行われたのだろうか？　この教育以後、韓国教育が変わったと見る人はいないだろう。新教育運動の趣旨とは異なり、韓国の教育は依然として教師中心から脱皮することができず、児童は教師が教えることを受動的に受け止める存在である。教授要目に続いて一九五五年に公布された教科課程（第一次教育課程）と、一九六三年の第二次教育課程においては経験中心の教育を標榜したが、知識中心の暗記教育という批判はそれ以後も続いた。民主市民意識と参加意識を育てるという社会科の目的は達成されることのないまま、既存の社会に人間を同化させる教育が続いた。

それならば、新教育運動と社会科の導入はなぜその目的を達成することができなかったのか？　まず、教育理論を理解することができないまま、アメリカ社会の理念と教育を急いで受け入れようとしたという批判が可能である。社会科の導入を肯定的に評価する人々も、当時は社会科の趣旨を理解することができなかったと自認している。社会科を児童尊重、個性尊重の理念を持つ教科程度に理解していたということである。しかし、根本的に多人種社会から生じてくる社会的問題点に対処して、社会的効用性を高めようとする目的を持った社会科が、解放直後の韓国社会に適合するものであったのかの十分な論議がなかった。さらに、韓国教育には依然として近代教育成立期と植民地下において受け入れた日本教育の影響がそのまま残っていた。その結果、学制を始めとした制度や教育理念上のアメリカ教育と、実際の学校現場において行われる日本式教育が混合した。時々、民族意識や韓国的教育が主張されたが、これは政治権力の目的を達成するためのスローガンにとどまった。アメリカ式教育と日本式教育の絶妙な調和が、二十一世紀まで維持されてきただけのことである。

さらに究極的な問題は、果たして「社会科」という教科が学校教育に適合したのかという可否である。社会科に含まれた歴史、地理、社会科学は社会現状を扱うという点では共通点を持っている。しかし、社会現象を科学的で客観的に研究しようとする社会科学と、人文学的性格が強い歴史を一つの教科として束ねることができるのかという疑問は続いている。地理も人文地理の場合は人文学的性格が強い。もちろん、社会科は学問よりも教育目的を基準に生まれた科目である。しかし、教科内容がないとこのような目的を達成することはできない。内容とこれを勉強する方法からみても社会科は異質な領域を束ねたものであった。結局、社会科の導入は、以後の韓国教育において長い論争の火種となった。特に歴史と社会科の対立が続いた。これは韓国だけでなく他の国でも現れた現象であった。

〈訳注〉
❶高校標準化　韓国で一九七四年に高校間の水準差を緩和するために導入された選抜制度。各校による入学者選抜を廃止し、高校入学希望者全員が抽選で高校を決める方法。
❷教育課程　日本の学習指導要領のように各学校で教える内容を定めたものを韓国では教育課程（curriculum）と呼ぶ。一九五五年以降約十年ごとに改訂してきた教育課程は次のように時期区分を行っている。第一次教育課程（一九五五年～一九六三年）、第二次教育課程（一九六三年～一九七三年）、第三次教育課程（一九七三年～一九八一年）、第四次教育課程（一九八一年～一九八七年）、第五次教育課程（一九八七年～一九九二年）、第六次教育課程（一九九二年～一九九七年）、第七次教育課程（一九九七年～二〇〇七年）。二〇〇七年に改訂された教育課程からはいつでも改訂できるようになり、現在二〇〇九年に改訂された教育課程が適用されている。

四　民主的民族教育から科学的歴史認識まで——解放直後の朝鮮史認識と国史教育論

「歴史をなぜ学ばなければならないのか?」実はこの質問ほど歴史を勉強する人を困惑させるものはない。他人に対して、筋道があり説得力のある回答をするのが難しいからである。筆者も歴史教育論の最初の講義はあえてこの話をし、本や文章でもこの問題を扱うが、どれほど多くの人が筆者の話しにうなずいてくれるかは疑問である。

どのような国史を、なぜ学ばなければならないのか

しかし、一つ幸運な部分がある。歴史の勉強をしようがしまいが、歴史を学ぶ必要がないという人はほとんどいないという点である。特に韓国史の場合はなおさらである。心の中に「韓国人であれば韓国史を知らなければならない」という考えが背景にあるからである。たとえそのように考えない人がいたとしても、これを表に出すことは難しい。だが、韓国史を勉強しなければならないことに同意したとしても「歴史をなぜ学ばなければならないのか?」という質問は現実的に必要である。「なぜ学ばなければならないのか?」は「どのような歴史を学ばなければならないのか?」と密接な関連があるからである。解放直後の状況もそうであった。国史を学ばなければならないということにすべての人が同意するが、どのような国史を学ばなければならないのかということについては違いがあった。これは国史教育を通じて育てようとする人間像が異なるためである。

解放直後は歴史教育、特に国史教育に対する関心がとても高かった。多くの朝鮮史の本が出版されるとともに、朝

鮮史研究団体が再建され、国史講習会が開かれたりもした。国学者は、国民が朝鮮史を知ることは民族のアイデンティティを取り戻し、新しい国を建設することだと考えた。しかし、米軍政と協力し教育政策を主導した人は、歴史教育よりも社会科に関心を持った。彼らは日本の皇国臣民化教育を撤廃し、アメリカ式民主主義を導入することを念頭に置き、社会科を通じて貫徹しようとした。これに対して、歴史学者は国史教育がなぜ必要なのか、どのような観点からいかなる内容を教えなければならないのかについての見解を積極的に提示しなかった。国史教育が社会的課題であるという点は認識していたが、朝鮮史研究と国史教育を特に区分しなかった。国史教育に言及したとしても、その内容は自分の朝鮮史観を提示することであり、朝鮮史解説書を広げることが国史教育であると考えた。したがって、国史教育に対する考えは、彼らが提示した歴史観と刊行された朝鮮史概説書に反映されていたとすることができる。解放直後の国史教育論がどのように展開されたかを知ることで、当時の歴史学者の歴史観や歴史認識に自然と近寄ることができるであろう。ただ、当時の歴史学者の歴史観や歴史認識を冗長に紹介することを避けるため、ここではなるべく歴史教育問題と関連がある部分にだけ言及しようと思う。

米軍政学務局の社会科歴史教育論

新教育運動を行うとともに社会生活科を導入した人で、国史教育について論じた人はほとんどいなかった。これは、国史教育の方向も社会科の目標と内容にしたがわなければならないという考えからだった。そのため、社会科歴史教育論を論議した人は、ほぼ司空桓《サゴンファン》のみである。米軍政庁学務局（後の文教部）師範教育課長であった司空桓は、歴史を始めとする各分科の基本的知識を教えるのに社会生活科がかえって効果的であると主張した。司空桓は、歴史を文化理解のための科目として見ていた。彼によると、文化は私たちの生命と関係がある事柄であり、その事柄の起源、発達の過程が私たちとどのような関係があるのかを理解し、児童が自分の生活に活用することができるということが歴史の勉強であった。司空桓は、国史は国語とともに興国という使命を持つとし、国史教育の原理として「㈠体験の

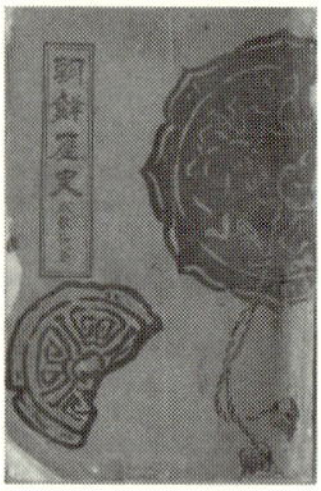

原理、㈡生命の把握、㈢復活の原理、㈣長寿の原理、㈤共生の原理、㈥同化作用」を挙げた。体験の原理は、過去の生活を自分のものとして経験することである。生命の把握は、資料に流れる生命と諸般の歴史的事実を総合的に構成して、深い歴史精神や理念を把握することだと説明する。復活の原理は、過去の歴史的事実に含まれている精神を現在に復活させ実践することである。長寿の原理は、歴史が過去の死んだことではなく、後世まで永遠に生命を持っていることを鮮明にする。共生の原理は世界を制覇しようとしたり、領土の野望を持たないようにしたりして、他民族や国家と一緒に生きていく精神である。同化作用は外来文化を私たちの固有文化に同化させ、朝鮮化することである。

司空桓は、日本の歴史学が軍国主義ファシズムの政治的目的のために、全国民に歪曲した神話の信仰と一定の政治理念を強制的に注入したと批判した。これを清算して、民主主義教育を打ち立てることを建国朝鮮の最も大きな課題とした。そして、このような教育を成し遂げた代表的な国家の事例としてアメリカとイギリスを挙げた。二つの国について、政治は合理主義的・科学的思想の種子を受け、筋道の立った道理を重視し、人権を尊重する人民の政治と考えたのである。したがって、教育と歴史学の方法も、この両国の近代的歴史認識の方法と批判的・合理主義的精神を獲得しなければならないと主張した。

しかし、司空桓は、私たちの文化的伝統と単一民族を前面に押し出し、弘益人間を建国理念として打ち立てたことを見ればわかるように、基本的に民族主義的性向を強く持った人物であった。祖国愛を国史教育の使命と見ることも同じであった。結局、彼の国史教育論は民族主義者の国史教育論と大きな差異はなかった。ただ、軍政庁教育官僚として、社会生活科導入という軍政庁の政策を擁護して、さらに具体的な国史教育方針を提示した程度であった。

類似した事例がすでに数多く知られているが、司空桓が日本の歴史学を批判して、イギリ解放直後に刊行された朝鮮史の本。右から権悳奎『朝鮮史』、黄義敦『中等朝鮮歴史』、申鼎言『常識国史』、咸敦益『朝鮮歴史』、崔南善『歴史日鑑』、申鼎言『規恤国史』、李昌煥『朝鮮歴史』

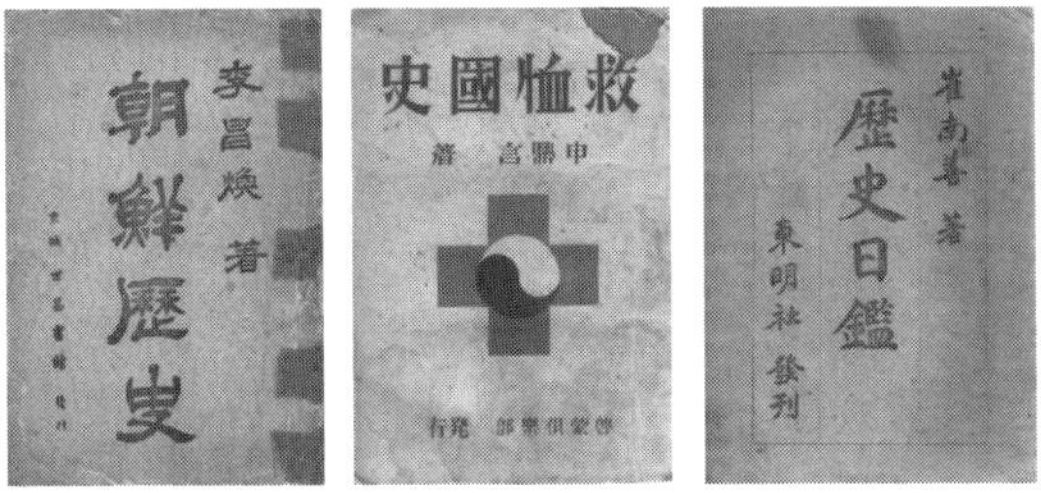

スとアメリカの政治や歴史学を高く評価したことを見ると、その素早い変わり身に感嘆する。司空桓は、植民地末の朝鮮総督府学務局学務課に勤務する中での解放となった。一九四二年一月には『春秋』に「英米の東洋侵略史」という文章を書いた。イギリスとアメリカがアジアを侵略して植民地とした過程を地域別に詳細に紹介したものである。当時、『春秋』は日本の侵略戦争を擁護して、内鮮一体運動を指示する親日誌に転落した状態だった。司空桓は、一九四〇年から一九四二年までは朝鮮金融組合連合会が発刊した親日雑誌である『半島の光』に「皇国二千六百年史略史」を二十七回も連載した。日本の皇国史学者がつくりあげた天皇を神格化し、日本の侵略戦争を合理化した歴史をそのまま紹介した内容である。そのよ

支那事變
皇國二千六百年略史
第二十七回
司空桓
제三十五장 지나사변과 국위선양(國威宣揚)
一、지나사변의발단
二、지나의
-180-

親日雑誌『半島の光』に掲載された「皇国二千六百年略史」27回の表紙

うな中で、解放を迎えた瞬間に歴史叙述が全く正反対に変わったのである。司空桓は米軍政学務局師範教育課長以外にも、朝鮮教育審議会第三分科（教育行政）委員として活動した。学務局が文教部に変わった後、文教部長であった呉天錫《オチョンソク》が朝鮮教育連合会を創設すると事務局長を引き受け、実質的な運営に携わった。政府樹立後も文教部の中で地位を維持し、師範教育課長と高等教育局長を歴任した。国史教育だけでなく、初期の教育政策を立ち上げるのに重要な役割を果たした人物であった。

そのような司空桓が、自分の知識を動員して日本の皇国史観と軍国主義教育を積極的に支えた人物であるという事実は、解放後に果たせなかった親日反民族行為清算の問題を再び思い出させてくれる。司空桓は民族問題研究所が刊行した『親日人名事典』に含まれていない。事典に掲載されている親日人物の選定基準には該当しなかったということである。多分、解放後に司空桓が教育界に占めた役割は考慮の対象とされなかったようだ。いずれにせよ、教育界の親日行為は他の分野より相対的に目がつむられているのかもしれない。

民主的民族教育論

国史教育に最も積極的な関心を見せた層は、当然のごとく民族主義者であった。彼らにとって、国史教育は民族伝統を生き返らせ、民族意識を育てるのに重要な手段となった。彼らは日本の軍国主義の教育を撤廃して民主主義教育を打ち立てる大義には同感したが、米軍政と教育主導勢力の教育政策が過剰にアメリカ中心となっていることについて警戒心をあらわにした。そのため、民族教育を主張し、外国の教育思想家の中でもデューイと同じくらいペスタロッチに関心を持つようになった。彼らは、新教育運動とアメリカ式教育の導入に合わせて、一九四六年八月に民主教育研究会を創設した。そして、一九四六年十二月に学会の名前を朝鮮教育研究会に変え、学会誌『朝鮮教育』を刊行した。「民主」より「朝鮮」、すなわち民族を押し立てることが自分たちの観点をさらに確実に表わしているという趣旨であった。「朝鮮教育」という言葉の中には、団体名にもすでに入っている国の名前である「朝鮮」、我が国の教育に対する研究という意味の「朝鮮」、伝統から教育精神を探すという意味の「朝鮮」が複合的に内包されているわけである。

　解放直後の状況において、民族教育を主張したとしても民主教育を排除することはできなかった。さらに、米軍政は朝鮮社会の民族主義的な雰囲気を警戒した。第二次世界大戦の相手だったドイツや日本のファシズムが過剰な民族主義から出てきたと考えていたからである。したがって、民族主義者は私たちの民族の歴史と精神に土台を置いた教育を打ち立てながらも、それがすなわち民主主義教育であると主張した。民族伝統に民主主義精神が入っているという論理である。すなわち、アメリカ式自由民主主義やソ連式人民民主主義ではない、朝鮮伝統の民主主義教育をしようということである。これを彼らは「民族的民主主義」、あるいは「民主的民族教育論」とした。

朝鮮教育研究会が 1946 年に刊行した学会誌『朝鮮教育』

「民族主義」を共通分母として一緒に活動して民主的民族教育論を打ち立てたが、朝鮮教育研究会の構成員の関心は同じではなかった。表面的には同じ「民族」を押し出していたが、民族の中の歴史の主体が誰であり、歴史を動かす力は何なのかに対する考えは互いに異なった。

　初代文教部長官を歴任した安浩相《アンホサン》は、極右民族主義的性向の人物だった。安浩相はソ連の人民民主主義はもちろん、アメリカや西欧の自由主義も排撃したが、強い反共産思想を持っていた。これに反して、新民族主義者と分類される安在鴻《アンジェホン》と孫晋泰《ソンジンテ》は中道的性向を持っていた。彼らは民族主義を押し立て、民族の主体をエリートではなく民衆とした。安浩相は自分の歴史観を「一百姓主義」とした。「一百姓主義」は、李承晩《イスンマン》が統治イデオロギーとした「一民主義」のハングルに該当する。安浩相は一九七〇年代から本格化した上古史論争の中心人物でもある。韓国現代史学史の中で民族主義史学者としての安浩相に言及することはないが、安在鴻、李仁榮《イインヨン》、孫晉泰などの新民族主義者を扱う理由もここにある。この中で最も多くの人の研究対象になったのは、孫晉泰の歴史観である。孫晉泰は国史教科書を執筆し、積極的に国史教育に対する自分の見解を明らかにし、政府が樹立した後の教育行政の業務に参加するなど、活発な教育活動を行った人物でもある。孫晉泰は既存の国史教科書が持っている問題点を次のように類型化した。

・朝鮮時代の封建的な史観をそのまま維持し、終始一貫して王室中心主義の貴族思想を鼓吹する教科書。
・封建思想から抜け出すことのできない国粋的教科書
・封建的ではないが、いかなる「イデオロギー」と一貫した思想体系を持つことのできないまま、興味ある事実の羅列に終始している教科書
・左翼学徒が書いた国史概論がない教科書

孫晉泰は、民族を中心に歴史を見るが、支配層でない民衆中心とならなければならないと主張した。そのためには、歴史的事実を知識だけでなく、批判的に理解しなければならないとした。孫晉泰によると、国史を知識のみで理解すると年代と地名、人名、史実を暗記しなければならないという負担感だけを持つようになり、現実生活に何の助けも教訓も興味も与えない。批判的観点は、歴史的事実を現実生活に生かす関連性の中で、現実生活の食料や水、空気となり、太陽の光となって、自然と興味を持つようになり教訓を与えるとする。

孫晉泰が述べる批判的観点は、民族的観点、民主的観点に立つことである。ところで、その民主的観点は、ソ連式民主主義でもイギリス・アメリカの民主主義でもない。彼らの民主主義は強大国の民主主義であり弱小民族には適合しない。ソ連式国史教育は、民族内部に階級闘争を起こし、民族を弱体化させ、ひいては民族体制を否定するようになるという憂慮がある。イギリス・アメリカの民主主義は、弱小民族として自分も知らないうちに彼らの巨大な資本主義の中でさらに弱体化し、民族としての発展を図ることができないようになる憂慮がある。孫晉泰はこれに備える

ために、民族主義を新民族主義とした。彼の代表的な著書である『朝鮮民族史概論』では、新民族主義の観点を次のように叙述している。

私は新民族主義の立場からこの民族史を書いた。王子一人だけが国家の主権を専有したという貴族政治の時期でも民族思想がなかったことはなく、資本主義社会にもまた民族主義というものがあった。しかし、そのような民族思想は、すべて真正な意義の民族主義ではなかった。それは、民族の美名下で彼らが支配階級だけの官力と富力を獲得・維持しようとする極めて不純で仮面的なものであり、懐柔しようとすることであった。真正な民族主義は民族全体の均等な幸福のためのものでなければならない。民族全体が政治的・経済的・社会的・文化的に均等な義務、権利、地位、生活の幸福を持つことができた時に初めて完全な民族国家の理想が実現するであろうし、民族の親和と団結が初めて完成することであろう。――孫晉泰『朝鮮民族誌概論』一頁

よく知られているように、新民族主義は安在鴻が主唱した建国理念である。安在鴻は、新民族主義を階級、民族、国家、派閥、新旧、自分と相手の区分なく、「万民共生」「人類大同」を志向する理念として規定する。進歩的で反帝国主義的なすべての地主と資本家と農民、労働者と一緒に万民共生に向かって新しく進むことが安在鴻が述べる新民族主義である。このため、大衆の確固とした理解を基盤として超階級的、超党派的な理解が必要と主張する。このような理念は外国から探すことはできず、朝鮮民族固有の理念と合致するとした。したがって、これを現代社会に合うように発展させると新民族主義になるとしたのである。

同じように、孫晉泰は新民族主義が国際的にすべての民族の平等・親和・自主独立を、国内的にはすべての国民が政治的・経済的・教育的均等とそれによる弱小民族の団結と発展を志向すると主張する。そうして、新民族主義は国際的に戦争を否定して、国内的には階級闘争を拒否する。歴史を君主や支配層ではなく、民衆を中心に見なければならないという観点も同じである。孫晉泰によると、王室を中心に歴史を理解する君主主義は、国民教育に有害な影響

を与える反民主主義的な体制である。そのため孫晉泰は朝鮮史において檀君と箕子朝鮮を取り除くことを主張した。このような主張は、檀君を「国祖」として民族の固有性を回復しアイデンティティを追究した当時の教育界、特に民族主義者のそれとはまるで異なる。歴史の教訓も同じである。孫晉泰は国史教育の重大な目的を愛国精神の鼓吹とした。したがって、愛国者を信奉して、民族反逆者を徹底的に排除することを主張する。ここでいう愛国者は王室に対する忠誠ではなく、民族に偉大な業績を残した人を指している。このような観点より、鄭夢周《チョンモンジュ》や死六臣[1]は王室のために命を犠牲にしたもので、民族のための死ではなかったと評価を下げた。それらに対して、閔泳煥《ミニョンファン》、安重根《アンジュングン》などは民族のために犠牲になったので真正な愛国者として高く評価する。同じ脈絡で洪景來《ホンギョンレ》、全琫準《チョンボンジュン》を反逆者と書いている既存の見解を二千万民族の立場から再批判しなければならないと主張した。そして、武臣政変時期の泥棒やモンゴルに対抗して戦った奴婢軍も高く評価した。

しかし、孫晉泰は民族主義的観点より、国粋主義を排撃し、世界主義の観点に立たなければならないと指摘した。民族史を国際的・世界的視野から観察して批判しなければならないということである。孫晉泰によると、このような視野により教育を行い、国民の思想領域を世界的に指導しなければならないということである。そうすれば、自国史の短所を隠蔽し、過ちに対して自己反省をしないことで積極性を失ったり、井戸の中の蛙と同じようになったりすることを避けることができるとする。要するに、封建的・国粋的方法を脱皮し、世界主義的民主主義に立脚して歴史的事実を体系的・有機的・批判的に教えなければならないとしたのである。

孫晉泰は、歴史を勉強する方法にも注目する。総括的に理解することが、彼が提示した歴史学習の方法である。これにより、複雑な歴史的事実を組織的でありながら有機的に理解することができるとする。羅列的で個別的に理解することは散漫であり、無意味であり、すぐに忘れるだけであり、左右の脳の負担を荷重にするだけだと批判する。国史教育は民族史の主流となるさまざまな重要な題目の下、五千年の歴史的事実を総括して記述し批判しなければならず、個別の事実一つひとつを異なる部分と相互連関の下で批判して理解しなければならないということである。

だが、現実社会において、孫晉泰を始めとする新民族主義者が自分の歴史観を国史教育にどれだけ反映しようとしているのかは疑問が残る。初代の文教部長官である安浩相は一民主義を教育理念として学徒護国団を創設したが、大学内の左翼捜索に大々的に乗り出すなど民族統合と距離を持つ国家主義的・反共主義的な教育政策を広げた。孫晋泰も李承晩政府に参加して編修局長をし、引き続き文教部長官に就任した。この文章では扱わないが、安在鴻・孫晋泰と一緒にもう一人の新民族主義者とされる李仁榮《イイニョン》も高等教育局長として教育行政を担当した。安浩相と同じように、民主的民族教育を主張し朝鮮教育研究会に参加するなど、一緒に活動した経歴が作用したのである。

もちろん、だからといって孫晋泰が李承晩政府の政治路線に盲目的に従ったというわけではない。要するに、孫晋泰は歴史教育界において親日派が力を持っては駄目だと考えたのである。一九四八年十月四日に開かれた全国学務局長会において、孫晋泰は民族正気〔民族の魂〕を傷つける憂慮があるという理由により植民地下で親日的行為をした李光洙《イグワンス》、崔南善《チェナムソン》が書いた本や教科書はもちろん、副教材でも使用することを禁じる指示を出している。

文献考証史学の国史教育論

解放直後、最も活発な国史教育活動を行った団体は震檀学会であった。植民地期末に解散した震檀学会は一九四五年八月三十一日に社団法人として再び発足した。震檀学会は米軍政の委託を受け、中等用国史教科書である『国史教本』を編纂した。現在ではその実態を確認することは難しいが、初等用国史教材の開発にも着手した。一般人と教師を対象にして国史講習会を開催したりもした。

歴史を少し勉強した人にとって、震檀学会というと二つのイメージが思い出されるかもしれない。これは朝鮮史を見る観点と国史教育の断面を表わすものである。高校まで国定教科書の単一な歴史解釈、国家の歴史観に接してきた後、大学に入るとこれとは異なる歴史的事実に触れるという葛藤である。筆者はベトナムが共産化で統一された高校生の時に反共を叫ぶ官製デモに行ったが、大学に入ると李泳禧（「イヨンヒ」、後に「リヨンヒ」と改名したが、当時呼ばれていた名前で書く）の『転換時代の論理』でベトナム戦の実情に触れた筆者の世代は大きな衝撃を受けた。その衝撃により「意識化」され、学生運動に進む者もいた。意識化問題とは別にしても、高校の時に学んだ歴史的事実が大学に入ると変わる場合を簡単に見つけることができる。震檀学会もその事例の一つである。

高校まで、筆者にとっての震檀学会は、日本の植民地史観に立ち向かい民族の歴史を守ろうと努力した民族運動団体であった。この文章を書きながら、高校の時に学んだ国史教科書を探してみた。ここでは「日本人学者の朝鮮研究に刺激を受けた李丙燾《イビョンド》、趙潤濟《チョユンジェ》、孫晋泰などを中心に震檀学会が組織され、震檀学報を発行し、国学研究を励ました」（『人文系高等学校国史』一九七四年、二百十四頁）と叙述されている。同じ時期の中学校国史教科書にも「若い学者は、日本人が朝鮮史を異なる叙述に書き換えて発表すると、これに立ち向かうために震檀学会を組織して正しい国史研究に熱中した」（『中学校国史』一九七四年、二百四十頁）として、震檀学会の活動を代表的な文化闘争として叙述していた。震檀学会に対するこのような叙述は、以後の国史教科書でも変わることなく引き継がれた。しかし、大学に入り歴史を勉強すると、震檀学会の歴史研究は日本の官学者とほとんど差異がなく、ひどい時には植民史学の亜流と評価する文章を数多く目にするようになったりした。同じ資料を使って同じ研究方法で研究すると、類似した歴史的事実しか出てこないのである。

もちろん、震檀学会の歴史研究を単純に親日とみなして恥ずかしく思うことではない。震檀学会に参加した人々の研究分野は多様であり、歴史観と解釈も統一されていなかった。震檀学会に対する批判は、歴史全体を見る観点を慎重にしたまま、文献考証に依存して個別的な事実を明らかにすればよいという研究方式に対する批判と見ることができる。そして、このような批判は、震檀学会をつくるのに最も主導的な役割を果たした李丙燾に焦点が当てられた。解放以後、震檀学会を再建し、学会内の親日派を排除して研究傾向を一新しようとする主張が出たのも李丙燾を狙ったものであった。李丙燾はこのような障害にぶつかると、金庠基《キムサンギ》、申奭鎬《シンソクホ》などとともに朝鮮史研究会を結成し、文献考証による研究を継続した。震檀学会内部のこのような衝突に対し、結局、李丙燾は勝利を得て主導権を掌握した。李丙燾と対立関係にあった人々は、安浩相の主導でつくられた朝鮮教育研究会に参加することになり、結局、震檀学会の国史教育活動は李丙燾を中心に行われた。

李丙燾は歴史研究だけでなく、教育にも関心を傾けた。李丙燾の主導でつくられた朝鮮史研究会では、その構成員らが忠武公《チュンムゴン》李舜臣《イスンシン》精神を新聞で詳細に説明し、現代でもその精神を取り戻さなければならないという文章を書くなど、李舜臣を追慕する事業に乗り出した。朝鮮史研究会は朝鮮の党争弊害と壬辰倭乱が与えた教訓を大衆に伝達することに力を注いだ。李丙燾自身も、教授要目期から第二次教育課程期である一九六〇年代後半まで、中・高等学校の検定国史教科書を執筆した。

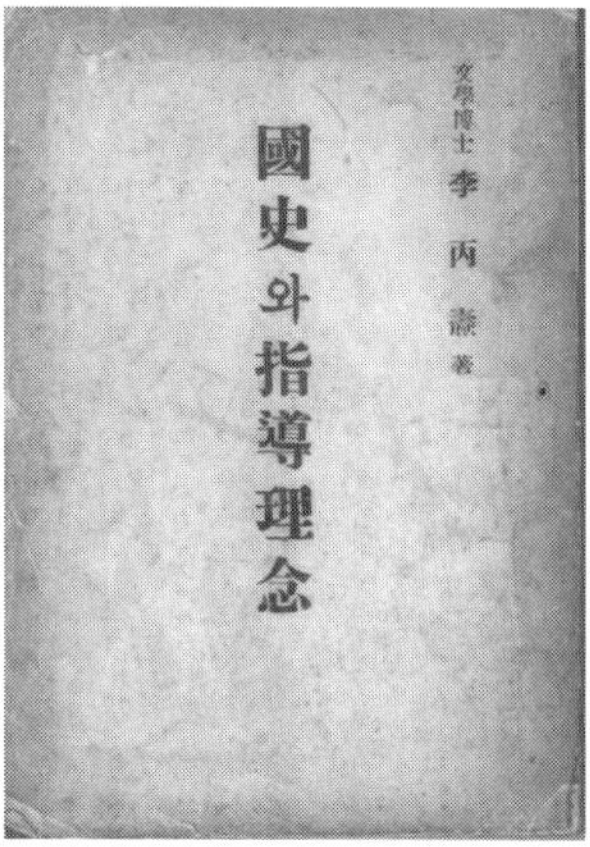

李丙燾が1955年に刊行した『国史と指導理念』

李丙燾は、文献考証による個別的・実証的研究に集中した。一九四八年に朝鮮史の概説書である『國史大観』を刊行したが、朝鮮史を見る総合的観点がないという評価を受けた。李丙燾が出した国史教科書でも特別な観点は現れてない。ただ、李丙燾は『国史と指導理念』という本において、朝鮮の政治と社会生活の変化に流れる中心の理念を提示している。この本は一般人ではなく政訓将校（軍隊で教育と報道に関することを引き受けている将校）などの青年指導員用として書かれたものであるが、朝鮮史に流れる精神と理念を紹介しており、李丙燾の国史教育観をある程度推測することができる。そして、「さらに詳細に内容を知りたければ『國史大観』を参考にしてください」というこの本の序文を通じて、『國史大観』で伝えようとする歴史観を整理したものと見ることができる。

彼は『国史と指導理念』において、民族史を理解しようとするなら世界史的共通性と国家自体の特殊性を一緒に見なければならないということを述べる。しかし、このような国史の特殊性、世界史との関連性を同時に考慮しなければならないという論理はすべての歴史家や教育者が言及する修辞に過ぎない。問題は、この中のどこに焦点を合わせるのかということである。引き続き、李丙燾は朝鮮史の特殊性を論じる。朝鮮史が他国の歴史と特に区別される点を単一民族の性格が強いという所に見い出す。このため、私たちの生活には共通的な最高の精神と理念があるということである。「個人は全体（氏族−部族−国家−民族）を認識して、その中で生き、全体は個人を包摂して保護し成長するくらい（四頁）」個人と全体が離れることのできない不可分の関係ということである。しかし、個人と国家、すなわち全体が相互適用するという論理も、誰もが考える話である。実際に、個人と国家の中でどちらの方に比重を置くかによって歴史教育観は大きく異なっていく。この中で李丙燾が強調するのは全体である。私たちの最高の精神は「個人は国家や民族を超えて存在する意義はなく、いつも国家と民族の統一発展の中で生き、そこに奉仕する一員であることを自覚し、国家民族の永遠な理想に殉じようとするその精神（四頁）」ということである。したがって、この本では朝鮮史の共同体を詳しく叙述している。対外戦争で現れた統一精神は、このような考えを持つ人であれば誰もが思い浮かべることができる代表的な例である。これ以外にも、共同体精神で原始信仰と新羅の花郎徒《ファランド》精神❷を挙げ、新羅の三国統一と高麗の再統一でも共同体精神を見つけることができるとした。トゥレ〔農繁期に互いに協力するための部落や里単位の農民の組織〕、郷約〔村社会の自治規約〕、褓負商〔各地の市場を巡回する行商人〕を「小共同体」として、特別に強調したりもした。このような共同体のために、犠牲精神は国家に向かう精神である。李丙燾はこのような歴史教育観を次のような論理に広げた。

> この非常時局を迎え、平常時と同様いい加減で勝手気ままな態度と精神を持ち続けて生きていくことができるかをまっすぐに正視しなければならないであろう。指導層もそうであるから、一般国民も大きな目標の下に自力更生、消費節約のために協同組合、すなわち契のようなものを組織して、自己生活の維持と改善向上を図ると同時に、国家の方針に順応し服従しなければならないだろう。——李丙燾『国史と指導理念』百十頁

李丙燾によると、国家の方針に順応して服従することが朝鮮史の最高精神である共同体精神である。もちろん、この本が出た時は戦争が終わってからまだあまり日がたっていないことも叙述に影響を与えたかもしれない。しかし、古代史とともに思想史が主になる研究分野であり、古代だけでなく高麗と朝鮮の思想史を研究したという点において、このような観点は彼の歴史教育観と見なければならないであろう。

マルクス主義歴史学の国史教育論

植民地下において、社会経済史研究に集中していたマルクス主義歴史学者も解放以後、積極的に学術運動を始めた。解放の次の日である一九四五年八月十六日に朝鮮学術院が、十月には朝鮮科学者同盟が結成された。一九四六年五月には民族文化研究所が開設された。これらは、「科学的方法論」に立脚した朝鮮史研究と、社会変革を引っ張ることができる実践的学問を模索した。封建的・国粋的朝鮮史認識を脱皮して、民衆の立場から民族的・階級的矛盾を明らかにすることを前面に出した。このような観点より、社会経済史と民族解放運動史を研究した。

しかし、解放直後のマルクス歴史学者の朝鮮史研究と国史教育活動は振るわなかった。植民地史観を体系的に批判したり、自身の歴史を見る観点と研究結果を整理して普及したりすることができなかったのである。一九四八年に出た全錫淡《チョンソクダム》の『朝鮮史教程』が大衆を対象にするほとんど唯一の朝鮮史概説書であった。彼らが結成した学術団体が左翼界の政党と連結しており、その政治理念と路線を代弁し、多数の学者が政治活動に多くの時間を傾けたためであった。代表的なマルクス主義歴史学者として、朝鮮学術院委員長であり、民族文化研究所所長であった白南雲《ペクナムウン》も朝鮮教育審議会員として米軍政で教育問題を審議したりもしたが、積極的に活動はしていなかった。白南雲は南朝鮮新民党の委員長であり、左翼勢力を結集して結成した民主主義民族戦線議長団の議長であった。以後も、呂運亨《ヨウニョン》と一緒に社会労働党をつくり、勤労人民党副委員長を歴任した。さらに、この過程において、米軍政との対立、左翼勢力内部の争いなどから政治活動より抜け出し学問と教育研究を行う余裕がなかった。白南雲は解放直後の韓国社会の変化を民主歴史の創造過程と見て、このために民主主義歴史観を打ち立てなければならないと主張した。彼が言う民主主義歴史観は弁証法的唯物史観であった。過去の歴史の形式と内容に対

全錫淡が1948年に乙酉文化社から出した『朝鮮史教程』

する批判的理解として従来の観念的歴史認識から脱皮し、非科学的思考方式を克服し、民主的歴史観を最大の根本にしようとすることが歴史学徒のすることであると考えた。これは同時に民主歴史の創造に関連する植民地支配の現実を把握することで、真正な民主主義的に考える方式を深化・拡大しなければならないと主張した。しかし、これを教育に適用する方法に深く考えをめぐらすことはできなかった。

政治活動と距離を置いて、教育界の内部に留まりながら朝鮮教育の方向を提示した左派教育学者として、朝鮮教育史の名著とされる『朝鮮教育史』を執筆した李萬珪《イマンギュ》を挙げることができる。李萬珪の教育論は左翼系の教育理論として評価を受けている。李萬珪は特定教科を通して育てなければならない教育理念をとりたてて提示しなかった。したがって、歴史教育の理念に対する論議も見つけることはできない。しかし、李萬珪により韓国教育が実践しなければならない教育方案として提示されたものの中で、次のいくつかは歴史教育と関連が深いものである。

・「国は私のもので、国は私の為にあり、国は私がつくる」という神聖な民主主義思想を教えること。
・本能的・国粋的愛国心を排除して、過去の私たち民族の長短点、真実と嘘に対する客観的分析を土台にする道理にしたがい正しい愛国心を育てること。
・すべての国民が労働者であり、労働者ではなければ国民でないという考えを持つことができるようにする教育をすること。——李萬珪『建国教育に関して』

このような主張を照らし合わせてみると、李萬珪は愛国心を育てる歴史教育を否定してはいないが、過度な民族主義を捨てて、真正な民主主義の観点から歴史を勉強しなければならないと見ている。また、このために科学的で客観的な歴史的事実を分析しなければならず、歴史の主体を民衆に置かなければならないと李萬珪はいう。

教授要目の制定と国史教育

米軍政は一九四六年と一九四七年に各々国民学校と中学校（今の中・高等学校）教授要目を公布した。教授要目は国家水準の教育課程に該当するものであり、教科目、授業時数、教科目標と内容などを規定したものである。教授要目では「社会生活科」という名前でアメリカの社会科を導入し、歴史をその中に編入した。教授要目による教科書は検定教科書が開発され、審査を経て学校に普及した。教授要目にしたがった教科書は、一九五五年に教科課程（第一次教育課程）が公布され、これを根拠とする教科書が開発される時まで使用され、教授要目に示された教育理念は相当の間私たちの学校教育に影響を与えた。

中学校教授要目では国史を教える時に注意しなければならない点として、「民族の自主精神と道義観念の涵養および文化の伝承発展に深く留意すると同時に、生徒にこれを鼓吹して完全自主独立に寄与するようにしなければならないこと」を提示した。このために、民族と国家の特殊性を強調して、民族精神を教えるところに比重があった。初・中学校を問わず、国史の最初の単元を民族の起源とし、最後の単元に民族性と関連した内容を置くようにしたことがこれを反映している。世界史教育では朝鮮史と関連させて「隣の国の歴史と遠い国の歴史」を理解するようにしており、世界史的脈絡の中で朝鮮史と世界史の相互関連性に留意するようにした。

教授要目の中の国史で民族が強調されたことは、当時の社会的雰囲気を反映していた。しかし、教授要目がある明確な理念を志向していたとすることはできない。さまざまな論議を十分に取りまとめ、国史教育の理念を提示したわけではなく、漠然と民族と朝鮮史の固有性を強調していた。「民族」「民族性」という言葉が何回も出て歴史の特殊性が強調されているが、抽象的な文言を提示するのにとどまっている。例えば、民族性に関する学習内容は「民族性とは何か？」「私たちの民族性はどのように成立してきたのか（国民学校六学年社会生活）」という感じである。実際には、これを反映して歴史を解釈したり、朝鮮史の体系を構成したりすることはできない。

〈訳注〉

❶死六臣　朝鮮時代、世祖によって王位を追われた瑞宗の復位を図って処刑された六人の政治家を指す。後年忠臣として顕彰された。

❷花郎徒精神（花郎精神）　新羅時代の貴族出身の青少年集団である花郎徒の規律である世俗五戒を精神的基底とするもの。世俗五戒とは、君主には忠義を尽くすこと（事君以忠）、親に孝なること（事親以孝）、友達は信じること（交友以信）、戦いでは後退しないこと（臨戰無退）、殺生は慎重に選ぶこと（殺生有擇）である。

五 「広く人間を有益にする」──檀君思想と弘益人間の教育理念

「広く人間を有益にする」。弘益人間《ホンイクインガン》の意味である。「弘益人間」は韓国人に良く知られた言葉である。国民精神や教育が社会的問題になった時は「弘益人間の精神を取り戻さなければならない」と主張したり、「弘益人間の精神の根を社会に下ろさなければならない」と主張したりする声を聞くことができる。弘益人間からでた「弘益」という言葉は、社会のさまざまな場所で簡単に見つけることができる。大学でも弘益大学校があり、数年前まで汽車の中や駅で物を売っていた団体は弘益会であった。弘益出版社、弘益マンションもある。それ以外にも「弘益」という名前を掲げてはいないが、靈山《ヨンサン》大学校や国学院などのように「弘益人間」を理念としている学校や団体も相当数ある。検索サイトのNAVERで「弘益」と言葉を入れて検索してみると、筆者が生活している忠南天安市東南区を中心に二千八百件近くが検索される。弘益スポーツセンター、弘益ビラ、弘益広告印刷、弘益マンション、弘益インテリア、弘益ウエディングプラザ、弘益ビュッフェ、弘益美術学院など、あらゆる分野にかけて「弘益」という言葉が使用されている。

韓国最高の教育理念

弘益人間は法に規定されており、韓国最高の教育理念である。教育基本法第二条は、教育理念を次のように規定している。

【教育理念】教育は弘益人間の理念の下、すべての国民が人格を陶冶して自主的生活能力と民主市民として必要な資質を持つようにすることで人間らしい生活を営むようにし、民主国家の発展と人類共栄の理想を実現することに寄与することを目的とする。

一九九七年に制定され二〇〇八年に改訂された教育基本法第一条はこの法の目的を指し、第二条が事実上内容の最初の条項である。弘益人間は、大韓民国政府樹立以降から現代まで教育の基本理念であった。一九四九年十二月に制定・公布された教育法第一条は、弘益人間を教育理念と規定してから現在までそのまま続いてきたものである。「弘益人間」が教育理念として適合するかどうかについての論争がなかったことはないが、弘益人間の教育理念を批判する声も社会的な関心を引くことができなかった。それほど弘益人間という言葉は、社会であまり拒否感もなく自然に使用されている。

すでによく知られているように、弘益人間は檀君《ダンクン》神話から始まった言葉である。檀君神話を伝える最も古い本である『三国遺事《サムグクユサ》』に出てくる内容は次の通りである。

昔、桓因《ファンイン》（帝釋をいう）の庶子桓雄《ファンウン》というものがいたが、たびたび天から降りて人の世を助けようとした。父が息子の意思を知り、三危太伯山《サムウィラベクサン》に下りてみると、広く人間を有益にするだけのものがあった。これに天符の印三個を授け人の世を治めさせた。桓雄は徒三千を率いて太伯山（今の妙香山《ミョヒャンサン》）の頂上にある神檀樹の下に降りた。ここを神《シン》市《シ》といい、桓雄は桓雄天王というようになった。風伯・雨師・雲師を率いて、穀物・生命・病気・刑罰・善悪などおよそ人々にとって大事な三百六十余りのすべてのことを主管し、世の中を道理に合うようにつくられた。

天神の息子である桓雄が、人間世界に降りた趣旨が「広く人間を有益にする」という意味の弘益人間である。もちろん、弘益人間の意味をこれとは少し異なって解釈する見解もある。人間を意味する漢字語は「人間」ではなく「人」であり、「人間」という言葉は、人ではなく人間世界という意味であるという見解が代表的である。「利益」が「利」を増すという意味と同じであり、弘益の「益」も有益にするということではなく、「益す」という意味である。この見解によると、弘益人間は「広く人間世界を有益にする」あるいは「人が生きる世界を広くするようにする」という意味のようである。しかし、弘益人間の意味が何かを調べることが本稿の関心ではなく、筆者自身がこれを究明するだけの能力も持っていないので、最もよく聞くことができる「広く人間を有益にする」ことと定義しておく。それでは、どのようにして弘益人間は韓国教育の理念となったのか？

解放前後の檀君民族主義

初等学生になると、檀君を知らない人はいないであろう。「美しいこの土地に、錦《クム》繍《ス》江山《カンサン》に檀君おじいさんが場所を定められ」という歌詞で始まる「韓国を輝かせる百名の偉人」の歌のように、韓国史の話は檀君神話から始まる。私たちが日常生活で檀君に触れる機会はほとんどない。開天節❶になるとマスコミが檀君に言及する程度である。しかし、檀君関連団体は少なくない。檀君を尊び慕う宗教団体がさまざまあり、檀君を研究する学会も複数ある。この中には、学会という名前を付けているが、実際には宗教的性格を持つ場合もある。

歴史的に檀君が社会的関心を引いた時期は、外国からの侵略に国が危機に陥ったり、民族が強調されたりした時である。檀君神話が収録された『三国遺事』や『帝王韻紀《チェワンウンギ》』は高麗が元の干渉を受けた時期に出版された。檀君に仕える代表的な宗教である大倧教❷は、日本の侵略に国権をほぼ奪われた大韓帝国の末につくられた。以後、大倧教は武装独立闘争の基盤になった。このように、国が危機に遭っている時に檀君が強調されるのは、歴史と伝統を象徴する人物として民族を一つにまとめあげる媒介物の役割をすることができると期待されたためである。

植民地末期や解放直後に檀君は再び社会の関心事となった。日本の侵略戦争が本格化すると、中国で活動した独立

中国で活動した後、解放後 1946 年に帰国した大倧教要人ら

運動家は理念と路線を超えて力を合わせて日本に立ち向かおうとした。もちろん、以前にも民族唯一党運動❸が多少あったが、民族主義と社会主義、無政府主義、外交論と準備論、武装闘争論などの多様な理念と路線により分かれた民族解放運動勢力を一つに束ねることは簡単なことではなかった。さらに、長期間にわたり積もった不満と何回も試みられた統合の失敗により、各運動の勢力間に不信感が大きくなっていた。しかし、日本が侵略戦争を拡大していくことをむしろ独立戦争のよい機会と考えた独立運動家の間では、統合を推進する動きが再び起こった。

このような動きの一つとして、趙素昂《チョソアン》は独立運動の基本方針と祖国建設の指標として三均主義を創設した。三均というのは、個人と個人間の均等、民族と民族間の均等、国家と国家間の均等を意味する言葉であり、趙素昂はこのために政治的均等、経済的均等、教育の均等を成し遂げなければならないと主張した。元来、右翼民族主義者であった趙素昂は民族解放運動勢力の統合のために社会主義者の平等思想を相当部分受け入れ、三均主義を打ち立てたのである。三均主義の思想的根源がどこにあるのかについては多様な見解があるが、趙素昂自身の言葉通り檀君思想の影響を受けたことは間違いない。

大韓民国臨時政府の建国綱領に、檀君思想は明確に表れた。その時まで社会主義者と統合するのに否定的であった大韓民国臨時政府（臨政）は、民族解放運動勢力を統合して日本と戦う方向に路線を修正した。臨政は建国韓国の理念として趙素昂の三均主義を受け入れた建国綱領を宣布した。建国綱領では建国精神が弘益人間にあることを次のように明示している。

我が国の建国精神は三均制度に歴史的な根拠を置いており、先民が命名した通り、首尾平均位〔上から下まで平均な地位〕であれば、興邦保泰平〔国を興らせ泰平を保つ〕とした。これは社会の各層階級が智力と権力、富力の享有を均等にし、国家を振興し、泰平を保全し維持しようというものであり、弘益人間と理化世界にしようという私たち民族の守る最高の功利である。

「弘益人間、理化世界」は「広く人間を有益にし、理知で世界を治める」という意味である。もちろん、「弘益人間、理化世界」は、檀君神話の「弘益人間」と「済世理化」から出てきた言葉である。臨政の伝統性を認める憲法の前文に照らし合わせてみると、弘益人間が最初に国家理念としての位置を占めた時であった。

解放後、檀君は取り戻す国、取り戻す歴史の象徴であった。多くの歴史本は私たちの民族の根幹を檀君に求めた。檀君の古朝鮮建国を単純な神話ではなく、私たちの歴史の実際的な始まりとする傾向も現れた。弘益人間が教育の最高理念になるのは、このような社会的雰囲気と関連があった。

弘益人間教育理念の採択過程

弘益人間が韓国教育の理念として採択されたのは朝鮮教育審議会であった。朝鮮教育審議会の十分科の内、教育理念を扱うのは第一分科であった。第一分科の委員長は安在鴻《アンジェホン》であり、朝鮮人委員は河《ハ》敬徳《ギョンドク》、白樂濬《ペクナクジュン》、金活蘭《キムファラン》、洪《ホン》鼎植《ジョンシク》、鄭寅普《チョンインボ》などであった。この中で、洪鼎植は文教部調査企画室に勤務しており、他は大学教授をしているなど教育界に深く関与しながら米軍政と協助的な関係を維持していた者である。ただ、安在鴻委員長と鄭寅普委員は国学者として民族主義的な性向が強く、植民地下は国内外で民族運動に参加した経験があり、解放後に新民族主義を主導した。

弘益人間の教育理念を提案したのは分科委員であった白樂濬であることが知られている。一部では、これは白樂濬の回顧に過ぎず、鄭寅普が最初に弘益人間を教育理念としたという証言がある。しかし、確認はされておらず、白樂濬が弘益人間を教育理念と提案したことが歴史的事実として一般的に認められている。白樂濬によると、分科委員会においていくつかの教育理念が提示されたが、特定のものを推す声は聞かれなかった。そのような中で、弘益人間の理念が話題に上り教育理念として提案されたということである。白樂濬は弘益人間を弘益と人間とに分けて説明した。弘益は「他人によくして、自己の利益は少しだけ」という意味であり、人間は「社会人として豊富な知識を持つと同時に、身体的に健康で、精神を健全にしなければならない」という意味だと説明した。すなわち、弘益人間の理念というのは、一つ目は社会に有益な人間が持たなければならない資質を教育することであり、二つ目はそのように完全な教育を受けた次には社会に出て他人や社会のために貢献することができる人を育てるという意味だとした。

白樂濬は歴史学者でありながらキリスト教の神学者であった。幼少時に漢学を習い、歴史学を勉強した。米国に留学して「韓国キリスト教史」で博士学位を取った。キリスト教信者としてアメリカ式民主主義に慣れた人物であった。帰国後は主な国学者が勤務していた延世大学校に教授として入った。白樂濬は、思いつきのように教育理念として弘益人間を考えたと言ったが、実際には彼の経歴がその動機となったのであろう。何よりも、解放後の朝鮮社会に流れていた檀君崇拝の雰囲気を無視することができなかったと考えられる。

弘益人間の教育理念は何ら問題なく分科委員会を通過した。委員長が民族主義者であった安在鴻であったことも、弘益人間を教育理念に採択する手助けとなった。安在鴻は自己の新民族主義論から弘益人間を万民共生の理念と考え、民主主義、民生主義に匹敵するほど弘益人間を最高の理念として評価するほどであった。安在鴻は一九四五年十二月五日に開かれた朝鮮教育審議会第二次全体会議において、弘益人間の教育理念を最初に報告した。「弘益人間の建国理想を土台にして、人格が完全で愛国精神が透徹した民主国家の公民を養成することを教育の基本理念とする」ということである。

しかし、全体会議では弘益人間を教育理念とすることに反対する声も少なくなかった。左翼系知識人は弘益人間が神話を土台にした封建的観念であり、「民主建国」という時代の課題にも合わないと批判した。白南雲《ペクナムウン》は、弘益人間を朝鮮教育の根本理念とすることは民主歴史の創造的思想と対峙することになると主張した。彼は神話や伝説に根拠を置き、民主国家の教育理念を打ち立てることが正当なのかという疑問を提起した。朝鮮民族の運命が技術科学の独立にあるということから、教育の根本理念は当然に科学思想でなければならない。教育の根本理念を神話に立脚したならば本質的に民主的な科学教育を期待するのは難しいと主張した。さらに、弘益人間は日本が喜んで使用した八紘一宇と類似した印象を受けると指摘した。八紘一宇とは「全世界のすべての範囲が一つの家」という意味で、侵略戦争を合理化するために日本が使用した概念であった。弘益人間という言葉は、日本の八紘一宇と異なり中国文献ではなく私たちの文献から引用したものであり、内容も侵略性を内包しておらず平和的な印象を与えるという反駁を白南雲も認めた。しかし、天神の命令にしたがい日本が建てられたという日本の肇国精神の一つの類型に弘益人間も基本的にあり、朝鮮の民主的建国精神とは反対の復古主義反動史観を土台にしている。

西欧民主主義とその教育を導入しようとした人々も、弘益人間を教育理念とすることには反対であった。教育主導勢力の核心的役割を果たした呉天錫《オチョンソク》は、弘益人間の理念をあまり気に入っていなかった。彼は、弘益人間というのは概念がとても包括的で抽象的であるから、実際に教育を先導するのには難しいと問題を提起した。さらに、証明できない神話より出てきた理念であり、弘益人間の背後に存在する世界観でありイデオロギーである檀君民族主義は個人の自由を制約する民族主義、国家主義の情緒を鼓吹し、全体主義や独裁政治を後押しする憂慮があるという理由で反対した。朝鮮教育審議会の教育制度分科委員として日本とアメリカへの留学経験があった張利郁《ジャンイウク》、師範教育分科委員として日本に留学した李寅基《イインギ》なども同様の論理で反対した。彼らもキリスト教を信じ、学校長を歴任するなど学校運営の経験を持っていた。

これに対して、白樂濬は弘益人間という言葉が『三国遺事』と『帝王韻紀』に同じように出てくることから、著者が昔から伝えられてきた理念を文字にそのまま移したものであり、長い間伝えられてきた精神であるとともに理想を文字化したものであると主張した。さらに、たとえ神話から出たとしても、教育の理想を最もよく表現している以上、私たちの教育の理念としない理由はないと反駁した。白樂濬は弘益人間が「広く人間を有益にする」という意味であり、これは他人に害を与えずに利益を与える人になることの条件であり、弘益人間を教育理念とすることは完全な人間を追求することだと解釈した。

しかし、このような反対以上に弘益人間を教育理念として採択するのに大きな障害になるのは米軍政であった。米軍政は朝鮮社会に民族主義の雰囲気が高まることを警戒した。ドイツのナチズムやイタリアのファシズム、日本の軍国主義が過度な民族主義の産物であると見たからである。このような米軍政の観点は、檀君を重視する朝鮮社会の雰囲気と対峙するものであった。朝鮮教育審議会は朝鮮人学会、教育界の要人が主導したとしても、米軍政当局が反対する限り、弘益人間を教育理念とすることはできなかった。白樂濬は「弘益人間」を英語で翻訳すると「maximum service humanity」になるとし、民主市民の養成という民主主義教育理念と類似していると説得した。白樂濬の主張通りであれば、西欧の民主市民教育と朝鮮社会の民族主義的雰囲気を一緒に考慮した教育理念が弘益人間であったというわけである。いずれにせよ、論争を経て一九四五年十二月二十日午後二時に米軍政会議室で開かれた第四次全体会議において弘益人間が教育理念として通過した。

しかし、大韓民国政府樹立後、法体系が整備される過程において弘益人間は再び問題となった。教育法は国会文教社会委員会で担当した。教育法審議過程において、弘益人間をめぐる論争が再燃した。弘益人間は神話から出てきた空虚な理念なのか、あまりにも抽象的であり、科学性が欠如しているなどの批判が頭をもたげた。法律審議を引き受けた国会議員も弘益人間の教育理念が何かを理解できなかった。文教社会委員長である李榮俊《イヨンジュン》の言葉通り特別な意味はなく、ただ歴史性を持つ私たちに固有な言葉程度に理解していた。

白樂濬、呉天錫、兪鎭午《ユジノ》、張利郁、玄相允《ヒョンサンユン》の五人で構成されていた教育法基礎委員会は、教育理念として「弘益人間」の代わりに「人類共栄」を採択した。白樂濬が弘益人間を教育理念とすることを主張しなかったことはないと思われるが、他の委員の支持を得ることができなかったのである。しかし、全体審議会において文教部側から「弘益人間」を入れるように再び議論され、結局、弘益人間は教育理念として教育法に残された。その代わりに「人類共栄」という言葉も入れることで、ある種の妥協もした。こうして確定された教育法第一条の教育理念は次の通りである。

教育は弘益人間の理念の下、すべての国民が人格を完成して、自主的生活能力と公民としての資質を具有することで人間らしい生活を営むようにし、民主国家の発展に奉仕して人類共栄の理想を実現することに寄与することを目的とする。

先ほど引用した教育基本法第二条の教育理念とこれを比較すると、「人格を完成して」が、「人格を陶冶して」に、「公民」が「民主市民」に変わっただけに過ぎなかった。

教育法基礎委員会において、弘益人間を教育理念とすることに対して強く反対した人物が呉天錫と知られている。第二代文教部長官を務めた白樂濬は長官職から離職した直後に編纂した『韓国教育と民族精神』という本において、教育法基礎委員会が弘益人間の代わりに人類共栄を入れたりしたという事実を伝えながらも、誰がそのような主張をしたかについては言及をしていない。呉天錫は『韓国新教育史』において、基礎委員会が弘益人間の代わりに人類共栄を教育理念としたという事実をあえて書かず、教育法において弘益人間を教育理念としたという事実だけを書いている。だが、教育法は弘益人間を教育理念として打ち立てるなど、他の民主国家では探すことができないほど民族主義を強調している。しかし、これは長い間、事大思想に囚われ民族精神が弱く、主体性が希薄であった私たちの実情に照らし合わせて当然のことであったと書いている。「他の民主国家で見つけることができないほど」という言葉から、教育法の民族主義的傾向に対して呉天錫が必ずしも肯定的に見ていないという印象を受ける。さらに、呉天錫は「弘益人間という教育理念は一つの空虚な標語に過ぎないという傾向がある」と批判している。

これに対して、全体会議において弘益人間を教育理念として残すことには、初代文教部長官であった安浩相《アンホサン》の意図が大きく作用した。安浩相は西洋の教育理念は人間主義・人文主義が中心思想であるのに比較して、弘益人間はこれよりかなり感度が高く、包括的な意味を含んでいると見て、弘益人間を教育理念として貫徹させるためすべての力を傾けた。さらに、弘益人間の理念に立脚して南北統一を果たさなければならないと主張し、これを一民主義と連結させた。一民主義は安浩相の教育理念であると同時に、李承晩《イスンマン》政府の統治イデオロギーでもあった。

弘益人間理念の展開

教育法に教育理念として明示されて以後、弘益人間は今日まで学校教育、ひいては韓国教育の最高理念という位置を維持している。弘益人間は国民を一つにまとめる国民精神として利用された。李承晩政府は統治イデオロギーとして一民主義を打ち立てながら、その基本精神を弘益人間に見い出した。朴正熙《パクチョンヒ》政府の国民教育憲章制定過程も同じであった。

一九六八年、朴正熙政府は国民教育憲章の制定を推進し、弘益人間を理念としようとした。「雄大な歴史の黎明にこの山河に場所を定めた私たちの先祖を弘益人間の精神として万民が共栄する生活の場所を築き上げた」ということであった。しかし、社会の普遍的用語として国民教育憲章を作成しようとしたために、確定した憲章内容は「弘益人間」の代わりに「祖先の輝かしい精神を今日に再び活かす」と、「人類共栄に貢献する」という言葉に置き換えられた。この過程において、審議委員であった安浩相は国民教育憲章に弘益人間という言葉が入らなければ委員を辞退するとして反対したが、その言葉は入らなかった。

国民教育憲章に「弘益人間」という言葉がなくなったとしても、弘益人間が教育理念の位置を奪われたのではない。教育法には相変わらず、弘益人間が教育理念として維持されている。一九八〇年代の全斗煥政府でも同じであった。全斗煥政府は教育制度と政策の全面的な改革を推進するために、研究・審議機構として教育改革審議会を構成した。教育改革審議会は一九八六年四月二十九日の全体会議において教育理念を発表したが、依然としてその基本は弘益人間にあった。

韓国教育は弘益人間の理念をその基礎とする。弘益人間の理念は民主的であり、民族的な教育理念として、個性の伸長と人格の完成はもちろん、民族の中興と国家発展を同時に強調している。来たるべき二十一世紀は高度の産業化、情報化、国際化、そして多元化の時代となると展望される。このような未来社会に照らし合わせてみる時、弘益人間の基本理念から次のような四大理念を抽出することができる。

これに続く四大理念は、人本性、民族アイデンティティ、道徳性、進取性であった。弘益人間が教育理念として適合した理由が民主的であり民族的という論理は、米軍政の時期に白樂濬が主張したものと同じである。「個人の伸長と人格の完成はもちろん、民族の中興と国家発展を同時に強調している」という言葉は、なぜ教育改革審議会が弘益人間を教育理念として維持しようとし、弘益人間が引き続き教育理念として残るようになったのかを語ってくれる。一九九七年の教育法は教育基本法に変わったが、弘益人間はそのまま教育理念として残った。

弘益人間の教育理念に対する批判

米軍政期の朝鮮教育審議会と政府樹立後の教育法制定過程において、弘益人間の教育理念をめぐり論争が起こったことに比べて、教育法制定以後には辛辣な批判があまり見られなくなった。それは、韓国社会の民族主義的性向のためであるようだ。李承晩や朴正熙のような支配者も権力強化の論理を民族に求め、批判者も民族を押し立てた。その一方で、「弘益人間」という言葉の抽象的な性格のために批判が少なかったのかもしれない。実際、間歇的に出た批判も主にその抽象的な性格に集中した。言葉自体は意味があるが、過度に理想的で抽象的という批判が続いた。これは弘益人間という概念が神話から出てきたために当然であるともいえる。一九八〇年代中盤に社会での民主化が進展しながら展開された教育の民主化運動過程において、「弘益人間」が韓国社会の持っている教育的現実と課題をそのまま反映することができないという批判が提起された。韓国社会が持っている課題の解決を志向する方向に教育理念を変えなければならないということであった。

教育の根本的問題を解決するために教育基本法に明示された弘益人間養成という教育理念を正しく打ち立てなければならないと主張する教授団体の記者会見の様子（2012年11月29日）

このような主張は、一九八八年から一九八九年まで推進された教育関連法改定の動きに反映した。六月抗争❹以後、一九八七年十二月に実施された大統領選挙において、与党候補である金大中《キムデジュン》・金泳三《キムヨンサム》の分裂に力を得て、民主正義党の盧泰愚《ノテウ》候補が当選した。一九八八年四月に実施された第十三代国会議員総選挙において、平和民主党（平民党）・統一民主党（民主党）・民主共和党（共和党）などの野党候補が与党である民主正義党（民正党）より多く当選した。韓国政治史上、初めて与少野大の政局が始まったのである。一九八〇年代中盤以後、社会の民主化の動きと与少野大の政局により、盧泰愚政府はある程度社会改革の要求を飲むしかなかった。教育関連法律の改定要求もこのような動きの一環であった。教育団体、学校の保護者団体などから多様な改定要求があり、野党も教育法の改定を推進した。当時、教育法改定論争の核心は、教員の労働三権保障と教育労働組合結成の許容、校長選出制の実施、職員会議の議決機関化など民主化に焦点を合わせたものであった。特に、教員の労働三権と教員労働組合問題は、当時の全国教師協議会（全教協）が労働組合建設を宣言すると社会的焦点となり燃え上がった。ところで、平民党と民主党が構成した教育法改定案の中には、弘益人間を教育理念から除外する内容が含まれていた。弘益人間は日本の圧政から抜け出して独立し最初の政府を打ち立てた時は意味のある理念であったが、数十年が過ぎて統一と民主化などが要求される一九八〇年代後半の韓国社会では教育課題をそのまま代弁していないのではないかというのがその理由であった。このことが伝わると、光復会と大倧教などでは安浩相を代表とする「弘益人間理念宣揚協議会」を結成し、強力に反対した。彼らは弘益人間が民族統一の理念であり、普遍的世界平和思想であると主張した。各政党と関連団体の間の意見の違いにより教育法改定は終了し、削除は行われなかった。これに伴い、弘益人間はそのまま教育理念の地位を維持したのである。

〈訳注〉

❶開天節　檀君の古朝鮮建国を記念する韓国の国慶日（十月三日）。元は大倧教の祝祭日であったが、一九四九年公布された「国慶日に関する法律」より国慶日となった。

❷大倧教　檀君を民族の始祖として崇拝する韓国の民族宗教である。一九〇九年に羅喆が中心となって檀君教を公表したのが始まりである。一九一〇年に親日派との内紛で抗日派は大倧教に名称を変更し分派した。一九一五年に朝鮮総督府の「宗教統制案」により激しく弾圧を受けたが、羅喆に続く第二代教主金敎獻が総本司を満州和龍県青波湖に移し、軍官学校を設立して抗日活動家を養成するなど、独立運動を展開した。

❸民族唯一党運動　一九二〇年代後半満州と中国地域にあった独立運動団体を一つに統合するために展開した運動。一九二二年に軍政署など七つの団体が統合し大韓統義府が組織されたが、一九二三年に義軍府と参議府に分離された。さらに一九二五年に西路軍政署と大韓独立団などが統合した正義府、大韓独立軍団と大韓独立軍政署が中心となった新民府が組織された。これらの団体を含め、左右の民族独立運動を合わせた単一前線を形成しようとした動きを民族唯一党運動という。

❹六月抗争　大統領直接選挙制改憲を要求し、一九八七年六月十日から「六・二九宣言」が発表されるまでの約二十日間にわたって行った民主化運動。この抗争以後、韓国では軍事独裁政権が終わり、民主的な市民運動が飛躍的に発展することになる。

六　李承晩政府の統治イデオロギーに変化した歴史理念――一民主義

私たちは一民主義を党是としており、その党是を忠実に遵守し、単一民族国家としての血と力を合わせて、三十八度線問題、民生問題、その他すべての問題が解決されることを固く信じ、現在の政府に対しては是是非非に対処することを決議する。

一九四八年十一月十三日に明洞の市公舘において「大韓国民党」という政党の結成式が開かれた。大統領の李承晩《イスンマン》、国会議長の申翼熙《シンイクヒ》も出席した席であった。これに先立ち、大韓国民党はすでに当時党是として一民主義を確定した状態であった。大韓国民党の党是は以下の通りである。

本党は一民主義を党是とする。
一・私たちは階級や地域と性別を超越して、民族完全統一への自主独立の国権伸張を期する。
一・私たちは政治・経済・教育など各方面から国民均等の福利増進を期する。
一・私たちは民族の正義と文化を続けて発揚することで、世界平和と世界文化に貢献することを期する。

こうして一民主義の政党が誕生した。しかし、当時の内容は「一民主義」という言葉を除外すると、たいして新しいことはなかった。ただ、「単一民族国家としての血と力を合わせ」だとか、「階級と地域と性別を超越して」同じすべての民族構成員の統合を強調する言葉が目を引く程度であった。ところで、この政党の結成式になぜ大統領である李承晩と国会議長の申翼熙が参加したのか？　そして、「一民主義」が何であり、どうしてある政党の「党是」になったのか？

すべての政治を一民主義理念として

制憲憲法では政治体制を大統領中心制にした。憲法の制定過程において内閣責任制を土台にする草案が提示されたが、李承晩の強力な主張にしたがい大統領中心制に代わった。このため、制憲議会でも内閣責任制への改憲論が少なくなかった。大韓国民党は、大統領中心制である憲法を内閣責任制に変えることに反対する親李承晩勢力がつくった政党であった。特定政党の代表ではない「国父」の位置に立ちたがった李承晩は、ここには直接参加しなかったが、結成式に参加して祝辞をすることで支持の意思を表した。以後、一民主義普及会、一民倶楽部など一民主義を押し立てる団体と政党がつくられた。引いては、内閣責任制改憲を通じて李承晩の権力を牽制しようとした民主国民党（韓国民主党と大韓国民党の一部が統合して一九四九年二月十日結党した政党。「民主」と「国民」

京鄕新聞
內閣一部를改造
國會政府軋轢은不幸事
李大統領記者에言明
護國軍은五萬名
國軍組織法一部通過
蘇政策支持遺憾
倒閣運動者는覺醒하라
大韓國民黨今日發黨式
方使節香港行

大韓国民党創党大会について伝える新聞記事（1948 年 11 月 13 日付）

を合わせて「民主国民党」とした）も、結党宣言文に「単一民族の統一国家を完成して、徹底した民主政治の実施を理想とする一民主義を実践すること」として、一民主義の実践を標榜した。民主国民党が宣言文に一民主義を入れたことは、韓国民主党と大韓国民党の合党過程において大韓国民党の要求にしたがうものであった。民主国民党は一民主義を党の理念にしなかったが、一民主義は李承晩政府の初期に最も頻繁に言及されている理念であった。

しかし、「一民主義」という言葉は、国史教科書に出てこない。韓国史解説書でも一民主義に関する叙述を探すことはできない。それだけ歴史的にはたいした評価を受けていないという意味である。しかし、なぜ当時の政党や社会団体が一民主義を標榜したのか？　一民主義は歴史教育とどのような関係があるのだろうか？

一民主義と家父長制的統治理念

李承晩政府初期に一民主義が政治・社会団体の関心を引いたのは、大統領である李承晩がつくった理念として宣伝されたためである。初代文教部長官である安浩相《アンホサン》が書いた『一民主義の本性』の序文に、当時の国務総理であった李範奭《イボムソク》は次のように書いている。

> 私が信じているのは、一民主義は名誉ある私たちの先導者である李承晩博士が創造されたものであり、一生を通じて輝やく至公至誠な革命闘争と独立運動の経験を集大成されたものであり、檀君の弘益人間の精神とまた新羅花郎徒の重義軽死の誠心を基本にした理想的な保民救国の理論体系なのである。——安浩相編述『一民主義の本性』四-五頁

李承晩と一民主義を支持したり高く評価したりするどころではなく、この上なくもてはやしている。「名誉ある私たちの先導者」「至公至誠な革命闘争と独立運動の経験」「理想的な保民救国の理論体系」という言葉は、まさにその後の金日成偶像化と主体思想の賞賛に動員された北朝鮮の美辞麗句を連想させるほどである。李範奭は、金佐鎭《キムジャジン》と一

緒に北路軍政署を率いて青山里《チョンサンリ》戦闘を指揮して、韓国光復軍の支隊長を歴任した独立闘士として記憶されている。そのような李範奭のイメージと合わない、媚びへつらいだと感じる。しかし、李範奭は、李承晩政府の初代国務総理兼国防部長官として活動し、一九五一年に李承晩の指示で当時最も大きな青年団体である朝鮮民族青年団（族青）を率いて、自由党をつくったほど李承晩に追随した。自由党も一民主義政党であることを標榜した。このような功労により、李範奭は一九五二年に正・副統領選挙において、李承晩大統領候補と一緒に自由党の副統領候補となることができた。しかし、李範奭の力が強大になることを憂慮した李承晩が無所属の咸台永《ハムテヨン》を支援することにより、李範奭は落選した。これに続き、一九五三年に李承晩は自由党から族青系を追い出した。これにより、李範奭と李承晩の友好的な関係は幕を下ろした。

「一民主義」は李承晩が創案した理念に、裵恩希《ペウニ》の意見にしたがい付けた名前だとされる。裵恩希は大韓国民党をつくるのに主導的な役割を果たした人物である。裵恩希によると、「海外で五十年かけて祖国光復のために奮闘した経験よりにじみ出た独立運動理念を基調にして、私たちの民族が持たなければならない一定の主義を李承晩が打ち立てたもの」が一民主義だとする。李承晩は常に一民主義の精神を強調し、政府の部署や李承晩を追随した団体は一民主義という言葉をさまざまなところで用いた。大韓民国は、「一民主義理念の下に樹立され」、統一のためには「三千万が一民主義に生まれ変わらなければ」ならず、一民主義は政治理念ではなく「民族思想の啓蒙と教化運動」というものであった。外務部と広報処は「一民主義に立脚した民族統一」を政策基底としたりもした。一民主義は李承晩政府の初期に一つの国是に位置づいた。

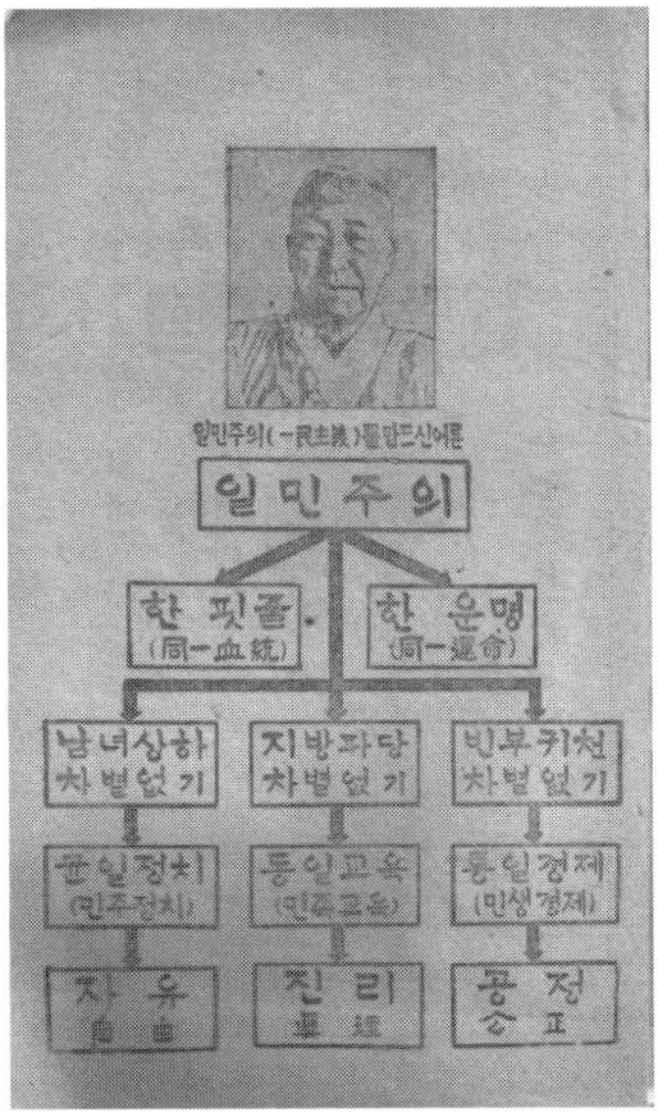

一民主義理論書に出て来る一民主義思想体系

「一民」という言葉を字義通りにとらえると、「一人の百姓」となる。私たちは単一民族の一人の百姓であり一つの理念を持っており、これが一民主義ということである。李承晩は、一民主義の原理を次のように四つから説明した。

(一) 家柄を脱皮して両班と常民の区別をなくすこと。
(二) 貧富をなくして同等に待遇し、資本家と労働者が一緒に協調して利益を追求すること。
(三) 男女同等を実行すること。
(四) 出身地の区別をなくすこと。

一民主義によると、朝鮮民族は檀君の血を引き継いだ単一民族であり、民族的運命を一緒にする共同体である。一民は政治的・社会的・経済的に一つにならなければならず、死んでも生きても一つにならなければならない。一民主義にはこのようにすべての国民が一つになることを民主主義と見た。一民の民主主義は個人的自由主義だけではなく、全体主義でもなく個人が自由を持つが、万が一国策が定まればこれが至上命令となり服従することである。一民主義はこのような精神を私たちの歴史に見つけることができる。檀君の弘益人間の理念や花郎精神がそれである。

李承晩は数十年をアメリカで生活した。解放後当時、最も西欧的な思考方式を持っていた人々の一人かもしれない。しかし、李承晩の統治理念はそうではなかった。李承晩は西欧的合理性を土台にする社会的地位ではなく、韓国式の家父長制的権威を維持しようとした。大統領として行う適切な政策より、「独立運動家」という権威により国民の支持を受けることを望んだ。李承晩は「大統領」という公式的な肩書きより、自分の名前の後に「博士」という肩書を付けることをとても喜んだことでも知られている。もちろん、「博士」という言葉をつけることは、西欧ではよく用いられることである。当時、李承晩だけでなく長官などを呼ぶときに名前の後に「博士」という言葉をつけたりもした。しかし、このような呼称方式は「博士」の学位を持っている人とそうでない人とを区別する。長官も博士長官とそれを持っていない長官とに分けられる。「博士」がほとんど見られない社会において「博士」という言葉は他人より優秀であり、国を統治したり重要な政策を任せたりすることができる人物というイメージを大衆に与えることができる。

アメリカ式民主主義に慣れていた李承晩が、一民主義という国粋的イデオロギーを打ち立てていることからもこのような性向をうかがい知ることができる。韓国の伝統理念を前に出して国民を一つにくくり、その中心に自分が立とうとした。李承晩はアメリカの独立運動家であった政治家のベンジャミン・フランクリン（Benjamin Franklin）が残した有名な言葉である「結合すれば立ち、分裂すれば倒れる」を引用しながら、理念と系・派を超越した団結を主張した。一民主義の民族団結論も同じ論理であった。歴史はこのような理念の道具であった。

安浩相の一民主義歴史認識と教育政策

一民主義を主張する人々は、それが李承晩による古くからの独立運動の経験を土台にした朝鮮民族の思想体系とした。しかし、一民主義は理念や思想という割にはたいした体系がなかった。必要に応じて、思想として時には政策として話したりもした。このような一民主義を思想として褒めたたえる人が、初代の文教部長官であった安浩相であった。安浩相は国粋主義的性向を強く持った人物であった。安浩相はドイツのエナ大学に留学して哲学を勉強し、一九二九年に博士の学位を受けた。この過程において、安浩相はドイツの国民主義思想を勉強し、一九二〇年代ドイツの社会が急激に右傾化する過程を経験した。結果的に第二次世界大戦で敗戦したが、第一次世界大戦の敗北から抜け出し、再びフランスを屈服させイギリスを脅かすほどヨーロッパの強国に成長したドイツが選択したイデオロギーは、安浩相が見る限り、新生大韓民国の教育理念として魅力的であった。このために、安浩相は強力な反共主義者であったが、その一方でアメリカの自由民主主義にも拒否感を持った。西欧の教育を受け入れようとする教育主導勢力に立ち向かうために朝鮮教育研究会をつくり、民族主義論を強調することもそのような性向を反映していた。

安浩相は、朝鮮教育研究会において活動した他の民族主義者が右翼と左翼両方をある程度受容していたのに対して、強い反共主義的性向を持っていた。安浩相は、国土分断により分裂した思想を一民主義で統一しようと標榜した。ア

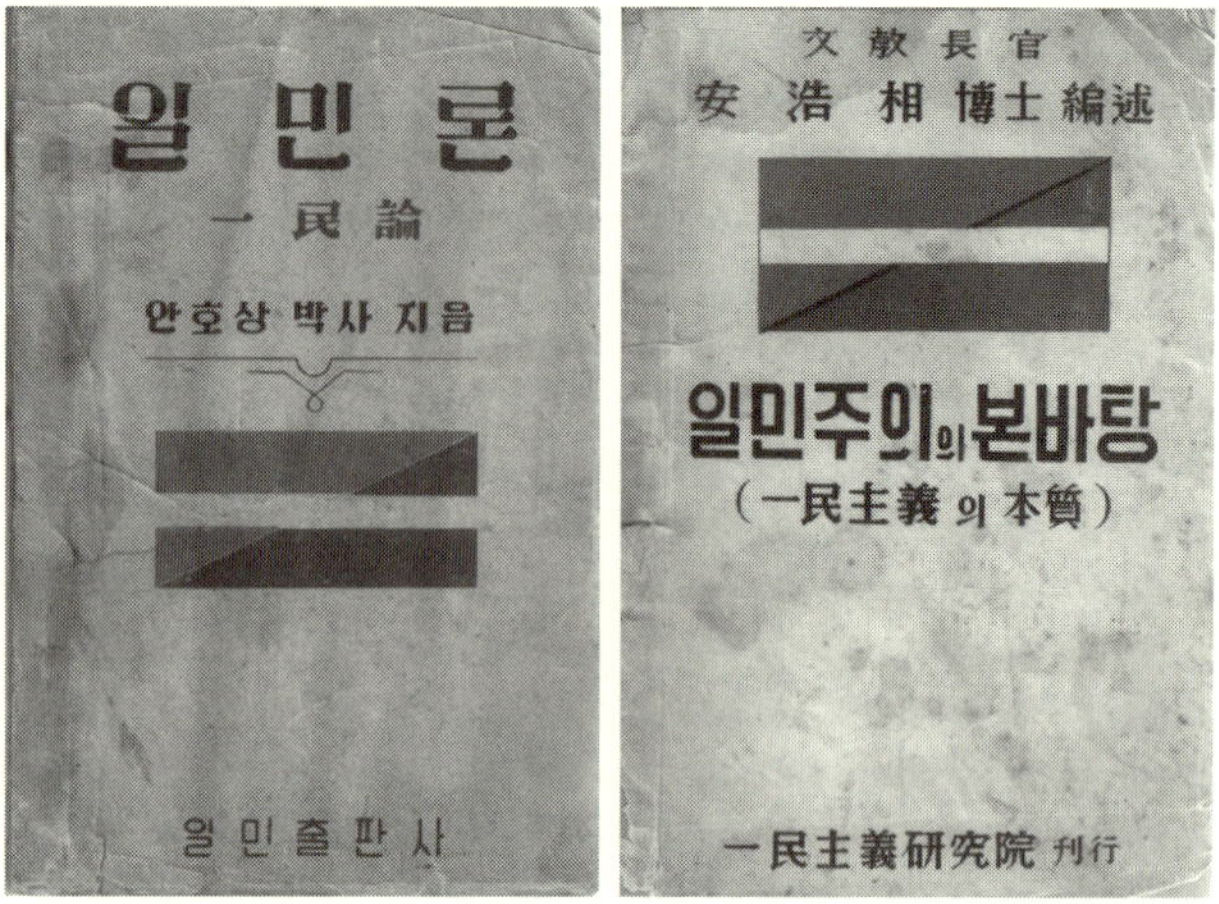

李承晩の政府の時に出した一民主義理論書『一民論』、『一民主義の本性』

メリカ式でもなくソ連式でもない思想が、統一を成し遂げられるということである。しかし、アメリカとソ連のうち拒否するターゲットとして反感の対象とされたのは主にソ連であった。このため、一民主義は反共主義の色をあらわにした。

安浩相は、初代文教部長官として有力視された呉天錫《オチョンソク》を追い払い長官になった。それは李承晩と韓国民主党の距離が離れたことも一つの理由であったが、李承晩が特定政党の代表など他の人と相談して政府組織をつくったのではなく、自己の判断により組閣をしたためである。安浩相は李承晩が持っていた西欧式自由主義思想と韓国的伝統の家父長制的思考方式という二重的な性向に合致する人物であった。

安浩相の回顧によると、解放直前に日本の圧迫を避けて金剛山に入り、数か月間こもって私たち民族が向かう道を提示する原稿を書いたのだが、これがのちに『私たちが進む道』（文化堂、一九四七年）として刊行されたとする。この時、私たちの民族が団結できる道が何であるかを研究して本の内容に入れたのだが、それが後に一百姓主義（一民主義）に発展したということである。安浩相は文教部長官をしながら、『一民論』『一民主義の本性』などを書き、一民主義論を体系化した。

安浩相は、歴史研究と教育の目的を現実社会の問題を解決するところに置いた。解放直後の教育の最も大きな任務は私たちの民族の完全な革命と独立にあり、このために民族の自尊心を鼓吹して相互信愛の精神を育てなければならないとした。このような目的を達成する道が一民主義思想であり、これで武装することであると主張した。

安浩相は一民主義を歴史的にひも解きながら、これを私たちの言葉で表現した「一百姓主義」という言葉をさらに喜んで使用した。彼は「一百姓(一民)」の意味を、「大」、「単一」、「第一」、「正」などに置き換えた。一民主義には、人間主義(humanism)、民族主義、世界主義(cosmopolitanism)、百姓主義(民主主義)原理が統合しているとする。一民主義は一つの体系と目的としての均一政治である民主主義、均等教育である民族主義、平等に利益を与える民生経済を自己実現の方法と手段とする。このような論理は、趙素昂《チョソアン》の三均主義を連想させる。実際、安浩相は趙素昂の三均主義と同じように、一民主義の根源を檀君思想より探した。民族を団結させることができる求心点を歴史的伝統と考え、その出発点が檀君思想であった。単一の血統と運命を持った単一民族である朝鮮民族の伝統を、檀君から始めようとしたものである。安浩相はこのような檀君思想を受け継いだものとして新羅の花郎精神を見た。新羅が一百姓主義として三国を統一したように、私たちも一百姓主義により分裂した朝鮮半島を統一しなければならないという主張であった。

安浩相によると、一民主義には民主主義の原理が内包されている。西洋の個人主義的民主主義、ソ連の階級主義的民主主義を克服して、民族主義的民主主義を成り立たせようとしたが、彼が見るところ、このような民主主義は韓国の歴史にすでに存在した。韓国の民主主義は檀君の時代の政治原理に起源を持ち、その伝統を引き継いで「新羅式民主主義」になったというのである。安浩相は新羅式民主主義が能力ある人を選び、指導者として満場一致制を用いる最も理想的な民主主義と主張した。そのため、世界の他の国もこの思想を受け入れたとする。新羅式民主主義はヨーロッパとアメリカに広がった後に韓国に再び入り、最高に発展した民主主義が一百姓主義ということである。資本主義と共産主義は事実や価値論的に見てすでに過ぎ去った時代の理念と評価される。そして、次の時代は一百姓主義を通じてつくられた一百姓時代、一百姓社会となるであろうと主張した。

安浩相は一民主義により生徒と教育界の思想を統一しようとした。一民主義思想として国民大衆を武装しようとする事業が推進された。学校教育はもちろん、夜間講習会においても一民主義教育が試行された。宣伝啓蒙車両を動員した巡回公演や、映画上映を通じても一民主義教育を行った。一民主義を押し立てた教育「思想浄化」事業も行われ

李承晩政府の時の学徒護国団の行進の様子

た。

この一民主義は反共主義であった。学校で左翼思想を持つ教師は追い出された。すべての学校で生徒委員会が設置され、左翼教師と生徒の行動を当局に報告させた。それに留まらず生徒を軍事組織のような形態にまとめて学徒護国団を設置した。そして、学徒護国団を設置しなければならない根拠を一民主義と関連させて次のように説明した。

> 東西古今の歴史を振り返ると、ある国と民族の再生運動は、いつも極めて誠実な若者を中心に行われる。私たちは日本の圧迫に祖国意識が流され、米・ソの支配に民族思想が分裂した。この流された意識と分裂した思想を結びつけ、民族を再生させるのであれば私たちの若い学徒に自主的民族教育をしなければだめである。民族の運命は、この若い学徒が左右するようになる。彼らの正しい教育は、一民主義のその一つ目の段階であるその民族の統一独立の思想教育から始めることである。学生はその力により、学校内の共産分子の破壊行動を防ぎ、誠実に勉強し、軟弱で利己的で資本家的な行動と生活を捨てて、常にりりしく協同的であり、組織的な行動と気風を育てるために、自立的で自治的な学徒護国団が必要になるのである。――『文教史』二十一頁

学徒護国団はつくられた時から、多くの批判を受けてきた。ドイツのヒトラーのナチ党が組織した青少年団であるユーゲントと同じであるという批判もあった。安浩相もこれを知っていた。安浩相は自分の回顧談において、学徒護

国団に反対したアメリカのムチョ大佐が私に「ヒトラーユーゲントが来た」と意地悪な冗談を言うと、「ユーゲントもよいが、私たちの民族が生き残れればよい」と応じたと述べられている。一民主義と学徒護国団に対して確固たる信念を持っていたということである。彼は学徒護国団がヒトラーユーゲントではなく、新羅花郎を意味するものであり、ナチ思想ではなく檀君の一百姓主義によるものであったことを強調した。

一民主義は、ソ連の人民民主主義はもちろん、アメリカ式の自由民主主義とも距離がある国家主義理念であった。このために、一民主義政策はアメリカやアメリカ式民主主義を好む人々より批判を受けた。代表的な自由民主主義者と評価を受けていた金東吉《キムドンギル》は、一民主義は科学をあがめ尊ぶ知識人にとっては受け入れるのが難しかったと後に述べた。民主主義をそのまま教えても愛国・愛族の精神は育てることができるものであり、民族思想は一時的に青少年の胸を熱くする積極的で先導的なスローガンとして、ヒトラーの悪夢を思い出させる不快な標語に過ぎなかったというものであった。

政治イデオロギーとしての一民主義

一九五〇年代に安浩相が長官を辞めさせられた後、教育界では一民主義や一民教育はうやむやになった。しかし、一民主義は政治理念としてその命をつないでいった。一九五〇年五月に行われた第二代国会議員総選挙において、大韓国民党や一民倶楽部など一民主義を党是とする政党が依然として候補者を出した。しかし、当選者が少数にとどまると、議員内に李承晩を支持する勢力が急激に弱体化した。これに対して李承晩は一九五一年に一民主義を党是とする新しい政党をつくることを支持者に訴えた。その結果生まれたものが、一九五二年の自由党であった。自由党は一民主義を党是としていたが、自由党が結党した後に一民主義が明瞭な理念となったり、政策の基盤となったりすることはなかった。それだけ一民主義は思想的に重要とされず、政策に反映するだけの具体性も欠如していたのであった。

李承晩政府の一民主義論理は、用語と外面が異なったままで朴正熙政府により事実上復活した。一民主義を強調しつつも、李承晩政府が最も主張していたものの一つが「主体性」であった。朴正煕政府もこの主体性を強調した。一民主義の理念とその教育的表現であった民族的民主主義、民主的民族教育も同じであった。民族的民主主義は、民族を考える民主主義、韓国の実情に合わせた民主主義であった。朴正煕政府も西欧の自由民主主義ではない韓国の実情と合致するように修正した「韓国的民主主義」を定着させなければならないと力説した。一九六〇年四月の革命により廃止された学徒護国団が、維新統治の時期である一九七五年に再び復活した。生徒会はなくなり、高校は「連隊-大隊（生徒数が少ない高校は「大隊-連隊」）、大学は「師団-連隊」の編成とされた。今の高校の生徒会長は連隊長、学年代表は大隊長であり、大学では総学生会長に該当する者が師団長、単科大学学生会長は連隊長になった。もちろん、こうした学徒護国団幹部は学生が選出するのではなく、学校が任命した。

朴正煕は檀君を押し立てることもなく、「新羅式民主主義」という表現も使用しなかった。しかし、一民主義と同じく、和白会議❶の満場一致を望ましい議決方法として主張し、花郎を強調した。満場一致制を前面に押し出し、すべての人が同意する結論を引き出そうと努力することではなく、自分の見解と違いがあったとしても国家運営に同意しなければならないことを強調することは同じであった。花郎は国家のために体と心を磨く存在にならなければならないというメッセージであった。これについては、朴正煕政府期の歴史教育を素材にして、後に再び取り上げる。

歴史の伝統は独裁政治によく利用される。イデオロギーは思想を前提にするものであり、他の見解を悪いとは言えない。これに比べると、民族や伝統は理念や思想ではなく、その名目の下にすべての国民に強要される。そのため、民族主義は他の学問や分野で活動する人だけでなく、歴史学内部でも攻撃を受ける。その攻撃をめぐる論争とせめぎあいについては後に再び振り返る。しかし、このように私たちの歴史と伝統が権力を維持し強化するのに利用される姿はもの悲しく、憂鬱になる。

〈訳注〉

❶和白会議　新羅の貴族の合議機関であり、全会一致で決定する。国王と貴族の間の権力バランスを維持する役割を果たした。

七　互いに異なる三韓の位置——一九五〇～六〇年代の中学校国史教科書の学説問題

古朝鮮の南側には青銅器文化を基盤に辰が成長していた。辰は紀元前二世紀頃に漢と交流していたが、古朝鮮から妨害を受けた。しかし、古朝鮮の社会変動にしたがい、多くの移民が南下し、彼らが持つ発達した鉄器文化と結合しながら、社会発展がさらに促進された。その結果、馬韓、辰韓、弁韓の連盟体が登場した。

三韓の中で最も勢力が大きかった馬韓は京畿、忠清、全羅道地方から発展した。馬韓は五十四の小国より成り立っており、全十余万戸に達していた。その中でも最も大きな政治勢力は目支國であり、目支國の支配者は馬韓王あるいは辰王として推戴され、三韓全体を主導した。

弁韓は洛東江下流の金海・馬山地域を中心に、辰韓は大邱・慶州地域を中心に発展した。各々十二の小国として成り立っており、すべてを合わせると四～五万戸に至った。——ハンチョルホ他『高等学校韓国史』ミレエンコルチグループ、二〇一一年、二十頁

二〇一一年から使用されている高等学校韓国史教科書の三韓関連の叙述である。他の出版社から刊行されている教科書の叙述も大同小異である。現在の韓国史概説書や教科書は、すべて三韓の位置をこのように叙述している。万が一、三韓の位置についてこれとは異なる叙述をした教科書があるとしたら、その教科書で学ぶ生徒は混乱するであろう。また、大学修学能力試験〔日本でいうセンター試験〕のような入試で問題として出されると、内容をめぐって社会的論争が起こるかもしれない。もちろん、そのようなことがすぐに起こる可能性はない。異なった叙述をした教科書

はいずれ検定審査で脱落するか、修正要求を受けてその部分を直すであろう。

三韓はどこにあったのか

ところで、三韓に関する歴史的事実に関して異なる叙述をした教科書が同時に使用された時があった。第一次教育課程の時期である。当時の教科書での三韓叙述内容を比較してみよう。

馬韓は大体今のソウル地方の南に京畿、忠清と全羅各道にかけてあった。すなわち、半島の西部と西南部の土地が良く肥えている平野を最もたくさん持っていた地方に分散していた五十四国が連合したのである。馬韓地方の東側、今の慶尚道地方は洛東江流域を中心に東側に辰韓十二国と西側に弁韓十二国があった。——李弘植『我が国の歴史』二十一頁

辰国が次第に発達し、漢江流域に辰韓、忠清、全羅道地方に馬韓、慶尚道地方に弁韓の三つに分けられるようになったが、その中で馬韓が最も大きくて強力であり、ある時は馬韓の盟主である目支國の辰王が辰韓と弁韓の一部を統治したこともあった。

馬韓と辰韓には合わせて五十余りの小さな村からなる国があり、弁韓には二十余りの村からなる国があったのだが、その中の大きな国は一万戸余りになり、小さな国は数百戸に過ぎない。——歴史教育研究会『中等国史』二十一－二十二頁

漢江以南の辰国に辰韓・馬韓・弁韓の三韓が現れた。辰韓は京畿道地方、馬韓は忠清道・全羅道地方、弁韓は慶尚道地方にあった部族連盟体として、辰韓・馬韓は百済など五十余国で成立し、弁韓は新羅など二十四国で成立した。

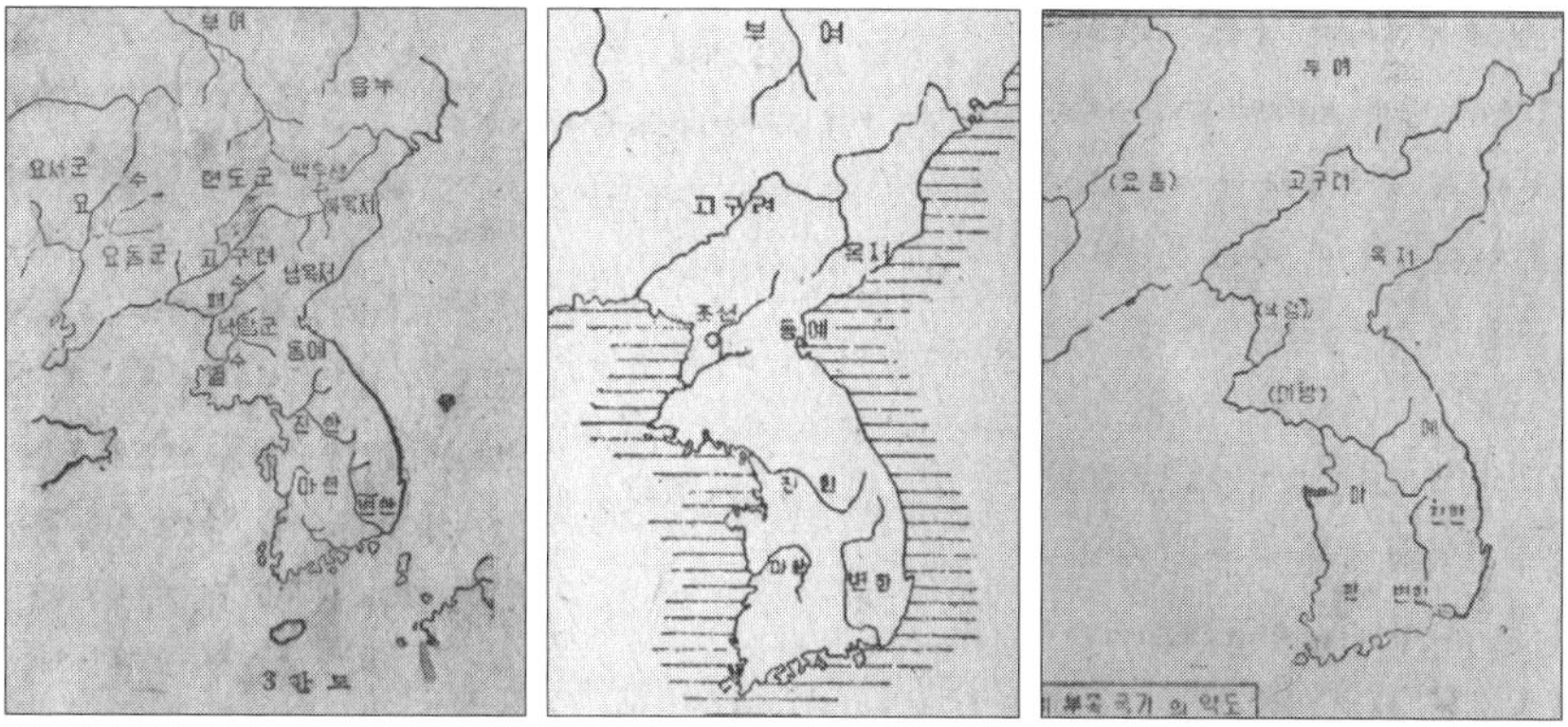

異なる三韓の位置を表示した教科書（右から）李弘稙の『わが国の歴史』20頁、歴史教育研究会『中等国史』19頁、申奭鎬『国史』6頁

> 辰国は三韓七十余国を連合した韓部族の総連盟体であったのである。……三韓七十余国は最初に辰国王を盟主として、後に馬韓王を盟主としたが、各地の郡長がまた自治を行い、社会は貴族・平民・奴隷の三階級に組織された。　――申奭鎬『国史』六－八頁

李弘稙《イホンジク》が書いた国史教科書において、三韓の位置は現在の教科書と同じであるが、歴史教育研究会と申奭鎬《シンソクホ》が書いた教科書の説明はこれと異なる。李丙燾《イビョンド》が書いた教科書では、馬韓の位置を忠清・全羅道、辰韓を慶尚道、弁韓を慶尚南道西部とする見解が間違っていることを次のように断定的に説明している。

> よく知られているのは、馬韓は西辺にあり五十余りの国に分けられ、辰韓と弁韓はその東南辺にあり、それぞれ十二国に分けられたとする。しかし、辰韓は本来、北朝鮮方面から降りてきた移民集団として、馬韓の一部（東北側）を占めており、馬韓の支配を受け、またこの社会は楽浪・大方との交渉が頻繁に起こったが、そのようなものを見ると、辰韓は今の京畿道と漢江上流にあったことが明らかである。馬韓のさまざまな部族国家は今の忠清・全羅の西海岸地帯に、弁韓の部族は今の慶尚道にあったのである。

三韓の中で最も大きく有力な勢力は、馬韓である。馬韓の中心である目支国（稷山）の郡長は、馬韓の諸小国だけでなく、辰韓のさまざまな

部落と弁韓の一部までも支配したことがあった。――李丙燾『中等国史』二十四－二十五頁

三韓の位置だけでなく、国家構成の説明でも差異があった。今の教科書では馬韓は五十四カ国、辰韓と弁韓は各々十二カ国で構成されていると叙述されている。李弘稙『わが国の歴史』と李丙燾『中等国史』も同じである。しかし、歴史教育研究会の『中等国史』と申奭鎬『国史』には、馬韓と辰韓は合わせて五十余国、弁韓が二十四国（あるいは二十国）となっている。馬韓の盟主が月支國であり、その王である辰王が馬韓だけでなく、辰韓と弁韓の一部まで統治したと叙述した教科書（歴史教育研究会『中等国史』）があったり、月支國の代わりに目支國という国の名前を使用した教科書（李丙燾『中等国史』）もあったりする。辰国を三韓七十余の国の総連合体として、辰韓と馬韓を別個の国として記述したりもした（申奭鎬『国史』）。李弘稙『わが国の歴史』と同じように、辰国や辰王にあえて言及していない場合もある。

　このように第一次教育課程期には三韓の位置や国家構成、統治者が異なる叙述をした教科書がともに使用された。ここには、引用した四種の教科書だけでなく、他の教科書もこの中のある一方の学説を選択して叙述した。当時、文教部が十一種の中学校国史教科書を分析した資料によると、馬韓の位置を「漢江《ハンガン》流域～京畿、忠清、全羅道」と表示したものが七種、「忠清～全羅道の地域」と表示したものが四種であり、辰韓は「洛東江《ナクトンガン》下流東部地域」が六種、「漢江上流～京畿、忠清北道」が五種、弁韓は「洛東江西部」が六種、「慶尚道一帯」が五種であった。

　もちろん、歴史では同じ事実でも学説が異なる場合は珍しくない。しかし、問題はこのような教科書内容が解釈の違いではなく歴史的事実の相違より叙述されているという点である。この後、本格的に歴史を勉強し始める中学生や教える教師は当惑するしかなかった。

国史教科書の内容の差異

三韓の位置だけでなく、他のさまざまな内容も教科書間では違いがあった。特に、上古史や古代史叙述において異なる場合が多かった。今も同じであるが、資料が不足している古代史の場合は、歴史的事実を再構成するために相当な部分を歴史家の推論に依存する。そのため、同じ歴史的事実の前にさまざまな学説が出てくる場合がある。当時、教科書の著者は自分の学説や自分が支持する学説を基礎にして教科書を叙述した。このことはすぐに教科書内容の違いとして現れた。当時、特に論争になっていたいくつかの問題を詳細に見てみよう。

檀君《ダンクン》神話と古朝鮮

古朝鮮叙述は、当時も今も論争の対象によくなる。まずは、檀君神話の歴史的性格が問題となった。当時、多くの教科書が「昔の記録によると」という但し書きをつけて、紀元前二三三三年に檀君が古朝鮮を建てたと記録があることを伝えた。しかし、一部の教科書は但し書きがなく、檀君が紀元前二三三三年に古朝鮮を建国したとして、これを歴史的事実として叙述したものがあった。檀君神話が高麗時代に整えられ、民族の自主独立精神を表わすものであると檀君神話が出てきた歴史的背景に注目した教科書もあった。

檀君神話と同じくらい教科書内容で違いを見せたのは、箕子《キジャ》朝鮮と衛満の問題であった。箕子朝鮮の場合、箕子東来説を事大主義思想の朝鮮時代でつくられた話としてみる場合が多かったし、箕子東来説自体に言及しない教科書もあった。李丙燾の『中等国史』では、檀君系統の氏族の代わりに他の氏族が勢力を握り、箕子の子孫と称するものとして解釈した。そして、「箕子朝鮮」の代わりに「韓氏朝鮮」とすることがよいと叙述したが、これは著者である李丙燾自身が主張した学説である。

衛満《ウィマン》については、燕《ヨン》国の人が古朝鮮に亡命し、武力で権力を掌握したと叙述した教科書が多い。しかし、単純に中国から亡命したとするだけで、中国のどの国出身なのかに言及していない教科書もある。これに対して李丙燾の『中等国史』は、衛満を燕の領内に生きていた朝鮮人系の子孫として、他の教科書内容と異なる自分の学説を教科書に叙述した。

三国の建国

高句麗、百済、新羅の建国と関連して、教科書内容において違いが見られる部分は三国の建国神話をどの程度歴史的事実として叙述するかという問題と、『三国史記』に記されている建国年度、そして記録にある地名の位置などに関してである。

三国の建国説話をただの説話として紹介した教科書がある反面、実際の事実のように叙述した教科書もある。しかし、三国の中で一部の国家の建国説話は事実として叙述し、一部の国家の説話は伝えられてきた話として区分した教科書もあった。例えば、申奭鎬『国史』では、高句麗と百済の建国神話は歴史的事実であるかのように書きながら、百済の建国神話では「百済は高句麗の始祖である東明王の息子の温祚《オンジョ》が建設した国とされているが（紀元前一八年）、これはとにかくとして」としており、温祚が東明王の息子ということに疑問を呈した。

『三国史記』に伝えられる三国の建国年度は、高句麗が紀元前三七年、百済が紀元前一八年、新羅が紀元前五七年である。しかし、三国が建国した時を叙述する教科書の方式は多様である。三国の建国年度を歴史的事実であるように記述するものもあり、記録に疑問を呈した場合もある。三国の中でも一部は建国年度を明記する反面、一部は明記しなかったり、あるいはおおよそを記した教科書もあった。例えば、李弘稙『わが国の歴史』では、高句麗の建国年度は明記していたが、百済と新羅には言及していなかった。歴史教育研究会の『中等歴史』では、百済と新羅の建国年度は明記していたが、高句麗は約二〇〇〇年前として特定年度を明示していない。

三国の建国地域と首都の位置に関する叙述でも違いが現れた。高句麗の場合は東明王が卒本《チョルボン》に首都を定めたという内容は一致するが、二代目の琉璃《ユリ》王が移した首都は、国内城と尉那巖城《ウィナアムソン》に分けられる。「国内尉那巖城」と表記した教科書もある。高句麗より違いが最も大きなものは百済の首都である。慰禮《ウィレ》をソウルとした教科書もあり、広州の南漢山城《ナマンサンソン》とした教科書もあった。慰禮をソウルとした教科書では、百済が当初慰禮に首都を定めたが、広州（南漢山城）や韓山《ハンサン》（韓山城）など南側に移したと記述した。

渤海の性格

渤海の支配層は高句麗の移民であったが、大部分の被支配層は靺鞨《マルカル》人であったという事実は教科書叙述で一致している。しかし、渤海を韓国史にどのよう存在させるのかについては教科書ごとに違いを見せた。渤海を高句麗の復興として韓国史の一領域として見る教科書がある反面、大多数の国民が靺鞨人であったという点を強調して韓国史と区分しようとする教科書もあった。両方の観点を入れた教科書叙述を一つずつ例に挙げれば以下の通りである。

渤海の政治は高句麗流民により行われたもので、この国は高句麗の再興と同じ性格を持つものである。しかし、大多数の国民が文化と習慣が異なる靺鞨族であったために、南側にあった新羅とは同一民族という観念がなくこの二つの国は互いに往来していなかったため、私たちの民族の後継者は新羅だけであるという感覚を持つようになった。――歴史教育研究会『中等国史』四十二―四十三頁

高句麗が滅びた後、三十年（檀記三〇三二年、世紀六九九年）に、土地の大部分である今の満州地方に渤海という国が興り、南では新羅と隣接した。その始祖は高句麗の旧長である大祚榮《テジョヨン》であり、社会の上層部はやはり高句麗系の人々で固められて、下層は大部分高句麗に属していた靺鞨族であった。そのような渤海は高句麗の復興とすることができる。その後、渤海は唐と日本にまで交通をひらき、互いの使節が行ったり来たりして文物をやりとりしたにもかかわらず、重要な新羅とは何ら交流がなかった。どのような理由か詳しくはわからないが、こうした高句麗・新羅の間の感情がそのまま続いて来たのではないかと考えられる。――李丙燾『中等国史』五十三―五十四頁

しかし、解放直後の多数の歴史本や教科書が統一新羅と渤海を指して南北朝や南北国と呼ぶこととは異なり、一九五〇年代から一九六〇年代の教科書にはこのような用語を探し出すことはできない。これは解放直後に見ることができた民族主義的観点に立脚した韓国史叙述がほとんど痕跡を隠し、実証史学（文献考証史学）が学会の主流になった

ことを伝えるものである。

李儁《イジュン》の死

一九〇七年に高宗の命によりハーグ万国平和会議において特使として派遣された李儁の死と関連して、教科書はその原因について異なった叙述をしている。ただ「憤死した」と叙述した教科書がある反面、自殺したと書いた教科書もあり、病気により死んだという教科書もある。「憤死」という言葉は死因を明示したものではないが、病気で死んだというよりは自殺に近いニュアンスを抱かせる。

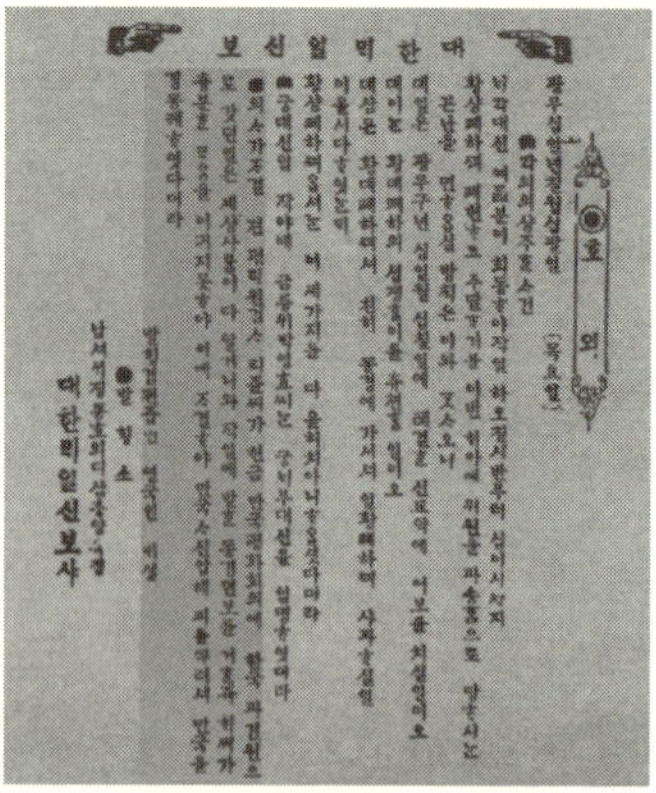

李儁の自殺を報道した『大韓毎日新報』号外

周知の通り、李儁の自殺説は『大韓毎日新報』と『皇城新聞』などの報道で伝えられ、当時、民族情緒とともに人々の間に拡散した。以後、歴史本がこれを引き継ぎ、李儁が自殺したと叙述することで、既定事実と化した。しかし、ハーグ特使当時にも外国の新聞は李儁が病気で死んだと報道し、一部回顧録などでも李儁の死の原因を病気だと叙述している。今は李儁の死が自殺ではないということで整理されているが、第一次教育課程当時の教科書に見られる異なる叙述は、死因をめぐるこのような混乱状況を反映したものであると見ることができる。

用語や年代の違い

歴史的事実や解釈が異なることではないが、同じ人物や事件について異なる用語を使用して混乱を巻き起こすことも相当数あった。「蘇塗」はソドかソッデか、「賑貸法」か「糶糴法」か、「奈勿王」はナムル王かネムル王か、甄萱は、ケンフォンかジンフォンか、「契丹」はコランかクルアンかなどの表記がそのような事例である。これは記録では漢字で表記しているのであるが、漢字の音が二種類以上あるためにどのように発音したのかわからないために出てきた問題もあった。また、資料に現れた歴史的事実に歴史学者が互いに異なる名前を使用した場合もあった。

年代表記においても違いが見られた。例えば、新羅が唐軍を追い払い三国統一を完成した年は六七六年や六七七年と表記されたり、渤海の建国は六九八年や六九九年とされたりして、意見が分かれている。これは昔の資料に現れた記録の差異によるもので、あまり大きな問題ではないのであるが生徒にとっては混乱することである。

百済の最初の首都が自らの地域だと主張するある地方自治体の博物館の展示の様子

第一次教育課程の国史教科書の間で異なった叙述があり論争になったものの中には、この後も引き続き議論になったものがかなりある。三韓の位置や小国の数などは今の韓国史概説書や教科書などでは統一されているが、古朝鮮や三国の建国などは依然として意見の違いが見られる。檀君神話を神話としてみるのか、神話ではあるが相当部分は歴史的事実を反映しているというように見るかという問題をめぐり、その後も学者の間で意見の対立が現れた。一九七〇年代以後、国定国史教科書では渤海を高句麗の後継としたが、渤海史の性格をめぐり論争が続いた。また、国定国史教科書は檀君神話を神話とするが、これより知ることができる古朝鮮社会の性格を叙述した。しかし、その一方で、檀君神話の建国年度などをそのまま歴史的事実として受け取らなければならないという主張も依然として社会ではあった。百済の最初の首都である慰禮城をソウルとする見解が大部分であるが、相当な期間に多様な説が出てきた。今も京畿道広州、河南、忠南天安など関連地方自治体や郷土史学者は自分の地域が百済の最初の首都であると主張している。

学説の対立は歴史学では何ら問題ではなく、特におかしなことでもない。しかし、これが社会的な論争になったのは教科書のためであった。当時、この問題を最初に提起したのは教科書で学習をしていた生徒であった。そして、これをメディアが報道した。そのため、学問的観点からは重要性があまりない李儁の死因を、メディアはかえって大きな関心を持って扱った。当時、国史編纂委員会は五十余りの日刊資料を調査し、李儁の死を病気による「自然死」と結論づけたが、教科書改訂では「憤死」とするように決定した。これは歴史的根拠からではなく、社会世論を勘案した処置であった。

教科書内容が事実であると信じる生徒にとって、異なる内容が掲載されている教科書は混乱をもたらすのに十分であった。さらに、高等学校の入試があった当時は生徒の負担感は小さくなかった。高校国史教科書にも同じ問題があったが、特に中学校国史教科書が問題になったのはこのためであった。それでは、どうしてこのような問題が生じたのか？　当時の教科書発行制度と検定過程からその答えを見つけることができる。

教科書発行制度の整備と検定国史教科書発行

一九四八年の大韓民国政府樹立後、文教部は教育課程の改訂と教科書発行制度の整備に入った。一九四八年十月八日には、すべての教科書は文教部の検定を受けたものだけを使用できるようになったと発表した。一九五〇年四月二十九日には「教科用図書検認定規定」と「国定教科用図書編纂規定」「教科書定価事情規準」を制定、公布した。しかし、教育課程の改訂が遅れたため、教科書の開発は行われなかった。

教育課程の改訂は朝鮮戦争で中断したが、戦争が終わる頃には再開した。一九五四年四月に国民学校、中学校、高校、師範学校教育課程の時間配当基準令が公布され、一九五五年八月に「教科課程」という名前で教育課程が公布された。これが第一次教育課程である。文教部は教育課程の公布と同時に「検認定教科用図書に関する基本方針」を発表して、教科書開発を始めた。一九五五年十一月には検認定に関する各教科の査閲基準を制定し、引き続いて査閲委員を選定・委嘱した。そして、一九五六年二月には内容査閲の結果を発表した。

第一次教育課程当時の教科書は、国定、検定、認定の三種類の形態で発行されていた。この中で国史を含む社会科教科書は検定制であった。教科書検定制度は両面性を持っていた。韓国と同じように国定教科書に慣れている国では、検定制というと教科書の多様性と叙述の自立性が思い浮かぶ。一九七〇年代に国史教科書が国定制に変わった後、絶え間なく国定国史教科書を批判し、検認定教科書に変えようという主張がこれを証明する。しかし、教科書を一つの著作物としてみる国家において、検定制は教科書統制を意味する。実際に、近代教育初期の教科書発行で特に制約がなかった日本と韓国において検定制度を導入したことは、政府が自分の政策に合わない教科書内容をなくして、望む方向に変えようとするためであった。日本は一九〇四年に小学校教科書を国定制と変えた。植民地朝鮮でも自然と国定制を施行した。朝鮮でも中等学校は検定教科書であったが、日本で発行した教科書の中で朝鮮総督府が認可したものを使用したのであり、検定教科書が多様性を意味したのではなかった。

解放後、国定教科書を廃棄して検認定制に転換することは必然的な趨勢であった。これは日本でも同じであった。国定制に対する代案として検定制を導入した状況では、検認定度は「統制」より「多様な教科書の発行」に重きが置かれた。このため、第一次教育課程の検認定審査はあまり厳しくなかった。一年目である一九五五年に申請した九百九十二冊の中で審査を通過したのは八百四十七冊であり、八十五パーセントにも上った。あまりにも多くの種類と数を通過させたと批判もされた。しかし、文教部は「文教部の査閲が終わり修正を経て許可を受けた教科書でも、教壇で実際にこれを使用する教師の手により多くの角度で検討されたより厳しい検閲を受け、水準の下がる教科書は自然に淘汰されるだろう」と一蹴した。教科書検認定審査において、「厳選主義」ではなく「寛大主義」を原則にしたのである。文教部のこのような観点は、当時の教科書検定制の趣旨を適切に反映したものであった。互いに異なる学説が掲載されている国史教科書が一緒に検定審査を通過できるのは、このような検認定審査の傾向からとすることができる。当時の歴史教科書の検定基準も現在と類似した項目で構成されていた。「社会科（歴史）教科用図書検認定内容査閲基準」には、全体十七個の項目の中で「八．内容が正確で明瞭に叙述されているか」、「十五．偏狭な学説を扱わずに普遍的な学説を扱っているか」などが含まれていた。しかし、このような検定基準は抽象的な語彙で表現された原理原則であった。したがって、実際の検定審査の運用によってはその適用に大きな違いを見せることがあった。当時の教科書の著者は比較的自由に自分の見解に合わせて教科書を叙述し、検定審査もこのことを大きく問題視はしなかった。

しかし、このような教科書叙述の自律性が歴史を見る観点や歴史解釈の多様化になり、生徒が歴史的事実の性格を理解して自分の歴史的観点を持つまでには至らなかった。大部分の内容の差異は著者自身の歴史研究や認識によるものというよりも、それまでの韓国史研究があまり進捗していなかった結果である。したがって、著者は自分の好む特定の見解をそのまま教科書に移すのに汲々とした。もちろん、歴史教科書をどのようにつくらなければならないのかに対する考えもあまりなかった。結局、教科書は特定の韓国史の概説書を要約した性格を持つだけであった。その結果、検定教科書の異なる歴史叙述は、生徒の歴史認識を多様にするというよりも混乱を呼び起こす結果を生んだ。

もちろん、このような結果は予想されたものであった。国史教科書の内容が異なる学説を反映したことは第一次教育課程が最初ではなく、教授要目期の検定教科書でも同じであった。ただ、教授要目期の検定教科書が政府樹立と朝鮮戦争などの混乱した時期に使用されていたということ、また教育関連法と教育課程などの改定が論議されていたということ、入試負担が少なかったこともあり、この問題は関心を引かなかったのである。

教授要目を基にした教科書が使用された一九四九年当時の文教部編修官であった呉章煥《オジャンファン》は、学説の違いが学校で国史を教えることを難しくしていると指摘した。呉章煥が指摘した歴史的事件は、①建国説話（檀君神話）、②古朝鮮の建国起源と三国の建国年代、③時代区分、④人物批判、⑤用語と意識、⑥南北朝、⑦王号などであった。第一次教育課程の国史教科書で問題となった相当部分を網羅している。呉章煥は「史学的立場」ではなく、「教育的立場」から国史を教えるのには困難が起きるとしながら、この問題に対する自分の見解を提示した。呉章煥は解放以後多くの論議があった民主的民族教育論の観点から韓国史を眺めた。したがって、呉章煥の見解は民族主義的性格が強く入ったものであった。しかし、盲目的な民族主義ではなく、それなりに歴史を解釈し、その理由を歴史理論や資料を基に体系的に提示したものであった。例えば、当然のように渤海史は私たちの民族史の一部とする反面、『三国史記』に記されている三国の建国年代はそのまま確定的に提示するのではなく、未知数として扱わなければならないと主張した。渤海史および渤海と新羅の関係に対する呉章煥の主張を一部紹介しよう。

渤海史が私たちの一部かどうかということは問題ではない。それは言うまでもなく、私たちの民族史の一部である。しかし、この渤海史を指導しようとして、統一新羅と対立させ南北朝云々とすることは再び検討の必要な問題である。……渤海国は結果的に見ると、私たち民族が昔の領土に建設した民族史の一つの枝でありながらも、完全に他国として出発したものだと見ることができる。したがって新羅統一と渤海国の存在は、形式的に見て私たち民族の発展形態でありながらも、完全に分立するようになった。そうして、今日、一部で使用を肯定している南北朝云々は間違いである。南北朝という事実は中国史と日本史においてみることができるものであり、一つは政治形態の対立であり、一つは民族の対立である。新羅と渤海国との関係とは異なる。渤海国の対立は私たち民族思想というよりも、全東洋史においてさらにその存在価値が高いであろう。渤海国の歴史的活動は対内的で消極的なものではなく、対外的で積極的なものであり世界的であった。──呉章煥『国史指導上の難問題の種類』（中）七十六－七十七頁

呉章煥が主張する歴史的事実の教育方針は、第一次教育課程の教科書ではほとんど見ることができない。これは政府樹立以後、国史学会において民族主義史観がほとんどなくなり、文献考証を土台とした実証史学が主流をなしたことと関連している。教科書叙述において、歴史観や歴史教育観よりも歴史的事実自体が何なのかに焦点を置き、それも自分の見解に合致する学説に固執したためであった。教科書内容の違いによる論争は当然の結果であった。

教科書内容の統一と検定の強化

国史教科書間の内容の差異が問題になると、文教部は教科書内容の違いを統一する作業に入った。しかし、その原

因が学説の違いから始まっていたのに加えて、著者は自分が書いた教科書の学説に固執したために内容の統一は簡単ではなかった。学会の全体的な雰囲気も、学説の違いをあえて統一することには否定的であった。「教育的」配慮よりも、「学問的」立場を優先視する傾向にあった。学校の歴史教育の混乱を憂慮する人々も教科書内容を統一する必要性に言及したが、学説自体は専門的であるという理由により統一の問題に対しては極めて慎重な態度で接するというのが実情であった。

結局、教科書内容の統一は政治的処置として成し遂げられた。一九六一年十月十四日に国家再建最高会議の議長であった朴正熙《パクチョンヒ》が国史内容の統一を指示したことから、見解が異なる歴史的事実に対しては用語や表記法の統一が試みられた。この作業は思ったほど素早くは行われなかったが、一九六三年五月から国史学者と国史教科書の著者、歴史教師二十八名により「国史教育内容統一審議会」を創設し、十二回の会議を経て一九六三年八月八日に教科書内容を統一した。この時に定められた教科書内容叙述の原則や用語は、特に新しい学説が出ていない限り、現在もそのまま使用されている。この中で、重要な問題を整理すると次のようになる。

①檀君は民族神話として扱うが、教育課程の精神を反映する。

②箕子朝鮮と衛満朝鮮は古朝鮮に含むが、「箕子朝鮮」「韓氏朝鮮」「介也之《ケヤジ》朝鮮」「衛満朝鮮」などの用語は使用しない。箕子東来説や「箕子」云々という叙述はしない。衛満の民族的所属を明かさない。

③三韓の位置に関しては、中学校において馬韓は我が国の南部の西側、辰韓は我が国南部の東側、弁韓は我が国南部の東側にある。* 高等学校では異説があることを同時に叙述した。三韓の部族国家数は中・高等学校ともに表示しない。

④漢四郡の位置は、陳番《ジンボン》は「慈悲嶺《チャビリョン》以南〜漢江以北」、玄菟《ヒョンド》は「鴨緑江中流」、臨屯《イムヅン》は「咸鏡南道の大部分と江原道の一部」、楽浪は「大同江《テドンガン》流域」の地域とする。

⑤三国の建国と関連して、朱蒙《ジュモン》、温祚、朴赫居世《パクヒョクコセ》は部族社会で扱い、史料に記録されている建国年代（紀元前五七、紀元前三七、紀元前一八）は表示しない。三国が古代国家として発展したことは高句麗、百済、新羅の順として、古代国

家として発展するようになったときは高句麗は太祖王《テジョ》、百済は古爾王《コイ》、新羅は奈勿王《ネムル》の時から、あるいは何世紀からと表示する。

⑥新羅の三国統一の年代は、六七六年とする。

⑦高句麗の国内城と丸都城《ファンドソン》は別のものではなく、同一とする。

⑧新羅において仏教を公認した年代は法興王《ポブン》十四年とする。

⑨百済の河北慰禮城、河南慰禮城は区別せず、慰禮城の位置は漢江流域とする。

⑩我が国の近代化の時期は、丙子修好《ピョンチスホ》〔江華島〕条約が締結された以後とする。

これとともに、二種類以上の読み方がある漢字の表音を統一し、二種類以上の用語が使用された歴史人物や地名、歴史的事実を一つに統一した。その内容は以下の通りである。

・表音の統一

①楽浪→ナクラン　②黏蟬→ジョムゼ
③臨屯→イムゾン　④玄菟→ヒョンド
⑤甄萱→キョンフォン　⑥奈勿王→ネムル王
⑦尉那巖城→ウィナアムソン　⑧亀州→キュイジュ
⑨契丹→コラン　⑩辛吨→シンドン
⑪星湖僿説→ソンホサソル　⑫李睟光→イスグァン

＊教科書内容の統一案では、辰韓と弁韓の位置をすべて「我が国南部の東側」と提示している。しかし、さらに具体的に見ると辰韓は洛東江下流の東部、弁韓は洛東江西部地域と区別している。

⑬懶翁→ナオン

・用語の統一など

①黄草嶺と草黄嶺→黄草嶺　②安珦と安裕→安珦
③目支と月支→目支　④崔瑀と崔怡→崔瑀
⑤消奴部と涓安部→消奴部　⑥肖門と省門→肖門*
⑦賑貸法と糶糴法→賑貸法　⑧階伯と堦伯→階伯
⑨椵島と椴島→椵島**　⑩蘇塗とソッデ→蘇塗
⑪王の代数表示→統一新羅時代までは表示しないで、高麗以後は使用することができる。

一九六三年に第二次教育課程が公布され、これにしたがい編纂された検定教科書では統一案をそのまま内容として叙述した。その後、韓国史研究が進捗したり新しい論争が起こったりして古朝鮮などの一部の記述は変化したが、統一案は現在でも国史教科書叙述の多くに適用されている。この一方で、文教部は学説上の違いから始まる教科書内容の問題をなくすために、第二次教育課程から教科書検定審査を強化した。だが、このような検定審査の強化は教科書統制という否定的な結果をもたらした。

＊高句麗の小獣林王《ソスリムワン》の時に、創建されたとされる我が国最初の寺の名前。『三国史記』には「肖門寺」となっているが、『海東高僧傳』では「省門寺」が正しいとされた。
＊＊平安北道鉄山郡栢梁面にある島。朝鮮光海君の時、明の将軍毛文龍がここを拠点として後金の後背を攻撃し衝突を起こした。これは丁卯胡乱・丙子胡乱を招く原因の一つとなった。

八　発展的観点の韓国史認識──韓国史研究と国史教科書の植民史観克服

朝鮮はなぜ滅びて日本の植民地となったのか？　歴史を勉強する人ならば一度は問う質問である。いや、歴史を特別に好きでないとしても、韓国人であれば一度や二度はこの問題を考えたり、他の人とこの話をしたりしたであろう。さらに、歴史教師であれば、生徒からこのような質問を受け、説明をした経験があるだろう。

「朝鮮はなぜ滅びたのか？」という質問に対して、人々が最も頭に浮かべる答えは「西洋文物を受け取るのが遅かった」だったり、「党派争いにより権力を握るのに血眼になったまま、正しい政治をできなかった」というものであろう。しかし、早くに開港をしたならば、私たちは日本に先立ち近代国家として発展することができたのか？　党派争いがなかったら、日本の植民地になることはなかったのか？　「朝鮮はなぜ滅びたのか？」という質問に答えるのは容易ではない。朝鮮が近代国民国家として成長することに失敗した原因をめぐって、学者は多様な見解を提示したりもした。しかし、未だに多くの人々が党争や鎖国政策を最も大きな原因と考えている。

朝鮮はなぜ日本の植民地になったのか

このような考えは、私が一九七〇年代に中学校と高等学校に通いながら韓国史を学ぶ時も同様であった。具体的な授業内容は学校や教師により多くの差異があるが、私たちは朝鮮の権力争いを詳細に学んだ。戊午士禍、甲子士禍、己卯士禍、乙巳士禍を四大士禍とし、何が原因で、どのように展開し、結果がどうであったかを勉強した。試験の時

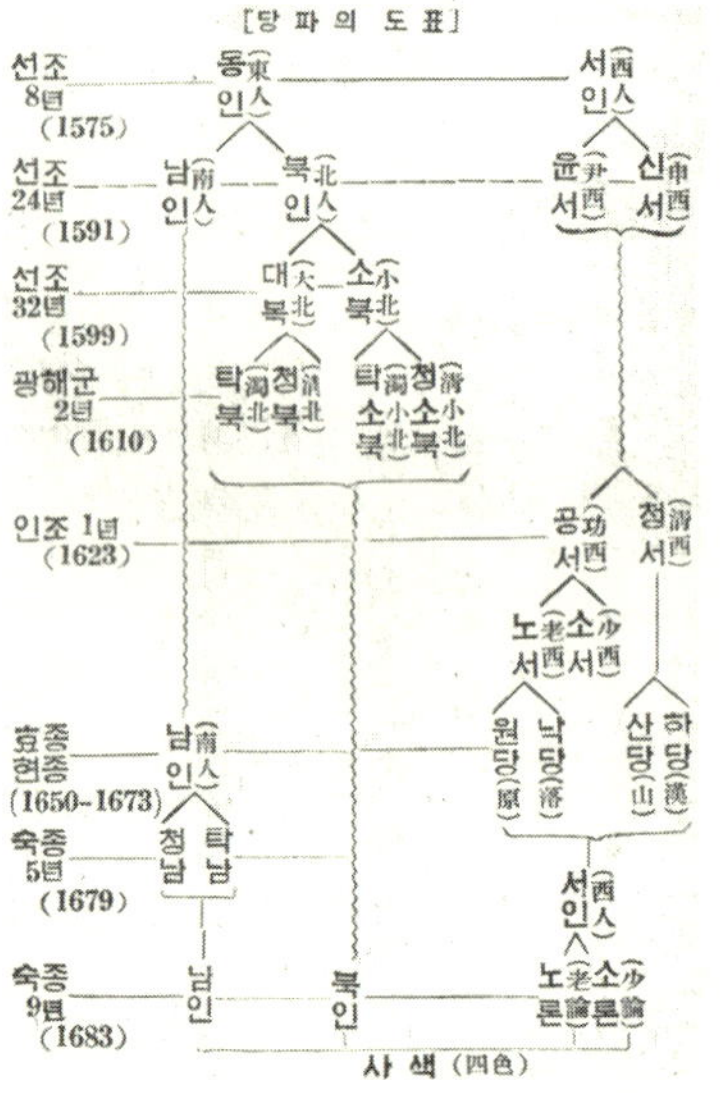

党派を説明する４色の教科書図表（歴史教育研究会、『中等国史』1956年、97頁）

には、四大士禍の原因、展開過程、加害者、被害者を表にして覚えたりもした。士禍を勉強して燕山君を天下の悪王と考え、己卯士禍を学ぶ時は「走肖為王」*の悪巧みをたくらむ動舊派に憤怒し、これにだまされた中宗の無能ぶりを残念に思ったりもした。また、姻戚関係だけで大尹と小尹に分かれて争う乙巳士禍では、権力争いには一家親戚もなかったということから朝鮮支配層の情けなさを痛切に感じたりもした。党争も同じであった。四色の党派がどのような事件を契機にして分かれたのか、各党派はどの王の時に権力を掌握したのか、中心人物が誰なのかを整理したりもした。教科書にはそのようなことが詳細に書かれていなかったが、実際の授業ではかなり具体的に学んだ。

もちろん、士禍や闘争を学びながら、植民地期に日本がこれを私たち民族の民族性と規定して、朝鮮史を歪曲したという話も聞いた。日本でも戦国時代には数多くの諸国に分裂し、中国でも党派争いがひどかったという事実を根拠として、これは私たちだけの歴史にあった現象ではないと歴史の先生は説明した。しかし、その後も党争は朝鮮が植民地になった理由の一つとして心の中にあった。このような考えは、今も多くの人に残っているかもしれない。

党派性論と同じくらい私たちの歴史認識に大きな影響を及ぼしているのは、他律性論である。他律性論は地政学的論理を基礎とする。大陸と海を連結する半島に位置しているために、韓国の歴史が大陸や海洋の勢力変化に大きな影響を受けたということである。満州と朝鮮半島を一つにくくって歴史変化を理解しようとする満鮮史観はその代表的なものである。満鮮史観によると、朝鮮半島の歴史は満州地域の動きにしたがい変化する。

実際、私たちの歴史では大陸や海洋国家から多くの侵攻があった。古朝鮮は燕《ヨン》国の侵攻を受け、ついには漢の攻撃により滅亡した。高句麗は北方民族や隋・唐と多くの戦争を起こし、新羅は倭の頻繁な侵攻に苦しめられた。高麗の時は契丹、女真、モンゴルと次々に戦争を起こし、約百年間は元の干渉を受けた。朝鮮時代に入っても、日本、清との大規模な戦争により困難を極めた。数字を挙げられるかはわからないが、古朝鮮から朝鮮戦争までの間に外勢の侵攻を受けたのは九百三十一回という話もある。

しかし、この半島という地理的位置は国の発展には必ずしも不利ではなく、かえって有利であるという話も昔からある。半島に位置しているために、力が弱体化する時は大陸と海の両側からの侵攻を受けるが、反対に私たちの力が強ければ大陸にも海にも進出することができるという論理である。世界史において、そのような例としてはギリシャが示される。ギリシャは私たちと同じように半島国家であるが、地中海一帯を支配しながら、西洋文化の根源を成した輝かしい文化を発展させた強国として成長したのである。このような論理は一九六〇、七〇年代に唱えられたが、今でもよく聞く。これは植民史学がいう他律性論、その中でも半島的性格論の反発論理として出てきたものである。いずれにせよ、「半島」という位置が歴史の発展を左右する重要な原因になるという点からみると、これもまた半島的性格論を否定するものというよりも、別の半島的性格論とすることができる。

事大主義についての勉強も、なんとなく気まずい感情を打ち消すことが難しかった。朝鮮時代に毎年三、四回ずつ中国に使臣と朝貢品を送ったという事実は自負心を傷つけられた。年末冬至と年初新年の頃に挨拶のために使臣を送るという説明を聞いて「あまり日が経っていないのに、続けて使臣を送らなければならないのか？」と思い、中国の皇帝と皇后はもちろん、皇太子の誕生にもお祝いの使臣を送ったという言葉には「そこまで顔色を窺わなければならないのか？」という疑問も湧いた。「朝鮮」という国名が明から選ばれたのか、「吏曹《イジョ》、戸曹《ホジョ》、禮曹《イエジョ》❶」の「曹」は「吏部、後部、禮部」の部より一等級低い諸侯国につけられた名前ということを知らなかった時である。もちろん、植民

＊趙氏が王になるという意味。走と肖、二つの文字を合わせて趙となる。ここで趙氏は趙光祖を指す。動舊派が昌徳宮の木の葉に蜂蜜で「走肖為王」という文字を書いた後、虫がその文字をかじったことを証拠として挙げ、趙光祖が王になろうとする欲望を持っていることを天が教えてくれたと誣告した。

地期当時も日本人が事大主義を私たちの民族性としたが、これは国の安定を強固にするための外交政策であったと見なければならず、朝貢で持っていく物品より下賜品として受け取るものがさらに多かったという説明を聞いたりもした。しかし、事大主義の外交政策はあまり気分のよい歴史的事実ではなかった。このような事実は、朝鮮時代を否定的に認識するようになる原因となった。

韓国（朝鮮）史研究の課題である植民史学の克服

解放後の朝鮮史研究の最大の課題は、日本の植民史学を克服することであった。解放直後、多くの朝鮮史の本が出たが、大部分の内容が植民地期の研究水準にとどまった。民族主義的観点から朝鮮史を整理した本は、檀君など朝鮮史の伝統と朝鮮民族の思想を強調した。しかし、事実や資料の後づけもなく強い民族主義的性向だけを浮き彫りにした。自分なりの史観と歴史解釈により朝鮮史を再整理することができず、具体的な内容は植民史学の論理から抜け出すことができない場合が多かった。

米軍政期の左右衝突、政府樹立、朝鮮戦争に続く社会の激動は、朝鮮史研究の体系化を難しくした。さらに、この過程において文献考証史学と異なる歴史研究は根を張ることができなかった。マルクス史観を土台にする社会経済史学者が越北し、中道的立場の新民族主義史学者も朝鮮戦争の時に北朝鮮に拉致されたりして自分の史観を反映した本を書くことができなかった。本格的な韓国史研究は朝鮮戦争が終わるのを待たなければならなかった。

韓国（朝鮮）史研究の課題は植民史学を克服して、新しい韓国史の体系を打ち立てることにあった。植民史学の論理の中で人々に最も訴える力が強く、影響が大きいのは党派性論と他律性論であったが、植民史学の根源は日鮮同祖論と停滞性論であった。日鮮同祖論は、日本による韓国併合が日本と朝鮮という二つの国の民族を元来の状態に回復することであるという政治的意図を持っていた。しかし、日鮮同祖論は人々の心の中に深く根を張らなかった。日本が第二次世界大戦で敗北し朝鮮が独立した後、日鮮同祖論はそれ以上生命を維持することが難しかった。

これに反して、停滞性論は日本が朝鮮を侵略して植民地とする十九世紀末二十世紀初めに国際社会において通用した論理であった。優勝劣敗の社会進化論は、強国が弱小国を植民地化することを当然視した。「お前たちは世界の変化に適応することができず、発展した国家の植民地となったことは自然な社会変化の道理である。こちらの側が、お前も発展することができる道である」という帝国主義の論理が広く全世界で繰り広げられた。歴史的に朝鮮は自立的に発展することができず、特に朝鮮は停滞した社会ということが日本の植民史学者の主張であった。その根拠として激しい党争、性理学だけを尊ぶ思想的硬直性、封建社会欠如論などの論理を打ち立てた。朝鮮（韓国）史学者は解放以後、このような論理をさまざまな側面で反駁した。停滞性論と他律性論を壊すことが植民史学を克服する道であり、朝鮮史研究の核心課題であった。このような課題の実践は実証的な研究を必要とすることであった。朝鮮（韓国）史研究は二種類の側面を明らかにしなければならなかった。一つは、朝鮮史も歴史発展の一般的段階を経たということであり、もう一つは日本の影響力がなくても朝鮮史が自生的に近代化の可能性があったという事実である。

朝鮮戦争が終わり、研究が本格化して韓国史の概説書が刊行された。戦争が終わった直後である一九五四年に韓沽《ハンウ》劤《グン》と金哲埈《キムチョルジュン》がともに書いた『国史概論』が刊行され、一九六二年には震壇学会において時代別に分けて全六巻で構成された『韓国史』を編纂した。しかし、『国史概論』は今までの半島的性格論など植民史学の論理から抜け出すことができず、震壇学会の『韓国史』は時代別に多くの人が執筆し、統一した観点から韓国史を整理することができなかった。一九五五年に公布された第一次教育課程にしたがい刊行された国史教科書と一九六三年に公布された第二次教育課程に依拠した国史教科書の内容にも、停滞性論と他律性論の論理が依然として残っていた。

一九六〇年代に入り、植民史学を克服して、韓国史の新しい体系を打ち立てなければならないという国史学会の論理が本格化した。韓国史の内在的発展論と民族文化論が台頭した。内在的発展論は停滞性論の克服、民族文化論は他律性論の克服を念頭に置いたものであった。特に停滞性論の克服のために内在的発展論に土台を置いた歴史研究が活発になり始めた。一九六二年の第五回全国歴史学大会では「韓国史研究の回顧と展望」という主題の下で時代別に既存の韓国史研究の成果を点検して、今後の方向を論議した。韓国史を発展的観点から体系化するための案を提示しよ

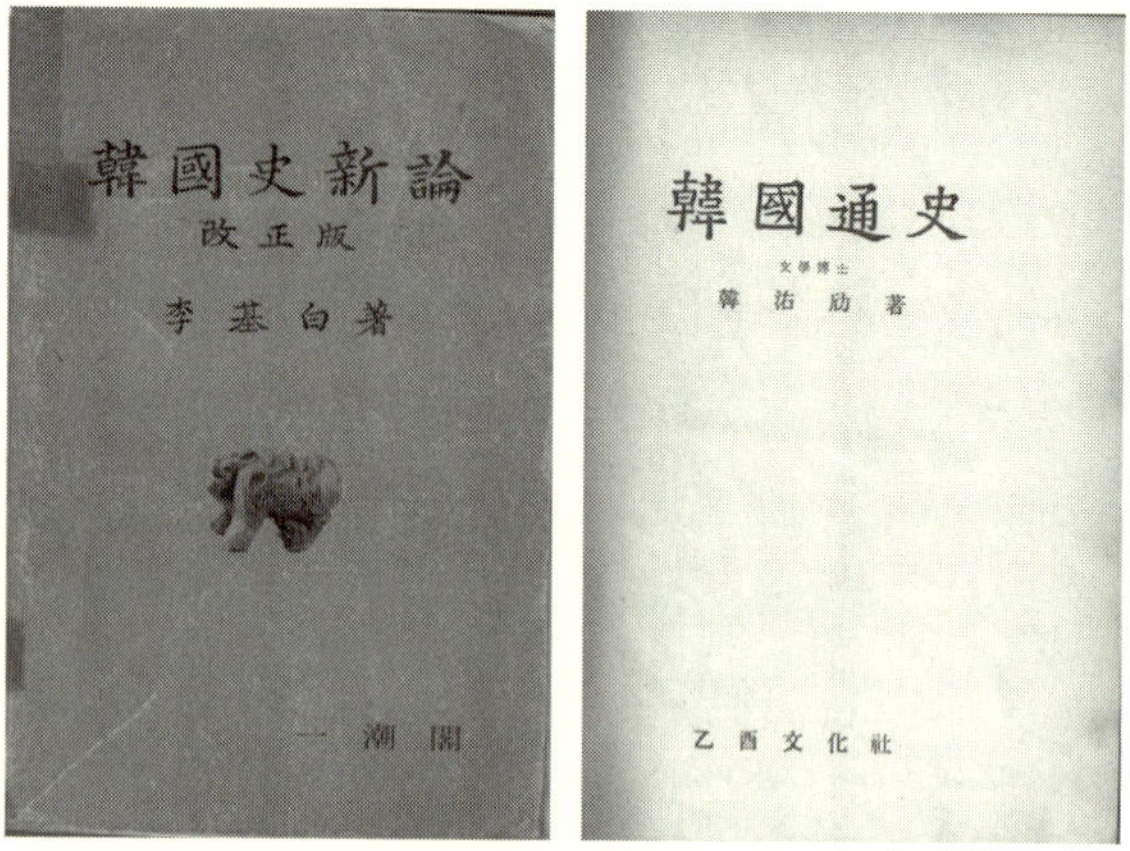

李基白の『韓国史新論』と韓沽劤の『韓国通史』

うとするものであった。当時、大会では「内在的発展論」という用語を使用しなかったが、歴史発展の観点から韓国史の体系を再び築かなければならないという考えが基礎にあった。韓国史研究の目標は、停滞性論を克服するものであり、ここで焦点になる時期は朝鮮後期であった。論議は一九六三年に韓国史学会が主催した「朝鮮後期における社会変動」というものに引き継がれた。この学術討論会では、朝鮮後期の社会経済史を農村経済、商工業、北学思想などに分けて検討した。このような学界の雰囲気に力を得て、一九六〇年代に入り韓国史研究は新しい転機を迎えた。

民族的観点から、植民史学の論理を脱皮して韓国史研究の成果を本格的に反映し始めた本として李基白《イキベク》『韓国史新論』を挙げることができる。『韓国史新論』は刊行された当初より、最も明確な問題意識を持って執筆された本として評価を受けている。『韓国史新論』は植民史観を脱皮し、民族主義的性格を持ちながらも内在的発展論の観点から韓国史を見ている。

李基白は『韓国史新論』に先立ち、一九六一年に『国史新論』を執筆した。『国史新論』は、序論で植民史観の論理を項目ごとに批判した。しかし、本の序文で言及した問題意識が韓国史叙述に具体的に反映されることはなかった。このような問題点を克服し、自分の歴史観を基礎として韓国史を整理した本が『韓国史新論』である。

『国史新論』の内容が基礎になっていたが、『韓国史新論』は一九六〇年代の研究成果を反映して韓国史の発展を体系化した。『韓国史新論』では、朝鮮後期の内在的発展論を受容した。二つの章で書かれた朝鮮後期史の中で、一つの章は「広作農民と都庫商人〔広大な田畑を耕作する農民と一手販売商人の成長〕」である。農業と商工業分野の研究成果を反映し、朝鮮後期を近代社会として発展することができる内在的動きを見せた激動的社会として描いた。『韓国史新論』は改訂版と新修版を刊行し、数十年間最も広く読まれた韓国史概説書となった。英語、日本語、中国語、ロシア語などに翻訳され、海外に韓国史を広める役割も果たした。

韓沽劤の『韓国通史』でも、解放以後二十余年の韓国史研究成果を基礎として、新しい韓国史の概説書を構成して社会構造を把握することを標榜した。そして、朝鮮後期の叙述では、「社会構造の変化」という題目の下で農業の変化、商品・貨幣経済の発達、両班層と農民層の分解などを叙述した。

国史学会の研究成果は一九六〇年代後半から次第に教科書に反映され始めた。国史学者も学校の歴史教育に関心を持ち、新しい研究成果を教科書に叙述しなければならないと主張した。一九六九年に李基白、李佑成《イウソン》、韓沽劤、金容《キムヨン》燮《ソプ》が作成して文教部に報告した『中・高等学校国史教育改善のための基本方向』では、当時の国史教科書が依然として解放前の韓国史研究や史観に立脚していると指摘し、解放後の韓国史研究の成果と史観を反映しなければならないと主張した。この報告書は中・高等学校の国史教育で扱わなければならない内容を提示している。この中で、植民史学の脱皮と関連して注目に値する部分は、先史時代と朝鮮後期史の部分である。

先史時代の叙述に対しては、「はじめに」の中で「旧石器時代および青銅器時代が私たちの国の歴史上独自の時代として設定されなければならないことは現在においては当然のこと」であるにもかかわらず該当する研究が不足しており一般化することができないと指摘し、教科書にこれを反映することを促した。具体的には「旧石器時代の存在を明示する」「過去紀元前三～四世紀ごろに青銅器と鉄器が同時に伝来したことを扱うが、それ以前におおよそ紀元前七世紀ごろから独自的な青銅器時代が始まったと叙述する」ように勧告した。韓国の先史時代を「旧石器時代→新石器時代→青銅器時代→鉄器時代」という一般的な歴史発展段階として理解しようとしたのである。

朝鮮後期史は、「はじめに」では言及されていないが、試案の内容を説明しながら「農民の成長と連関して田植え法や二毛作の普及など、この時期の農業に大きな発展があったことに留意する」として、朝鮮後期の社会を内在的発展の観点から叙述することを提案している。高等学校国史教育課程の単元構成試案の中で「中世後期社会の変動」という章を「一．門閥政治と両班体制の分解」「二．農民の成長と大同法および均役法」「三．商人資本の台頭と手工業の成長」という節で分けていたが、中学校試案の中で中世の「門閥政治と社会の動揺」という章の下の六つの節の中に、「三．農業と商工業の発展」を含めたのは、このような観点を反映したものであるとすることができる。

これ以外にも『中・高等学校国史教育改善のための基本方向』の「はじめの言葉」では、渤海史を私たちの民族史の一部として扱わなければならないということとともに、補充説明で「百済と高句麗の南側の一部を統合した新羅と高句麗の大部分を占めていた渤海との南北二つの王朝を対等に説明する」としている。それでは、このような韓国史の研究成果が教科書に実際にどれだけ反映されたのか詳細に見てみよう。論議の焦点を植民史学の克服に合わせるために、先史時代と朝鮮後期の社会変動の内容を検討する。

「韓国史にも旧石器時代と青銅器時代があった」

一九六〇年代までに出た国史教科書は、旧石器時代にほとんど言及しないまま、新石器時代から朝鮮半島へ人々が本格的に移住して生活したと叙述した。旧石器が発見されたという事実に言及してはいるものの、旧石器時代から朝鮮史が始まったとは見ていなかった。例えば、次のようなものである。

新石器時代の遺物と遺跡

近来、我が国でも旧石器時代の遺物と遺跡が出てきたが、まだ確実ではない。今日、私たちの古い先祖がこの土地に残した大部分のものは新石器時代の遺物と遺跡であり、それは全国各地で発見されている。その最も古い年代はやはりよくわからず、大体、紀元前二〇〇〇年あたりではないかと思われる。——李丙燾『人文系高等学校国史』一九六八年、三－四頁

新石器時代
我が国では旧石器時代の遺物や遺跡がまだ確実に証明されていない。しかし、華北と満州、そして日本ではすでにその存在が確実視されており、将来は我が国でもそのような時代の遺物や遺跡が発見される可能性が十分にある。旧石器時代の遺物は打製石器が主であり、時代が下がるにつれて次第に土器を伴うようになり、模様のないことがその特徴である。——閔泳珪『人文系高等学校最新国史』一九六七年、三－四頁

一九六七年と一九六八年の教科書は、一九六三年に公布された第二次教育課程を根拠に編纂された。そのため、一九六〇年代の研究成果は反映していないとすることができる。教科書は新石器時代に続いて青銅器時代も別に設定していない。朝鮮半島で青銅器が発見されたという事実を叙述しながらもその意味を縮小し、石器が長い間主な道具として使用されていることを強調した。青銅器の伝来以後、石器が同時に使用された金石併用期が展開したということを次の叙述で見ることができる。

金石併用期の遺跡・遺物
上で述べたように、新石器時代につくられたさまざまな道具を使用する時、新しくモンゴル高原を中心に北アジアの草原地帯から遊牧生活をしていた匈奴族によりスキタイシベリア文化系統の青銅文化がこの土地に伝来した。一方、南下してきた匈奴族を抑圧しようと漢族が東進し、青銅および鉄器文化を伝えたことで石器と金属器を併せて使う時代になった。この時代は一般的な文化段階では過渡的な時代であるが、我が国ではその時期が比較的長く続いた。——李丙燾『人文系高等学校国史』一九六八年、五頁

金属併用期
長い新石器時代の生活を通じて満州と朝鮮半島に共通した文化を守り続けていた私たちの先祖は、紀元前四～三世

紀になると西北の匈奴を通じてスキタイシベリア（Scytho Siberia）系統の青銅器文明を、そして隣の漢族からは鉄器文明を学び始めた。しかし、石器は依然として金属器とともに使っており、この時代を金属併用期とする。この金属併用期になると社会の姿が変わり始めた。新石器時代の氏族社会は崩れ、氏族長が権力により氏族員を支配する社会がさまざまな場所で現れるようになった。――閔泳珪・鄭亨愚『人文系高等学校最新国史』一九六七年、六－七頁

これによると、朝鮮半島において青銅器が発見されたが「青銅器時代」とするだけの時代は存在しないまま、金属と石からなる道具を一緒に使用する金属併用期が継続し鉄器時代に移っていった。すなわち、先史時代の歴史変遷の段階を「新石器時代→金属併用期→鉄器時代」と理解するのである。先史時代に対するこのような理解は、大部分の教科書で見られた。

朝鮮史の先史時代が「新石器時代→金属併用期→鉄器時代」に発展するという歴史理解によると、朝鮮半島の歴史は他の地域より遅い時期に始まっており、石器が長い間重要な道具として使用され、金属製道具の使用も遅かった。これは朝鮮半島の歴史が最初から他の地域より遅れていたという植民史学の論理をそのまま受け入れたものであった。日本の植民支配時期に咸鏡北道の雄基にある屈浦里、潼關鎮などで旧石器遺跡が発見されたりもした。しかし、日本の学者はこの遺跡が朝鮮半島の最北部地域である点を挙げて、これらは満州やシベリアの影響を受けたものとして、朝鮮半島で生活する大部分の人の生活には何ら意味がなかったと主張した。

しかし、一九六〇年代に入り、旧石器と青銅器の遺跡が確認され始めた。一九六四年年から本格的に発掘され始めた公州の石莊里《ソクジャンリ》の旧石器遺跡では、前期、中期、後期の旧石器遺物が発見された。青銅剣と鏡など青銅器の遺物も全国各地から発見された。これにより、朝鮮半島でも旧石器時代に人々が生活していた事実が立証され、青銅器時代を独立して設定することが可能になった。朝鮮半島の先史時代も、一般的な歴史の発展段階と同じように「旧石器時代→新石器時代→青銅器時代→鉄器時代」を経たことを確認したのである。教科書でこうした旧石器時代と青銅器時代を明示しようとした中・高等学校国史教育の改善のための基本方針の提案は、上記のような成果を基礎としたもの

であった。
しかし、国史教科書ではこれらの研究成果を受容するのに消極的であった。一九六九年に中学校教育課程の部分改訂があった。中学校教科書は改訂版を出し、高等学校教育課程は改訂しなかったが、教科書内容が一部変わった。教科書の先史時代の叙述内容がどのように変化したかを見てみよう。

新石器時代の遺物と遺跡

近来、我が国でも咸鏡道の豆満江遺跡と石荘里等で旧石器時代の遺物と遺跡が現れている。今日、私たちの先祖がこの土地に残したものは、大部分、新石器時代の遺物と遺跡であり、それは全国各地で発見されている。その最も古い年代はやはり詳しくわかっていないが、大体、紀元前二〇〇〇年頃ではないかと考えられる。この時代は約二〇〇〇年前まで続いた。——李丙燾『人文系高等学校国史』一九七一年、三–四頁

公州石荘里の先史遺跡地に再現された竪穴住居

旧石器時代

延世大学校博物館では一九六四年年以後、何回かに分けて忠南公州郡長岐面石荘里において旧石器時代の遺跡調査を行った。その結果、約二十万年前の前期旧石器時代の遺物から約二、三万年前の家の跡地を発掘した。出土した遺物には、握斧、掻器、削器、石刃、刀、石核などがある。これ以外に、安城・慶州・燕岐など十余りの場所でも旧石器時代の遺跡が発見される可能性がたくさんある。旧石器時代の遺物は打製石器が追加され、時代を経るにつれて次第に土器を伴うようになったが、文様のないことが特徴である。——閔泳珪・鄭亨愚『人

文系高等学校最新国史』一九七三年、三 - 四頁

李丙燾《イビョンド》が執筆した教科書では、「我が国では旧石器時代の遺物や遺跡がまだ確実に証明されていない」という内容が「近来、我が国でも咸鏡道の豆満江流域と石荘里などで旧石器時代の遺物と遺跡が現れたとする」と変えただけで、残りの叙述内容は同じである。他の大部分の教科書も旧石器時代を叙述するのに消極的であった。これに反して、閔《ミン》泳珪《ヨンギュ》が執筆した教科書では公州石荘里の旧石器遺跡発掘をかなり詳細に叙述している。全国さまざまな場所で旧石器の遺物が発見されたことを明らかにし、旧石器時代から朝鮮半島に人々が生活した可能性を見せている。このように公州石荘里遺跡を詳細に紹介したことは、著者である閔泳珪が公州石荘里遺跡の発掘を主導した孫寶基《ソンボギ》と同じく延世大学校教授であることが作用したことが想像される。しかし、金石併用期の叙述は、李丙燾が執筆した教科書も閔泳珪が執筆した教科書も少しも変わりがなかった。一九六〇年代、青銅器遺跡の発掘成果を反映したり受容したりしなかったのである。

ただ、上で紹介した『中・高等学校国史教育の改善のための基本方向』を共同で執筆し、解説書である『韓国通史』を出した韓洁劤は、自分が書いた高等学校『国史』(乙酉文化社、一九七三年) 教科書において「朝鮮半島でも旧石器人が生きていたことは間違いない事実である」とした。旧石器時代の存在可能性を積極的に受け取り、その根拠として公州で旧石器遺跡が発掘・調査されていることを紹介した。しかし、韓洁劤も青銅器時代ではなく、金石併用期の概念を使用していることは同じである。

一九七四年から使用された国定国史教科書の完成により、ようやく朝鮮の先史時代が旧石器、新石器、青銅器、鉄器時代を経ることを明白にした。国史教科書が国定により一種だけ発行されるようになると、一九六〇年代と一九七〇年代初めの古代史研究と考古学的発掘成果を反映して、先史時代の発展段階が整理された。

「朝鮮後期に近代的発展の芽が出た」

植民史学の停滞性論を克服するためのさらなる積極的な研究は、朝鮮後期の社会経済史に集中した。韓国史でも自生的な近代的発展の動きがあったことを確認するためのものである。明示的に表現してはいなかったが、これらの研究は朝鮮後期の朝鮮社会内部に資本主義の萌芽が存在していたことを明らかにする作業であった。農業を始めとして、商業と手工業、鉱業など産業分野別に資本蓄積と経営規模の拡大、賃金労働者の増加などを探す研究が進行した。幾人かの学者の研究結果により、朝鮮後期の社会では農業と商工業を始めとして産業全般にかけて展開された発展の姿が明らかになった。

朝鮮後期に描かれた田植えの風景

朝鮮後期の農業では、移秧《イアン》法を始めとして、畎種《キョンジョン》法（條播法）など農業の改善と二毛作など効率的な農地利用をして農業生産力が高くなり、労働力が節減されて広い土地を経営することが可能になった。その結果、一方では経営型の富農が起こったが、その一方では農地から追い出された農民が賃金労働者となった。商業では私商が成長し、資本力を基礎として国家の支援を受け特権商人と競争した。商人の中には莫大な資本力により物品を独占する一手販売の（都庫）商人も現れた。手工業でも次第に民営手工業が成長した。一部、大商人は先貸制を導入して手工業者を支配した。これに対抗する自由手工業者も現れた。商人は資本を動員して、鉱山経営に手を染めていった。

このような事実は、朝鮮後期社会で資本主義的な動きが現れ始めたことを見せてくれるものである。これらの研究は一九六〇年代から本格化したが、一九六〇年代後半や一九七〇年代初の教科書でもほとんど反映されなかった。一部の教科書が一九六〇年代前半の教科書と比較して貨幣流通の拡大や貿易の発達などを積極的に叙述したが、農業や産業、手工業発達の様子やそれが社会変化に与える意味を含んでいなかった。このような研究を受け止め、自生的な近代化や資本主義の萌芽という観点から叙述したものは一九七〇年代の国定国史教科書であった。国定国史教科書は「中興政治と経済活動の成長（中学校）」、「産業の発展と身分制の変化（高等学校）」という単元をつくり、朝鮮後期の社会経済の変化を叙述した。まだ整理されていない叙述として生徒の理解に混乱を与える懸念もあったが、一九六〇年代と一九七〇年代初めの研究成果を反映したものであった。以後、国史教科書で朝鮮後期史を見るこのような観点は一般的になり、現在までそのまま続いている。教科書が改訂されるたびに、内容が増加し具体化していった。

歴史知識と歴史認識の距離感

停滞性論や他律性論、党派性論のような植民史学の論理は、少なくとも教科書や学校授業では完全に痕跡を残さなくなった。大学の修学能力試験（日本のセンター試験）において国史を選択したりする興味を持った生徒であれば植民史学の問題点が何かをよくわかっており、これを批判する論理を広げることができるのである。学校では植民史学とは正反対の観点により関連内容を学ぶ。

今では、国史教科書において士禍の内容が具体的に記されておらず、教師も生徒の興味を誘導するためにわざわざ説明する場合を除くと詳細に教えない。大学修学能力試験のような国家単位の試験では、それぞれ士禍の具体的な動機や過程を尋ねる問題は出たりしない。士禍の性格を勲舊❷と士林❸の対立で規定し、士林と勲舊の出身背景、経済的基盤、学問の傾向など二つの勢力の差異に関心を置くだけである。党争や党派争いも「朋党政治」❹に変わって時間が過ぎた。朋党は単純な人的結合や権力を握るために人情や道徳を選ばず権勢と謀略中傷などの方法と手段を使う集団ではなく、学風や儒学の解釈を変え、国を経営する方式で差異を見せることであると学ぶ。朋党政治は支配集団に限定されるが、国王が自分の思い通りに統治することではなく、かなり多くの人の意見を受け入れ政策を決定する公論政治である。集団間の競争により正しい政治を誘導することができる点で肯定的に評価される。

しかし、このように知っていても、歴史認識自体が本当に変わるのかは疑問である。多くの人々に、朋党政治は依然として情緒的に党争として捉えられる。権力を握るための争いは醜く、生徒はこの過程で善と悪を選り分ける。肅《スク》宗《ジョン》朝にあった西人と南人の対立において、仁顕王后《インヒョンワンフ》と張禧嬪《チャンヒビン》を比較しながら、相変わらず「仁顕王后は善、張禧嬪は悪」と分ける。西人と南人の政策、政治的・経済的基盤などを知っていたとしても、それは歴史知識であり歴史認識の内面化にはならない。

朝鮮後期の社会経済的変化を自生的な近代化論、内在的発展論の観点から見ようとすることも同じである。一九八〇年代以後、高等学校国史教科書で朝鮮後期は「近代社会の胎動」という題目で規定された。「胎動」という言葉が近代に含まれるのか、含まれないのかは曖昧ではあるが、朝鮮後期の社会を近世から近代に移行する歴史発展の段階と見ようとすることは明らかである。朝鮮後期をどのように見るのかは、資本主義の萌芽が内部的に現れたということを認めるためである。

大学に通っていた頃、人文社会科学に関心があった大学生の中で流行した理論の一つが資本主義移行論争であった。イギリスの経済学者であるモーリス・ドッブ（Maurice Dobb）とアメリカの経済学者であるポール・スウィージー（Paul Sweezy）の論争が世界的に拡大した。韓国でも、ドッブとスウィージー以外でこの論争に参加した日本の経済史学者である大塚久雄の本がかなり広く読まれた。農業の発達により大規模な経営型富農が成長し、農民層の分解が起こったという論旨はドッブの「中産的生産者層の両極分解論」を、資本力を持った大商人が先貸制により手工業者を支配し鉱山経営をしたという研究結果はスウィージーの「商人資本の産業資本転化説」を思い出させる。

生徒もこのような朝鮮後期の社会経済的変化を一生懸命勉強した。試験でもよく出題された。しかし、このように勉強したとしても、生徒が朝鮮後期社会を発展的観点から見ていくだろうか？　いや、以前と変わらず、朝鮮後期が党争により混乱した時期、勢道政治により不正腐敗が蔓延した時期、民衆の生活が苦しかった時期であったという認識がかなり強いのである。もちろん、教科書には朝鮮後期社会の混乱状態も叙述することで、発展と混乱という二重の姿を見せている。これを総合して朝鮮後期を発展的観点から理解することを生徒に望むのであるが、実際、生徒の歴史認識はそうでない可能性が高い。農民層の分解と大商人成長を資本と労働力の蓄積という資本主義の萌芽として受け取り、農民の生活がさらに困難になるという印象を受けている。試験で答えを書く歴史知識と、心の中で感じる歴史認識には距離感があるのである。このような点から見ると、停滞性論の克服が学校の歴史教育を通じて生徒に、ひいては国民大衆に内面化される過程は未だ終わってはいない。

〈訳注〉

❶吏曹、戸曹、禮曹　朝鮮では行政を分けて担当した六つの中央官庁（六曹）として、吏曹（管制と人事）、戸曹（財政）、禮曹（儀礼・外務）、兵曹（軍事）、刑曹（刑事）、工曹（工営）があった。

❷勲舊　勲舊功臣など長い間功を立てたという意味で使われたが、世祖以降は既成の政治勢力を指す言葉になった。

❸士林　田園山林で儒学を学ぶ士という意味であったが、勲舊派に対比して成宗後半以降に台頭した新興の政治勢力を表す。

❹朋党政治　朝鮮中期の特定の学問的性向や政治的立場を共有する集団である朋党による政治。

二部

一九六〇年代後半から
一九七〇年代中盤まで

一九七〇年代に入り、国史教育はかなり強化された。中・高等学校教育課程で国史科が独立教科となり、初等学校から大学教養課程まですべての段階の学校において国史を必修科目として教えた。大学入学予備試験でも国史の比重が高くなり、公務員試験を始めとした各種試験でも必修科目となった。

しかし、こうした国史教育強化は朴正熙政府の政治的意図が込められたものであった。朴正熙はよい生活のためには国民の精神的な姿勢が重要だと強調した。国民教育憲章の頒布はその象徴的なものであった。朴正熙政府は国民に国難克服の心を持つこと、忠・孝の伝統倫理を敬うことを要求した。国史教育はこのような精神教育の道具であり、国定国史教科書の内容は、国家主義歴史観やそうした歴史解釈が反映された。

国史教科書は単一本の国定図書となり、教科書に対する社会的関心が高くなった。韓国上古史が植民史学の影響で縮小・歪曲されたという在野史学者の主張と、これに関心を見せる政治家やメディアにより、上古史論争が起きた。一九八〇年代の中盤以後、社会の民主化が進展する中で国定国史教科書の支配イデオロギーに対する批判が集中的になされた。支配層に重きがある歴史、過度な反共イデオロギー、政府政策の広報など、国史教科書の理念的偏向性が暴かれた。一九九〇年代になると、こうした民衆史学を標榜する動きに対して保守勢力の攻勢が強化された。一九九四年に起きた国史教科書準拠案に関する論争はその産物である。

九　民族中興の歴史的使命──国民教育憲章と歴史教育

中学校二学年の時である。当時、私たちの学校では中間試験と期末試験以外に「月末試験」として毎月行われる試験があった。生活記録部に成績が記録される中間試験や期末試験ほど重要な試験ではないが、月末試験も家庭に送る成績表が出るので、それだけ生徒は当然のように神経を使い勉強をし結果にも敏感に反応した。そのような中（たぶん四月と記憶しているが）、私にとって悲劇的な事態が起きた。

国民教育憲章は何字？

道徳は主要科目であり月末試験にも含まれていたが、生徒が最も易しいと考えていた科目であった。現在とは異なり哲学的な内容は別段入っておらず、覚えることが少ない上に問題を読んで良い言葉を含んだ番号を選べば正答とされる場合が多かったためである。しかし、私は教科書も読みノートに筆記した内容も詳しく見る等の試験勉強をしたので、自信満々で道徳の試験に臨んだ。目標は満点であった。ところが、試験用紙をもらい最初の問題を見た瞬間、驚愕した。私だけでなく、他の生徒も同じであったであろう。「一．国民教育憲章は何文字であるか？」当時、試験問題は大部分「客観式」と呼ばれる四択型であり、国・英・数科目では時々答えを書かせるものも出題される場合があった。しかし、道徳の試験は四択型で出題されると予想していた。ところが、二十五問中二十四問は四択型であったが、この一番の問題は答えを書かせるものであったのである。

悲劇は、当時の私が国民教育憲章を覚えていたという事実にあった。だが、私は国民教育憲章が宣布された日に同時に発表された朴正煕《パクチョンヒ》大統領の談話文にも出てきたこの国民教育憲章の文字数は知らなかった。一番の問題を見てしばし当惑していた私は気を取り直し、国民教育憲章の文字数を数え始めた。「私たちは民族中興の歴史的使命を持ち、この土地に生まれた。先祖の輝かしい精神を今日に再び活かし…」と口をもごもごさせながら指でその数を数えた。十の指で一度数えると問題用紙に一本線を引き、再び文字数を数えた。しかし、このような方式で国民教育憲章の全体文字数を数えることは簡単ではなかった。しばしば、途中で間違えて混乱した。普通、試験を受ける場合、最初に残りの二十四問を解いた後、この問題を最後に解かなければならない。しかし、文字数を数えるのに何回も失敗した私は次第にムキになってきた。「この問題を解けなければ次の問題もできない、見てみろ」と決心をして、試験用紙に国民教育憲章の全文を書いた。口で言いながら、文字数を数える時の混乱を避けるためであった。国民教育憲章の全文を問題用紙の余白に書いた私は十文字ずつ区切って表示をつけた。そして、ついに答えを書いた。「三百九十二」。答案にそう書くと同時に試験の終わりを告げる鐘が響いた。後ろの人が歩いてくる間に、急いで三、四個の解答もした。しかし、それで終わった。結局、大部分の問題に手をつけることもできないまま、道徳の答案用紙を提出するしかなかった。確認したことはないが、当然、この科目の試験において全校で私が「ビリ」であったろう。ところで、そのように精魂込めて解いた一番の問題まで結局は間違えていた。国民教育憲章は三百九十三字ではなく、三百九十三文字であったというのである。どこかで一文字間違えたようである。当時、道徳の先生は私たちの担任であった。もちろん、私はその試験結果のせいで無事ではなかった。この事件により、「模範生」であった私は一学期もの間、担任とぎくしゃくした関係で過ごすしかなかった。

中学校二学年でのこの悲劇は、国民教育憲章の頒布の時にすでに包含されていた。国民教育憲章が頒布された当時、私は国民学校（今の初等学校）四学年であった。その日、担任より全文を覚えろと命令された。次の日まで覚えた子どもには賞をあげるというご褒美とともに。ある程度暗記に自信があった私は、その日、家に戻り国民教育憲章を覚えた。次の日、国民教育憲章を覚えた子どもは私を含めて三名いた。何の理由であったか記憶がないが、期待していた賞は出なかったことだけを覚えている。

ところで、一度覚えた国民教育憲章は忘れることができなかった。少なくとも一週間に一、二回は全文を聞いたからである。国民教育憲章は国民儀礼に含まれていた。すべての行事の前半部分を占めている国民儀礼は、国家に対する敬礼から愛国歌（国歌）斉唱、国民教育憲章の朗読と続いた。当時、毎週二回すべての生徒が参加する運動場朝会が行われた。月曜日の日課が始まる前にする朝会は「愛国朝会」という名前であり、土曜日の四時間目が終わると「反省朝会」をした。もちろん、生徒たちは運動場での朝会を嫌った。しかし、運動場朝会は雨が降ったり、冬のとても寒い日を除いて行われた。ここでは毎回国民教育憲章の朗読が行われた。中学校に入ると、土曜日の四時間目後にする反省朝会がなくなったが、月曜日朝の愛国朝会は依然として続けられた。言うまでもなく、朝会以外の各種公式的な行事においても決まって国民教育憲章が朗読された。

第二経済論から国民教育憲章制定へ

国民教育憲章の制定は、朴正煕政府が国民精神を強調する中で本格的に論議された。朴正煕は経済開発政策の成果に力を得て、一九六七年に第六代大統領選挙において再選に成功した。十五万という票差でどうにか当選した一九六三年の選挙とは異なり、百万票以上の余裕ある勝利であった。大統領に就任した朴正煕は、国民の精神的な姿勢を強調した。国を発展させるならば、国民精神を奮い立たせることが何よりも重要だということであった。国の発展と国民の精神的な姿勢が密接な関係にあることを強調することは、どの国、どの統治体制でもよく見られる。しかし、この時期の朴正煕の国民精神の姿勢の強調は、日常的なスローガンではなく実際の統治に引き継がれた。精神教育は、学校に通う生徒はもちろん国民大衆を対象にする社会教育にも具体的に反映された。

「第二経済」の提唱はその出発点であった。朴正煕自身が言う通り、第二経済は経済学用語ではなく、朴正煕政府が国民の精神的な姿勢を強調するためにつくった言葉であった。「生産、建設、輸出のようなものを第一経済とすると、

国民教育憲章宣布式（1968 年 12 月 5 日）

目に見えない精神的な側面の建設が第二経済」であった。持続的な経済発展は国民の精神的な姿勢、すなわち第二経済から始まるという論理であった。どんなに多く生産、建設、輸出をしたとしても、国民が浪費し贅沢をしたら経済は発展することができないと強調した。朴正熙政府は、第二経済運動を国民運動として組織した。第二経済運動実践国民大会が開かれ、各職場において実践の集まりが組織された。朴正熙は第二経済運動を「私たちの至上命題は祖国の近代化と民族の中興を成就するために、すべての国民一人ひとりが民族的主体意識をしっかり持つという運動であり、社会的連帯意識を徹底的に宣揚する運動であり、未来に対する明るいビジョンを持ち、新しい精神的な姿勢として経済建設に拍車をかける運動（「第二経済運動実践国民決起大会祝辞」一九六八年九月二十八日）ということを力説した。第二経済論において見ることのできるこうした国民精神の強調は、国民教育憲章制定に引き継がれる。「一九六七年、一九六八年に創り出された『第二の経済』をさらに発展させ、国民の精神革命を教育より成し遂げようとすることから国民教育憲章の制定は実現したのであり、これは教育理念において民族主義、国家主義理念をさらに浮き上がらせようとするものであった」（文教四十周年史編纂委員会『文教四十年史』八頁）。

朴正熙は近代化の過程において、長期的で健全な国民教育の方向を打ち立てることが重要であると強調し、一九六八年一月十八日に当時文教部長官であった権《クォン》五《オ》柄《ビョン》に民族主体性確立に土台を置く教育憲章をつくることを指示した。これにより、文教部は学界の重鎮四十名による準備会を設置し、国民教育憲章制定に必要な事項を検討し始めた。準備会において、国史、政治、社会、経済、法律、教育、哲学の七分野に専門委員を委嘱して、国民教育憲章制定に必要な基礎研究を行った。専門委員の意見を土台に、朴鍾鴻《パクジョンホン》、李寅基《イインギ》、柳炯鎭《ユヒョンジン》が七月二十三日に国民教育憲章草案を作成した。この草案を教育界、文化界、言論界、宗教界、経済界、政界など各界代表四十四名により構成された審議委員会が審議した。メディアを通じてこの草案を公開し、世論をまとめようとした。審議委員が六回に渡る会議を行い、五回修正案を作成した末に最終案を確定した。国民教育憲章はその性格上、国民の総意を代表する国会の同意を受けなければならないと決定し、国会文教広報委員会と本会議においてそれぞれ満場一致の賛成を受けた。このような手続きを経て、朴正煕政府は一九六八年十二月五日にすべての国民が指標としなければならない精神を入れたとする国民教育憲章を公布した。

このような国民教育憲章の制定過程は、各界各層の広範な意見と国民世論をまとめるという形で進んだ。メディアを通じて国民世論をまとめ、法律ではないのに国会の同意も得た。この過程において、国民教育憲章制定に反対する意見はほとんどなかった。野党や朴正煕政府を批判した人々も国民教育憲章の必要性を受け入れた。それは、朴正煕政府の近代化政策に対する批判論理の一つ、即ち経済成長だけを追求するあまり拝金主義を助長して国民精神を混乱させたという指摘と関連があったからであった。

国家主義理念と国籍のある教育

国民教育憲章はさまざまな理念と思想を網羅している。国民教育憲章の内容は「㊀根本理念、㊁個人倫理・社会倫理・国家倫理、㊂新しい国民像」という三つの段階で構成される。「民族中興の歴史的使命」のために、「内から自主独立の姿勢を育て、外から人類共栄に寄与する」ことが根本理念であった。これに個人倫理として創造・開拓精神、社会倫理として協同精神、国家倫理として国民精神を入れた。そして、これを基礎として新しい歴史を創造する新しい国民像を提示した。反共精神の涵養、民主精神の鼓吹、愛国愛族の鼓吹、自由世界の理想実現、統一祖国への志向、勤勉な精神の育成、これらは新しい国民が持たなければならない姿勢である。このように見ると、国民教育憲章は特定思想や理念を基礎としているというよりも、よい言葉をすべていれてデパート式に羅列したもののように感じさせる。

しかし、基本的なところには国家主義精神があった。「私たちは民族中興の歴史的使命を持ち、この土地に生まれた」、「公益と秩序を前に出し、能率と実質を崇め尊び」、「私たちの創意と協力を基礎として国が発展し、国の隆盛が私の発展の根本であることを悟り、自由と権利による責任と義務を果たし、自ら国家建設に参加して奉仕する国民精神を高める」のような形での国家主義理念がところどころに入っている。これは、朴正熙政府の教育政策が国家主義教育観に土台を置いていることと軌を一にする。個人より社会と国家を優先視し、自分を犠牲にして公益や国家発展に力を尽くすことが望ましい国民精神という論理であった。ひいては、国家のために死ぬことまでも喜んで引きうけるという精神的な姿勢が強調された。国民教育憲章のこのような理念は、日本の明治天皇が頒布した教育勅語と比較される時もある。

国民教育憲章において追求した国家は、反共民主精神に立脚した国家でもあった。ところで、この反共民主精神は国民教育憲章草案にはなかったもので、審議過程で追加され確定した憲章に含まれた。国民教育憲章の草案と、確定した憲章の終わりの部分を比較すると次のようになる。

私たちの信念がそびえ立った。必ずこの土地の上に統一祖国の輝かしい未来が来るであろう、自由と平和と正義を愛する私たち民族はそれに留まらず、人類の理想実現に寄与することができるであろう。今後、私たちは栄光の新しい歴史を創造し、それを子孫代々に永遠に伝えよう。――国民教育憲章草案

反共民主精神に透徹した愛国愛族が私たちの生き方の道であり、自由世界の理想を実現する基盤である。永く子孫に渡す栄光の統一祖国の未来を眺め、信念と矜持を持った勤勉な国民として、民族の知恵を合わせて粘り強い努力により新しい歴史を創造しよう。――頒布された国民教育憲章

「統一祖国の輝かしい未来」「自由と平和と正義を愛する私たち民族」が、「反共民主精神に透徹した愛国愛族」に変化したのである。反共民主精神とともに憲章の制定過程において新しく強調されたことは、民族主体性であった。当初、朴正熙政府が国民教育憲章の制定を推進した目的は、第二経済論を母体に近代化に適合した人間を育成するところにあった。しかし、制定のための意見をとりまとめる過程で、この間の教育の目的と方向が安定しないまま「国籍のない教育」が先行したという声が上がった。その代案として、民族主体性が国民教育憲章の重要な精神として浮かび上がった。民族固有の伝統と国民精神を基盤とする精神教育と人間教育を志向しなければならないということである。

朴正熙政府は民族主体性の源泉を、国難を克服して優れた文化を発展させた先祖の姿と私たちの伝統から探そうとした。「先祖の輝かしい精神を今日に再び活かし」、「敬愛と信義に根付く相互扶助の伝統を引き継ぎ」という国民教育憲章の内容がこれである。国民教育憲章が追求する精神が、朝鮮民族の歴史に存在したということである。朴正熙政府が教育研究と教育事業の施行のためにつくった韓国教育開発院が「私たちの伝統と現実に合う新しい教育秩序」を確立して、「長期的な国民教育発展に寄与」するために刊行したものとして『国民教育憲章の民族史的基底』がある。これにおいて、国民教育憲章の精神が韓国史のどの歴史的事実と流れを同じにしているかを一つひとつ提示した。国民教育憲章の精神を韓国史と連結させようとする具体的な試みであった。この本では、国民教育憲章理念の核心とすることができる民族主体性は朝鮮民族四千年の歴史からつくられたものであるとし、次のように述べる。

民族と主体性の概念が以上のようなものであれば、民族主体性というものは民族的自我、歴史的自我、歴史的現実に置かれた民族的実存意識とすることができる。すべての危機は興亡の分岐点でもあったり、興り栄えたかと思うと滅びてしまったりすることは、民族主体性の自覚が貫徹するかしないかにかかっている。自覚というのは、意識であると同時に創造の始発点でもある。――孫仁銖・周采赫・閔炳謂『国民教育憲章の民族史的基底』、五十頁国民教育憲章において、国民精神の統合のために引っ張り出されたのは、「韓国的伝統」であった。「韓国的伝統」として国民を一つにまとめて、国を一糸乱れずに引き上げることで、権力を維持する基礎としようとしたのであった。「先祖の輝かしい精神」という名称をつけて私たちの文化の優秀性を強調し、国難克服の精神を強調したのはこのためであった。

このように、国籍ある教育の標榜と民族主体性の強調は、国史教育の重要性を浮き彫りにした。国史は、国語や道徳と同じように国民教育憲章の理念を具現するのに重要な科目として挙がった。これに反して、国史科目が属していた社会科に対する評価は食い違った。社会科教育を肯定的に見る人は、国民教育憲章が人権尊重、自由と責任、遵法、協同と奉仕、自治生活への責任ある参加、合理的思考と判断などを志向する社会科教育の民主市民教育理念を内包していると主張した。しかし他方では、社会科教育が国籍のない教育を持ち込んだという批判も行われた。国民教育憲章草案を基礎として柳烱鎭《ユヒョンジン》は、解放直後に社会科を受け入れた新教育運動が変化の奴隷を育ててきたとして、社会科は学力を低下させ自由と勝手気ままを持ち込んだとして辛辣に批判した。国民教育憲章の精神がアメリカ式の自由民主主義と大きな差異があったことを見せつける主張であった。

国民教育憲章の理念の普及

国民教育憲章が制定されると、朴正熙政府は汎政府的にその理念を普及させる先頭に立った。学校はもちろん、国民大衆を対象に国民教育憲章理念を実現させようとした。全国の生徒と公務員に国民教育憲章を覚えさせ、すべての行事で国民教育憲章の全文を朗読させた。国民教育憲章の理念を含めた映画と音楽を製作し普及させたりもした。朴正熙は国民教育憲章宣布の際の談話において、国民教育憲章に描

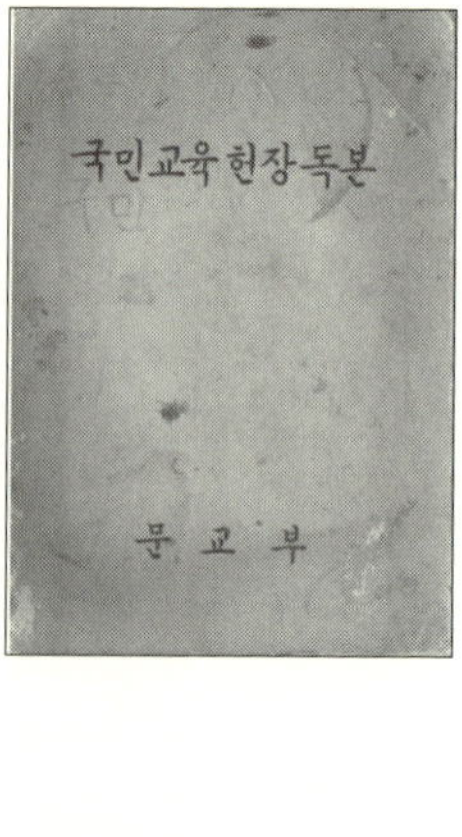

いた人間像が学校教育はもちろん国民の日常生活の中に根付くように試みた。新聞と放送など言論機関を始めとして成人教育・社会教育を担当している人や各界各層の指導者が先頭に立ち、実践してみせるよう念入りに頼んだ。学校では国民教育憲章を基本理念とする教育課程の再編を急ぎ、憲章の理念を説明する本などを普及させた。

しかし、一般国民を対象とする国民教育憲章教育は継続的に活気を保つことができなかった。人々に国民教育憲章の理念はよく浸透しなかった。憲章を反芻しながら精神的な姿勢を整えるには、あまりにも内容が抽象的であった。頒布初期に国民教育憲章に積極的な関心を見せたメディアも次第に興味をなくしていった。朴正煕はセマウル運動❶や、十月維新❷など重要な政策が出るごとに、その精神がまさに国民教育憲章の精神であることを述べた。しかし、人々はセマウル運動や維新には関心を持つものの、これを国民教育憲章と関連づけてはいなかった。

これに対して、学校では国民教育憲章教育が持続的に行われた。国民教育憲章理念の普及を主管した行政部署が文教部であり、「教育憲章」という性格上、学校と教育界が中心になったことはある意味当然なことであった。さらに、制度教育機関である学校は、政府がある政策を決定すると最も簡単に実行に移すことができる代表的な組織でもあった。

国民教育憲章の精神を例え話とともに説明する『国民教育憲章解説』、国民教育憲章の精神と性格を読み物にした『国民教育憲章読本』が、小・中・高等学校別に製作された。特に、国民学校では二学年別に一冊ずつ製作され、児童に教材として配布された。すべての教科書の裏表紙には国民教育憲章全文が掲載された。文教部

国民教育憲章の理念を普及するために製作され、生徒に頒布された『国民教育憲章解説』(左の3冊)、『国民教育憲章読本』(右)

は国民教育憲章が頒布された翌年である一九六九年度に憲章理念の具体案を準備し、学校ごとにその実践案を準備することを指示した。最初に、国民教育憲章の理解のために、『国民教育憲章読本』を徹底的に指導して、国民教育憲章全文を校長室、教務室、教室などに掲示する一方、すべての儀式においてこれを朗読するようにした。教職員と国民学校四学年以上のすべての生徒が暗唱して、地域社会および保護者に対する啓蒙に力を注ぐようにした。教科指導や授業だけでなく、学校内の日常生活を通じて国民教育憲章の精神を教えるようにするということであった。

国民教育憲章が学校教育に及ぼした最も大きな影響は、教育課程と教科の改編であった。文教部は国民教育憲章が頒布された翌年から関連科目の教育を強化した。国民学校と中学校の「反共・道徳」を週当たり一時間ずつ増やし、人文系高等学校の「国民倫理」を「反共・道徳」と名前を変えて一時間増やした。国史と世界史の内容が一つの大単元にともに入っていた中学校二学年「社会」を国史と世界史単元に分離し、国民教育憲章の理念を反映して具体的で体系的に指導することができるようにした。しかし、この時に歴史教育課程と教科書の改編に国民教育憲章の理念が反映していたかどうかは疑問である。

長期的には、国民教育憲章の理念を具現するために教育課程改編作業に入っていった。これにしたがい、一九七三年に国民学校と中学校、一九七四年に高等学校第三次教育課程が改訂公布された。国民教育憲章理念の具体化が第三次教育課程の目標として提示された。

国民教育憲章の教育は国語、社会、反共・道徳、国史などの教科学習、汎教科学習、教科外活動など学校教育全般を通して行われた。市道別に国民教育憲章の研究学校が指定され、実践案を研究した。教師の研究実践大会が開かれたりもした。国民教育憲章の理念を具現するために資料集も作成した。資料集には、主に韓国の伝統文化と手本としなければならない人物が挙げられていた。国民教育憲章の教育は特に国民学校で活発であった。初等教育は人物や逸話、生活などを通じて行うことが効果的であると認識したためであった。国内の人物としては、李舜臣《イスンシン》、金九《キムグ》、安昌浩《アンチャンホ》、安重根《アンジュングン》、尹奉吉《ユンボンギル》、沈薫《シムフン》など外的の侵略を追い払ったり、民族運動をしたりした人々の活動や生き方が主に含まれていた。大統領を「民族の象徴」に置いたり、五・一六クーデターや第三共和国❸樹立を「民族的義挙」に含めたり、

ある初等学校運動場にある李承福銅像

李承福《イスンボク》❹、崔圭植《チェギュシク》*、李仁浩《イインホ》**などを「かがやきを残した先祖」と教えるなど、政府の政策や理念をそのまま広報したりもした。特に、李舜臣は国民教育憲章の精神に最も符合する人物として強調された。李舜臣の生き方を「忠武精神」と定義し、一人の偉人としてではなく国民教育憲章の理念の一領域として別に分類させた。「忠武精神具現資料」が独立した一領域として資料集に書かれているのはそのためである。

国民教育憲章の理念を韓国の伝統から探したが、生徒にその精神を体得させる方法として外国の事例も多数紹介した。第二次世界大戦の廃墟から抜け出し豊かな国に復興を成し遂げたドイツがその代表であった。マッチを節約するために十人が集まりタバコの火を分け合う節約精神が「ライン川の奇跡」を成し遂げたと紹介した。私たちもこのようなドイツ国民の精神を手本にして「漢江の奇跡」を達成するという言葉が自然に継承された。この頃の児童教育でしばしば登場する国はデンマークであった。デンマークは私たちと類似した自然環境を持ち、豊かな国をつくり上げた事例として紹介された。資源が不足し土地がやせている環境において、木を植えて牧畜業を発展させそれらを克服したということである。木を植える先頭に立つクルンツビー、酪農業の働き者のタルカスラの名前を生徒は自然に記憶していった。私たちもデンマークと同じように農業を行う土地が不足し、資源が特にない不利な自然環境であるが、国民の精神的な姿勢によってこれを十分克服することができるということを強調した。このような教育は、国民に植林と牧畜を要求した朴正熙政府の経済政策を後押しする論理に

*北朝鮮の武装スパイが青瓦台を襲撃しようとした一九六八年一・二一事態当時、これを防ぎ、戦う途中で死んだ鍾路警察署長（一九三一〜一九六八）
**一九六六年ベトナム戦争において敵が投げた手榴弾を体で押さえて他の兵士を助けて死んだ海兵隊将校（一九三一〜一九六六）

オランダのマドローダムのハンス・ブリンカー像

援用された。

この過程で、ハプニングとして登場したのはオランダのハンス少年の話である。海水が入ってくることを防ぐために積んだ堤防に穴が開いていたことを見つけたハンスという少年が、夜通し手でその穴をふさいで海水が入ってくる危険から国を救ったという感動的な話である。国土の四分の一が海より低いオランダが富裕な国になることができたのは、堤防に生じた穴に手をあて海水が入ってくるのを防いだハンス少年のような精神を持った国民がいたために可能であったということである。少し考えると、現実味のない創作話であるが、当時の生徒はこの話をそのまま信じた。アメリカ童話の主人公であるオランダのハンス・ブリンカーを、韓国の生徒は実際にいた人物として学んだ。そして、国のために寒さや恐怖に耐えたハンスのような少年にならなければならないと考えた。

広大な領土と多くの人口を持ったアラブ諸国に勝ち、国家の独立を強固に維持しているイスラエルもよく登場する国家だった。イスラエルがアラブの国々に勝つことができた力は、一致団結して国を守ろうとした国民精神にあると強調した。このような国民精神を見せる一環として、社会経済共同体であるキブツ（Kibbutz）と集団農村であるモシャブ（Moshav）が紹介された。個人より共同体を優先視するキブツとモシャブがイスラエルを強固にする精神的基礎になったことを強調するためであった。なぜアラブ国家とイスラエルが戦争を起こすようになったのか、両者の主張は何かということは関心の外にあった。イスラエルが米国の支援を受けて、アラブ国家よりかなり強固な軍事力を保有しているという事実も当然無視された。「小さな国」イスラエルが、周辺のアラブのさまざまな「大きな国」を相手に勝利を得たということだけが関心の対象であり、その力の基盤にイスラエル人の精神的な姿勢があったとしただけである。

国民教育憲章への批判

国民教育憲章が単純に国民精神を高揚するためではないことは、これ以後の朴正熙政府の足跡にそのまま現れる。朴正熙は毎年、国民教育憲章の頒布記念日に談話を発表した。そして、機会あるごとに国民教育憲章に言及し、その精神を実践することを強調した。朴正熙政府の政策を合理化する手段として国民教育憲章を利用した。セマウル精神を国民教育憲章の精神としたり、維新精神を国民教育憲章の精神としたりするやり方である。国民精神の方向を提示するために作られた国民教育憲章が政権を維持する道具になったということである。

国民精神の奮起という建前のため、制定過程よりこれといった反対をしなかった批判勢力は朴正熙政府が国民教育憲章を制定した意図を明確に知るようになった。一九七〇年代中盤、維新独裁に合わせて民主化運動が次第に活気を持つようになり、国民教育憲章も本格的な批判を受け始めた。一九七八年六月二十七日に全南大学校にて十一名の教授がこの間の国家主義教育を反省して、教育者の良心と民主主義に立脚した教育、自主平和統一のための教育の実践を誓う「私たちの教育指標」を発表した。宣言文で国民教育憲章を次のように批判する。

今日の教育の失敗は、教育界内外のすべての国民に自発的な一致を見ることができるような民主主義に私たちの教育が根をおくことができないところから来ているのである。国民教育憲章は、まさにそのような失敗を集約した見本であり、行政部の独断的推進によるその制定経緯および宣布手続き自体が民主教育の根本精神とは異なり、植民地下の教育勅語を連想させたりした。それだけでなく、その中で強調されている愛国愛族教育も見逃すことのできない問題を抱えている。過去の世界歴史の中で、ある時栄えていたが滅びた国家主義教育思想を深く漂わしているのである。

これは、国民教育憲章に対する公開的、集団的な最初の批判であった。国民教育憲章が、朴正煕政府の国家主義教育思想をそのまま抱え込んでいると見たのである。したがって、国民教育憲章に対する批判は朴正煕政府の教育政策に対する批判であり、独裁政治に対する批判であった。

朴正煕が亡くなった後、国民教育憲章は有名無実となった。朴正煕政府を引き継いだ全斗煥政府は、これ以上国民教育憲章を前面に押し立てなかった。学校でも、国民教育憲章の教育は事実上行われなくなった。国民儀礼に入っていた国民教育憲章の朗読も次第になくなっていった。だが、国民教育憲章自体は廃棄されたのではなかった。金泳三政府になると、ようやく国民教育憲章の存廃のための研究と論議が展開された。しかし、明確な結論を下すことができないまま、国民教育憲章はその痕跡を潜めてしまったのである。

〈訳注〉

❶セマウル運動　セマウルとはハングルで「新しい村」の意味である。一九七〇年から始まった農村の現代化のために「勤勉」「自助」「協同」を基本精神とする韓国の国家的運動である。

❷十月維新　一九七二年十月十七日国会の解散・憲法の停止などを決定し、非常戒厳令を発した朴正煕の大統領特別宣言を指す。この宣言により第三共和国憲法が破棄され、強行的に改正された憲法を維新憲法と呼び、この時期を維新体制という。

❸第三共和国　一九六一年に五・一六クーデターにより成立した朴正煕大統領の軍事政権を指す。一九六二年十二月に実施された国民投票で憲法改正案が承認された。この改定憲法により一九六三年十月十五日に直接選挙で朴正煕が第五代大統領に選出され、十二月十七日に第三共和国が成立した。

❹李承福　一九六八年に江原道に来た北の武装工作員に殺害された少年。工作員に「僕は共産党が嫌いです」と叫び殺害されたとされ、反共のシンボルとなった。

十　初等学校から大学校まで国史を必修に——国史教育強化と国史科独立

二〇一一年四月二十二日、ソウル龍山にある国立中央博物館の内庭にある敬天寺址十層石塔前において「歴史教育強化方案」を発表する共同記者会見が開かれた。李周浩《イジュホ》教育科学技術部長官が立ち、その右側には李培鎔《イベヨン》教育課程開発推進委員会長、左側には李泰鎮《イテジン》国史編纂委員長がともにあった。この方案では、二〇一二年から高等学校の国史を必修とし、大学入試でも韓国史を入れるように各大学に勧告するとされた。各種の公務員試験に韓国史を含める方案を関連部署と論議し、二〇一三年から国史編纂委員会で主管する韓国史能力検定試験三級以上の合格者だけに教員任用試験の受験資格を与えるという内容も含まれていた。歴史専攻者の一人として、韓国史を含んだ歴史教育の萎縮を憂慮し強化しなければならないと主張した私の立場からすると、韓国史教育を強化するという発表は個人的に喜ばしいことである。しかし、果たしてこの処置が学校の歴史教育を強化するのにどれだけ効果があるのかは疑問である。

教師になるには韓国史能力検定試験の級を取れ！

高等学校で韓国史を必修にするとしたが、すでに事実上、すべての高等学校では韓国史を教えていた。二〇〇九年教育課程改訂により高等学校韓国史は必修より選択に変わった。しかし、韓国史が選択に変わったことに対して世論の反発が強くなると、教育科学技術部はそれまで高等学校一学年の共通必修課程に属していた科目を事実上すべての生徒が学ぶように編成し直す指針を出した。これにしたがい、生徒が履修しなければならない教育課程の中にすでに韓国史は入っていた。むしろ学校現場で大きな問題点となったのは、集中履修制と大学修学能力試験〔日本でいう大学入試センター試験〕であった。特定科目を特定の学期に集中して履修する集中履修制は、主に韓国史を含めた社会科目に適用された。生徒は高等学校一学年一学期か二学期に韓国史を学んだだけで、高等学校を卒業する可能性が大きくなった。あるいは韓国史を高等学校三学年一学期や二学期に集中履修とする学校もあった。卒業を控えたこの三学年二学期という時期は、事実上、内容を教えないという意志を示すものであった。この集中履修制は高等学校から中学校にも拡大した。多くの生徒や高等学校教育に絶対的な影響を及ぼしている大学修学能力試験で韓国史を選択しないという状況にあった。韓国史が大学修学能力試験科目で廃止され、生徒は何ら韓国史の知識がなくても卒業できる可能性が高くなったのである。しかし、国史教育強化方案ではこのような問題点はまったく考慮されなかった。

この方案の中で私が注目したのは、教員任用試験を受けるのであれば国史編纂委員会が主管する韓国史能力検定試験三級に合格しなければならないという資格条件であった。すべての教師が一定水準以上の韓国史知識を持つようにすることで、韓国史教育の重要性を認識して、韓国史授業以外の他の時間でも生徒に韓国史を教えることができるようにするという趣旨であろう。かなり破格な処置であった。個人的に私はこの処置が実施されないようにと思っていた。韓国史知識だけが教師に必要な知識ではないのに、韓国史能力だけを資格条件にすることはナンセンスと考えたからである。そして、他教科の反発が相当なものになることを予想できたためであった。しかし、私の予想とは異なり、「二〇一四年教員任用試験」から適用された。

韓国史教育の強化案を見ながら最も憂慮したことは、韓国史教育の強化が政府主導の下で政策的次元から推進されたという事実であった。政府の政策により国史教育が強化されたことは、すでに朴正熙政府の時代である一九七〇年代に経験したことであった。朴正熙政府は国史を国策科目として初等学校から大学校までの学校はもちろん、社会でも国史教育強化政策を展開した。しかし、これは国史に「政策科目」と烙印を押したために、後に国史教育を弱体化させる口実になった。今回もそのような前轍を踏むことにならないだろうか？

朴正熙政府の国史教育の強化政策

「国籍のある教育」をスローガンとした朴正熙政府は、当然韓国の伝統や精神を扱う科目を学校教育で重視した。国史と国民倫理（道徳）が代表的であった。文教部は、一九六九年九月四日に文教部令第二百五十一号で教育課程を部分改訂した。教育課程の全面改訂に先立つ臨時措置であった。歴史が属している社会科では中学校教育課程が改編された。その方向は国史教育強化にあった。第二次教育課程当時、歴史は中学校二学年の社会に内包されていた。改訂教育課程では、中学校二学年の学年目標で国史教育を強化することができるようにした。また、中学校二学年に国史と世界史が混在しているために、国史の体系的な指導が混乱しており、民族文化と民族的矜持の確立にまだ至っていないと見て、国史と世界史を分離して指導するようにした。一九六三年に訂正公布された教育課程では、中学校二学年の社会に国史と世界史を一つの大単元の中にともに入れていた。例えば、二つ目の大単元である「二・三国時代と古代世界の生活」は三つの中単元として「（一）古代東洋の生活」「（二）古代西洋の生活」、「（三）三国時代の生活と対外関係」で構成されていた。一つの大単元の下に類似した時期の韓国史、東洋史、西洋史を一緒に扱う方式であった。韓国史と東・西洋史を混在させて内容構成をしたことは、世界史と比較する中で韓国史を理解するという趣旨であった。このことで、歴史省察の幅を広くし、歴史的判断能力を形成するのを助けると期待された。しかし、この方式は世界史を韓国史の展開順序に合わせて配列し、単純に組み合わせたものに過ぎず、歴史の構造的特徴を把握したり、社会の性格を比較したりするのに何の助けにもならなかった。かえって、歴史を体系的に理解するのを難しくしただけという批判を受けた。結局、一九六九年教育課程改訂において、国史を一～六単元、世界史を七～十単元に分けて編成し、相対的に国史を中心とした内容構成に変更した。これには、その前年である一九六八年に頒布された国民教育憲章の理念を反映するという教育方針も当然に含まれていた。

一九七〇年に入って、国史教育の強化方案が本格的に論議された。一九七二年三月七日に中央庁において開かれた地方長官会議において、朴正熙は「光復（解放）以後、国籍のない教育をしており、曖昧な世界人をつくるのに力を入れてきた」と指摘し、「国籍のない教育」の国籍を回復することを指示した。三月二十四日に大邱で開かれた総力安保のための全国教育者大会においても、再び「国籍のある教育」を強調した。「国籍のある教育」は、教育に関して機会があるごとに朴正煕が繰り返していたスローガンであった。

朴正煕の指示にしたがい、大統領政務秘書室は一九七二年五月十一日に「国籍のある教育」のための国史教育強化方案を報告した。この報告では、国史教育が高等学校だけで実施されており、企業就職での採用試験や国家試験でも二パーセントしかないという問題点を指摘した。その代案として、大学で国史教育を行うこと、各種の試験に国史科目を入れることを建議した。

これに先立ち、具体的な国史教育強化方案を準備するために文教部は国史教育強化委員会を組織した。国史教育強化委員会の委員は二十名であったが、この中に大統領特別補佐官の朴鍾鴻《パクジョンホン》、大統領秘書官張東煥《チャンドンファン》・韓基旭《ハンギウク》、国務総理秘書官朴承復《パクスンボク》など四名の政府側人物が含まれていた。この中で、哲学者である朴鍾鴻は全体主義的な思考を持った人物で、国民教育憲章を基礎とするなど朴正煕政府の統治イデオロギーを支える理論構築に大きな役割を果たした人物であった。政府側四名を除外した十六名は、歴史学や歴史教育専攻者であった。十六名中東洋史の高柄翊《コビョンイク》、西洋史の金聲近《キムソングル》、歴史教育の康宇哲《カンウチョル》を除外した十三名は韓国史学者であった。韓国史専攻者は委員長である李瑄根《イソングン》を始めとして、李基白《イキベク》、李佑成《イウンソン》、金哲埈《キムチョルジュン》、金庠基《キムサンギ》、李弘稙《イホンジク》、邊太燮《ビョンテソプ》、韓沽劤《ハンウグン》、金容燮《キムヨンソプ》、李元淳《イウォンスン》、李光麟《イグワンキン》、崔昌圭《チェチャンギュ》、李鉉淙《イヒョンジン》が含まれていた。韓国史を専攻する元老と中堅学者がかなり網羅されていた。これは、韓国史学者がこの機会を利用して歴史教育を正常化し、学校教育と社会において韓国史の立場を高めるために国史教育強化委員会に積極的に参加した結果であった。

国史教育強化委員会は、一九七二年五月十日に最初の会議を開催した。この会議で文教部は「民族史観に立脚した主体的、発展的教育のために」国史を独立教科として推進すると発表した。国史だけを独立教科とするという政府の方針をめぐっては委員会で論争が起こった。西洋史専攻者である金聲近は、歴史ではなく国史だけを独立教科とすることに反対したが、大部分の委員が韓国史専攻者で構成されていた国史教育強化委員会はこれを受け入れた。この国史教育強化委員会の決定は七月に政府に提出した一次建議書に反映された。一次建議書は国史教育強化の趣旨、一般目標、教育課程の構造などで構成されている。この建議書では、民族史観確立のために国史教育を強化しなければならないという理由を強調した。「国史教育強化のための教育的要求は、民族主体意識の確立と同時に次の世代に対する自主的民族史観の提示と要約される」としている。国史教育強化委員会の報告に表れたこのような観点は、一般目標でもそのまま表れた。六項目で構成されている一般目標の内のいくつかは以下の通りである。

一．堅固な民族史観を基礎として現在の生活を歴史的に意識して、国家社会の発展に主体意識を持ち参加するようにする。

三．民族中興の理念を具現するために、先祖の努力とその業績を理解して、自ら国家に献身する態度を育てる。

四．韓国の文化遺産を継承・発展させてきた民族的力量を理解して、外来文化受容に対する望ましい態度を育て、民族文化発展に寄与するようにする。

五．個人の価値観と民族の価値体系との調和を成し遂げ、自己と国家を同一視する国民の姿勢を達成し民族的生活規範を深化させる。

学校教育において、具体的に国史教育をどのように強化するのかは「教育課程の構造」に提示されている。ここでは大学と教育大学において国史を教養必修、高等学校と中学校で国史を独立教科、高等学校では六単位、中学校では二〜三学年にかけて週当たり二時間ずつ増加、初等学校〔国民学校〕では五〜六学年に国史を独立的に教え、一〜三学年社会の四分の一、四学年社会の三分の一を国史とすることを建議した。

国史教育強化委員会のこのような建議は、大統領政務秘書室が準備した国史教育強化のための建議とほぼ同一のものであり、これを具体化したものと見ることができる。建議文にある「民族史観」「民族中興」のような表現は、朴正熙政府が政策で使用したものであった。結局、国史学界が国史教育強化のために朴正熙政府の教育理念と国史教育強化政策をそのまま受け入れたものであった。もちろん、大統領政府秘書室が国史学界の要求を受け取り、国史教育強化案を作成したともすることができる。

国史教育強化委員会は、国史科教育課程と学校国史教育の内容、国史教育の大衆化を具体的に研究するために、李瑄根、康宇哲、韓沽劤（後に李基白に代わる）、金哲埈、李元淳、李光麟、崔昌圭を委員とする小委員会を構成した。小委員会で研究した内容を基礎として、国史教育強化委員会は一九七三年五月初めに「国史教育のための建議内容」という二次建議書を提出した。この報告書では国史教育内容選定の基本観点、国史の中心概念、各級学校国史教育内容展開の準拠などが含まれていた。この中で、国史教育内容選定の基本観点は国史教育の一般目標を内容選定と連結させたものであった。「主体的な民族史観の確立」「時代史的な特性の提示」「普遍性と特殊性の調和」「伝統に対する正しい認識」である。この建議が受け入れられると、民族史観の確立と伝統文化の優秀性を支える歴史的事実が歴史教育内容となる。実際、国史教育強化委員会小委員会は「学校教育を中心とした韓国史の中心概念」という題目を提示した、時代別に学習しなければならない国史教育の内容には、民族の自主性を示す対外抗争史などの政治的事件、民族文化の優秀性を示す事実がたくさん含まれている。

国史教育強化委員会と大統領政務秘書室が建議した国史教育強化政策は、大部分がそのまま施行された。国民学校から大学教養課程まで、国史は必修科目になった。初等学校〔国民学校〕では国史が独立教科にならなかったが、他科目と別に国史学習内容が提示され、一九七一年からは五学年と六学年用国史教科書が発行された。大学も教養用国史教材を制作した。また、国史は司法・行政・外務試験など各種の公務員試験でも必修科目となった。当時、政府の政策に顔色をうかがっていた多くの大企業も入社試験に国史を必修科目とした。さらに、国史は大学入学予備試験でも比重のかなり大きな科目となった。筆記試験三百二十点中、国史が三十点を占めた。国史は政府の政策的意志を具現する「政策科目」であった。

国史学界の国史教育強化の努力

朴正煕政府の国史教育強化政策に、国史学者は積極的に参加した。一九六〇年代後半に入ると、歴史教育に対する歴史学界の関心がかなり高まった。もちろん、歴史教育が重要だとする歴史学界の関心が一九六〇年代から突然始まったのではない。すでに、一九五〇年代から中・高等学校の歴史教育に関心を持ち、その問題点を分析して方向を提示したり、教育理論を歴史教育に適用したりしようとする試みもあった。一九五五年七月に大学の師範大学（日本での教育学部）に在職中であった歴史学者と歴史教師を中心に歴史教育研究会が創立された。この歴史教育研究会は学会誌である『歴史教育』においてその趣旨を次のように明らかにし、歴史学者や教師に関心を持つことと能動的な参加をうながした。

しかし、日帝の束縛から抜け出し、歴史教育の自主性を回復して十数年！　この間、私たちが成し遂げたものが何であったかを自問してみる時、実に懺悔の念に堪えない。この間、歴史教育を取り囲み、提起された問題が一つふたつではない。これに対して、私たちはどれほど真面目に考え、どれほど円満な解決をみたと自負することができるだろうか。新生国家に適応する新しい教育理念の樹立さえもできないまま、過去の体系と方法を大部分無自覚的に踏襲しているのが現実ではないか。ここでは、当局者の力量の貧困も問題になるが、上からの指示だけに依存して、官製方針であれば理解できずとも受け入れる第一線にいる教育者の責任がさらに大きくはないだろうか。——金聲近「創刊辞」二－三頁

以後、歴史教育研究会は研究発表会やシンポジウムを開き歴史授業の方法を開発したり、外国の歴史教育を紹介したり、歴史教科書内容を分析したりするなどの活動をした。歴史教育課程にも多くの関心を持った。一九六三年に改訂公布された第二次教育課程改訂案に対する事前協議に参加し、教育課程公布後にはこれを評価するシンポジウムを

開いたりもした。一九六〇年代後半になり教育課程改訂の動きが可視化されると、歴史教育研究会は中・高等学校歴史教育の現況を診断して方向を提示するシンポジウムを連続開催し、歴史教育強化を主張した。一九六九年十二月には「歴史教育の問題点」を主題にしてシンポジウムを開催して韓国史研究の動向と国史教育を検討し、中・高等学校国史教育の問題点を明らかにした。また、一九七一年六月には「歴史教育の課題と方向」を共同主題として第十四回全国歴史学大会を主管したりもした。

一九六〇年後半、韓国史学の発展と研究成果の普及努力も歴史教育に対する関心を高める役割を果たした。一九六七年十二月に韓国史研究者は、韓国史と東・西洋史を網羅した既存の歴史学会と別に韓国史研究会をつくった。韓国史研究会は発起文において、韓国史学の発展のためには韓国史が独自的でありながらも、統合的な研究団体が必要であると主張し、次のようにその趣旨を明らかにした。

> 解放前後を通じて、そして今日に至るまで韓国史学徒による一つの統合的な研究機関が独自的に設立されたことがなかったという事実に、そしてここには当然韓国史学の成立と発展に歴史的限界性が内包されているという事実に、私たちはこれ以上無関心になることができないと信じる。私たち韓国史学徒は、より緊密な学問的なつながりを結び計画的で共同的な努力を通じて、韓国史学の飛躍的な発展を必ず成し遂げなければならない時期にすでに到達したことを信じる。私たちが韓国史研究会の創立を急ぐ理由はここにある。

一九六九年からソウル大学校史学科が国史学科、東洋史学科、西洋史学科に分離したこともこのような歴史学界の動きの一環であった。分離を主導したの

創立50周年を記念し歴史教育研究会が主催した学術大会（2005年10月14日〜15日）

は韓国史側であった。ソウル大学校史学科の韓国史専攻教授は、韓国史研究会の発足に主導的な役割を果たしており、史学科体制では必要な教授と大学生を確保するのが難しく、国史学の発展のために国史学科を独立させなければならないという請願を一九六〇年代序盤から行っていた。

韓国史学界のこのような動きは、自然に国史教育に対する関心と移っていった。多数の中堅学者が歴史教育を主題とするシンポジウムに積極的に参加し、国史教育の問題点を指摘する文章を発表した。一九六九年末に韓沽劤、李基白、李佑成、金容燮の四名の国史学者が国史教育で扱わなければならない要目を教育課程の内容体系形式で提示した『中・高等学校国史教育改善のための基本方向』を執筆したことは、国史学界が学校教育に多くの関心を寄せていたことをよく示している。この報告書の趣旨は次の通りである。

今日、私たちが立っているこの重大な時点において、特に歴史学徒の立場から時代と対決する民族の精神的姿勢を正しく十分に会得して、私たちの歴史観を創造的、前進的方向に定立させることは、私たちに切実に要請される当面の課題である。

私たちはここから引き続き二世国民に対する歴史教育の重要性を深く感じ、現行の中・高等学校国史教科書の検討と新しい教科要目の試案の作成に意見の一致をみるようになった。

歴史学界では、一九七一年九月に歴史教育と韓国史だけでなく東・西洋史学会の代表が集まり、歴史教育改善協議会を組織した。ここに参加した学会は、韓国史学会、東洋史学会、西洋史学会、経済史学会、歴史教育研究会であった。歴史教育改善協議会は十月末まで三回の協議を行い、歴史教育の問題に関して「専門家による研究検討」「重要な資料の収集」「文教部に建議書の提出」という三項で合意した。歴史教育改善協議会は民族主体性確立という教育目標を歴史教育に適用する一方、韓国史と世界史がともに進む教育を推進した。

このような雰囲気の中で、朴正熙政府が国史教育強化政策を推進すると、歴史学者はこの機会を活用して歴史教育を強化させるために積極的に参加した。しかし、政府の政策が歴史教育ではなく国史教育強化にあるということがわかると、歴史学界は専攻分野にしたがい立場がわかれた。多くの韓国史研究者はこれを受け入れた。しかし、東洋史と西洋史専攻者はこの政策に批判的であった。歴史教育の強化を一斉に主張していたが、専攻間のこのような争いは歴史学界内部にすでに存在することでもあった。

しかし、十月維新以後、朴正熙政府が国史教育の強化政策を統治権力に利用していることが明確になり、国史教科書が国定化されると韓国史研究者もジレンマに陥ってしまった。かなりの学者が歴史教育問題への関心を絶って研究自体に集中するようになり、一部学者は政権の意図にすり寄ろうとした。朴正熙政府が強調した伝統思想や国難克服史観などの研究も活発に行われた。国史教科書執筆の参加有無と歴史観をめぐり、国史学会の中で分裂をもたらした。

国史教育の強化政策は、一九七三年と一九七四年に公布された第三次教育課程（一九七三年国民学校と中学校教育課程、一九七四年高等学校教育課程）に反映された。第三次教育課程では、社会科に属していた国史が独立教科となった。国史授業の時間数は中学校二・三学年に各々二時間、高等学校では六単位*に増えた。一九七四年からは、国定国史教科書が開発され、学校で使用された。

しかし、国史教育強化委員会の韓国史を専攻しない一部委員が憂慮した通り、国史教育の強化は世界史教育の弱体化をもたらした。世界史はそのまま社会科の中に残り、高等学校の世界史は第二次教育課程と異なり、選択科目となってしまった。これにより、歴史教育は独立教科である国史科、社会科の中の世界史に二元化された。第二次教育課程は高等学校で事実上必修であった世界史が選択科目に変わった。中学校でも第二次教育課程の時とは異なり、国史と世界史が分離することで二つの領域を連携させ学習することがさらに難しくなった。

国史教育の強化政策に対する評価

この時期、国史教育の強化政策に対する評価は交錯している。一方では国史教育強化が朴正熙政府の政策で推進され、歴史教育が統治イデオロギーを後ろから支えたと見ることができる。しかし、その一方で、国史教育の強化政策が朴正熙政府により政治的に利用されたことは事実であるが、歴史学者がここに受動的に参加したのではなく、積極的に対応し、結果的にそれまで軽視されてきた国史教育を定位置に戻したという評価もある。「国史は互いに両立するのが難しい二～三種の民族主義が重なり、交差する条件で定位置を探し出した」（徐毅植『韓国古代史の理解と「国史」教育』二百五十七頁）というものであった。

この節を書きながら、「国史」と「韓国史」、「国史学者」と「韓国史学者」という用語の中で、どの言葉を使うべきか躊躇する場合が多かった。「国史」とするか「韓国史」とするかは、簡単な問題ではない。ここには自国史教育を眺める観点の差異が入っているためである。歴史と関連した文章を書きながら、このような困難を感じる場合がかなり多かった。「国史」とするのか「韓国史」とするのかという問題とは性格は異なるが、大韓帝国時期や日本統治時期の我が国を呼ぶ用語もこの代表的な事例となる。大韓帝国の時期を指す時、「朝鮮」「大韓帝国」「韓国」が入り乱れる。植民地下の韓国については「韓国」「朝鮮」「植民地朝鮮」などの用語が混乱を招いたりもする。

しかし、「歴史」ではなく「国史」を必修にしなければならないのか、教科の名称を「国史」にしなければならないのか、「韓国史」にしなければならないのかという問題とは関係なく、朴正熙政府の国史教育強化政策の意図と、実際に行われた政策を別々に把握することは非歴史的である。朴正熙政府が国史教育を強化しようと国史学者の圧力に負けて政策を試行したからではないからである。国史教育を強化した意図を政策の結果と分離することはできない。李明博《イミョンバク》政府の教育科学技術部が推進した韓国史教育強化政策もこの点から見ると同じである。すべての国家試験に韓国史を含め、教員採用試験志願の資格基準として韓国史能力検定試験三級を要求したとして、一体、国民や生徒の韓国史知識がどれだけ増え、韓国史を大切に思う心を育むのだろうか？　この方法で公務員になったり教師になったりした人々が、韓国史の重要性に同意するのだろうか？　かえって試験準備の負担を増やした韓国史に反感を持ち、

＊一単位は一週の一時間で一学期の授業分量。第二次教育課程から高等学校は単位制を採択している。

心の底でこのような政策を政権と手を結んで実行した国史学界の利己主義を思うかもしれない。

李明博政府による韓国史教育の強化政策は、朴槿恵《パククネ》政府に入るとさらに拡大した。韓国史を大学修学能力試験で必修にするという方針が発表され、歴史授業を困難にさせている集中履修制度が緩和された。しかし、社会の雰囲気は少しだけ変わってきたが、再び韓国史を社会科に統合させたり、必修科目から除外させたりしようとする主張が出てこないかが憂慮される。万が一、そのような時が来た場合、今度は韓国史を始めとする歴史教育の重要性を主張する歴史学界の声はこれ以上大衆的な支持を得ることができず、学校歴史教育は顧みられることのない位置に転落するかもしれない。政府の政策的意思ではなく、学校と社会の要求にしたがい歴史教育が強化されなければならない理由はここにある。

十一 主体的民族史観を大義名分として——国史教科書の国定化

大きな本屋に行くと、児童用歴史本が溢れている。青少年用の歴史本も相当な数になる。人文社会関連の本を出す出版社は、ある程度落ち着くと児童用本を出版することを考える。それだけ児童用本の需要が継続してあり、青少年用の本もかなり売れているようである。児童や青少年を対象とする本の中で歴史本も相当な比重を占めている。歴史が児童の興味を喚起する分野であることを教えてくれる。ところで、学校で学ぶ歴史はどうであろうか？

学校歴史教育の問題点をよく表している現象として、私がよく使う言葉は次の話である。「学校で歴史を学ぶ前の子どもは歴史本を好む。歴史漫画に多くの関心を持ち、話も楽しんで聞く。それが初等学校上級学年になり、歴史を本格的に学び始めると次第に興味を失う。学べば学ぶほどこのような現象はさらにひどくなり、高校生になるとピークに達する。高等学校を卒業して義務的に歴史を勉強しなければならない時期が終わると、かえって歴史に対する関心が再び高くなる。テレビの時代劇が相変わらず人気を集め、歴史教養書も堂々と書店の一角を占めている」。学校で歴史を学ぶほど歴史を嫌いになり、歴史を学ばなければかえって歴史を知りたいと思う現象、それが今日の私たちの歴史教育の現実である。

このような学校歴史教育を象徴するものが「国史教科書」である。「太定太世文端世❶……のような暗記式の歴史」「立派な王や英雄が左右する歴史」という言葉で歴史教育が批判される時、その主な原因として話題になるのが国定国史教科書である。歴史解釈の多様性を阻害する画一性、面白さがない、硬い叙述、過度に多くの事実の羅列、とても重要といいながらもかなり少ない制作費、政治権力の広報の役割や歴史認識を代弁したりすることが「国定国史教科書」で思い出すイメージである。

国史教科書の国定化過程

中・高等学校国史教科書は、一九七〇年代から二〇〇〇年代初めまで国定で発行されていた。国史教科書は最初から国定図書であったのではない。第二次教育課程まで、教科書発行制度は国定と検定が並存していた。歴史を含めた社会科教科書は検定であった。第二次教育課程当時、中学校歴史教科書（当時は「社会二」と表記された）と高等学校国史教科書は各々十一種あった。

一九七〇年代に入ると、朴正熙政府は教科書発行制度を国定制に転換しようとした。一九七三年二月、教育課程改訂を前にして学校教育の状況を診断した評価教授団は、中・高等学校教科書の国定化および単一化を建議した。中学校教育が名実ともに準義務化され、それまで発行された検認定教科書の異なる内容による混乱と教科書採択をめぐる雑音、紙の不足などを解決するためには、中学校教科書はもちろん、高等学校共通科目の教科書まで国定にするか、少なくとも単一化しなければならないと論議した。文教部はすぐにこの建議を受容し、教科書の国定化あるいは単一化を政策として採択した。

これに先立ち、文教部はすでに国史教科書の改編作業を推進している途中であった。国史教育強化と同時に教科書を改編しようとしたのである。一九七三年二月十六日、文教部は中学校国史教科書十一種に対する改編を指示した。「㈠維新精神の反映、㈡セマウル、輸出の増大、教育資料補強、㈢急変する国際社会に適用、㈣変化した教材および統計の補完、㈤国史教育強化」内容を反映させるというものであった。朴正熙政府の政策を選定、広報する方向に改編しようとする露骨な指示であった。出版社は改編作業が複雑で膨大であり個別には教科書を変えることは難しいという理由で、一か月後の三月十六日韓国検認定教科書代表理事が十一種の発行者と著者の連署で合意書を添付し、単一本を建議した。文教部はこの建議を受け取り、発行者全員の連署で誓約書を提出することを指示した。教科書発行者全員は三月二十九日に「㈠十一種教科書の個別発行中止、㈡原稿の本部での審査、㈢定価の本部指定、㈣発行に関する本部統制」などを記した誓約書を提出した。文教部は四月九日と四月二十日に単一本教科書体制を指示した。社会(一)、社会(二)、社会(三)、国史の四種を単一本にして発行するが、社会(一)、社会(二)、社会(三)は合わせて六百八十頁、国史は二百六十頁として合わせて九百四十頁前後の分量になるようにした。そして、国史の執筆は国史教育強化委員会委員であった金哲埈《キムチョルジュン》が原始時代から高麗時代まで、李元淳《イウォンスン》が朝鮮時代から実学運動前まで、康宇哲《カンウチョル》が実学運動から現代までを担当し執筆するようにした。編纂日程は一九七三年五月一日から六月三十日の間に脱稿、八月三十日に審議完了、九月三十日に挿画写真を選定、十月三十日に印刷に回す予定であった。

教科書体制を指示した四月二十日以後にすぐに本格的に執筆を始めたとしても、二か月で執筆を終えて六か月後に印刷に入るということは、現在から考えて想像もできない早さである。当時、朴正熙政府が国史教科書内容にかなりの神経を使いながらも、どれだけ執筆を簡単に考えていたのかを思わせる部分である。この時点で、自ら教科書の発行者と著者が最初に単一本を建議したということをそのまま受け取るのは難しい。これは、この後に政府が再び国史教科書の国定化を推進する過程で著者の反発を危惧した事実でもわかる。

単一本の国史教科書は、形式的に発行の主体が検認定教科書協会という点を除くと国定との違いはない。教科書内容の改編の方針と体制を文教部が定め、原稿を審議して挿絵や写真選定まで関与する予定であった。しかし、政府は再び政策を変えて、国史教科書を国定に転換した。当初は、中学校国史教科書の単一本発行が教科書発行政策の全面的な転換と関係なく推進されたことがわかる。だが、教科書発行制度を全体的に国定・単一本に転換しながら、これを契機にして国史教科書を国定化しようと方針を変えたのであった。

青瓦台秘書室は一九七三年六月九日に「国史教科書国定化法案」を大統領に報告した。報告は秘書室の秘書でありながら、国史教育強化委員会委員であった韓基旭《ハンギウク》が担当した。この報告書は、朴正熙政府が国史教科書の国定化を推進した目的を具体的に書いている。報告書では、国史教科書を国定制にしなければならないという論理を提示している。歪曲され、他律的な歴史観を早急に清算して、主体的な民族意識に透徹した民族中興の意欲が充満した後世の国

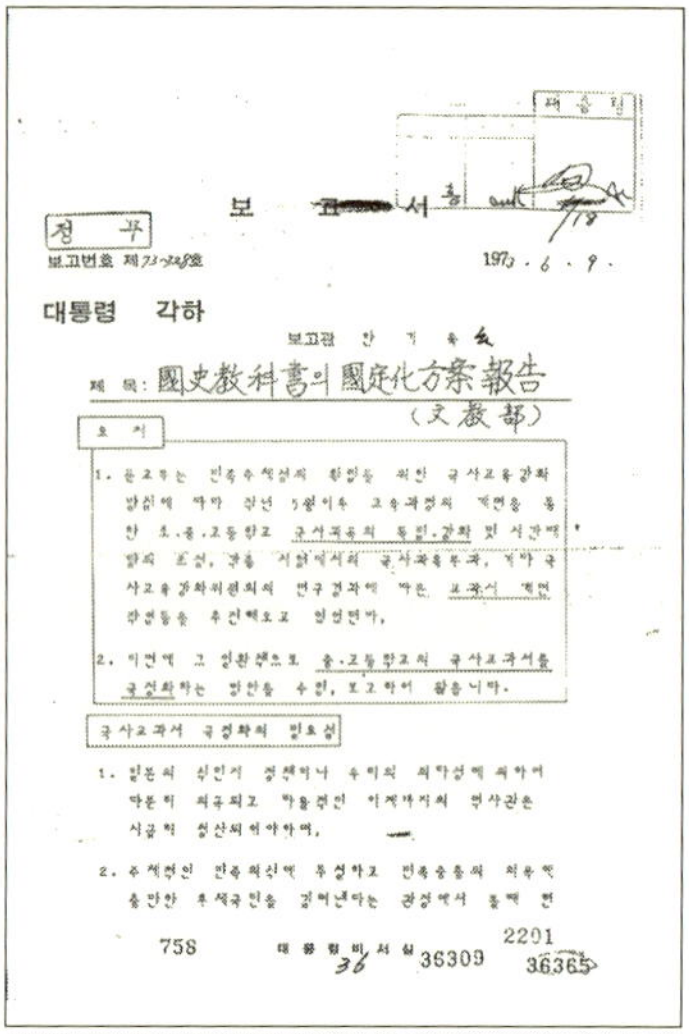

「国史教科書国定化方案」報告書

民を育てるためには国史教科書の内容をかなり改編しなければならないが、検定教科書の著者が個別的に担当することが不可能であるということである。これに続いて、報告書は民族史観の統一と客観化を望み、新しい価値観確立のための一貫性のある教育のために道徳、国語とともに、価値観教育の中核になる国史の国定化が必要だと主張した。教科書の国定化により、内容を忠実に変更して権威を高めなければならないというのである。ところで報告書でも指摘されているように、このような目的は当時進んでいた国史教科書の単一本発行でも達成された。

それでも、なぜ国定教科書を発行しなければならなかったのかについては報告書では明確に触れていない。しかし、初・中・高等学校教科書発行制度を全面的に国定あるいは単一本と使用する方針に足並みを合わせて、国語、道徳、国史のような理念性が強い科目を単一本検定より国家の統制力がさらに強い国定で発行する方向に変えたと推測することはそう難しくない。

大統領秘書室の報告では、国史教科書を発行する時に起こりうる二つの問題を予想している。一つは、現行検定教科書の著者および発行業者の反発である。もう一つは、執筆者の選定および確保問題である。前者の問題は著者が受け取る印税や出版社の収入問題であるとして、著者を説得して年間七百五十万ウオンに達する印税相当の額を研究費として支給する案を出した。後者の問題は、国史編纂委員会および国史教育強化委員会と協議して決定することにした。この報告に添付している文教部報告書では、これ以外にも一九七四年まで使用されていた人文系高等学校検定教科書の検定効力の停止と国定化の公式的な決定時期による問題点の解決案も提示されている。国定国史教科書は中・高等学校において一九七四年から全面的に使用される計画であった。ところで問題は、高等学校教育課程の改訂が一九七四年に予定されていた点である。教育課程が変われば教科書も改編することができるとし、既存の人文系高等学校国史教科書を一九七四年まで使用しなければならなかった。これに対して、文教部は中学校国史教科書の改編は新教育課程とともに行うと発表した。高等学校教科書は、特別な事情がある時に効力を示すことができるという検認定令第十九条一項を適用することに改編の根拠を求めた。

政府は国定国史教科書の発行を検認定教科書株式会社に依頼する案を推進した。検認定教科書株式会社は教科書を発行する出版社がともに出資してつくり、教科書の生産と供給を主要業務とする会社であった。国定国史教科書の発行権を検認定教科書株式会社に預けることは、教科書の国定化による出版社と検認定教科書の著者の不満を宥めるための措置であった。また、教科書国定化処置が特定出版社のためのものではないのかという出版業界の疑心を解消する目的もあった。結局、国定国史教科書は検認定教科書を刊行した出版社が別につくった韓国教科書株式会社により刊行された。政府と教科書出版協会が利害関係を分け合った結果であった。

国定国史教科書を一九七四年から使用する方針を定めたが、問題はこれに合う教科書を発行することができるかということであった。国定教科書編纂は、時間の争うとても切迫した作業となった。これに文教部は国史教科書国定化方針の発表の日時をXデーとして、これにあわせて国史教科書開発の日程を具体的に準備した。Xデーがいつなのか明示されなかったが、この計画を見ると当時の政府が一九七四年から国定国史教科書を使用するためにどれだけ具体的でどれだけ急激に教科書開発を推進したかがわかる。若干、冗長ではあるが、その実際の状況を把握するために、文教部が作成した国定国史教科書施行の日程の計画を詳しく見てみよう。

Xデーは六月二十三日であった。この日、文教部は国史教育を大幅に強化するために国史教科書を国定化することを公式に発表した。植民地期に日本により歪曲された史観を清算して、国史学会が蓄積してきた研究成果を体系化して、生徒に客観的で一貫性のある国史教育を実施して国籍ある教育を強力に下支えするという理由であった。中学校課程で国史が必修独立科目になり、大学入学予備試験および公務員任用試験に国史科目が追加されたことにしたがい、生徒と受験生に民族的価値観による正しい国史教育を実施するためのものであるという言葉も付け加えられた。しかし、国史教育を強化しようとするならば、なぜ教科書を国定化しなければならなかったのか、植民史観を清算して解

施行日程計画

施行別	日程	備考
1．国定化改革決定	D－4	
2．著者および発行者の説得	D－4	
（1）著者：印税相当額の学術研究費の支給		
（2）発行者：社会科教科書の部数の増大		
3．国史編纂委員会会議	D	国史編纂委員会（長官臨席）古代、近世、中世の区分（中、高）
（1）編纂方針		
（2）執筆者推薦		
4．国定化方針発表（新聞報道）	D	
5．国定化方針通告および中学社会改編指示	D	中等・高等教科書株式会社
6．中学校教育課程案の調整、高校国史教育課程改定案作成調整	6.7－25	
7．教育課程改訂の公布	6.30－7.15	
8．国定教科書の編纂	D＋3－12.31	
（1）執筆者委託	6.20	
（2）原稿執筆脱稿	6.20－9.30	
（3）国史編纂委員会の検討	10.1－5	委託状交付、長官室
（4）編纂審議会	10.6－10	
（5）原稿修正	10.11－30	
（6）文章表現監修	11.1－15	
（7）写真・挿画準備	11.16－30	
（8）編纂審議会	12.1－5	
（9）組み版・仮印刷本作成・校正	12.5－20	
（10）校正本確定	12.20－31	
（11）印刷・配本	74.1.1－2.28	

放以後に学会の研究成果を体系化するのに国定教科書が必要な理由については言及していない。結局、国定国史教科書の必要性は「国籍ある教育を強力に下支えするため」であった。「新しい教科書内容には『主体的民族史観定立』『新しい韓国人形成』『韓国民主主義の土着化』など、文教部の国史教育方針を反映させる方針（『京郷新聞』一九七三年六月二十三日付）」ということが、国史教科書国定化の目的であった。

大部分の歴史学者や教師は国史教科書の国定化に反対した。何種類かの教科書が発行されないと優秀な教科書が発行されないとし、教師や生徒も自分の歴史観を生かすことができる教科書を採択できない点がまず指摘された。学校教育が入試に左右される現実において、単一化した国定国史教科書は生徒の歴史認識を狭め固定させるという懸念も出た。また、教科書の歴史解釈を無批判的に受容して扱う素材の幅も狭まるために、政府が強調する民族主体意識を育てるのが難しいという見解もあった。

文教部が国史教科書の国定化方針を発表した直後である一九七三年六月二十五日付け『東亜日報』は、各界の世論を掲載した。韓国史学者である金貞培《キムチョンベ》（高麗大教授）、李基白《イキベク》（西江大教授）と教師である朴尚煥《パクサンファン》（梨花女子高教師）、そして教育学者である辛世浩《シンセホ》（韓国教育開発院指導局長）の意見であった。金貞培、李基白、朴尚煥は国史教科書国定化に反対し、辛世浩は賛成した。金貞培は国定国史教科書が多様性を抹殺しており、画一性を求めるものであると批判し、少数者による教科書は独断に陥る危険があると憂慮した。朴尚煥は国定国史教科書が思考の幅を広げ融通性を育てなければならない高等学校教育において、画一的な解釈を強要する弱点を持っていると指摘した。そして、大学入試の混乱を防止するという長所はあるものの、これはかえって教科書中心の暗記教育をもたらすようになると予想した。李基白も、国史の画一化は生徒の混乱を防ぐのに若干の利点があるかもしれないが、正確な知識が伝達される保証はないと指摘し、さまざまな教科書が自由に競争する適者生存が望ましいと主張した。辛世浩だけが国定教科書は制作費が少なくてすむということ、検認定教科書は他学者の見解を受容することが難しく、国史だけでなく他の教科書も国定にすることが望ましいと主張した。辛世浩は歴史学者ではなく教育学専攻であり、また国策機関である韓国教育開発院に勤務している点から、彼の見解は政府の主張を代弁しているとできよう。たった四名の見解に過ぎないが、彼らの主張より国史教科書国定化を眺める関連分野の担当者の考えを垣間見ることができる。

彼らの中で、李基白は国史教育強化委員会の委員であった。国史教育強化委員会委員も国定国史教科書に反対する声が大部分を占めた。彼らは国定国史教科書が歴史認識を固定化させ、歴史教育の本来の目標である歴史的思考力や問題解決力を教えることができないであろうと主張した。また、一部内容が政策的に利用され、国民精神を画一化して、精神教育をかえって低下させることになると憂慮した。言論などで最も積極的に反対意見を明らかにした委員は邊太燮《ビョンテソプ》であった。邊太燮は、国定国史は一つの枠にはめる官製国史となる危険性があると批判した。政府が特定の理念を強要し、国民の意識構造を固定化させることができるということである。また、国定国史教科書の内容と異な

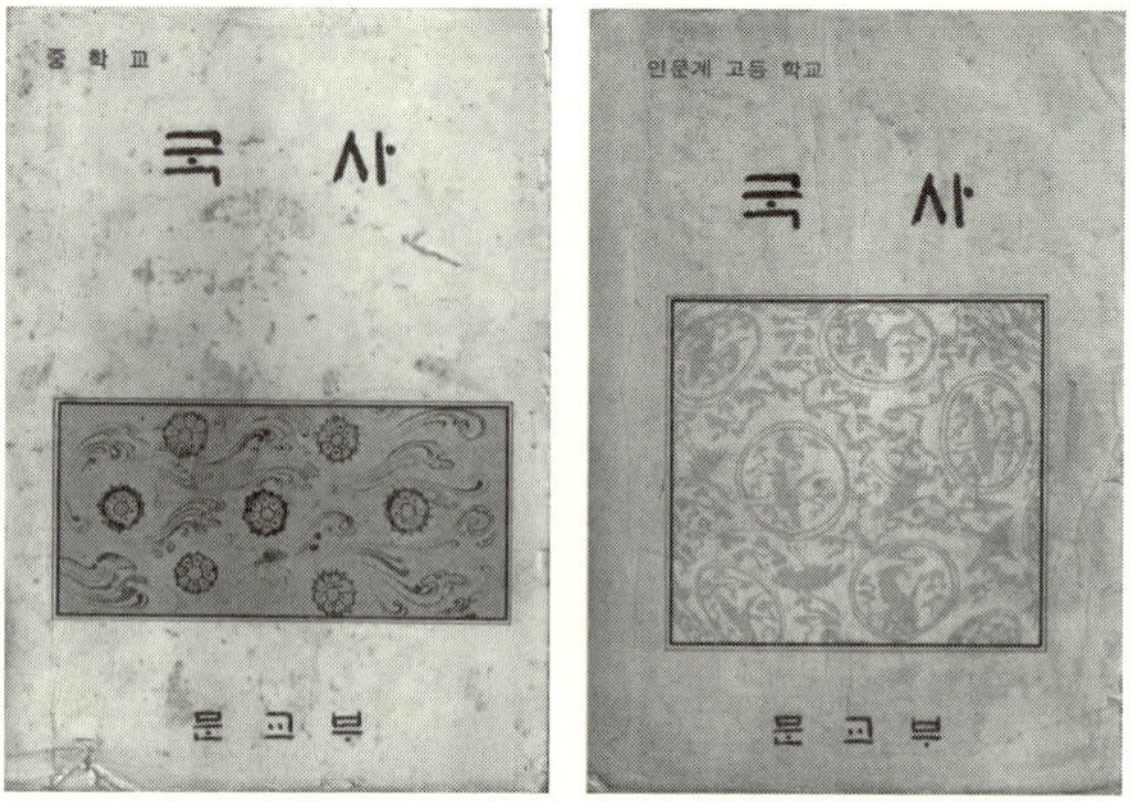

1974年の中学校（左）と人文系高等学校国定『国史』教科書（右）

る他の説は異端視され、自由な研究が制約を受けやすいと憂慮した。国史教科書の国定化は歴史教育だけでなく、歴史研究の自主性も侵害する可能性があるという指摘である。ただ、国家機関である国史編纂委員会の一部委員は、国定国史教科書に豊富な内容を入れることができ、特定学者の見解ではない学界の研究成果を総合的に反映することができるという論理により賛成した。

しかし、文教部は国史教科書国定化の意思を強く鮮明にした。朴正熙《パクチョンヒ》政府が巨大な権力を行使した当時の社会の雰囲気では政府が強力な意思を持ち推進する政策をめぐり、反対する場合は多くなかった。国史教科書国定化も同じであった。結局、現実的な条件を考慮した国史教育強化委員会は国史教科書の国定化を受け入れた。これにより、中・高等学校国定国史教科書が製作され、一九七四年一学期から使用された。中学校国史教科書の執筆者は林炳泰《イムビョンテ》（原始～統一新羅と渤海）、姜晉哲《カンジンチョル》（高麗）、車文燮《チャムンソプ》（朝鮮）、李鉉淙《イヒョンジョン》（開港以後）であり、高等学校国史教科書の執筆者は、金哲埈《キムチョルジュン》（古代）、閔丙河《ミンビョンハ》（高麗）、韓㳓劤《ハンウグン》（朝鮮）、尹炳奭《ユンビョンソク》（近・現代）であった。この中で、国史教育強化委員会委員は金哲埈、李鉉淙の二名だけだった。中学校単一本教科書執筆者に内定していた李元淳、康宇哲は国定教科書執筆から抜け、金哲埈は中学校ではなく高等学校国定国史教科書執筆に参加した。金哲埈は第二次教育課程時期に中学校歴史教科書を執筆したが、高等学校教科書を執筆した経験はなかった。反対に中学校国定国史教科書の朝鮮部分を執筆した車文燮は、第二次教育課程の時は高等学校検定国史教科書の著者であった。残りの人々は、教科書を執筆した経験がなく、国史教育強化委員会委員でもなかった。これは朴正熙政府の期待とは異なり、国史教育強化委員会委員の大部分が国史教科書の国定化に反対して、国定国史教科書執筆に参加する学者に交渉するのが簡単ではなかったことを示している。

国定国史教科書の評価

国定国史教科書は単一の教科書であることに加えて、政府が刊行したものであるために学界や社会からの多くの関心を引いた。『東亜日報』は、国定国史教科書が使用される直前である一九七四年二月二十七日付「生活史中心の主題意識強調―初・中高国定国史教科書の問題点」という題目で国定国史教科書を分析した文章を掲載した。この記事は国史学会の研究業績を反映しながら、民族史的視覚を根幹にして統一的国史教育を実施しようとする文教部の方針を肯定的に評価した。しかし、新しい国史教科書にはさまざまな弱点と限界があることも付け加えた。まず、主体性を過度に強調するあまり、東洋史、ひいては世界史的脈絡を無視して韓国史を個別史として作り上げているとした。また、他の学説があるのに断定的に記述して、国史教育を歪曲する可能性を指摘した。その例として近代史が十八世紀にまでさかのぼっていることを問題とした。最近あった十年史を過度に強調していることも指摘した。記事に明示してはいないが、国定国史教科書が政府の政策を広報したり、宣伝したりする役割をすることに対する憂慮とすることができる。新しい国史教科書で変化した用語の適切性も問題となった。「党争」を「両班社会の対立」、「壬辰倭乱」を「七年戦争」、「儒教政治」を「民本政治」と変えたが、慣例化した固有名詞を変える必要があるのかという疑問も提起された。用語は史観の表現であり、変えるのであれば広範囲な意見を収集して調整しなければならないであろう。この中で、「七年戦争」という用語は以後、再び改訂された教科書で消え去り「壬辰倭乱」に戻った。国定国史教科書の内容が学界の研究成果を総合して叙述したのではないということを見せつける事例である。

教科書が発行されると、その内容を分析・評価する学界の研究も続いた。『創作と批評』一九七四年夏号は、特集で国史教科書の問題点を診断する韓国史学者五名の文章を総論と時代別に分けて掲載した。総論は姜萬吉《カンマンギル》（高麗大教授）が「史観と叙述体制の検討」という題名で書き、古代史は金貞培（高麗大教授）、高麗時代は李佑成《イウソン》（成均館大教授）、朝鮮前期は李成茂《イソンム》（国民大講師）、朝鮮後期は宋贊植《ソンチャンシク》（西江大教授）が分析した。歴史教育研究会で発行する学術誌である『歴史教育』では、李元淳、陳英一《チンヨンイル》、鄭善影《チョンソニョン》の共同研究である「中・高等学校国定国史教科書の分析的考察」という文章が掲載された。この研究は国定国史教科書が歴史教育の教材としてどれだけ適切かを量的・質的に分析したものであった。前者が国定国史教科書を学問的立場より分析したものであり、後者は教育的観点から分析したものであった。

姜萬吉《カンマンギル》は、国定国史教科書が主体的民族史観確立、そして教科書体制と具体的な史実に対する叙述内容および用語の統一を目的としたが、この二つの目的を達成することができず、かえって検認定教科書より後退したと批判した。国定国史教科書が主体的史観を樹立するとしたが、内在的要因を等閑視して、外部の刺激と影響だけを強調しているということである。また、支配階級の歴史的役割を重視する支配階層中心の叙述により、かえって民族的団結を追及するのに逆効果になっていると評価した。体裁でも単元区分の曖昧な基準、学校授業を考えていない単元と節、項目などにより検認定教科書の水準を少しも超えていないと批判した。

さらに、同じ国定教科書でも中学校と高等学校の内容がとても異なる点が多いと指摘された。国定国史教科書が特定の学説にしたがったのか、中学校と高等学校教科書内容が異なるということは、他の文章でも何回も指摘されたことであった。その内容をいちいち説明することができないために、時代別に一つ二つだけ例として見てみよう。金貞培の文章では、青銅器文化の上限線が中学校と高等学校教科書では同じではなく、馬韓・辰韓・弁韓が中学校教科書では部族国家、高等学校教科書では連盟制と叙述されていると指摘した。

李佑成は、中学校教科書が崔忠獻《チェチュンホン》❷と辛旽《シンドン》❸を立派な改革政治家であるように叙述していると批判した。そして、高等学校国史教科書は現在の学界でも全く意見の一致を見ることができず理論も定まっていない高句麗史の性格を抽象的な表現で叙述したと指摘した。李成茂は、高等学校国史教科書が十五世紀を良人国家の民本政治を志向した理想社会と描いていると強く批判した。また、高等学校教科書は十五世紀朝鮮社会の身分制について良人と賤人だけがいたと叙述したが、中学校教科書は両班、中人、常民、賤人の区分があったのに異なる叙述をしていると明らかにした。

宋賛植《ソンチャンシク》は、中学校と高等学校の教科書の朝鮮史叙述を紹介してその問題点を指摘した後、「中学校教科書はあまりにも低俗であり、高等学校教科書は捏造に近く偏見に満ちている。両者を比較すると、内容まで互いに異なっている」と辛辣に批判した。実学に関して中学校教科書は西洋文物の影響により、高等学校教科書は中国文化の復活というように異なって説明しており、大院君《テウォングン》の政治を中学校教科書は専制政治と定義している反面、高等学校教科書は改革政治と称賛していると事例を挙げた。

このような批判に対して、執筆者による反論も出た。高等学校国史教科書古代編執筆者である金哲埈は、『創作と批判』に掲載された文章は「多くの高見を提示して、ためになるところが多い点は認めるが、書評のための批判というよりも悪口を言うための書評という稚拙な水準を抜け出していないものもある」と批判した。また、植民地史観から抜け出し韓国文化全体に対する理解体系を構築しようと建設的な方向に関する批評を期待したが、積極的な批評と提案がないことに遺憾の意を示した。そして、批評間の文脈や用語自体を見ても、批評者の見解に同意できないことも多いと指摘した。国定国史教科書執筆者と他の学者間の衝突を垣間見せてくれる部分である。

しかし、分析の観点は異なるが、李元淳、陳英一、鄭善影の文章でも『創作と批評』に掲載された文章の批判と似た点が指摘されていた。これらは、教科書分析を土台に改善の方向を提言している。その一部を紹介する。

㈠中・高校教科書の顕著な違いは是正されなければならない。時代区分、歴史観および歴史解釈上の差異など、完全に矛盾した叙述があまりにも多いことが散見される。
㈡教材内容を選定するとき、学界の定説として認められてきたのか、そうした普遍的見解を反映しなければならない。新しい史実を批判したいがために学界の定説ではない一部の学説や、ある個人の私見を国定教科書の理論として採択することは危険な叙述態度である。
㈢同じ教科書内でも時代によっては叙述方針、論旨、項目編成の差異が顕著なことは是正しなければならない。
㈣世界史的観点から叙述しなければならない。

㊄叙述の公正性を失う恐れのある過度な表現、感情的な表現、蛇足的な表現を止めなければならない。

国史教科書を国定化するときに憂慮した問題と短い時間に急激に製作したために発生した問題について、多くの部分で重なっていることがわかる提言であった。このような提言の根本にある国定国史教科書の課題点は、『創作と批判』に掲載された批判と相当な部分で重複する。

国定国史教科書に対する批判が続くと、文教部は自ら百余りの項目について、中・高等学校国定国史教科書を分析した。その結果、五十余りの項目において、歴史的事実や解釈に中学校と高等学校教科書の間で違いがあることを発見した。また、中学校教科書が五百三十二名、高等学校教科書が五百三十九名の人名を掲載しているが大部分が羅列にとどまっており、不必要な暗記を助長していること。中学校は四十三パーセントが支配層であり高等学校は六分の一が王族であり、支配層中心の叙述になっていることを認めた。

一九七四年から使用された国定国史教科書へのこのような評価は、少なくとも朴正熙政府が国史教科書国定化の最も重要な根拠とした、学界の研究成果を総合的に受け取り、学説を統一して生徒の混乱を避けるという目的が失敗したことを明らかにしている。国定国史教科書の叙述内容を学界がすべて受け入れることはなく、学説上の論争がなくなりもしなかった。加えて、この時に指摘されたさまざまな問題がこの後にも継承され、最初に国定国史教科書を発行する際に表出した一時的な試行錯誤ではなく、構造的な問題となった。このことは国定国史教科書に対する批判が継続し、多くの人々が国史教科書を再び検認定図書で発行することを主張する根拠となった。

「一種図書」と名前だけ変えた国定教科書

朴正熙政府は、初・中・高教科書の発行制度を変えながら、相当数の主要科目教科書を国定制度で発行した。しかし、国定教科書に対する評価はよくなかった。さらに、教科書国定制と同時に進行した単一本教科書政策は、一九七七年に「検認定教科書事件」を引き起こした。一九七七年二月に警察と国税庁は、検認定教科書株式会社が一九七四年から文教部と国税庁職員に賄賂を贈り、教科書の価格上昇、内容修正、誠実な法人指定などの特別な利益を受け取り、高額の不当な利益を上げながらも脱税をしたと共同調査結果を発表した。検認定教科書株式会社と高等教科書株式会社、韓国教科書株式会社、実業教科書株式会社の関係者、賄賂を受けた文教部の編集局長を始めとする文教部関係者、国税庁職員が拘束された。三十名余りの文教部編集関係職員が罷免や委員免責となりその場を追われた。

今の出版業界とは異なり、教科書が最も重要な出版物であった当時の状況において、国定と検定教科書の発行と供給を独占するということは莫大な特権であった。出版社が検認定教科書株式会社を通じて教科書販売利益を極大化し、その収入を分けあったという事実は世論の怒りを買った。検認定教科書株式会社は「食い物が集められた千状万態の会社」、「百十七の顔を持つ怪物」（以上『東亜日報』一九七七年三月十日付）という批判を受けた。「検認定教科書事件」で拘束されたり辞めさせられたりした出版社関係者や、文教部編集官は後日の証言においてその悔しさを訴えた。この事件が起きた動機をめぐり維新政策との争い、政治的・社会的事件を隠そうとする標的調査などといった陰謀論まで提起した。また、教科書を供給した会社に付加された脱税分の追徴課税をめぐり、十年余りの訴訟で出版社側が勝訴した。しかし、事件の真相をめぐり、出版社と文教部関係者が相手に問題があったことを暗示したり、責任を転嫁する印象を与えたりする話をするだけで、事件が起こった原因は明らかになっておらず、彼らが不当な被害を受けたのかも明確ではない。税金付加が不当であるという大法院〔最高裁判所〕判決も、強い圧力により課税したことが不当であるという判決を示しただけで、検認定教科書株式会社の教科書供給独占には問題がなかったことを確認するものではない。

「検認定教科書事件」は、国定・単一本制度に対する強い批判を巻き起こした。しかたなく、文教部は教科書発行制度を変えるしかなかった。すでにこれより前に韓国教育開発院を通じて教科書制度の改編を研究していた文教部は、検認定騒動を契機に一九七七年八月二十二日に「教科用図書に関する規定」を制定して教科書制度を改編した。国定と検定を一種と二種に変えたのである。従来の国定教科書は一種、検定教科書は二種に該当し、一部認定図書を別に

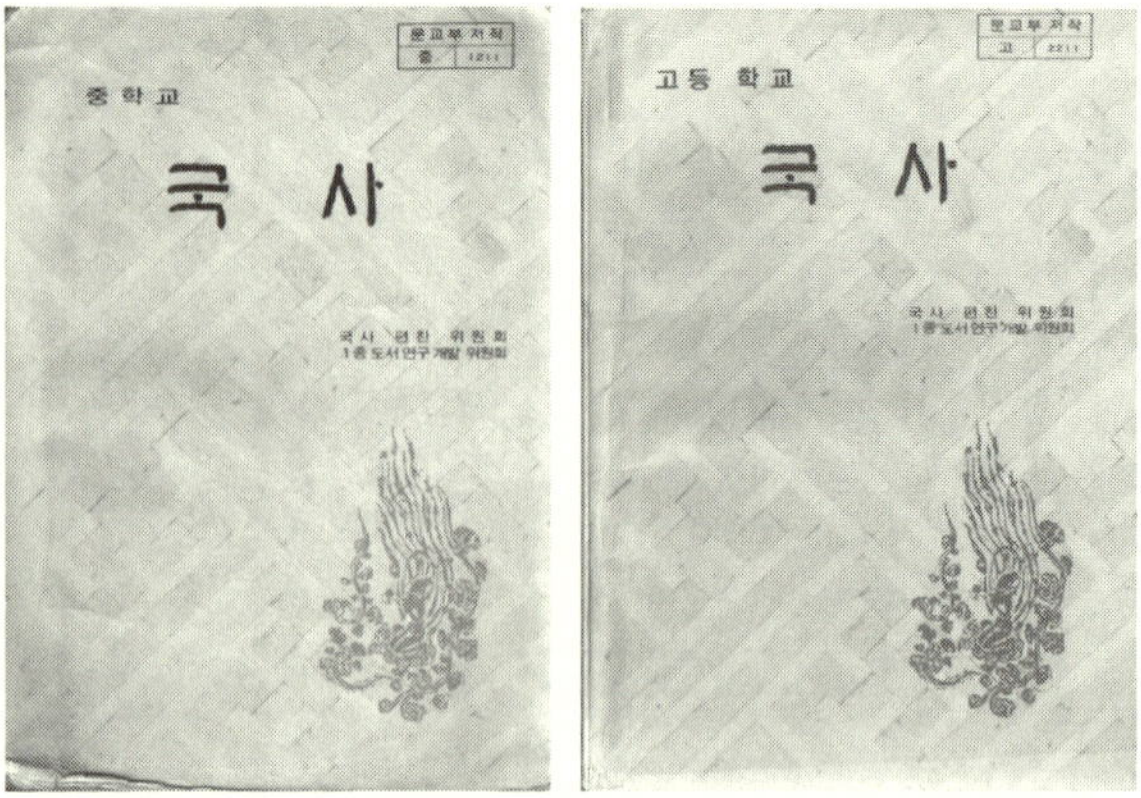

1979年版中学校（左）と高等学校1種『国史』教科書（右）

おいた。改編された教科書発行制度では、教科書開発および政策に民間研究機関が積極的に参加した点が強調された。「研究開発型」という言葉で表現された一種図書は、文教部が著作権を持つものの企画と監督の機能だけを担当し、研究と執筆は専門研究機関が担当する教科書と規定した。国定教科書の短所を補完して検認定教科書の副作用を避け、二種類の教科書制度の長所を活かすというものであった。これにより、国史教科書はもちろん、高等学校世界史教科書も一種図書になった。国史教科書の発行は国史編纂委員会で主管されるが、実際の執筆は交渉した国史学者が行った。そのために、一種国史教科書の著者は国史編纂委員会と一種図書研究開発委員会との共同名義となった。

　国定国史教科書の発行については、検認定出版社によりつくられた韓国教科書株式会社で引き受けた従来とは異なり、一種国史教科書は国定教科書株式会社で刊行した。国定教科書株式会社は一種国史教科書だけでなく、大部分の教科書を発行した。検認定教科書を刊行した出版社が税金追徴により揺れ動いており、教科書発行に支障をきたさないための処置という名目であった。この処置により、一種（国定）国史教科書の執筆から普及まですべての過程が政府の手の中で行われた。国史教科書の完全な掌握であった。

　しかし、「一種図書」「研究開発型図書」という名前がついていたが、一般人はもちろん教師や学者など学校教育と教科書に関心を持つ人々さえも大部分が一種と国定の違いがわからなかった。教育学者さえもこれを区分しようとしなかった。一種図書は国家機関が著作権と発行権を持っている点で、本質的に国定制といえるものであった。国家が歴史解釈を独占することができるという批判を始めとして、一種国史教科書をめぐる論争は継続し、学者が執筆を避ける現象も相変わらずであった。

これ以後も教育課程が改訂され教科書が新しく発行されるたびに、国史教科書の発行を検定制に変えなければならないという学界と教育界の声が続いた。国定国史教科書の発行を主管する国史編纂委員会の委員長も、就任時などでは国史教科書を検認定で発行しなければならないと一言述べていた。さらに、一九八〇年代中盤に入ると、社会の民主化の雰囲気と同時に、国史教科書が支配層に偏った叙述、過度な反共イデオロギー、政権の広報の役割などの側面から批判を受けた。国定国史教科書は四面楚歌に陥った。ところが、最初に国定制を導入した論理に依拠して、国史教科書は継続して国定で発行された。国語と道徳教科書が国定であったことも、国史教科書国定制を下支えする力となった。

二〇〇三年から使用された第七次教育課程による『韓国近・現代史』教科書は、検定により発行された。しかし、中学校と高等学校必修科目である『国史』は依然として国定であった。『韓国近・現代史』を検定で発行したのは、すべての高等学校選択科目を検定図書で発行するという原則にしたがうものであった。二〇一〇年中学校『歴史』と二〇一一年高等学校『韓国史』教科書が検定に変わったことで、国定国史教科書は完全に姿を消した。国定国史教科書が社会に出てきて三十七年後のことであった。

消え去らない国定国史教科書に対する未練

大学の新入生の意識化が社会的論争になったことがあった。もちろん「意識化」という言葉は主に独裁政府が学生運動を左寄りとみなして潰そうとする時に使う表現であるが、大学に入ってきて社会問題に関心を持ち運動に走る学生が少なくなかったことも事実である。そうした場合、高等学校のときまで国定教科書を通じて学んだ知識が歪曲されたものだったり、ひどい場合には事実と異なっていたことを知るようになったりして、受けた知的衝撃も少なくなかった。国定国史教科書もそのような内容を持った代表的な教科書であった。

高等学校『韓国近・現代史』と『韓国史』教科書の近現代史叙述をめぐり論争が起こると、社会の一部から再び国史教科書を国定化しなければならないという主張が頭をもたげている。検定国史教科書は特定の学者の見解や歴史解釈がそのまま入っており、左に偏向した教科書が生まれるという考えである。検認定国史教科書では、特定学者の学説が濾過されることなく入り、教科書内容が互いに異なり生徒に混乱をもたらすという一九七〇年代の国定化論理を反復しているのである。しかし、一九七〇年代の国定国史教科書が多様な歴史解釈を総合しているというよりも、実際に特定学者の歴史解釈や理論を含み、朴正熙政府の歴史観を反映したり、政策を広報したりしたように、現在、国定国史教科書を主張する人も自分の見解を入れたいのであろう。ただ、一九七〇年代には朴正熙政府の教育当局がこのような主張をしたが、今はニューライト団体や学者に主体が変わっただけである。

朴正熙政府の国史教科書国定化過程を整理すると、前から感じてきた一つふたつの疑問を再び感じる。中学校国史教科書発行者と著者が単一本を建議したとするが、果たしてどのような論議を経たものなのか？　政府の圧力があったと考えられるが、具体的にはどのような圧力があったのか？　そして、国史教科書を国定化しながら、文教部と大統領秘書室が提示した印税収入を研究費に代替して支給するという計画は本当に実行されたのであろうか？

教科書の著者と発行者が単一本の建議をした経緯は、未だに確認されていない。朴正熙政府の歴史教育政策に対して全般的に肯定的な立場であるが、さまざまな本や文章において当時の資料を比較的細かく提示している尹種榮《ユンジョンヨン》前文教部編集官は自分の文章で「政府の影響力が強く適用したと推理される（「国史教科書発行制度に対する考察」七十六-七十七頁）」としか書いていない点でも該当資料を確認するのは容易ではない。教科書印税を研究費に代替して支給するという計画の実効如何を知ることができる資料も確認されていない。もちろん、当時の教科書の著者に確認することもできる。しかし、かなり昔のことであるので彼らが正確に記憶しているかは疑わしく、今とかなり状況の異なる時の話を今さら引き出す必要もないようである。それよりも重要な問題は、国定国史教科書に対する未練が未だに韓国社会に残っているという事実である。それが、この本で扱う歴史教育においてさまざまな姿で現れたりもするのである。

〈訳注〉

❶太定太世文端世　朝鮮時代の二十八代の国王名を「太定太世文端世／睿成燕中仁明宣／光仁孝顕粛景英／正純憲哲高宗純」のように頭文字で暗記する方法である。

❷崔忠献　高麗時代の武人政治家。武臣の李義旼を滅ぼして政権を掌握し、自らの独裁体制を固めるために国王の明宗を廃して弟の神宗を擁立したり、反対派を殺害したりした。

❸辛旽　高麗末期の恭愍王《コンミンワン》の時代の僧。当初は王の信頼も篤かったが、傍若無人な振る舞いで信任を失い謀反の計画も失敗に終わった後に処刑された。

十二　国難克服史観と伝統倫理──朴正煕政府の歴史教育観

今日、私たちが再び見出さなければならない先祖の本当の姿は、途切れることのない外国の侵略に負けず、国家の脈絡を守ってきた自主民族である。人間と人間、個人と国家、そして国家と国家間に調和のある秩序と協同を追求してきた平和な民族、外来の文化と伝統を私たちのそれに融合させて、固有の精神世界を開拓してきた創造的な文化民族である。このような民族の自我を新しく確立することは、民族中興の大業への近道である。──朴正煕『韓国国民に告ぐ』七百八十四頁

朴正煕は「民族中興の道」（『韓国国民に告ぐ』に収録）という文章において、「私たちのものから出発しよう」としてこのように話した。一九七〇年代、朴正煕にとって韓国史は自慢できる民族史であった。時には華麗なる文化の伝統に花を開かせ、時に国家的困難を克服したりもした歴史である。民族の伝統から得る精神は、自立経済と祖国近代化の基盤であった。そうして、私たちは民族の歴史と文化に対する自負心を持ち、その精神を見習わなければならないとした。

民族主体性と国史教育

しかし一方では、朴正煕が見ても韓国史はこのような子孫が見習わなければならない自慢できる歴史だけではな

かった。一言で言えば「しりごみと発育不全、沈滞の連鎖史」であった。朴正熙は過去の韓国史を次のように嘆いている。

ある時代に辺境を超えて他国を支配し、海外の文物を広く求め、民族社会の改革を試みたり、統一天下の威勢として外に見せつけたことがあり、特有な産業と文化として独自的な自主性をふるったことがあったか。いつも強大国に押され、盲目的に外来文化に同化し、原始的な産業の範囲内でしか進めることができず、同胞争いに平穏な日がなかっただけでなく、姑息、怠惰、いいかげん、ことなかれ主義として表現される小児病的な封建社会のある縮小版に過ぎないのだった。――朴正熙『韓国国民に告ぐ』六百二十六頁

このように、朴正熙は韓国史を否定的に認識しながらも、これを克服することができるという精神的な姿勢を韓国の伝統から探した。韓国の現実を再建するのに、他国の文化や政治制度に依存して自分が踏みしめて立っている場所で展開された歴史を忘れたら何もなかったことになるということである。これにしたがい、排除しなければならない誤った遺産や伝承しなければならない遺産を明確に区分した。朴正熙からすると、国民を統合して共同体意識を持つようになるのには民族伝統が効果的であった。

一九七〇年代に入ると、朴正熙は民族伝統をさらに強調した。政策には「(韓)国籍」❶という言葉がついていた。民主主義は「韓国的民主主義」、教育は「国籍ある教育」であった。西欧式の近代化のための経済開発を国定指標とする朴正熙政府に「韓国的」伝統は何であったのか? それは西洋の個人主義ではなく、自分より国を前面に押し出し、個人より公的なことを優先する国家主義であった。生徒は国のために喜んで自分を投げ出すことができる犠牲精神を持たなければならないと学んだ。朴正熙政府はこの精神の根源を、国難克服の歴史と伝統倫理に求めた。国史は、道徳・国民倫理とともにこのような国民精神を育てる科目であった。このために、学校教育においては国史が独立教科となり、社会ではさまざまな場所の戦跡地と国民精神教育のための場所を整備した。

朴正熙政府の国家主義教育論は国史教育に国難克服精神を育て、民族文化の優秀性を認識して民族的自負心を育てる論理として反映された。一九七三年と一九七四年に改訂公布された第三次教育課程の国史目標では、単一民族、民族のアイデンティティ、主体的歴史認識、優秀な民族文化の継承などがこれを後支えする言葉としてよく使用された。中学校国史の一般目標五つの中に次の二つの項が含まれた。

（あ）私たち民族の発展過程を主体的な立場で把握させ、民族史の伝統性に対する認識を深くして、文化民族の後裔としての自尊心を持つようにする。

（え）優秀な民族文化を創造した私たち民族の力を理解させ、民族文化の継承、発展に力を尽くす態度を育てる。

同じように、高等学校国史の目標は次である。

ア．国史教育を通じ正しい民族史観を確立させて、民族的自負心を育て、民族中興に寄与するようにする。

エ．歴史認識とともに伝統文化を認識するようにし、外来文化を受容する正しい姿勢と新しい文化創造に寄与する態度を持つようにする。

オ．伝統的な価値を批判的に把握するようにして、透徹した歴史意識を持ち、当面する国家問題の解決に積極的に参加する姿勢を育てる。

対外抗争史教材『試練と克服』

国難克服史観がよく表れているものが、文教部が一九七二年から一九七七年まで中・高等学校読本用歴史教科書として刊行した『試練と克服』であった。『試練と克服』は、「一．国難に打ち勝つ民族の底力」と、「二．国難に打ち勝っ

1972年版『試練と克服』	1973年版以後の『試練と克服』
そして私たちを取り囲んでいる国際情勢に対処するために、すべてに努力をしており、軍事的には自主国防態勢をさらに強力にしている。 しかし、今も私たちの弱点だけを狙っている北朝鮮の傀儡は赤化野欲のためにあらゆる策動をしているので、私たちはこれを粉砕させるために、一面では建設、一面では自主国防の体制を堅持し、総力安保のために邁進しなければならない。(264頁)	そして私たちを取り囲んでいる国際情勢に能動的に対処して、民族が念願する平和統一を成し遂げるために、十月維新を活発に広げている。 私たちの十月維新は、自由民主主義をこの土地に根付かせ、私たち民族の至上課業〔課題〕である平和統一と近代化課業、そして繁栄を成し遂げることである。したがって、私たちに付加された課業のために、一面では建設、一面では自主国防の体制を堅持し、総力安保のために邁進して、繁栄に向かって力を合わせて前進しなければならない。(1976年版、264頁)

た先祖の賢さ」という二つの大単元で構成されていた。

総論に該当する三十頁量の「国難に打ち勝つ民族の底力」では、私たちの歴史に現れた民族精神とこれを通じて持たなければならない精神姿勢を提示している。ここでは、一九六〇年代末から一九七〇年代初までの国内外の情勢を紹介し、一九七一年の国家非常事態宣言や一九七二年の十月維新などを合理化するなど、当時の朴正煕政府の統治政策を広報する内容が含まれている。例えば、一九七二年に十月維新が宣布されると『試練と克服』にその不可避性と適切性を広報する内容を入れるという式である。一九七二年に出た『試練と克服』と一九七三年以後に出た『試練と克服』において、この部分の内容を比較すると、上表の通りである。

内容の大部分を占めている「二 国難を克服した先祖の賢さ」は、対外抗争史である。古朝鮮から現代まで外勢の侵略とそれに戦った民族の抗戦を扱っている。外敵の侵略による危機を私たちの先祖がどのように克服したのかを見せるのが核心である。『試練と克服』はこの叙述において、とても刺激的でありながら情緒的表現を使用した。例えば、「薩水大捷《サルステジョプ》」叙述内容の最後の部分を見ると以下の通りである。

乙支文徳《ウルチムンドク》の誘導作戦と高句麗軍の猛烈な攻撃により、隋国の四十万大軍のうちわずか二千七百しか生きて戻れなかったということは、世界の戦争史上でその由来を探すことのできないほど驚くべき戦果であった。陸地から進入してきた敵には鴨緑江を越え深々と誘い込んで殲滅し、海から侵入してきた敵には大同江に引きずり込んで平壌城の罠により殲滅し、再び立ち上がることのできない決定打を与えた。――『試練と克服』一九七二年、五十六–五十七頁

「世界戦争史上でその由来を探すことのできないほど驚くべき」、「殲滅」、「罠」、「再び立ち上がることのできない決定打」のような、教科書や学習用教材では見ることのできない表現をためらわずに用いている。このような形の表現は、外国の侵攻を追い散らした他の戦争叙述にもある。学習者の感性を刺激して国のために命を捧げようという「愛国心」を鼓吹しようとしたものであった。国家と民族のために犠牲になったり、強い民族精神を見せつけたりする事例を掲載していることもこのような理由からであった。例えば、高句麗東川王《トンチョンワン》の時に魏国の侵入にあい戦った将軍の密友《ミル》と紐由《ユユ》の活躍と、契丹との戦争において捕虜となった高麗の将軍である康兆《カンジョ》の最後の姿を『試練と克服』は次のように叙述している。

この時、東部出身の勇敢な将軍である密友は、決死隊を率いて敵陣に突撃し、危機に陥った東川王を救出した。しかし、密友が重症を負い、国王が再び危機に遭うようになると、今度は紐由が立ち上がった。紐由は敵陣に向かい匕首で敵将を殺すなど目覚しい活躍をしたが、自身も壮絶な最後を迎えた。指揮者を失い、敵陣は大きな混乱に陥った。東川王はこの時を見逃さずに猛烈に攻撃をして、最後の勝利を得た。このような密友と紐由の忠節が危機に陥った高句麗を救ったのであった。――『試練と克服』一九七二年、四十九–五十頁

康兆が敵陣に連れて行かれると、契丹の聖宗は彼の縛りを解き、自分の臣下になることを強要した。しかし、康兆は「私は高麗人であり、どうしてあなたの臣下になれるか！」と一言で拒絶した。聖宗は、再び臣下になるように要請をしたが、答えは以前と同じであった。激怒した聖宗は康兆を無残にも殺した。康兆は不幸にも敵の捕虜になった

が信念を曲げず、高麗人の矜持を生かして殉国した精神は、高く崇め奉ることではないだろうか。――『試練と克服』一九七二年、八十七－八十八頁

一九七九年に教育課程が部分改訂され、国史教科書も改編された。『試練と克服』はなくなった。しかし、『試練と克服』にある内容の中で、相当な部分が国史教科書に反映された。全体的に国史教科書の対外抗争史の比重が高くなった。高麗時代の武臣政変と対蒙抗戦の叙述が大きく増加したが、壬辰倭乱《イムジンウェラン》〔豊臣秀吉の朝鮮侵略〕での義兵抗争の内容が追加された。近代民族運動の内容も補強された。大韓帝国の義兵抗争を「民族の抵抗」の中の一つとして大きく扱い、植民地下の独立運動も以前よりかなり詳細に叙述された。開港から一九四五年解放以前までを扱った近代史の単元構成を比較してみよう（次頁表）。

一九七四年版教科書の近現代史単元は五十四頁であったが、一九七九年版では六十六頁に増加した。増加した内容は、大部分が民族運動と関連した叙述であった。また、小単元を「大院君の改革政治と鎖国政策」「愛国啓蒙運動と義兵の抗戦」「日本の民族性抹殺政策と民族文化の守護」と分離して、独立単元として構成した。「民族の覚醒」は「独

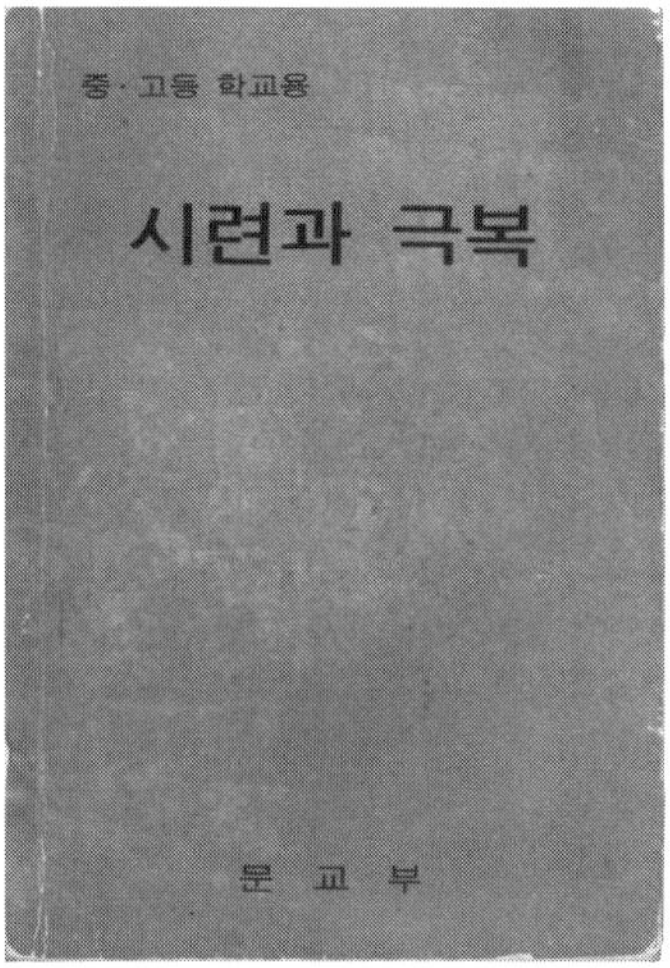

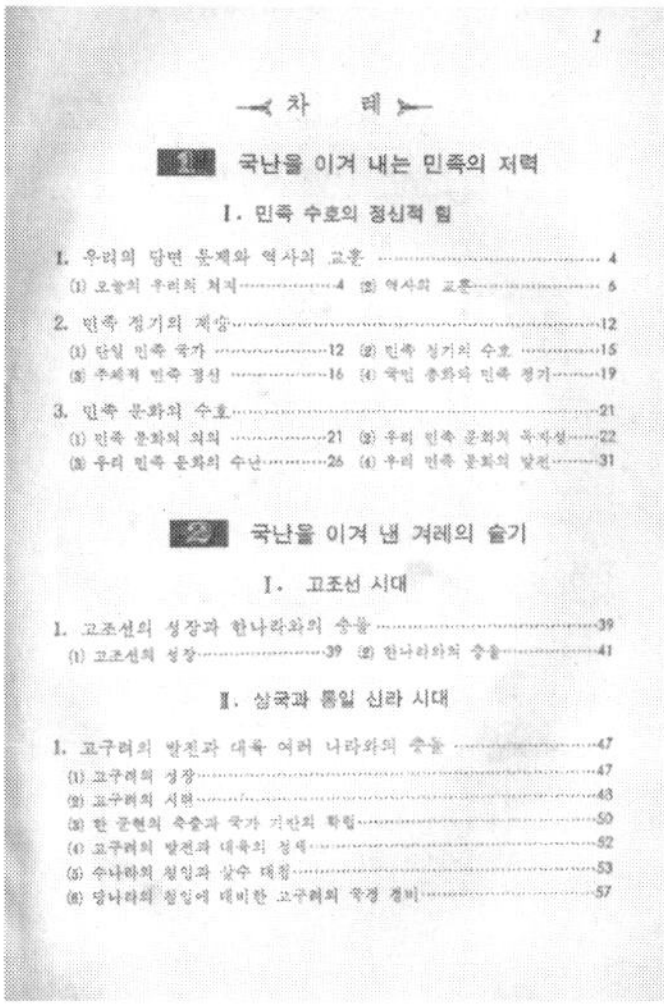
1

차 례

1 국난을 이겨 내는 민족의 저력

I. 민족 수호의 정신적 힘

1. 우리의 당면 문제와 역사의 교훈 …… 4
(1) 오늘의 우리의 처지 …… 4 (2) 역사의 교훈 …… 6
2. 민족 정기의 계승 …… 12
(1) 단일 민족 국가 …… 12 (2) 민족 정기의 수호 …… 15
(3) 주체적 민족 정신 …… 16 (4) 국민 총화와 민족 정기 …… 19
3. 민족 문화의 수호 …… 21
(1) 민족 문화의 의의 …… 21 (2) 우리 민족 문화의 독자성 …… 22
(3) 우리 민족 문화의 수난 …… 26 (4) 우리 민족 문화의 발전 …… 31

2 국난을 이겨 낸 겨레의 슬기

I. 고조선 시대

1. 고조선의 성장과 한나라와의 충돌 …… 39
(1) 고조선의 성장 …… 39 (2) 한나라와의 충돌 …… 41

II. 삼국과 통일 신라 시대

1. 고구려의 발전과 대륙 여러 나라와의 충돌 …… 47
(1) 고구려의 성장 …… 47
(2) 고구려의 시련 …… 48
(3) 한 문현의 축출과 국가 기반의 확립 …… 50
(4) 고구려의 발전과 대륙의 정세 …… 52
(5) 수나라의 침입과 살수 대첩 …… 53
(6) 당나라의 침입에 대비한 고구려의 국경 경비 …… 57

1970年代に文教部が出した対外抗争史教材『試練と克服』の表紙と目次

1974年版『人文系高等学校国史』	1979年版『高等学校国史』
Ⅳ．近代社会	Ⅳ．近代社会
1．民族的覚醒と近代文化の受容	1．民族的覚醒と近代文化の受容
(1) 開化・斥邪運動	(1) 大院君の改革政治と鎖国政策
(2) 東学の成長と農民軍の蜂起	(2) 開化・斥邪運動
(3) 民族の覚醒	(3) 東学農民革命運動
(4) 近代文化の成長	(4) 近代文物の受容
(5) 民族受難の始まり	(5) 独立協会と大韓帝国
2．民族の独立運動と民族文化の継承	(6) 民族受難の始まり
(1) 日本の植民地政策	(7) 愛国啓蒙運動と義兵の抗戦
(2) 3・1運動	2．民族の独立運動と民族文化の守護
(3) 民族運動の成長	(1) 日本の植民地政策
	(2) 独立運動の方向と3・1運動
	(3) 民族運動の成長
	(4) 日本の民族性抹殺政策と民族文化の守護

立協会と大韓帝国」になり、「近代文化の成長」は「近代文物の受容」と単元名を変えた。能動的で主体的な民族活動を中心に歴史の展開過程を叙述しようとするものであった。

叙述分量の増加だけでなく、歴史的評価にも気を使った。「義兵抗戦」という項目の最後ではその意義を次のように整理した。

このような義兵と義士の救国抗戦は、危機に当面した祖国を守護しようとする民族の自主性と私たちの歴史的伝統に含まれている民族の底力が発揮されたものである。――『高等学校国史』一九七九年、二百六十二頁

このように、外勢の侵略を受けた時、自分の命をかけて戦うことが私たち民族の精神であることを強調した。「長期間ユーラシア大陸を支配した蒙古の侵入勢力に抗戦できたことは、早くから契丹を蹴散らした高麗の伝統が全国民にそのまま残ってきたためである」『高等学校国史』（一九七九年、九十九頁）というものであった。

文化部分の叙述も同じであった。一九七九年版教科書は、元干渉期のモンゴル文化の影響により、風俗の変動を説明しながら、以前になかった次の内容を追加した。

蒙古勢力の侵略により、高麗が政治、経済、文化、社会各方面で負った打撃と損失はとても大きなものであった。しかし、高麗人の民族意識が強かったため、まさにこの時期の苦難を克服して民族文化の伝統を守護することができた。――『高等学校国史』一九七九年、百三頁

そして、このような精神を最もよく武装している改革的性向の集団が武人であると評価した。「全民族が文化の伝統を守護するために、抗戦を推進した過程はおのずと高麗社会が直面した問題を解決することができる能力を獲得する過程であった。元の勢力に対抗しながら、成長した新進官吏たちと、紅巾賊や倭寇と戦った軍人が成長して、新しい力を持つようになった階層として登場した」。『高等学校国史』（一九七九年、九十九頁）。『試練と克服』でも、武人の国難克服精神を高く評価している、例えば「高麗人の独立自存の精神とやりとげる気概は国家が困難にぶつかる時にいつも発揮されるが、特にこれは武人の伝統に引き継がれ、早い時期に契丹との抗争があってもそのようにしたり、蒙古との抗戦でも存分に発揮された」『試練と克服』（一九七二年、百六頁）としたり、「彼ら（三別抄）が三〜四年かけて対蒙自主抗争を起こしたことは、やはり高麗の武人の伝統的気迫を表したものとすることができる」『試練と克服』（一九七二年、百六頁）としたものである。国史教科書でもやはり『試練と克服』のこのような観点との違いを見つけることができない。国史教科書のこのような叙述は、朴正熙政府がクーデターで政権を取った軍事政権という事実と関係があろう。

忠武公、おー、忠武公、民族の太陽だ！

歴史の偉人の中で、最も尊敬を受ける人は李舜臣《イスンシン》であった。朴正熙政府は「忠武公精神」を国家次元で強調した。李舜臣は国難克服の英雄として自分を犠牲にして、国を助ける忠誠のアイコンであった。引いては、父母に心からの孝行をして子息を愛した、それだけ理想的な人物であった。もちろん、李舜臣は朴正熙政府の以前にも韓国人の尊敬

を受けており、さかのぼると朝鮮後期にも広く知られた偉人であった。しかし、朴正熙政府になると、李舜臣はその格をもう一段上げて「聖雄」となった。ただの英雄ではなく、「高潔であり、神聖な英雄」である。

一．ほら、私たちの目の前に現れる彼の姿
亀甲船を率いる、号令をかける彼の威風
一生を一筋、正義に生きた彼ら
国を救おうと血を流した彼ら
忠武公、おー、忠武公、民族の太陽だ
忠武公、おー、忠武公、歴史の冕旒冠だ
一生を一筋、正義に生きた彼ら
国を救おうと血を流した彼ら

二．その日の地と天に響いた彼の誓約
その丘その海に、入り込んだ彼の精神
叫ぶその声、彼が私たちを呼ぶ
民族の手引きの彼が私たちを呼ぶ
忠武公、おー、忠武公、民族の太陽だ
忠武公、おー、忠武公、歴史の冕旒冠だ
叫ぶその声、彼が私たちを呼ぶ
民族の手引きの彼が私たちを呼ぶ

毎年四月末になると、忠武公誕生記念行事が全国のすべての学校を始めとして各種の機関で開かれ、李殷相《イウンサン》が作詞し金東振《キムドンジン》が作曲した「忠武公の歌」が歌われた。この歌の楽譜には「荘厳に」という言葉が添えられていた。この言葉のように、生徒は荘厳に「忠武公の歌」を歌い李舜臣を褒めたたえた。他の大統領と比較して対外行事への参加が少ない朴正熙であったが、顕忠祠で開かれた忠武公誕生記念式はほぼ毎年参加した。たった二回を除いて、政権を持っていた間はすべて参加したほど、李舜臣は朴正熙が個人的にも尊敬した人物であった。

類例がない民族受難の逆境を早くから跳ね除け、一人で現れ国難克服の偉業を成し遂げ、また歴史上に消すことができない貴重な教訓を残した将軍は実に民族の太陽であり、歴史の巨星である、韓国が生んだ世界的な偉人である。――忠武公誕生四百二十四周年記念日記念式辞、一九六九年四月二十八日

ここでは、朴正熙が自分を李舜臣のような救国の英雄として扱われたいという心が適用していたであろう。朴正熙は現代社会で李舜臣の分身のような人物になりたいと国民に話していた。「私は全国民と一緒に将軍のこの偉大な私心ない愛国精神を見習い、新しい歴史創造の決意をさらに約束しながら」として、自身の心を国民が理解してくれればとした。

李舜臣だけでなく、国難克服の痕跡はいつでも国民教育の資料であった。先史から現代まで歴史の痕跡が残っており、韓国史の苦難と対外抗争を見せる江華島の戦跡地が大々的に整備された。モンゴル侵略に対して高麗王室が数十年間戦った高麗

牛禁峙の東学革命軍慰霊塔碑

廣城堡の龍頭墩臺にある江華戦跡地淨化記念碑（朴正熙前大統領の字）

宮址近代門戸の解放過程において、日本、フランス、アメリカなど帝国主義と戦争を起こした甲串墩臺《カプゴットンデ》、廣城堡《クワンソンボ》、徳津鎮《トクジンジン》、草芝鎮《チョジジン》などを復元した。ソウル南山に安《アン》重根《ジュングン》義士記念館と銅像を建て、忠南禮山《イェサン》に尹奉吉《ユンボンギル》の祠堂である忠義祠をつくり、生家と古宅を復元するなど、独立運動遺跡地を整備した。黄土峴《ファントヒョン》、牛禁峙《ウグムチ》など東学農民戦争の遺跡地などを整備した。そして、国民に国難克服の顕彰を見ながら先祖の精神を見習うことを要求した。このような顕彰さえも朴正煕自身の痕跡として残した。公州牛禁峙の東学革命軍慰霊塔碑文は、朴正煕の名前になっている。一九七七年復元された江華島廣城堡の龍頭墩臺《ヨンヅトンデ》では、「江華戦跡地浄化記念碑」と朴正煕が直接書いた江華島戦跡地の整備と復元を記念する碑が建てられている。禮山忠義祠の扁額の文字も朴正煕が書いたものであった。一九七三年公州牛禁峙に建てた東学革命軍慰霊塔碑文の内容は次である。

> 大望の革命課業〔課題〕がここで挫折し、繰り返される追撃と殺戮の中で彼らが国のためになした為国丹忱〔国への熱い心〕さえも知られていなかった。しかし、あなた方が死んで八十年、五・一六革命以後の新生祖国が東学革命の殉国精神を今日に甦らせながら、輝かしい維新課業の一年を経たことで、私たちすべてが血のにじんだこの丘に眠ったその日の魂をなぐさめるために塔を建て、行き来する千万代の子孫たちよ。

五・一六クーデターや十月維新が東学農民戦争のような「革命」であることを国民に知らせようとしたものであった。しかし、この碑文の「大統領朴正煕」という

外された忠義祠の顕板を持っている民族問題研究所の忠南支部会員たち

朴正煕前大統領の字が傷つけられていた慰霊塔碑文

文字はいつからなのか傷つけられていた。たぶん、東学農民戦争とクーデターを同じ性格で見なければならないという朴正煕の主張に対する憤慨の表現であろう。このようなことは、タプゴル公園でも、忠義祠でも起こった。二〇〇一年十一月二十三日に「民族正気蘇生会」という団体の会員により、朴正煕が書いた扁額の文字があるタプゴル公園の「三一門」扁額が外された。二〇〇五年三月一日には、民族問題研究所の前忠南支部長であった梁壽澈《ヤンスチョル》が忠義祠の「忠義祠」という扁額を下ろし、親日作品展示会が開かれている独立記念館民族の家の前に展示した。これらの行為が望ましいかは論争の余地があるが、親日行為をした朴正煕の親筆文字を独立運動家をほめたたえる場所に入れることができないという意思を確かに見せつける行為であった。タプゴル公園の「三一門」扁額は、二〇〇三年二月に独立宣言文の書体を模範として新しく制作された。しかし、忠義祠扁額は論争の果てに、結局二〇〇五年四月の終わりに朴正煕の親筆文字により復元された。

女性の模範、申師任堂

国難克服の精神と同時に伝統文化の優秀性を認識して、民族的自負心を持たなければならないということも国史教育の主な目標である。自慢できる伝統文化として石窟庵と仏国寺のような仏教美術、高麗青磁を始めとした陶磁器、高麗と朝鮮の印刷物、朝鮮時代の科学技術などが強調された。「世界最初」という言葉が歴史教育においてよく登場した。世界で最も古い「木版印刷物」である陀羅尼經、「世界最初の金属活字本」である詳定古今禮文と「現存する最初の金属活字本」である直指心經*、朝鮮世宗の時につくられた「世界最初」の測雨器を勉強しながら、私たち先祖の優れたものに対して生徒は自負心を持つようなった。後に間違っているとされたが、一九七〇年代までは亀甲船を世界最初の鉄甲船として学んだりもした。

＊「直指心經」は間違った用語であり、今は「直指心體要節」呼び直している。しかし、当時には直指心經と呼んだ。

ハングルを創製して、さまざまな科学器を発明し、伝統文化を整備した世宗は、私たちの歴史上の最も優れた王様として評価された。世宗大王は李舜臣とともに韓国人が最も尊敬する人物になった。多くの学校で李舜臣と世宗大王の銅像が並んでおかれた。生徒は二人の銅像を見ながら、尊敬する心を反芻し、自分も李舜臣や世宗大王のような人物になろうと覚悟を決めた。

民族文化の優秀性は有形的資産だけでなく、精神文化として拡大した。忠、孝のような儒教倫理を西洋では見ることができない望ましい私たちの伝統精神というように教えた。過去の古いものではなく、現代に合うように正しく適用させると儒教倫理は今も私たちが見習わなければならない精神になるという論理であった。孝の概念を改めて新しく成立させる必要はなかった。「父母に孝道しよう」というのに、他の意見を表明することは難しかった。これに反して、忠は国王に対する服従を意味する前近代的な思考方式という反対する意見が可能であった。これに朴正煕政府は、王様に向かう過去の忠誠を国のためというように変えたならば、忠は社会でいつでも見本として守らなければならない望ましい精神であると強調した。

忠、孝とともにもう一つ重要な儒教倫理であった「烈」は、表面的には国民が見習わなければならない精神ではなかった。しかし、自身を犠牲にしても社会と国家に奉仕する精神を持たなければならないという朴正煕政府の教育観において、烈も忠や孝と同じように否定的な

ソウル社稷公園の李栗谷の銅像と申師任堂の銅像

倫理だけではなかった。優れた能力を持っていたが、夫の父母に孝道して夫の面倒をよく見て、栗谷李珥《ユルゴクイイ》という大学者を育て上げた申師任堂《シンサイムダン》が韓国女性の見本としなければならない模範となった。栗谷の出生地である江陵の烏竹軒《オチョクホン》を新しく装って、朝鮮王朝の社稷檀《サジクダン》にあるソウル社稷公園に李珥の銅像と並んで申師任堂の銅像を建てた。その銅像は同じ高さであった。李珥は民族が見本としなければならない偉大な学者であるが、これを育てた申師任堂も同じくらい尊敬を受けなければならない人物というのがその趣旨であった。申師任堂は自分を犠牲にして家庭と社会、ひいては国のために奉仕しなければならないという論理に最もよく合う人物であった。良妻賢母として申師任堂は認定され、女学生を対象として申師任堂のような人物をつくるための教育が試みられた。現在、大韓民国の貨幣の中で最高額である五万ウォン札の人物は申師任堂である。五万ウォン札に女性人物をいれると決定した後、誰にするかの世論調査をした結果、申師任堂が最も高い評価を得たためであった。柳寛順《ユグワンスン》、許蘭雪軒《ホナンソルホン》などの人物も挙げられたが、申師任堂には大きく及ばなかった。それだけ、申師任堂は韓国を代表する女性であった。

もちろん、李舜臣がそうであるように申師任堂も現代になって有名になったのではなく、朝鮮後期でもよく人々の口に上っていた優れた人物である。朝鮮後期の詩人や学者が申師任堂の絵の前に争って後書きを付けた。一八六八年に江陵府使である尹宗儀《ユンジョンウィ》は申師任堂の文字を永遠に後世に残したいと考えて、版刻をして烏竹軒に保管したりもした。しかし、今のようにすべての女性の模範になるほどではなかった。そのような申師任堂が一般大衆を含めたすべての女性の模範となったのは朴正熙政府の時であった。

朴正熙政権の末期である一九七八年に韓国精神文化研究院をつくったこともこのような国民教育を後支えするためのものであった。韓国精神文化研究院は韓国の伝統思想と文化に基礎をおいた国民の思想教育を担当して、これを理論的に支える韓国学を研究する目的で設立された。しかし、学術研究より政府の政策を実行に移す国民教育の性格が強かった。このために、韓国精神文化研究院は政権が代わるたびに韓国学研究と国民教育という二種類の性格の間で行ったり来たりを繰り返した。韓国精神文化研究院が二〇〇五年に名前を「韓国学中央研究院」と変えたことは、政治権力の影響から抜け出し、韓国学を研究する研究機関としてイメージを変えようとする目的からであった。

私が勤務する韓国教員大学校の生活館（寄宿舎）には、建物ごとに名前が付けられている。愛館、信頼館、忍耐館、栗谷館、師任堂館、多楽館、青藍館、福祉館、大学院館、知恵館などである。後につくられた名前を付けた福祉館、大学院館を除いて、すべて初期の学部生を対象につけた寄宿舎である。韓国教員大学校は幼稚園から初等学校、中・高等学校まで教員を育てる趣旨で設立された。当然、生活館の名前は教育を通じて育てようとする人間性、教育像を反映する。この中で、「愛館」「信頼館」「忍耐館」「知恵館」などは無難だとしても、少し古くさい。「忍耐館」という名前を見ると、高等学校の時に好きな大学に入るために耐えて耐えながら勉強した学生に、またさらに「忍耐」を強調するという考えには首をかしげざるを得ない。ところで、この生活館の各建物の中で、「師任堂館」と「栗谷館」だけが歴史人物をつけられている。歴史人物とすればすぐに思い浮かべる名前は、「世宗館」や「李舜臣館」である。もちろん「栗谷館」では男子学生、「師任堂館」では女子学生が寝起きしている。韓国教員大学校は一九八四年に開校して一九八五年に最初の入学生を受け入れた。当時、すでに朴正熙は亡くなりその後継者として評価された全斗《チョンドゥ》煥《ファン》の率いる政府がつくられていたが、一九七〇年代に朴正熙政府の教育を通じて育てようとした人間像は全斗煥政府に入っても変化がなかった。朴正熙政府で教育政策を主導した人は続けてその地位を維持し、教育理念もそのまま残った。そして、「栗谷館」「師任堂館」という名称は現在もそのままである。

〈訳注〉

❶（韓）国籍　漢字を見ると韓国籍という意味であるが、ハングルで読むとハングクチョクとなり、韓国的という漢字と同じ読み方になる。つまり、この韓国籍という言葉には、韓国的という意味もあった。

十三　国会に出された「国史を再び取り戻す運動」——上古史論争と国史教科書

①我が国最初の国家は何か？　（答）古朝鮮
②①の国をつくった者は誰か？　（答）檀君《ダンクン》

多分、皆この質問に答えることができるであろう。国史の試験にこれらの問題が出たならば、生徒に点数を与えるための問題に間違いない。では「古朝鮮」と「檀君」は間違いだと×をつけたら、問題を解いた人はどのような反応を見せるだろうか？　実際、ある人はこの答えは間違いだと主張する。古朝鮮以前に「桓國《ファングク》」「倍達國《ペダルグク》」などがあり、これを支配した統治者が「桓因《ファンイン》」「桓雄《ファンウン》」であるとする。主要なポータルサイトのカフェやブログを見ると、このような主張を支持する見解が少なくない。

我が国最初の国家は？

私たちは、過ぎた日に起きたことをどのように知ることができるのだろうか？　最も基本的な方法は、記録して確認することである。今から二百年位過ぎた後、二〇一三年九月二十三日にどのようなことが起こったかを知りたければ、その日のテレビのニュースを再び見ればわかるであろう。テレビが普及したことはそれほど昔のことではないが、紙や他の物に記録をすることは文字が発明されて以後ずっと行われてきたことである。文字を使用するかしないかにしたがい、「歴史時代」と「先史時代」を区分する。それだけ、文字は歴史を知るのに重要である。しかし、文字の記録だけが過去の事実を知らせてくれるのではない。古い過去であればあるほど、文字による記録は少ない。このような時は過去の人々が残した痕跡や物事を通じて、過去の人々が生きていた姿を推測する。記録だけでなく、遺跡と遺物が歴史を知るのに大きな影響を与えるのである。このように、私たちが過去に起きたことを知ることができる資料を「史料」とする。

ところで、誰かによって歴史記録を変更させられたならばどうだろうか？　後に意図的に記録を変えたのではなくても、そもそも記録をした人が間違いを積み重ねたならばどうなるだろうか？　私たちは史料のせいで過去に起きたことを事実とみなし、かえって間違いを知るようになるであろう。したがって史料を見る時、それが本当かどうか、どれだけ信じることができるかを最初に検討することが必要である。これを歴史学では「史料批判」という。

我が国最初の国家は古朝鮮であり、古朝鮮を建てた者は檀君である。古朝鮮と檀君記録が最初に出たのは、高麗の時の僧侶一然《イルヨン》が書いた『三国遺事』である。『三国遺事』には、私たちが慣れ親しんでいる檀君神話の内容が伝えられている。これによると、天の神である桓因の息子である桓雄が太白山《テベクサン》に下りて、神壇樹の下に神市を催し人間世界を統治したとする。桓雄は熊が変化した熊女と結婚して檀君を産み、檀君が朝鮮を建てたという話が続く。『三国遺事』と同じような時期に李承休《イスンヒュ》が書いた『帝王韻紀《チェワンウンギ》』にも、檀君神話が書かれている。具体的な内容では相当な違いを見せるが、話の筋ではあまり違いがない。以後、高麗と朝鮮の多くの歴史書が古朝鮮と檀君の話を伝えている。しかし、この中で私たちが知っていることと全く違う話を伝えた本もあった。古朝鮮以前でも「桓國」「神市倍達國」という国家があり、さらにその国は大きくにぎわい、後世と比べてかなり大きな領土を支配したという主張が代表的である。桓因、桓雄、檀君は神話の中の神ではなく、桓國、倍達國、檀君朝鮮を支配する王たちを指す。そして、王たちの系譜まで伝えられたりもする。一部の人はこれを根拠として、韓国史学会の上古史認識が根本的に間違っており、教科書を始めとした歴史本の上古史内容を全面的に改編しなければならないと主張する。彼らは、古朝鮮以外にも遼西と華北、山東半島一帯にかけて大陸百済が存在したり、統一新羅の領土がある時、朝鮮半島の外まであったりしたと主張するなど、韓国古代史について私たちが一般的に知っていることとは全く異なって見ている。彼らによると、植民地期に日本の学者がこのような輝かしい我が国の上古史を縮小造作し、植民史観に染まった歴史学者が今もそのまま受け取っているということである。

このような主張をする人々を「在野史学者」と呼ぶ。「在野」という言葉を聞くと、一九七〇、八〇年代に政党などの公式的な政治界に踏み入れずに民主化運動を行った人々を思い出す。彼らは政治的・社会的にとても進歩的な性向を持っていた。しかし、在野史学者はこれとは反対の極端的な民族主義と反共思想を持つ保守的な性向の人々である。この人々らは、全斗煥《チョンドゥファン》政府の一九八〇年代になると政治家と結託し、国史教科書の上古史内容を全面改編するという自らの主張を貫徹させようとした。

しかし、韓国史学会は彼らの主張を無視した。彼らが典拠として出している史料は、歴史学の基本である史料批判を全く経ていない後世に造作された偽書であったり、その内容を信じたりすることができないものであった。これらの本やこのような主張が出てくる背景にも疑わしい点がある。しかし、在野史学者の主張は、中・高等国史教科書にもある程度影響を及ぼした。この過程を探ってみよう。

国史教科書の古代史全面改編の主張をめぐる論争

在野史学者が本格的に国史教科書の全面改編を主張したのは一九七〇年代からである。彼らは、一九七五年に国史探し協議会を結成し、国史教科書の修正を要求する「国史を取り戻す運動」を展開した。一九七六年から月刊誌『自由』などにおいて、国史学界が植民史観に染まり韓国史を歪曲していると非難する文章を書いた。『自由』は、五・一六クーデターに参加した後に民政移譲を主張したが反革命事件として粛清を受けた朴蒼巌《パクチャンアム》が反共思想と民族史観涵養を打ち立てて一九六八年に創刊、運営してきた月刊誌であった。以後『自由』は、在野史学者の文章を続けて掲載し、彼らの機関誌の役割を果たした。彼らは李丙燾《イビョンド》（当時、学術院院長）と申奭鎬《シンソクホ》（当時、学術院会員）などを植民地下において朝鮮史編修会に参加し、日本の植民史観を研究・普及するのに先頭に立った親日派と批判した。李基白《イキベク》（当時、西江大学教授）など当時国史学界の中堅学者も李丙燾や申奭鎬の考えを引き継ぎ、歪曲した韓国史をそのまま伝達する先導をしていると攻撃した。このような中で、一部メディアが在野史学者の主張を報道するなど関心を集め始めた。

これに力を得て、在野史学者らは一九七八年十月、歪曲された教科書内容を是正する旨の請願書を文教部に提出した。安浩相《アンホサン》他八名の共同名義で提出された請願書の重要な内容は次の通りである。

①古朝鮮の領域は、東北は海まで、北は黒竜江まで、西南側は北京までである。
②国史教科書は檀君時代の千二百年の歴史を削除した。
③檀君を神話とだまして否定している。
④国史教科書は燕国の衛満を古朝鮮の創建主としている。
⑤衛満朝鮮の首都である王儉城は中国の山海關付近にあった。
⑥楽浪は中国の北京地方にあった。
⑦百済が四百余年間、中国の中南部を支配した。
⑧三国統一後六十八年間、新羅の領土は吉林から北京までであった。

そして、このような主張を下支えする根拠として『山海経』『満州源流考』などの史料と論文を添付した。

文教部は、国史編纂委員会で請願書の内容を検討するとした。国史編纂委員会は十月十九日に国史編纂委員と国史教科書執筆者などの韓国史専攻者が参加して検討会議を開いた。会議では請願書の主張は史料批判がきちんとなされておらず、隣接学問、特に考古学の後ろ盾がなく、末端であり枝葉的な資料で歴史を間違って解釈しているという意見が集まった。在野史学者らの主張は学問的に検討する価値がなく黙殺しようという意見が多かったが、公式的に政府へ請願されたものであるのでこれに反駁する検討意見書をつくることにした。国史編纂委員長である崔永禧《チェヨンヒ》は十一月十三日に記者会見を開き、安浩相などが主張する国史教科書修正見解は一考の価値もなく、国史を大切に思うことは国民すべてに大切なことであるが歴史を間違って解釈し歪曲してはだめだと語った。国史学者は『山海経』や『満州源流考』などを史料的価値が希薄な本と評価しており、檀君神話はある程度歴史的事実を反映しているが、神話内容自体を歴史的事実として認めることができないとした。また、楽浪遺物が平壌で発見されたことを考えると、漢四郡は北京ではないと反駁した。

　文教部に出された請願が受け入れられなかったために、安浩相らはすぐに再び文教部長官に国史教科書内容の是正願いを提起した。しかし、この願いは所願法（一九八五年からは行政審判法に対置される）上の所願申請条件を満たしていないという理由で突き返された。これに、安浩相らは国定国史教科書使用禁止と誤謬修正を求める行政訴訟と民事訴訟を提起した。しかし、ソウル地方法院は安浩相らの主張が民事訴訟の対象にならないと却下し、行政訴訟でも学問の内容は司法的審判の対象にならないという理由によりソウル高等法院で敗訴した。

　行政機関と司法機関を通した試みでは自らの意思を達成できないと知ると、在野史学者は政治家を通じて自身の意図を貫徹させようとした。安浩相などは一九八一年八月三十一日に權正達《クォンジョンダル》（当時、民主正義党委員）と十八人を紹介議員とする「国史教科書内容是正要求に関する請願」を国会に提出した。国会文公委員会は、十一月二十五日と二十七日の二日間にわたる聴聞会を開き、この問題を論議した。請願者側では安浩相と朴時仁《パクシイン》（ソウル大教授）、林承國《イムスングク》（韓国正史学会長）が、国史学界では崔永禧（国史編纂委員長）、金哲埈《キムチョルジュン》（ソウル大教授）、李龍範《イヨンボム》（東国大教授）、金元龍《キムウォンリョン》（ソウル大教授）、全海宗《チョンヘジョン》（西江大教授）、李基白《イキベク》（西江大教授）、李元淳《イウォンスン》（ソウル大教授）、安承周《アンスンジュ》（公州大教授）が参加した。聴聞会の内容は、両側が既存の主張を繰り返すものでここではその内容を説明しないが、公聴会の結果は国会にどのような影響も及ぼさなかった。国会文公委員会が予定した第二次公聴会も霧散して、在野史学者の国会請願はこれに終わりを告げた。しかし、国会公聴会の様子をメディアが大きく報道することで、彼らの主張が社会に知られるようになる契機となった。この主張を支持したり、心情的に同調したりする人々も現れた。一九八二年に刊行された国史教科書では、檀君神話が古朝鮮建国過程の歴史的事実と弘益人間の建国理念を明らかにするという内容が入っており、漢四郡の位置を省略した。檀君神話を「神話」と扱うことは植民史観の論理をそのまま受け取るものであり、漢四郡が朝鮮半島に位置していなかったという彼らの主張がある程度反映されたとすることができるのである。

一九八〇年代に入ると、在野史学者の主張がかなり活発になった。人々の関心を引いたのは当時の社会的状況と関連があった。一九八〇年代の統一主体国民会議において大統領の席に上り詰めた全斗煥《チョンドゥファン》は憲法改正を通じて再び大統領に当選すると、一九八一年三月に第五共和国を発足させた。全斗煥政府は軍部の力が強かった。大統領である全斗煥を始めとして軍人出身者が政府の主要な席を掌握すると、相当数の軍人が国会議員となった。

現役軍人が社会のさまざまな場所で影響力を行使した。彼らは強い民族主義的性向を持っており、歴史的事実の根拠あるなしに関わらず在野史学者の主張に好奇心を持った。在社史学者の機関誌の役割を果たした『自由』が軍人の政訓教材と使用されるほどであった。在野史学者は、国史教育が国民を武装させる精神教育になっていないとして、強力な民族主義、ひいては国粋主義を通してでも国民を精神武装させなければ共産主義者との対決で勝つことができないと主張した。檀君以来の最大粛正作業が行われている今こそ、国史を植民史観から救い出す機会だと主張した。彼らの粛正作業と言うのは全斗煥政権が権力を掌握するための社会改革という名分を前面にして、勝手気ままな政治規制、言論粛正、三清教育❶など一連の行為を指すものである。彼らの主張は、全斗煥政府に参加した政治家に関心を持たれた。これら政治家は弱点（十二・十二軍事政変と五・一八光州抗争❷などの武力鎮圧の正当性が大きく疑われていた）を持っていたからであった。

一九八二年に起こった日本文部省の歴史歪曲問題も、彼らの主張への社会的関心を高めた。一九八二年、日本文部省は検定歴史教科書に修正を指示した。指示内容の中には三・一運動をデモや暴動と叙述するとか、日本の周辺国家「侵略」を「進出」に直すなどの内容が含まれていた。帝国主義日本の侵略を隠ぺいし、韓国を植民地支配したことを合理化しようとする意図であった。このような事実が明るみに出ると、韓国社会では日本の歴史歪曲を糾弾し、これに対するために韓国の歴史と伝統の研究を強化しなければならないという声が高くなった。このような社会的雰囲気は、古代韓国が日本よりかなり早く発展し、日本に文物を伝えて、朝鮮半島と満州一帯を勢力範囲とする大帝国を建設したという在野史学者の主張に関心が大きく集まる役割を果たした。

在野史学者が一九八六年に結成した「民族史を正す国民会議」では、尹潽善《ユンボソン》前大統領が議長、李鍾贊《イジョンチャン》民政党国会議員が副議長になり、与野党の有名政治家と国会議員、教授などが相当数参加した。「三金」と称されていた金泳三《キムヨンサム》、金大中《キムデジュン》、金鍾泌《キムジョンピル》がみな顧問名簿に上がるほどであった。もちろん、三金はこの団体で何らかの活動をしたことはないが、この三名を集めることができたのはこの団体が出した「民族史を正す」が外からは政治的色合いがないように見えるからであろう。彼らの参加は、在野史学者の影響力が一九七〇年代に比べて大きくなっていることを示した。

在野史学者の主張は、『桓檀古記《ファンダンコギ》』という本が世の中に知られるとさらに大きな勢力となった。以後、在野史学者の主張は、かなりの部分をこの本に根拠した。『桓檀古記』は桂延壽《ケヨンス》という人が、一九一一年に妙香山檀窟庵において『三聖紀（上）』『三聖紀（下）』『檀君世紀』『北扶餘紀』『太白逸史』の五冊の本を合わせて編纂したものである。『三聖記』には、人類の出現から高句麗開国までの歴史が叙述されている。『檀君世紀』には四十七代二〇九六年間にかけて檀君朝鮮の国王名と在位期間、治績などが書いてある。『北扶餘記』では解慕漱《ヘモス》から高朱蒙《コジュモン》にいたる北扶餘の歴史を扱っているが、東扶餘の歴史を叙述した「迦葉原夫餘紀」が付いている、『太白逸史』は韓国史の始まりから高麗までの歴史を扱っている。しかし、これらの本は『桓檀古記』に掲載されたこと以外はたいして伝えられていない。

『桓檀古記』は一九七九年に世の中に出た。『桓檀古記』を信じる人々は、この本がこの時に知られるようになったのは本への弾圧を避けるために六十年過ぎてから世の中に知らせよという桂延壽の指示によるものだとした。桂延壽は自分が編纂した『桓檀古記』を弟子の李裕岦《イユリプ》に保管させ、李裕岦は一九四九年に呉炯基《オヒョンギ》に再び綺麗に書くように指示した。しかし、李裕岦は桂延壽が編纂した『桓檀古記』や呉炯基が清書した『桓檀古記』など一切の資料を一九七五年に紛失したとする。どうすることもできず、李裕岦は記憶を思い起こして一九七九年に『桓檀古記』を筆写、影印して出版した。これがこの世の中に最初に知られた『桓檀古記』である。漢文よりなる『桓檀古記』を一九八二年に日本で翻訳して出版し、一九八五年には国内でもハングル翻訳本がでた。翌年である一九八六年には、約四つの出版社から『桓檀古記』の翻訳本が刊行され『桓檀古記』ブームを起こした。

『桓檀古記』以外に『揆園史話《キュウォンサファ》』『檀奇古事《ダンキコサ》』などの本が在野史学者の主張を下支えする主要根拠と利用された。『揆園史話』は粛宗《スクジョン》二年に、名前があきらかでない北崖子《プクエジャ》という老人が書いたとする。古朝鮮四十七代檀君の在位期間と治績を扱っている。しかし、現在伝えられる六種の『揆園史話』はすべて近代に筆写されたものである。『檀奇古事』は元来大祚榮《テジョヨン》の弟である大野勃《テヤバル》が王命を受け、七一九年（渤海武王一年）に書いた本である。渤海の文字で書かれてあった『檀奇古事』を約三百年後に皇祚福《ファンジョボク》という人が漢文に翻訳した。一九〇五年に鄭海珀《チョンヘバク》がこれを再び国漢文として翻訳したのである。鄭海珀の国漢文本が現在、私たちが見る『檀奇古事』である。『檀奇古事』は檀君朝鮮と箕子朝鮮の歴史を年代記として叙述している。『揆園史話』と『檀奇古事』は、古朝鮮時代の私たちの民族と中国民族の対立を叙述している。『檀奇古事』では、中国民族を私たち民族の諸侯国として格下げした。『揆園史話』の最初の部分では、天地創造の神話が掲載されており注目される。その話の筋は次である。

『桓檀古記』の新しい訳注本刊行を記念するブックコンサートの宣伝

かなり昔、陰陽が分かれておらず、天と土もまだ分かれていなかった。天にある大きな主神がいたのだが、この方を桓因《ファンイン》と言った。桓因は桓雄《ファンウン》天皇を呼び、宇宙をひらくことを行うように命じた。桓雄は一番目に天と土地を分けて、太陽と月を一年ごとに周回させるようにした。二番目には、土地と海を定めた。これに草と気が根を張り、虫と魚と鳥類が群れをなし育ち、繁殖するようになった。三番目には、小さな神たちを人間世界に下りて治めるようにし、多くの人間をつくるようになった。四番目は、世界を全部つくったので、桓雄が下りて支配するようになった。

ちょっと見ても、この内容は『聖書』の天地創造の話を連想させる。しかし、これは『揆園史話』に出てくる民族の神話である。人類歴史が古朝鮮で始まったというものである。

韓国史学会ではこれらの主張を根拠のないでたらめであると一蹴し、『桓檀古記』や『揆園史話』は後世につくられた偽書と見た。一九〇五年以前に『檀奇古事』があったのかという疑問を持っていたのである。このような理由から、国会聴聞会以降も国史学会は彼らの主張を無視して何の対応もしなかった。

朝鮮日報　西紀1986年8月17日　日曜日

國史교과서 새로 써야한다

光復 41주 특별기획「우리歷史찾기」<3>

日총독『朝鮮人은 朝鮮史 모르게하라』

史書 강탈 소각‥歷史 재편 작업

古代史 말살·「무능한 祖上」조작

"열등의식 심어 半島人을 同化" 왜곡 시책까지 지시

『朝鮮日報』の特別企画記事「国史教科書を新しく書かなければならない」

国史教科書の上古史叙述の改訂

一九八六年八月十五日から二十九日まで、『朝鮮日報』が光復四十一周年特別企画として「国史教科書を新しく書かなければならない」という記事を十一回にわたって連載し、古代史論争が再び学会と社会の関心を引き起こした。『朝鮮日報』は実証史観について、過度な信頼と貧弱な考古学成果のために国史教科書での古代史がかなり縮小されていると報道した。また、日本の植民史観に反駁するだけの内容が書かれていないと批判した。国史教科書は解放後の研究成果を反映しておらず、植民地下の朝鮮史編修会などで体系化された植民史観に合わせて古代史を叙述したためだと指摘した。文教部の責任も強調した。国史教育の目標として民族史観の確立と歴史に対する矜持を押し立てながらも、教科書叙述はかえってこのような目標に逆行したというものであった。

当時、新聞の影響力は今より強大であった。さらに、一回の報道ではなく十五日間かけて十回継続した企画記事は言うまでもなかった。当時、文教部の歴史担当編修官であった尹鍾榮《ユンジョンヨン》の表現によれば、「完全に奇襲を受けた気分であった。私は文化面の隅に四角で囲まれた記事でちょっと紙面を占める特集記事程度と考えていたが、これは新聞社の社運を賭けた特別記事であった（尹鍾榮『国史教科書波動』九十七–九十八頁）」。尹鍾榮は「『朝鮮日報』のシリーズが連載されている間、本当に針のむしろに座っている気分であった。朝刊の初刷りが出る夜九時まで事務室に留まりながら、今回は何が書かれるか緊張しながら待っていた。新聞に出た内容を見て、長官や次官に報告する報告書を書き退社したのであった（尹鍾榮『国史教科書波動』百三頁）」と回顧している。

在野史学者の主張は学会の定説に合わないという理由で無視していた文教部は、国史教科書の古代史内容を再検討し、今後の執筆方向を定めるための作業に入った。『朝鮮日報』の報道内容は新しい事実を明らかにしたのではなく、前からすでに国史学会に対して提起していたものであった。この中には、在野史学者の主張と類似した内容も相当部分含まれていた。このような批判に国史学会が新しい対応をしたこともなかった。それでも、文教部がこのような敏感な反応を見せたのには、政治権力はもちろんメディアのような社会的影響力を持った存在の前では、無力なように様子をうかがう官僚的性格もその一役割を果たしたのかもしれない。

文教部は学会の研究成果を整理し、国史教科書編纂準拠案をつくるために国史教育審議会を構成した。これは一九六三年につくられた「国史教育内容統一案」、一九七二年に構成された国史教育強化委員会などの前例を参考にしたものであった。国史教育審議会は全体会議と考古美術分科、古代史分科、中・近世史分科、近現代史分科、歴史教育分科の五小委員会を置いた。国史教育審議会の活動は、小委員会別に教科書内容を分析して国史教育内容展開の準拠案を作成し、これを全体会で審議・確定する方式で進行した。国史教育審議会は一九八六年十月三十一日に一回目の会議を開き活動に入った。五つの小委員会があったが、関心の焦点は、在野史学界の集中的な攻撃を受けたことに加えて『朝鮮日報』が報道した古代史部分であった。文教部もこの点を意識して、古代史分科委員会で在野史学界の見解を反映することができる委員を入れることを考えた。古代史分科の委員は、文暻鉉《ムンギョンヒョン》（慶北大教授）、李基東《イギドン》（東国大教授）、申瀅植《シンヒョンシク》（梨花女子大教授）、尹乃鉉《ユンネヒョン》（檀国大教授）、金貞培《キムチョンベ》（高麗大教授）、朴成壽《パクソンス》（韓国精神文化研究院教授）、邊太燮《ピョンテソプ》（ソウル大教授）などであった。この中で、尹乃鉉は本来東洋史学者であったが、古朝鮮研究に研究の方向性

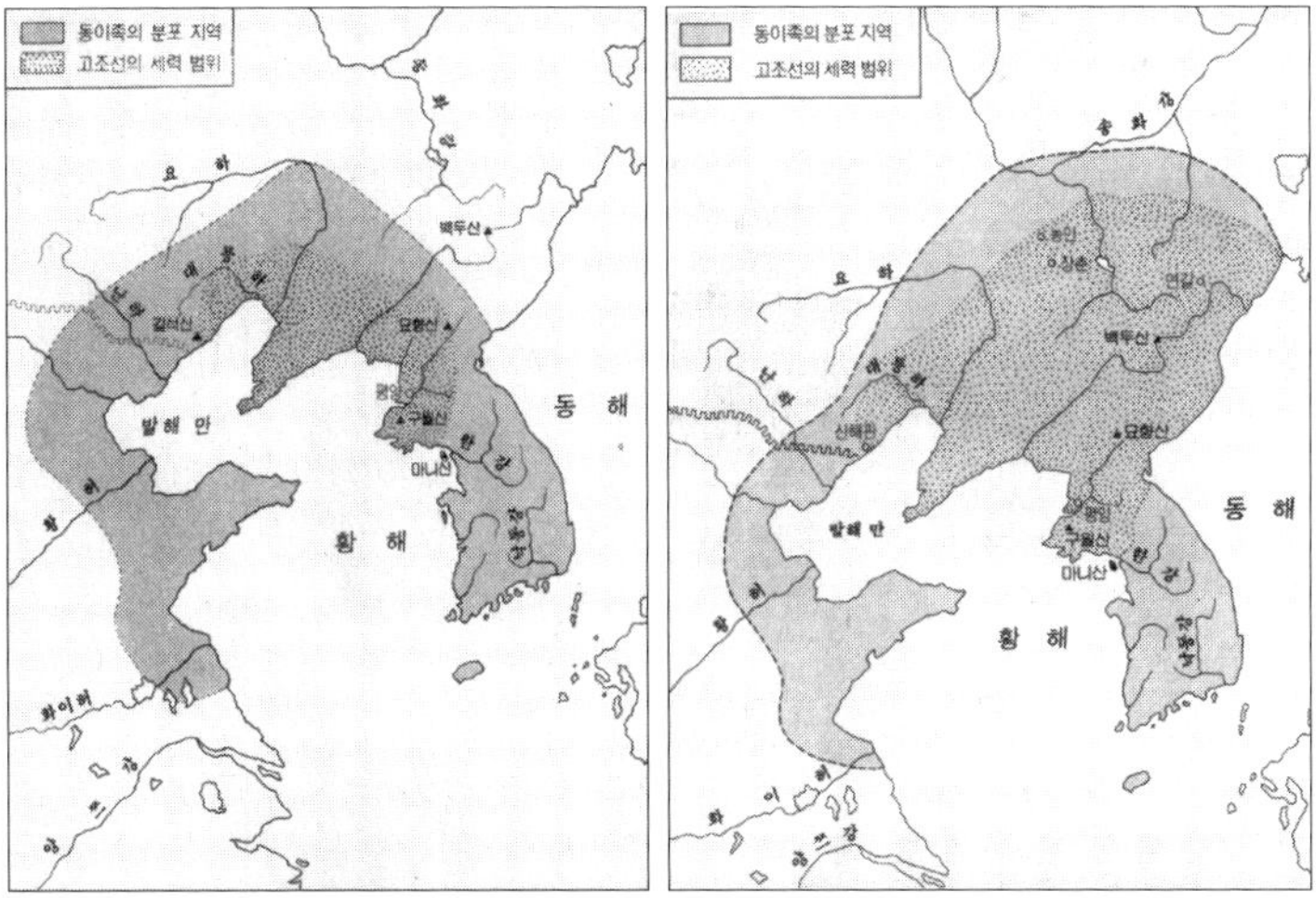

古朝鮮の勢力範囲を表した1990年版高等学校国史教科書（左）と1991年版高等学校国史教科書の地図

を変えており、在野史学者とかなり類似した主張を広げていた。西洋史を専攻した朴成壽は、古代史から独立運動史まで韓国史の多様な分野にかけて論文を書いており、強烈な民族主義的性向を見せた。分科会議では、尹乃鉉と他の古代史専攻の間で古朝鮮の建国時期、位置と領土、国家発展段階、漢四郡の位置などをめぐって論争が起きた。尹乃鉉は、古代史分科小委員会案が既存国史教科書の叙述と類似した方向で確定すると、これに抗議して審議委員の職を辞退した。漢四郡の位置に対しては、考古美術分科委員の間でも意見が分かれた。漢四郡が朝鮮半島内外のどこにあったのかということが問題となった。

　論争を経て、国史教育審議会は『国史教育内容展開の準拠案』という報告書を提出し、一九八七年三月二十五日に国史教科書改編試案を発表した。試案は、意見聴取と国史教育審議会全体会議などを経て修正され、最終的に六月五日に「国史教科書編纂準拠案」として確定した。準拠案は古代十七の項目、中世と近世七の項目、近現代六の項目、韓国史一般・歴史教育四の項目など、全三十四項目にわたった。外形的に韓国史全時代と歴史教育を網羅しているが、項目数からわかるように焦点は古代史であった。特

に、論争になった古朝鮮関連内容は、六項目にかけて教科書叙述の基準を整理した。古朝鮮の初期中心地を満州遼寧地方として、檀君神話を歴史的事実として反映するものとして把握するようにした。箕子東來《キジャトンレ》と箕子朝鮮の実態を否定して、衛満以前の古朝鮮の政治史を補強して、漢四郡が朝鮮史の主流ではなかったことを明確にしたが、位置は脚注に整理するようにした。三国の建国伝説内容を記述したり、百済の中国遼西地方進出の事実を明白に扱ったり、高等学校教科書に限定されたが、任那日本府の虚構性を脚注で扱ったことも在野史学界の主張を反映したものであった。それ以外に、旧石器時代を「前期-中期-後期」に細分して、韓国古代国家の発展段階を「君長国家→連盟王国→中央集権国家」の順序で記述することを原則としたことも注目に値する内容であった。

このような国史教科書編纂準拠案は、一九九〇年に発行された改訂国史教科書にそのまま適応された。しかし、論争はこれで終わらなかった。一九九〇年に最初に発行された改訂国史教科書では、古朝鮮の勢力範囲を咸鏡道、白頭山と北満州、沿海州一帯を除いた朝鮮半島北部の平安道、遼東と遼河、大凌河一帯と表示した。しかし、在野史学界からこの内容に対する強力な抗議があると、翌年に出た教科書では修正されて北満州、咸鏡道と沿海州一帯まで含むというハプニングもあった。教科書では衛満の統治時代の古朝鮮に対して「この頃、古朝鮮は社会、経済的発展を基盤にして中央政治組織を持った強力な国家として成長した。そして、優勢な武力を基盤として活発な征服事業を展開し、広大な領土を占領した（『高等学校国史』一九九〇年、十九頁）」とされた。広大な領土を持った強力な国家として叙述しているのである。この内容は、これ以後の国史教科書にそのまま踏襲された。

これにより、国史教科書の上古史論争は一段落した。もちろん、在野史学界が改訂国史教科書内容に納得したのではなかった。国史教科書の修正水準が自分らの主張とかなり離れていると考えていたために、以後も国定国史教科書内容の修正を要求したり、訴訟したりするなど、従来の主張を引き続き繰り返した。しかし、社会的な関心は一九八〇年代に比べるとかなり落ちていた。以後、国史教科書は一九九六年と二〇〇二年の二回にわたってさらに改訂されたが、古代史叙述が一部変わっただけで在野史学界の主張をめぐった深刻な社会的論争はこれ以上起こらなかった。

そのような中で二〇〇六年に高等学校国史教科書が部分的に改訂されると、檀君関連団体が一斉に歓迎する旨の声

2007年2月23日教育人的資源部の高等学校国史教科書改訂発表を祝う国学院主催の祭りのポスター

明を出した。初めて古朝鮮の実態が教科書に認定されたということであった。二〇〇六年国史教科書改訂は、古代史ではなく近現代史問題のためにおこったものであった。一九九七年に告示された第七次教育課程は、大単元を政治、社会、文化に分ける分野史的接近方式を取った。ところで、韓国近・現代史という選択科目が新しくできたことにより、高等学校国史では近現代史の内容をかなり縮小した。しかし、近現代史教育の強化という趣旨により行われたこのような処置は、逆に韓国近・現代史を選択しない生徒は高等学校で近現代史自体をほとんど学ばないまま卒業してしまうという批判を受けた。そのため、二〇〇五年に近現代史内容を補完した高等学校一学年国史教育課程を再び公示した。改訂された教育課程により、二〇〇六年高等学校国史教科書の内容が変わった。ところで、改訂された教科書では古朝鮮関連内容が一部修正された。改訂された教科書の叙述は、檀君神話に出る古朝鮮の建国内容を歴史的事実としてそのまま認定したのではなかった。神話の内容を典拠通りに書いたものに過ぎなかった。これ以前の高等学校国史教科書『三国遺事』記録によると、古朝鮮は檀君王倹が建国したとする（紀元前二三三三年）」ということが、二〇〇六年版教科書では『三国遺事』と『東国通鑑』の記録によると、檀君王倹が古朝鮮を建国した（紀元前二三三三年）」というものに変わった程度であった。典拠に『東国通鑑』を追加して、「〜とする」という言葉が抜けたが、全体的には記録にある内容そのままであった。

中学校では、檀君の古朝鮮建国をさらに事実のように叙述した。「青銅器文化が形成されると満州遼寧地方と朝鮮半島西北地方では、族長（君長）が治める多くの部族が現れた。檀君はこのような部族を統合して古朝鮮を建国した」というものである。しかし、この内容は二〇〇二年教科書からすでに内容に入っていた。教科書執筆者は以前の教科書内容をそのまま移すことで論争の対象になることを避け、檀君関連団体は以前の教科書内容と関係なく新しい教科書がついに檀君神話を事実として認定したと恣意的に受け取ったのであった。

古朝鮮研究の活性化

国史教科書の上古史論争は、国史教科書が社会的雰囲気にどれだけ弱いかを見せつける事件であった。史料と歴史研究による後ろ盾にないまま、社会の一部の主張と言論の圧力に政治家が割って入り、韓国史研究と国史教科書内容を変えようとしたことであった。そして、実際に、このような論争は国史教科書の内容にある程度の影響を与えた。古朝鮮の移動説や百済の遼西経営説などは、教科書が検定化された今の中学校『歴史』や高等学校『韓国史』教科書にもそのまま掲載されている。

もちろん、上古史内容をめぐる論争は、韓国史研究や国史教育に否定的な影響だけを与えたのではない。最も肯定的な影響の一つは、古朝鮮を含めて夫餘、高句麗などの朝鮮半島北部や満州地域に存在した国家の研究を活性化したことである。この間、これらの国家に対する研究がなかったということはないが、相対的に不振であった。歴史研究は基本的に史料を土台にし、史料で不足する点は考古学的発掘で補充する。ところで、古朝鮮に対する記録はほとんどなく、古朝鮮が北朝鮮と中国に位置していたために、考古学的研究も難しかった。南北が分断された状況では北朝鮮に行くこともできず、冷戦体制下で中国訪問も事実上閉ざされていたためであった。相対的に北朝鮮では古朝鮮や夫餘、高句麗などの研究が活発であったが、韓国の研究者がこれに触れることは難しく、行ったとしても北朝鮮の研究成果を受け取るわけにもいかなかった。しかし、上古史論争を契機に、古朝鮮研究の必要性が浮き彫りになり、研究が活性化し始めた。古朝鮮専攻者が生まれ、北朝鮮や中国の研究成果を紹介した。その頃まで代表的な古朝鮮研究の成果として考えられていた、北朝鮮の李址麟《リジリン》が書いた『古朝鮮研究』が発刊されたりもした。もちろんこれらの現象には、一九八〇年代中盤の社会民主化の動きもその下支えの役割を果たした。一九九〇年代に入り、中国と国交を結び中国の古朝鮮と高句麗遺跡地の巡検が可能になると、北朝鮮学会と交流が始まったことも研究が活性化した大きな理由となった。

上古史論争を眺めて

少し冷静に考えると、韓国古代史専攻者ではなくても在野史学者の主張は無理があるように思える。在野史学者と韓国史学界という両側の主張を一つひとつ検討せずとも、紀元前数千年前に朝鮮半島と満州、ひいては沿海州までも合わせた国家が可能であったとは思えない。高句麗で淵蓋蘇文《ヨンゲソムン》が政権を取った後でも彼に従わなかった安市城の城主《ソンジュ》(後の記録で楊萬春《ヤンマンチュン》と伝えられる)をそのまま置いておくしかなかった。位置論争はあるにはあったが、高麗の時には尹瓘《ユンクァン》が開拓した九城を防御するのが困難だという理由で女真に返した。それだけ、中央権力が遠く離れている地方を掌握することが難しかった。二十世紀現代でも智異山などを根拠地としたパルチザンを討伐することはそう容易ではなかった。古朝鮮という昔に、このように広大な地域を統治することは可能であったのだろうか?

在野史学者は日本の植民史学者が述べる半島的性格論を批判するのにかなりの力を注いだ。韓国上古史が朝鮮半島だけの歴史ではないということを強調する理由からである。しかし、植民史学者の主張のように領土が広いことを強調することは、また別の地理的決定論に陥る憂慮がある。そのような点において、一九八一年に上古史内容をめぐる国会聴聞会で李基白が行った次の言葉は核心を突いていると思う。

しかし、私がここで強調したいことは、領土が広ければ偉大で、領土が狭ければ劣等であるという式の国史教育をするのは駄目であるということだ。なぜならば、それは日本の植民主義史観の罠に落ちることであり、次の時代を引っ張っていく生徒を宿命論者・悲観論者につくりあげるからである。明らかに批判論者になるであろう。そうなるしかあるまい。なぜそうかと言うと、中国の土地は私たちよりけた外れに大きく、だから中国は私たちより偉大であり、ソ連も領土が大きいので私たちより偉大でという風になっていくと、結論がどのようになるのかを考えてみなければならないであろう。――李基白『国史教科書改編聴委に対する国会文公委での陳述』三十六頁

『桓檀古記』類の本で書かれている昔の巨大な国家は、人々の心の中の希望であったことを意味する。そのような希望を現実であるかのように表現したのではないか？　植民地下や解放直後に出た朝鮮史の本の中で、後に在野史学界が主張したものと同じ内容が入っている場合がある。例えば、国語学者である権悳奎《クォンドクギュ》が植民地下で書いた『朝鮮留記』を部分的に改訂して一九四五年に出した『朝鮮史』では、「桓国」に言及しており、古朝鮮に「神誌文字」という私たちに固有な文字があったという『桓檀古記』のような内容が出た。すなわち、『桓檀古記』の内容のような歴史認識は一九七〇年代に入り始まったのではなく、それ以前から存在していた。日本の植民支配を経て「私たちの歴史がこうであれば」「今でもこのような歴史を取り戻せれば」という希望を事実のように表現することもできる。だから、その話も一つの歴史になった。

国史教科書改訂のための請願を主導した安浩相は、一九九五年四月に九十三歳で北朝鮮に密入国して世間を騒がせた。北朝鮮は、檀君の誕生日であると主張する御天節（四月十四日）と、檀君陵造成記念行事に当時大倧教の総典教であった安浩相を招待した。安浩相はこれを受け入れて政府当局に入北申請をしたが、当時の当局は軽水炉協商が円滑に進行しておらず南北が対立状態であること、金日成の誕生日と重なるなどの理由で許可しなかった。しかし、安浩相はこれを無視して中国を通じて密入国を断行した。北朝鮮で活動を終えた安浩相は板門店を通って南に戻ってきた。安浩相は初代文教部長官として各学校内の左翼グループを粛清して学徒護国団を創設するなど、徹底した反共主義者であった。国史教科書上古史内容の改訂を主張する活動をしながらも、教科書を改訂しなければならない理由の一つとして韓国史の伝統性に対する主導権を北朝鮮に奪われる憂慮があるという点を述べたりした。そうしながらも、

己と似た上古史認識であるという理由により北朝鮮の味方をするという矛盾した行動を行った。特に、北朝鮮が「朝鮮民族第一主義」の一環として、檀君陵を発掘してこれを再び建てて大々的に檀君を崇めると、金日成を賞賛するまでになった。極端な反共主義者である安浩相と、北朝鮮共産政権が檀君を媒介にして奇妙な和解をしたのであった。韓国社会において、歴史教育は政権層によりさまざまな形で反共に利用されてきた。ところで、安浩相の事例は、彼らが強調してきた反共の本質が何であるかを再び考えさせられるものであった。

参考に、この話の後日談を伝えよう。南に戻ってきた安浩相は拘束されないまま裁判を受けた。高齢であるのに加えて、宗教活動以外に他の活動をしなかったという理由であった。安浩相に適用された罪名も国家保安法ではなく、南北交流協力法違反であった。この法を違反した場合、「懲役三年以下あるいは罰金一千万円以下」に処されるという、国家保安法とは比較もできないほど軽い処罰規定である。安浩相は当時の大統領であった金泳三《キムヨンサム》の大学時代の恩師であり、金泳三が「最も尊敬する方」と述べる人物であった。しかし、安浩相と一緒に密入北した金善積《キムソンジョク》(当時大倧教総務院長)は拘束された。以後、金善積は一九九五年六月七日に開かれた一審の宣告公判において、安浩相と同じように執行猶予の宣告を受けて釈放された。金善積も六十九歳という高齢に加えて、安浩相を拘束せずに起訴した状況において随行者として従った金善積だけに懲役刑を宣告することは公平性に欠けるためであった。推測するに北朝鮮に密入北した人々の中では最も軽い処罰を受けた事例であろう。

十四　支配層の歴史から民衆の歴史へ──民衆史学の台頭と歴史教科書への批判

一九八七年五月二十九日に慶熙大学校で開かれた第三十回全国歴史学大会へ参加した教授、大学院生、教師など三百五十余名は「私たちの見解」という題目の声明書を発表した。この声明書は〝学問の自由は保障されるべきである〟ことを前提にした後、『韓国民衆史』に加えられている不当な弾圧を直ちに撤回することを要求し、以下のように書いた。

韓国史分野の若い研究者が、70年代以後の研究成果を通史形式にして学問的に整理した結果物である『韓国民衆史』に対する評価は、司法的判断ではなく学界で行うべきである。我ら歴史研究者は、検察側による無分別な公訴権行使が我が社会の民主化と学問の発展に逆行する結果をもたらす可能性がある点をかなり憂慮している。

これは、歴史学者が集団的に意思を表現した最初の事件であった。全国歴史学大会は毎年五月の最終金曜日と土曜日の二日間で開かれる、韓国で最も大規模な歴史学学術大会である。一日目は共同主題で発表と討論が行われ、二日目では韓国史、東洋史、西洋史、歴史教育、考古学などの学会が各分科別に学術大会を開催する。この年の共同主題は民衆史であった。

『韓国民衆史』事件

『韓国民衆史』問題は、本を出版したプルピッ出版社社長である羅炳湜《ナビョンシク》を検察が一九八七年二月に国家安保法❶違反として拘束、起訴することから始まった。『韓国民衆史』は題名からも推察されるように、民衆を主体として韓国史を体系化する趣旨で編纂された。この本は「序文」で歴史の主体を次のように説明している。

人間の歴史は人間がつくる。それでは、多様な人間の中で誰が歴史をつくっているのか。英雄や天才または美人が歴史をつくってきたという人々もいる。……しかし、それらの人々は発展の速度を変化させることはできるが、歴史的発展の方向そのものを変化させることはできない。歴史の原動力は人間の生産活動であり、その担当者は「生産大衆」であった。

しかし、生産大衆とはどのような人々であるのか。生産大衆とは、不変の超歴史的実体ではない。生産大衆は歴史とともに形成されており、社会の体制と段階によってその構成・社会的意識・政治的性格が異なる。例えば、原始共同体社会では成員全体が生産大衆であって、前近代階級社会は奴隷・農民・手工業者などが生産大衆であった。前近代社会において生産大衆は歴史を動かす基礎であったが、歴史の表面に意識化した主体として登場することはできなかった。しかし、労働者を中心とした農民・貧民で構成される近代社会以後の生産大衆は、自己を歴史の主体として意識し行動してきた。――『韓国民衆史』I、十八－十九頁

続いて、後の部分では歴史の主体である民衆の概念に対して説明をし、歴史家の正しい歴史認識は民衆との堅固な結合によってのみ可能であるとして、次のように述べる。

「民衆」という概念はまだ整理されることの多い問題点を含んでいるが、異なる国家または異なる歴史時期ごとに

支配層からの歴史を脱皮し、民衆の歴史を含んだ『韓国民衆史』Ⅰ・Ⅱ

異なる内容と構成を持つものとして議論されている。現在、韓国社会において、民衆とは新植民地下での民族解放の主体としての労働者階級を中心とし、農民・都市貧民・進歩的知識人などを包括した概念である。

　歴史あるいは歴史認識が、現代の韓国社会の歴史主体である民衆と堅固に結合していることは、これまでの歴史認識のさまざまな限界点を総体的に克服する手がかりを与えてくれる。――『韓国民衆史』Ⅰ、三十二－三十三頁

検察が特に問題とした部分は前の引用文での「歴史の原動力は人間の生産活動であり、その担当者は『生産大衆』であった」という部分と、後の引用文での「現在、韓国社会において、民衆とは新植民地下での民族解放の主体としての労働者階級を中心とし、農民・都市貧民・進歩的知識人などを包括した概念である」という部分であった。民衆が歴史の主体であるという主張は、勤労人民大衆を歴史の主体とする北朝鮮の主体史観❷と観点が同じであり、反国家団体である北朝鮮を優位にする目的で『韓国民衆史』が北朝鮮に同調する内容を含んでいたということであった。具体的に『韓国民衆史』の内容において、検察は三十三の部分が控訴事実に該当するとした。国家保安法事件において、疑いを曖昧する時によく登場する「利敵行為」の疑いを示したのである。『韓国民衆史』は、歴史学の実践を目標として設立した望遠韓国史研究室に参加する進歩的な若い韓国史研究者が書いたものとして知られている。しかし、著者の名前が執筆者個人の実名ではなく「韓国民衆史研究会」になっている。そのため、検察は著者ではなく出版社社長を拘束したのである。

『韓国民衆史』事件は、歴史学界はもちろん、社会の大きな関心を集めた。人々は検察の行為を「現代版焚書坑儒」

と言ったりもした。事件の余波で大きな社会的関心を引いたため、むしろ歴史本としては珍しく一巻三万冊、二巻五万冊、合計八万冊も販売された。本を一番熱心に読んだのは公安当局であると嘘のような話が出回った。裁判では、民主社会のための弁護士の会に所属する弁講士らが積極的に弁論を行った。後に金大中政府の監査院長である韓勝憲《ハンスンホン》、二〇一三年現在ソウル市長朴元淳《パクウォンスン》、『全泰壱《ジョンテイル》評伝』著者の趙英来《チョヨンレ》などが弁論を行った。鄭昌烈《チョンチャンリョル》、姜萬吉《カンマンギル》、金晋均《キムジンギュン》など韓国近現代史と社会学を専攻する元老や重鎮の学者が証人として参加し、『韓国民衆史』を擁護した。証人は、学問の自由は保障されるべきで、『韓国民衆史』の観点や内容は法廷ではなく学界で議論されるべきであると主張した。歴史の主体が民衆であるという主張は、別に唯物史観のみの観点ではなく、歴史学界で幅広く認定されていると説明した。歴史研究では、観点や解釈が入ることは当然であると指摘した。検察は『韓国民衆史』が北朝鮮の歴史観にしたがっていると主張したが、証人はそうではないと反駁した。

一九八七年八月の一審判決で、羅炳湜は懲役二年、資格停止二年、執行猶予三年で一応釈放された。判決結果でわかるように、裁判部は検察の起訴内容をすべて認定することはなかったが、かなりの部分を受け入れた。それでも国家保安法事件で執行猶予が宣告されたことは、この裁判過程で六月抗争が起き六・二九宣言が発表され、民主化が議論される雰囲気の中にあったからである。裁判部は、検察が『韓国民衆史』の問題点として指摘した三十三項目中十五項目を有罪とし、十八項目を無罪として宣告した。裁判部が有罪と宣告した項目は大部分が現代史の部分で、北朝鮮や左翼関連内容、アメリカに対して批判的に叙述した部分であった。以下にいくつかの例をあげる。

> 我が歴史では近代がそうであったように、現代も前段階を完全に止めない状態で出発している。……現代もやはり植民地的遺制が清算できなかった状態で新植民主義勢力による社会構成の再編成が強制されて形成されたものである。
>
> ――『韓国民衆史』II、二百二十一頁

一方、北朝鮮の場合、ソ連軍が大衆的意思と相反する政策の樹立や強行を控えただけでなく、自分たちの影響力が

及ぶ金一成一派を権力の中心に引きあげる過程において、韓国での李承晩が政治を行う過程で米軍が行った極度の困難は経験しなかったと言える。――『韓国民衆史』Ⅱ、二百六十一-二百六十二頁

アメリカの援助は韓国の食糧難解消と経済安定にある程度寄与をしたが、韓国経済を援助経済の桎梏に追いたて、自律能力を弱体化させることで、かえって植民地的経済構造の矛盾をより進化させる結果を招いた。――『韓国民衆史』Ⅱ、二百六十七-二百六十八頁

最初の引用文の「新植民主義勢力」、二番目の「大衆的意思と相反する政策の樹立や強行を控えるだけではなく」、三番目の「自律能力を弱体化させること」や「植民地的経済構造の矛盾をより進化させる」のような内容が気にくわなかったようである。六月抗争を経た直後であるが、今までとは異なる米軍と北朝鮮に対する評価は相変わらず禁忌事項であったわけである。一九八〇年代中盤以降、韓国社会に起こった民主化の動きもこの事件に大きな影響を与えることはできなかった。その年の十月十九日に文化公報部がかなりの分量の禁書を解禁したが、『韓国民衆史』はこれに含まれていなかった。北朝鮮政権の成立を肯定的に評価したという理由からであった。

民衆史学の出現

『韓国民衆史』の刊行は、一九八〇年中盤の社会の民主化の動きが背景となった。社会の民主化の雰囲気とともに、学界でも進歩的学術運動の動きが現れた。このような動きは、果たして「学問が行うべきことは何であるか」に対する反省から出発していた。過去「研究室」に安住していたことを反省して、学問が社会の民主化を促進し、社会改革を支えるべきであるという考えであった。歴史学界も同じであった。現実と乖離した歴史研究を克服し、社会現実の批判的認識を基に変革の主体である民衆の立場に立った歴史研究を追求すべきであるという声が生まれた。いわゆる

「民衆史学」の出現であった。『韓国民衆史』の執筆は、歴史をいかに見つめるのか、そして歴史学が果たして何を行うべきかという問題意識と密接な関連を持っていた。

もちろん、人文社会科学において民衆に関心を持ち、民衆を中心に社会と歴史を理解しようとする努力は一九七〇年代と一九八〇年代初めにもあった。社会学では「民衆とは果たして誰を指すのか」という民衆概念に関する議論が集中的に展開された。ある人々は、社会的に差別と抑圧を受けている大衆全般を民衆とした。民衆概念を厳格に規定しないで広範囲に見ることである。しかし、もう一方では、即自的民衆と対自的民衆を区分した。自分が歴史主体になれることを知らないまま、日々問題意識もなく安逸に過ごす民衆を即自的民衆、自分が歴史の主人であることを自覚し、自律的で主体的に行動する意識化された人間を対自的民衆と区分した。即自的民衆が歴史の客体なら、対自的民衆は歴史の主体である。民衆と知識人の関係も、民衆の概念と関連した主な問題の一つである。知識人が民衆になるためには、知識を売って支配集団の一員になろうとする「知識技士」ではなく、社会構造に対する批判意識を持ち即自的民衆を対自的民衆に昇華させることを使命と思う人物でなければならないという主張もでた。対自的民衆だけが「民衆」であるのか、即自的民衆も「民衆」であるのか、知識人は「民衆」になれるかどうかは社会問題に関心を持つ大学生たちの主な論争の一つになった。

南アメリカで活気を持って広がった民衆神学論が紹介されてから、宗教人の間でも社会上流層を主な対象とした宗教活動を反省し、民衆に関心を持ち、抑圧・収奪される民衆を支援しようとする動きが現れた。民衆を意識化・組織化し、民衆自ら抑圧から逃れ、自分の権利を取り戻すことを手伝うのであった。プロテスタントの人々は、都市産業宣教会をつくり労働運動を支援し、カトリック農民会は農民の組織化と農村問題解決に力を注いだ。

文学でも労働者や農民、都市貧民などの民衆の暮らしを取材する作品が出た。開発のブームの中で暮らしが底にまで落ちた撤去民の話を扱った趙世熙《チョセヒ》『小人が打ち上げた小さなボール』は題名を縮めた「ナンソコン」という愛称とともに爆発的な人々の関心を引いた。社会問題に関心を持つ大学生なら、当然読んでおくべき必読書になった。農村の現実を扱う李文求《イムング》『私の町』、黄皙暎《ファンソギョン》『闇の子息』（後に原作者が李東哲《イドンチョル》であることが分かった）、李東哲『コバン村

1950年代のダルトンネの小さな家々の様子

の人々』などが発表され、民衆に対する関心が高まった。

歴史学界でも社会構造の中で民衆の動きに注目したり、民衆を土台とした民族史学を追求したりする動きが現れた。一九七〇年後半、姜萬吉《カンマンギル》は「国史学が分断体制を克服するための史論を打ち立てていかなければならず、そこで国史学の現在性を探すべき」と主張した。分断時代を克服するために国史学の一番重要な課題は、統一指向の民族主義論の成立であり、これは「民族構成員全体の歴史的役割が保障され、特に民衆世界の歴史主体性が確立される方向で樹立されなければならない」とした。李萬烈《イマンヨル》は一九八〇年代初めに民衆意識に基盤を置いた民族史観を主張した。彼は民族主義史学がイデオロギーから逃れ、統一の基盤を固める自主的歴史学に発展する時、南北が一つになることができると見た。しかし、一九七〇年代までは歴史書籍でなければ、「民衆」という言葉を使用することさえ慎重にならざるを得ない実情があった。「民衆」という言葉をよく使用する人々は、主に民主化運動を行ったり、社会の民主化に関心を持ち独裁政権を批判したりする人々であったからである。政権は、民衆を押し立てて民衆中心の社会になるべきという主張を階級闘争を扇動するという理由で追い立てたりした。姜萬吉の分断史学や李萬烈の民衆的民族史学論も、民衆より分断と統一に焦点が当てられた。

民衆主体の歴史学を標榜する動きは、一九八〇年代中盤から本格化した。一九八四年に大学では情報機関職員の査察中断、除籍生の複学などで活気を見せた。解職教授たちの復職も始まった。いわば「大学の春」を迎えた。前年の一九八三年八月には、大学の学生運動を締め付ける目的で導入されたが批判を受けた卒業定員制が大学の自律に任されて事実上有名無実化されたりもした。こうした政策は大学を強圧的に抑えるだけではたいした効果がないと判断した全斗煥《チャンドゥファン》政府の宥和策であったが、その意図とは異なり、大学社会の民主化を促進し学問の社会的役割を本格的に

歴史問題研究所が主催した解放50周年記念シンポジウム（1995年6月3日）

論議する契機になった。若い歴史学者の間でも、社会の現実を正しく認識して社会変革を導くべきだという実践性が話頭となった。

その年十二月に創立した望遠韓国史研究室は、「現実社会の矛盾を糾明する」歴史研究を標榜した。続いて一九八五年五月には「科学的・実践的歴史学」を標榜して近代史研究会が結成された。研究のための集団としての性格を持つ近代史研究会は、一九八七年四月に韓国近代史研究会へと拡大した。一九八八年二月には、韓国近現代史研究と歴史の大衆化を目標とする歴史問題研究所が設立された。歴史問題研究所は、望遠韓国史研究室や近代史研究会と異なり、歴史学だけでなく文学・政治学・社会学など多様な人文社会科学研究者が参加した。望遠韓国史研究室や韓国近現代史研究会は、団体の指向性・学問研究の方向などが似ており、統合が推進された。しかし、統合過程で韓国社会の構造と矛盾の本質、学術運動の方向と研究者の役割、社会変革の展望などに関して意見の差異があり、韓国歴史研究会と九老歴史研究所（二〇〇二年に「歴史学研究所」に改称）へと再編された。

これは一九八〇年代中盤に社会変革を追求した人々の間で熱く盛り上がった社会構成体論争、すなわち植民地反封建社会論と新植民地国家独占資本主義論、民族解放（ＮＬ）と民衆民主（ＰＤ）論に影響を受けていた。ＮＬとＰＤの問題は、今までも時々私たちの話題になり、その路線も一部続いている。韓国歴史研究会は、韓国史研究者が広く参加できる団体を標榜し、全般的に民族解放論を支持したと言える。それに比べ、

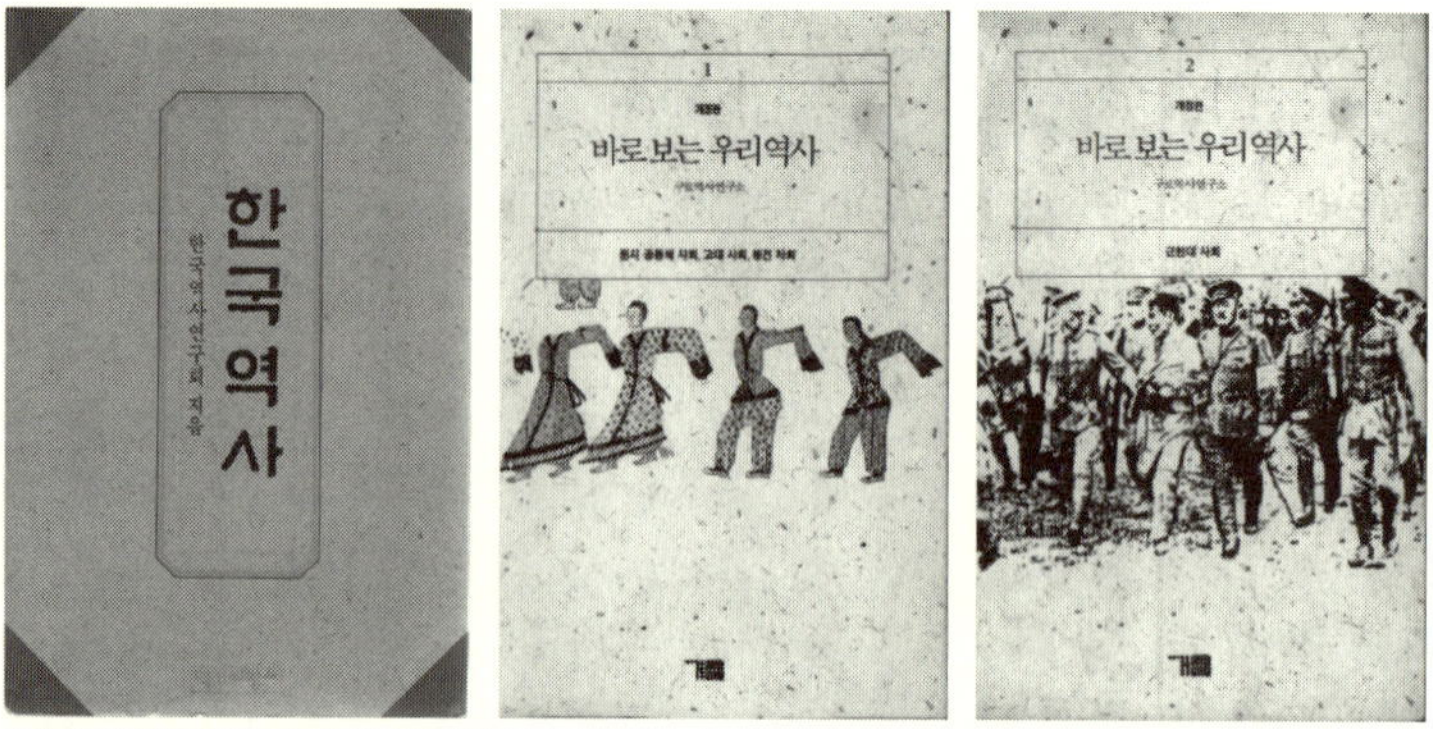

韓国歴史研究会が発行した『韓国歴史』（左）と九老歴史研究所が発行した『正しく見る我が歴史』１・２（中・右）

九老歴史研究所は研究者も一般大衆の一人だと考える大衆政治組織論に立脚して、民衆民主論に傾いていた。そのため、二つの団体の活動には違いがあった。韓国歴史研究会は共同研究に力を入れ、その結果を研究発表会やシンポジウムを通して発表した。史学科学生を対象とした韓国史特講を実施したりもした。九老歴史研究所は労働運動や農民運動、民衆運動団体と結合して、韓国史特講を実施するなど民衆教育に力を入れた。

しかし、理論家や運動家の熱い論争とは異なり、こうした路線の違いが一般の人々にはあまり重要だと感じられなかった。二〇〇八年に分裂した民主労働党と進歩新党の違いを大衆があまり認識していなかったことと同じである。韓国歴史研究会と九老歴史研究所も路線や活動方向は異なっていたが、一九九〇年代以降の韓国史研究や歴史教育では大きく立場が異なったり、論争となったりすることはなかった。学術活動や社会運動において、韓国歴史研究会、九老歴史研究所、歴史問題研究所はともに活動をすることが多く、共同で学術会議を開催することも珍しくなかった。

社会批判意識を持ち歴史学の実践性を標榜する研究者は、歴史の中での民衆の存在に注目し、歴史学が社会変革に寄与しなければならないと考えた。このような歴史を見る観点を「民衆史学」という。この観点に立つ人々は、今まで遅遅として進まない近現代史の研究に拍車をかけ、歴史の主体を「民衆」として、民衆中心の歴史を叙述しようとした。『韓国民衆史』の弾圧は、全斗煥政府がこうした歴史学界の動きに制御をかけるためであった。

しかし、六月抗争で全斗煥政権の意図も水泡に帰した。六月抗争以降、歴史学界を始めとして、各学問分野の学術運動が一層活気を帯びた。人文社会科学分野の進歩的学術団体は「今日の社会現実が要求する真の科学」というキャッチフレーズを掲げ、一九八八年に学術団体協議会を結成し、社会改革と統一のための運動を強化した。歴史学界でも科学的・実践的歴史研究とその結果を大衆に普及する作業を続けた。韓国歴史研究会は、一九八九年に大学教養課程の韓国史通史本である『韓国史講義』を出した後、一九九二年に本格的な韓国史通史である『韓国歴史』を作った。『韓国歴史』は、社会構成体の発展で時代を区分し、各時代の社会構造と変革勢力の形成・発展を中心に歴史を叙述した。九老歴史研究所も民衆主体の民族史を趣旨として一九九〇年に『正しく見る我が歴史』を編纂した。この本の趣旨は執筆者たちが自ら「バボ〔バカ〕史」と呼ぶことでよく現れた。『正しく見る（バロボヌン）我が歴史』の略語であるが、そこには支配層が愚かで無知だと見下した民衆の歴史を叙述したという意味が含まれていた。

支配層中心、独裁政治を擁護した国史教科書の批判

民衆史学者は歴史教育と国史教科書にも大きな関心を持った。これまで、歴史学者たちは小・中・高の教科書にはあまり関心がなかった。そのようなことに関心を持つことは、学者の道を外していると見なされた。しかし、そもそも歴史学と歴史教育は分離していない。解放後から一九五〇年代までは李丙燾《イビョンド》、孫晉泰《ソンジンテ》、崔南善《チェナムソン》、申奭鎬《シンソクホ》、李弘稙《イホンジク》など有名学者が教科書執筆に参加した。しかし、一九六〇年代以降になると歴史学者は次第に教科書執筆を避けた。一九七〇年代に国定国史教科書が登場してから、教科書内容が政府の影響を強く受けることになり、この傾向は一層強まった。一九八〇年代中盤に入り一部の学者の間では、歴史学が事実を明らかにすることだけに重点を置くのであれば、果たして何の意味があるのかという批判の声が出た。歴史学が現実社会の矛盾を明らかにし、大衆を目覚めさせる実践性を持つべきであるという主張であった。その際、人々の歴史意識に最も大きな影響を与える媒体として注目されたのが国定国史教科書であった。こうして自然に国定国史教科書が関心の的となった。「支配階級の立場で書かれた歴史の代表的事例が、中・高で使用されて我が歴史を学ぶ道しるべとなる国定国史教科書だと言える」（『正し

く見る我が歴史』、「歴史をいかに見るか」、十五頁）というのが、民衆史学者の国史教科書を見る観点であった。また、朴正熙・全斗煥政府が国定国史教科書を自身の独裁政治を正当化する手段として利用していることに注目した。

こうした人々は、この観点から国定国史教科書の問題点をこと細かく批判的に分析した。分析によれば、国定国史教科書は歴史の展開過程を支配層の観点と立場より叙述しており、民衆を受動的な存在として描いている。社会の矛盾と対立を隠したまま、支配層本位の政治史・制度史叙述で一貫しており、歴史の主体である民衆がほとんど現れないままでは歴史発展を正しく理解することが難しいということである。特に批判の対象となったものが近現代史であった。国定国史教科書の開化期と植民地期の叙述は、西欧式近代化論の観点で開化派を歴史の主流とし、民衆を補助的存在として描いていたと批判した。農民運動と労働運動を縮小し、社会主義系列の民族運動を排除していたという批判も加えられた。現代史叙述は分断と冷戦イデオロギーに囚われており、政権の正統性を擁護したり政府の政策やその成果を広報したりしたことが批判の核心であった。また、親日派を庇護したり、むしろ美化したりする叙述も少なくないと判断された。見る限り、国史教科書がこうした問題点を持つ最も大きな原因は、国定で発行されるということであった。一九七〇年代、朴正熙政権が国史教科書を国定に変え、一九八〇年代には全斗煥政権が国定をそのまま維持しようとする目的がここにあるということであった。

曖昧な態度で批判を受容した改訂国史教科書

民衆史学の国史教科書批判は教科書改編に影響を与えた。一九八七年に告示された第五次教育課程でもそれまでの批判をある程度意識していたが、一九九〇年に発行された国史教科書では民衆史学の主張が一部反映された。例えば、『高等学校国史』の朝鮮後期を執筆した崔完基《チェワンギ》（当時梨花女子大教授）が明らかにした内容叙述方向の一部を引用する。

最近の学界では進歩的な傾向が強い。これは社会の全般的な変化と流れをともにしている。歴史学自体でも学問の枠中に留まることはできず、こうした全般的な変化の動きを反映しなければならない。反映するしかない。

こうした観点から、歴史においてより積極的に歴史の主人公が誰であったかに注目しながら整理を行おうとし、基層社会の動きに注目した。また、因果論的・内在的発展論に注目した。そして各分野間の構造的理解を試みた。――崔完基「高等学校『国史』教科書の内容構成と特性」、百八十八－百八十九頁

実際、教科書叙述においてもこうした内容がある程度反映された。一九九〇年から使用された改訂国史教科書の朝鮮後期史では民衆の動向を積極的に叙述し、王を主語とする叙述を変更した。以前は中単元名に入っていた「社会の動揺」は「社会変動」に変わり、小単元でも「社会の動揺」の代わりに「社会構造の変動」と表現した。哲宗《チョルジョン》の時の農民蜂起は前の教科書では「民乱の発生」と書いていたが、改訂された教科書では「農民の抗挙」と書かれた。晋州民乱を以前より詳しく叙述し、「こうした中で農民の社会意識は一層成長し、農民たちの抗争は両班中心の支配体制を崩壊させてきたのである」（『高等学校国史』、一九九〇年、四十五頁）と、民乱の歴史的意味を積極的に解釈した。前教科書で「東学運動」と書いたことを「東学農民運動」と変え、運動の主体を明示した。近代史では植民地下の武装独立運動の内容を補完し、社会主義系独立運動を追加した。それにしたがって、朝鮮革命軍、抗日聯軍、朝鮮民族革命党と朝鮮義勇隊、朝鮮独立同盟と朝鮮義勇軍、朝鮮総同盟の活動が教科書に初めて入った。

しかし、内容の変化は部分的な水準に止まった。国史教科書は相変わらず官制民族史観と反民衆的認識が見られると批判を受けた。支配層本位の歴史叙述として、前近代史から民衆運動を排除したり混乱した状況を叙述したりし、

植民地下の武装独立運動を展開した朝鮮義勇軍隊員

植民地下の民族運動の中で労働運動や農民運動を削除したり縮小したりしたのである。実際、改訂国史教科書では武装独立運動の叙述が拡大し社会主義系民族運動を紹介したが、活動を極めて省略して叙述したり、引いては団体名を提示したりすることに止まった。改訂国史教科書の現代史は、依然として朴正熙・全斗煥独裁政権と彼らの政策を擁護し、民主化運動を正しく叙述していなかったという批判から逃れることができなかった。また、冷戦イデオロギーに囚われ、自由主義に対する共産主義という観点により現代史を眺めることも同じであった。経済部分では、ただ量的な経済成長の論理により評価を行う叙述が続いた。むしろ政権だけではなく、資本家階級の論理にしたがっているという批判も付け加えられた。北朝鮮を客観的に叙述しようとする態度を捨てたまま、反北論理だけを前面に立たせており、反統一的教育の姿勢を見せているという批判も意味があることであった。

こうした批判から見られるように、改訂国史教科書は民衆史学者を始めとして韓国史学界の国史教科書修正要求とは距離を置いたものであった。既存の国史教科書の枠を維持したままで国史教科書を批判する見解を部分的に受容し、一部内容を変えただけに過ぎなかった。国定国史教科書の根本的な限界をそのまま保持しながらも、御用教科書や政権の広報者という役割を担ったという批判から逃れようとした結果であった。政府と批判者の間であやしい綱渡りをしたわけである。東学農民戦争が農民革命の性格を持っていたとしながら、前国史教科書では「東学運動」と表現したものに「農民」だけを追加し、「東学農民運動」に変えた過程はこれを表している。

一九九〇年代に入っても、国史教科書の歴史認識やイデオロギーに対する批判は引き続いた。こうしたある程度の修正も既存の国定国史教科書を固守しようとする側から見ると不満であった。しかし、こうした国定国史教科書批判をそのまま見逃すと、その後のより大きな改訂に耐えなければならないと考えた。これらは、民衆史学に対する批判と国史教科書改編に対する関心として現れた。このような現象は、教育課程改訂や国史教科書改編をめぐってその後の対立を予告させるものであった。

〈訳注〉

❶国家保安法　一九四八年に民主的基本秩序を脅かすような反国家団体の活動を規制するために制定された韓国の法律。反国家団体とされる北朝鮮を支持する行為は利敵行為として取締の対象となる。

❷主体史観　マルクス・レーニン主義の唯物史観を基にする北朝鮮の歴史認識である。主体史観によると、主体的に歴史を発展させていくのは人間、すなわち人民大衆であり、人類の歴史は人民大衆の自主性のための闘争の歴史であり、外部の侵略に対する反帝闘争と内部の矛盾に対する反封建闘争に分かれる。

十五　「生きている生活のための歴史教育」——全国歴史教師の会による歴史教育運動

一九八八年七月十五日、ソウル汝矣島《ヨイド》の百人会館に百五十余名の歴史教師たちが集まった。歴史教育のための教師の会を結成するためであった。参加した教師は、これまで支配秩序の維持のための下手人の役をしていたことや入試に縛りつけられた画一的な歴史教育を反省し、力を合わせて民族と歴史の前に恥じない真の歴史教育を行うという意志を明らかにした。歴史教育のための教師の会の創立宣言文において、教師たちは次のように宣言した。

今まで私たちは支配秩序の維持のための画一的で硬直した歴史認識、歴史観を強要し歪曲された歴史教育の下手人の役割を果たしていたことを素直に告白する。加えて、私たちは教科書と入試制度にすべての責任を転嫁し、小心で安逸の中に安住して過ごした日々を痛切に反省する。……

今、私たち歴史教師は昨日の挫折と敗北を捨てるためにこの場に集まった。私たち皆は「一人ではない」、「私たちだけではない」ということを確認しながら、胸一杯の感動の中で間違った歴史教育を直すための努力を絶えまなく展開していく。……

さあ、今、昨日の挫折と敗北を捨て、生きている真の歴史教育の新しい章の幕を開けて行こう！

民族と歴史の前に恥じない真の歴史教育を成し遂げよう！

真の歴史教育、万歳！　歴史教育のための教師の会、万歳！

歴史教育のための教師の会で作った仮会誌と創立大会の案内文

この創立宣言文に出ている「生きている歴史教育」という言葉は、その後の全国歴史教師の会が志向する歴史教育の方向を含蓄的に表現するものになった。会誌では「生きている生活のために」という言葉がついた。この「生きている生活のための歴史教育」とはどのような意味であるのか？

「歴史教育のための教師の会」から「全国歴史教師の会」へ

一九八九年に入って教育現場は大きな激動に包まれた。全国教職員労働組合（以下、全教組）の発足と、これを推進したり加入したりした教師に対する盧泰愚《ノテウ》政府の弾圧のためであった。全教組設立をめぐる社会的反応も大きく分かれ、社会勢力間で争う様子も見られた。

一九八〇年代中盤に見舞われた社会の民主化の動きは、教師にも大きな衝撃を与えた。それまでの教育当局の指示に忠実にしたがい、入試だけに気を配った教育を反省する声が高くなった。教育運動は社会運動の中で最も微弱な部分であった。一九六〇年四月革命❶直後に教員労組が設立されたが、五・一六クーデターで崩れた後、一九六〇~七〇年代には教育運動と呼ばれるほどの動きはなかった。一九八〇年代に入ってからようやく教師の教育運動が芽生え始めた。初めはYMCAや興士団のような社会団体を背景とする小集団の水準から抜け出すことができなかった。しかし、一九八〇年代中盤、社会の民主化を要求する声が高まる中で教育運動に参加する教師が次第に増加した。彼らは一九八六年五月十日に「教育民主化宣言」をした。「教育民主化宣言」では、それまでの教師が「強要された沈黙」に留まったことを反省し、教育の民主化に立ち向かうことを宣言した。そして実質的な教育の政治的中立性の保障、生徒と保護者の教育権の保障、教育の自律性の確立と教育の自治制の実現、教員団体の設立と活動の自由の保障等を要求した。これを契機として、教育の民主化を目標とする教師の大衆的運動として教育運動が拡散し始めた。教育の民主化を要求する教師は、教育運動の組織化のため一九八七年九月に全国教師協議会（以下、全教協）を結成した。全教協は教育現場の民主化と教育環境の改善、教員の地位向上など教育改革に力を注いだ。しかし、任意団体である全教協の主張は、法的効力を何ら持っていなかった。教師の主張を受け入れるかどうかは、全面的に教育部や教育庁などの教育当局に任せられた。実際に現実の教育に批判的であった全教協の主張を教育当局はほとんど拒絶した。そのため、全教協は法的な保障を得られる労働組合の設立を決議し、一九八九年五月に全教組を設立した。しかし、当時の盧泰愚政府は教師が労働組合をつくることはできないということを法的根拠にして、教員労組の設立を承認しなかった。そして、全教組に加入したまま脱退書を提出しない千五百余名の教師を罷免、解任した。

盧泰愚政府の対応は、表面的には教師の教員労組結成と加入が不法であるという理由を示したが、実際には全教組とそれに加入した教師が当時の政府に批判的であったことがその背景にあった。全教組は「民族・民主・人間化教育」を示し、教育改革を要求した。六月抗争以後、直接選挙制度で行われた一九八七年十二月の大統領選挙において、民主正義党の候補である盧泰愚が野党の分裂に力を得て当選した。しかし、翌年四月の国会議員総選挙ではソウルと京畿道を除いた他の市・道の地域対立の構造が明らかになり、与党の民主正義党の当選者数より野党当選者の数が多い「与小野大」現象が初めて現れた。そのため、盧泰愚政府は政局の主導権を奪われたまま、野党の要求にしたがうことしかできなかった。国会開院直後開かれた「五共不正聴聞会」において全斗煥政府の各種不正が暴かれ、「光州聴聞会」では新軍部の執権シナリオと光州抗争の真相がかなりの部分で明らかになった。そうしたところ、一九八八年に徐敬元議員、一九八九年に文益煥牧師、林秀卿全国大学生協議会代表などが統一運動の一環により北朝鮮に密入国した。盧泰愚政府はこれを契機として反共を政治的に強力に推進する「公安政局」という状況をつくり、政治的流れを変えようとした。そのため、全教組の結成に消極的に対応した場合この公安政局の雰囲気に冷水を浴びせかけるようになると考えた。久方ぶりに取り戻した政局の主導権を再び手放すことを憂慮したのである。

しかしながら、全教組の結成は教育運動内部にも大きな影響を与えた。全教協が活動を本格化し、全教組の結成をめぐる社会的論争が行われた時期に、国語と歴史などの一部教師は学校現場の重要性を認識し、教科別に授業改革のための教師の会を推進した。「歴史教育のための教師の会」もその一つであった。しかし、これを主導した教師たちの中の相当数が全教組に加入して解職されたことで、教科別教師の会の結成は危機に陥った。教師の中でも運動の方向性についての議論が起きた。史上初、教師の大規模な解職という緊迫した状況の中で、多くの時間と努力が必要な教科内容の検討に力を注ぐことは無駄であるという主張を繰り広げる人々も多かった。一方、一部の教師は、このような時こそ教科内容と授業という本質的な問題に力を注ぐべきであると主張した。解職された歴史教師の一部は、事務室を借りて歴史教育の勉強をしながら、教科の活動を続けた。これは歴史教師の会が持続する原動力となった。

「歴史教育のための教師の会」の解職教師は、全教組の合法化と復職要求など全教組活動と教科の活動を並行した。教科別教師の会の活動は、その性格上、現場教師との連携がさらに緊密に要求された。解職教師に対する負担感と全教組活動を行えば厳重処罰にするという教育当局の姿勢は、現場教師が教育運動に参加することに制約をもたらした。教科別教師の会の活動は、現場教師にとって全教組の政治・社会運動より相対的に負担感が少なかった。「歴史教育のための教師の会」では、次第に現場教師の活動が活発になってきた。

歴史教育のための教師の会の初期の中心的な活動は、ソウルとその周辺の京畿地域を中心に行われた。現実的な問題上、ソウル地域以外の教師は活動をすることが難しかった。この現状は、ソウルを中心にほぼすべてのことが行われる韓国の現実を反映したものであった。

しかし、共同研究と資料開発などを通じて、歴史教育運動の必要性を感じた教師が各地域別に歴史教師の会を作った。慶南、全南、大邱、釜山、蔚山、江原などでも歴史教師の会が組織された。このような地域の歴史教師の会の間での情報交換と資料共有、合同活動などにおいて交流の必要性が浮かび上がった。そのため、歴史教育のための教師の会は一九九一年一月に各地域の歴史教師の会を一つにまとめる全国歴史教師の会に拡大した。歴史教育のための教師の会が作られた三年目のことであった。全国歴史教師の会は「民族、民主、人間化の教育を実現するために正しい

1996年1月に施行された全国歴史教師の会の自主研修

歴史教育の内容と方法を研究実践すること」を目的とした。

「全国」という名がつけられていたが、市道別にあちこちに散らばっている教師と一緒に活動することは難しかった。特に毎日授業を行わなければならない学期中には、物理的に不可能であった。もちろん週末を利用することもできるが、土曜日の午前にも授業を行っていた当時の状況下では会議程度以外はできなかった。そのため、実際的な活動は地域単位で行われることが多く、全国歴史教師の会の実務的な仕事はソウルが担った。必要な仕事は地域別に分けて行う方式をとったが、会の中央活動はソウルが中心になるしかなかった。各地域の歴史教師の会は自主的な事業や活動を行った。全国歴史教師の会は地域別連帯の性格から抜け出すことは難しかった。

全国歴史教師の会による「全国」の歴史教師を対象とする代表的な行事として、休みに三泊四日で行われる自主研修が挙げられる。場合によって若干の差異があるものの、三泊四日という時間と多くの経費がかかる上に教師経歴に公式的に認定されない研修であったが、毎回百名を超える人が応募し先着順で決まるほど人気があった。一部自主研修の「マニア」も出てきた。それほど自主研修が意味ある行事であった。本来一九八八年の夏季研修時に歴史紀行として始まったこの集まりは、一九九〇年夏休みから「自主研修」という名前で行われた。当初は講座と授業事例発表、巡検等が混在していたが、昼には巡検を行い、夕方を利用して授業事例発表と講座という形式で進行するようになった。巡検は自主研修が開かれている地域の主題巡検の形式を取り、一般的な巡検では見ることが難しい所をその地域の歴史教師に直接説明を聞きながらまわることであった。そのため、一九九〇年代に流行した巡検ブームとともに人気があった。こうした日課が終わった後、お酒と食べ物を前にして気の合う仲間と話し合うことで、学校現場の悩みを解決することもできた。地域別に分かれていた歴史教師の会が全国歴史教師の会として結合したことも、自主研修の場で議論されたことであった。

全教組が開催した「真の教育実践報告大会」は、全国の歴史教師がつくったもう一つの場であった。全国歴史教師の会は、この大会の歴史教育分科を主に運営している。一九八九年創立過程で多くの教師が解職され、当初の全教組は政府の弾圧に対する組織を死守することに力を傾けた。しかし、組職死守闘争という非常事態はいつまでも続くのではない。組織がある程度落ち着いたと判断した全教組は、徐々に日常的な活動に目を向けて教育内容を重要な関心事とした。「真の教育実現」という本来の趣旨を実践することは、教室での授業と分離できないという考えであった。真の教育実践報告大会は、科目別分科会と主題別分科会で構成され、大抵、科目別分科会は各教科の集まりが主管している。歴史分科会を全国歴史教師の会が担当することは自然のことであった。

二〇〇二年一月十二日に大田の牧園《モグォン》大学校において第一回大会が開催された以来、毎年開かれる「真の教育実践報告大会」では当時の社会や教育の感心事と歴史教育を結合した歴史授業の事例報告とその方向が議論された。歴史教育では民族問題、女性史、地域史、世界史と韓国史の融合、平和教育と歴史教育などがその主題であった。その他、劇を用いた授業、日韓交流なども別の分科会で進められた。

「生きている」歴史授業資料の開発

当初、歴史教育の会に積極的に参加した教師の主な関心事は、正しい歴史認識と歴史観であった。既存の歴史教育は支配層中心の歴史、権力従属の歴史教育であるという問題意識を持っていた。「生きている」の反対語は「死んだ」であろう。そして、歴史教育の会を批判する人がよく言う言葉が、「それでは既存の歴史教育は『死んだ歴史教育』であるのか?」である。もちろん全国歴史教師の会で先に既存の歴史教育を「死んだ歴史教育」であると言ったことはない。しかし、今までの歴史教育のある部分においてそのような点を含んでいたとすれば、「死んだ歴史教育」は権力に従属している歴史教育、制度を無条件に覚えさせて思考を妨げた教育を意味するのであろう。一九七〇～八〇年代は学校教育の一般的現象であったが、歴史教育は他の教科と比較できない程その性格が強かった。「生きている」ということは、こうした歴史教育から抜け出そうとする意志を包括的に表現した言葉であった。

しかし、歴史教育という言葉がある以上、「生きている生活のため」の歴史教育はスローガンに留まるものではない。生きている歴史教育は、学校現場や教室の歴史授業を媒介とするしかない。これは歴史授業で扱う歴史的事実の新たな認識と授業資料の開発に現れる。『美術で見る私たちの歴史』、『史料で見る私たちの歴史』の刊行はその産物である。これらの本は、授業資料の必要性という歴史教師の要求を反映したものであった。事実、この当時は教科書以外に教室の歴史授業で使用できる教材はほとんどなかった状態であった。

歴史と言えば、まず浮かぶのは政治である。政治的流れによって歴史の変化を理解することになじんでいるからである。しかし、多くの場合、政治史は無味乾燥で難しく生徒の興味を引くことができない。それに比べて、文化史は素材が多様であり、人間の具体的な思考や生活の痕跡が現れる点において生徒の興味を引くことができる。しかし、教科書の文化史は遺物や遺跡、文化財の名前の羅列とその賞賛一色になっている。音楽や美術文化財を鑑賞してその感じ方も整理して提示している。「高句麗の芸術品は力と情熱が溢れ出ている。……百済の芸術品は優雅で美意識が一番洗練されている。また新羅の芸術品は素朴で昔の伝統が残っていたが、高句麗と百済の影響を受けた新羅末期には厳格でありながらも調和美が溢れる姿が現れた」（『高等学校国史［上］』、一九八二年、八－三十九頁）。「聖徳《ソンドク》大王《ラワン》神鐘《シンジョン》❷は大きくて勇壮であり、彫刻は雄大で、華麗なだけではなく、純粋な美しさを持っており」（『高等学校国史［上］』、一九八二年、五十九頁）という具合であった。こうした叙述により、生徒は教科書の文化史に興味を感じることはなく、むしろ退屈に感じたり、内容の多さに負担感を感じたりする。『美術で見る私たちの歴史』は、こうした教科書の美術史から脱皮して社会的観点で美術史を見つめた。人間が残した文化遺産は社会的産物である。美術品には当時社会の状況、その社会の文化と生きていた人々の考えが反映されている。『美術で見る私たちの歴史』は美術を通して当時の社会を理解しようとした。例えば、聖徳大王神鐘に関する物語を「自分の立場に合わせ不満を持たずに従順に生きるという面においては身分社会維持の論理であるが、それには報恩がなければならないという点では双方的な論理である」（『美術で見る私たちの歴史』、八十八－八十九頁）と説明する。

史料は歴史研究の基礎資料であり、歴史学という学問が成立する前提である。歴史授業で資料を利用する時、第一に浮かぶものが史料である。こうして、大学の教養韓国史教材や中・高等学校授業用の韓国史史料集が編纂された。『史料で見る私たちの歴史』は、民衆史に関心を置いていた。前近代の朝鮮前期までの民衆の生活と民衆抗争関連史料を集中的に集めたものであった。これは支配層中心の歴史から離れて、民衆の歴史に関心を持って見つめようとした歴史教師の会の方向を表現したものであった。全国歴史教師の会は、後に『史料で見る私たちの歴史』近代編と他の国史授業用の『シンマニ（貴重な部分を集めたの意）韓国史』を出したりもした。

日頃の経験を通して、歴史授業に活用できる資料があまりないことを感じていた全国歴史教師の会の教師は授業資料の開発に力を入れた。最初の事業は『美術で見る私たちの歴史』に掲載されている美術作品をスライド化することであった。パソコンが人々に普及し始めたが、文書作成や基礎的データベースの構築、数式の計算等に活用する程度の時代であった。学校の教室にまだパソコンが入る前であった。このような状況において、スライドは教師が手軽に利用できる有益な視覚資料であった。こうして開発された韓国文化史スライド資料は、教師の人気を得て普及した。これに力を得て、全国歴史教師の会は引き続き義兵抗争、東学農

全国歴史教師の会でつくった本と授業用資料

民戦争、韓国近現代史一〇〇場面、日本軍慰安婦、世界史一〇〇場面などのスライドフィルムを制作した。

パソコンが普及して授業でもパソコン使用が手軽になると、授業資料の開発もこれにあわせてつくられた。スライドフィルムで制作された資料は、再びパソコンで見られるようにイメージファイルに転換された。一九九〇年代後半、教育部は教室にパソコンと液晶テレビを設置するなど教育機材を普及させ、情報通信技術（Information and Communication Technology: ICT）活用教育を積極的に奨励した。すべての授業において、少なくとも十分間はＩＣＴを活用する指針を出すほどであった。パソコンと結合した情報通信技術にあまり馴染みのない教師が主に活用したものが、マイクロソフトのプレゼンテーションソフトであるパワーポイントであった。多くの教師は、パワーポイントを使用してＩＣＴ義務使用時間を埋めた。しかし、パワーポイントの用途は板書の代わりに留まる場合が多かった。写真や絵を入れるなど、プレゼンテーションの効果を生かすパワーポイント制作に慣れていなかった教師は、学習内容を要約、整理して生徒に見せることにパワーポイントを活用した。授業に活用できるパワーポイントがあまりなかったこともその理由の一つであった。

このような状況の中で、全国歴史教師の会ではさまざまな種類の歴史授業用パワーポイントを制作した。テレビの歴史教養番組である「歴史スペシャル」の内容の一部を編集し、作った動画を挿入した「映像授業指導案」は大きな人気を呼び、再度制作された。この資料が人気を得た理由は、当時としては洗練されたパワーポイント内容と動画を一緒に入れていたからではなかった。資料の内容と形式が適切に結びついていたからである。映像授業指導案は、教師が授業をしながら言葉で説明しにくい内容を実際に見せていた。例えば、青銅器時代を扱う際、教師はドルメンの制作過程を再演した映像内容をパワーポイントに挿入した。教師は青銅器時代とドルメンに関して、要約整理したパワーポイントで説明し、ドルメンの制作過程が入った映像を見せ、再び説明を続けることができた。このように実際の授業の展開状況を仮定してそれに合致した資料を入れたことが映像授業指導案の人気の出た理由であった。もちろん、このような資料がすべての歴史教師に有益であるとは言えない。教室での授業は教師の「創作品」という観点から見れば、教師各自に合う授業内容と資料は異なるのが当然であるからである。

この点から見れば、形態は「古典的」であるが、内容は教師によって異なる「学びの本」は意味のあることであった。教師はさまざまな理由により学習シートを作成して使用した。授業進度に追い立てられて、板書する時間を減らして要点を整理した学習シートがあったりもした。また、教科書に書いていない史料を生徒に紹介する学習シートを利用したりもした。問題集のような学習シートもよく見られた。しかし、学習シートはその時々の必要に応じて制作された。そのため、体系的ではなく、ある部分は学習シートがあったり、ある部分はなかったりすることが多い。生徒も学習シートを保管し、再度活用することはほとんどなかった。このような問題点を克服し、事前に年間計画を立てて教える内容を整理し、副教材として使用しようとしたのが学びの本であった。全国歴史教師の会を通して、資料を共有した教師の間では学びの本がブームとなった。多くの教師が自分の学びの本を作成して授業で用いた。他の教師の学びの本を参考として自分の本を作成したことで、学びの本は多様で奥深い内容を含み、形式も洗練された。

しかし、学びの本の使用は簡単ではなかった。教師は学びの本に自分が重要だと思う内容や関連資料を入れたが、一部の内容には教師の歴史認識や歴史観が含まれたりした。教科書と異なる観点で歴史的事実を解釈したり、生徒が自ら考えるようにした内容もあったりもした。こうした内容は近現代史部分が多く、教育当局の警戒心を呼び起こした。教育当局は教師が学びの本を使用することを防ぐため、授業時間では教科用図書だけを使用しなければならないという規定を出した。その最初の犠牲者は、歴史の学びの本を初めて授業時間に使用したパクビョンソプであった。一九九四年に全南高興郡過驛中学校の歴史教師であったパクは、歴史の学びの本『考える力を養う国史学びの本』を作成し、授業時間に使用した。しかし、その内容が気に入らなかった道教育庁は、パクが法を破ったという理由で懲戒処分を下した。懲戒理由は「お金を取って生徒に副教材を販売した」ということであった。二回の行政訴訟と三回の懲戒が重なり、この事件は歴史教師の間に広く知られ、むしろ学びの本に対する関心を大きく高めた。

二〇〇〇年代に入り、学校運営委員会の許可を得なければならないという制約はあるものの、教師が授業時間に副教材を使用することはある程度自由となった。それでも、学びの本を活用するのに制約がなくなったということではない。特に、学びの本の内容はいつでも「注意」の対象となっていた。代案学校〔オルタナティブスクール〕としてよく知られている山清ガンディ学校の歴史教師であるチェボギョンの国家保安法違反事件において、検察が学びの本の内容を証拠として裁判所に提出したことはその事例であった。

授業資料の開発と共有は、全国歴史教師の会の加入者の数を大きく増加させた。多くの歴史教師が授業に必要な資料を求めて、全国歴史教師の会に加入した。会員数が一九九〇年代中盤に入って千五百～二千名に至った。当時、全国の歴史教師の数が六千余名であったことを考慮すれば、全国歴史教師の会の活動に教師の反応が非常に高かったことが推測できよう。加入者の数が増え、全国歴史教師の会はさらに活力が増した。しかし、その一方で悩みも大きくなった。活動方向をめぐる議論が再燃した。当初、歴史教師の会が始まった時、主な関心は歴史認識や歴史観の問題であった。しかし、会の活動が続き、その規模が大きくなるにつれて資料開発へと比重が移動した。もちろん、資料には生徒の興味を引き教師の授業進行に役に立つということとともに、作成した人物の歴史認識を反映する内容も入っていた。

代案の歴史教科書、代案の歴史教育論

韓国の学校教育で最も重要であり、議論が多いものが教科書である。歴史の場合、特に教科書依存度が最も高い。全国歴史教師の会は、歴史を教えながらこれ以上支配イデオロギーに従属したり、権力の従者の役割を果たしたりしないことを宣言した。この過程において、これまでその通路の役割を担ってきた教科書がいつも問題となった。さらに、教師にとって歴史教科書は、歴史認識の問題だけではなく、内容構成や文体などさまざまな側面において失敗作であった。教科書が難しく面白くないことは、生徒の歴史に対する興味を失わせた「元凶」とされた。このような理由により、全国歴史教師の会もその初期から教科書に関心を持っていた。「歴史教育のための教師の会」の時代、歴史研究団体である韓国歴史研究会と共同で国史教科書を分析したり、最初の会則において事業内容として「歴史教材分析」を含んだりしていることはこのような関心から湧き出たことであった。

2年の作業を経て2002年3月に刊行された『生きている韓国史教科書』1・2

このような問題意識は、いわゆる「代案教科書」開発にも引き継がれた。代案教科書の開発は歴史教師の会が発足した契機ともなった。「歴史教育のための副教材、資料集開発」は、会則に明示された全国歴史教師の会の事業であった。代案教科書開発事業は一九九九年末に始まった。既存の教科書の代わりになる教材制作が目標であった。二年余の作業を終え、二〇〇二年三月終わりに中学校用代案教科書である『生きている韓国史教科書』が刊行された。高等学校用の代案教科書開発は、最後までやり遂げることができなかった。しかし、『生きている韓国史教科書』は、中学校用とはいえ、高等学校でも使用できるものであった。

全国歴史教師の会が作成しようとした代案教科書の内容がどのようなものであるかは『生きている韓国史教科書』の序文で示されている。

> 結局、問題は教科書であると考えました。私たちの歴史を、話すように易しく、面白く伝える教科書、時にささやき、時に沸き上がる怒りで拳をぐっと握るような教科書、歴史の中の人物が教科書から出てきて生徒に声をかける教科書、なによりも生徒が自ら自分の目で観察し、自分なりに感じたことを話すことができる、生きている教科書が私たちには切実に必要でありました。——全国歴史教師の会、『生きている韓国史教科書（一）』、四頁

個人的に、私はこの本に関心を持ち、制作過程に注目してきた。講座

やモデル単元の討論などを通じて、個人的な意見を伝えたこともあった。出版社が検討を依頼してきた原稿を読みながら、この本を現場教師が書いたことを実感できた。生徒に歴史を教えながら得たアイディアと、現実感を本から読み取ることができたからであった。書評を書きながら、私はこの本を「教室から押し出されてきた本」と表現した。教師が教室で生徒に授業する内容がそのまま本の中に入っていた。本には歴史的事実とともに、その事実を伝えるために付け合せにしている話がそのまま溶け込んでいた。本を読む感じより、聞く感じがしたのはそのためであった。「鉄器が変える、世の中を！」という題目での鉄器時代の叙述は以下のように始まる。

博物館に行くと大抵、旧石器、新石器、青銅器、鉄器時代の順で遺物を見るようになる。しかし、青銅器時代の青銅刀までは道具が発展してきたようであるが、鉄器時代の刀を見るとがっかりする。こんな錆びれた鉄刀が、青銅刀より優れていたのか。――『生きている韓国史教科書（一）』、四十二頁

たぶん、教師はこんな質問を生徒に投げかけて反応を待ったのかもしれない。その後、生徒に自分の考えを話したかもしれない。その後、なぜ鉄刀が青銅刀より優れていたのかを説明し始めることであろう。この部分を読むと、歴史授業を行っている教室の場面が浮かび上がる。そして、教師が話す声が聞こえるようである。教師が一方的に生徒に説明するのではない。生徒が考え、答えるように導く。また、「文化財を探して」という読みもの資料の一つである「高昌ドルメンの話」は次のように始まる。

ドルメンが青銅器時代の族長のお墓であることはよく知られている事実である。石の下の墓では人骨、青銅刀が出たことはこれを確かに証明している。我が国は、世界で一番ドルメンの数が多い。それでは三万五千余個にいたるドルメンの数と同程度、数多くの族長がいたという話であろうか？――『生きている韓国史教科書（一）』、三十六頁

生徒たちはこの質問にどのような答えをするのであろうか？　「族長のお墓ではないドルメンも多い」と言っただろうか、「昔は族長と言っても小さい集団の頭に過ぎない」と答えただろうか？　あるいは、どのような他の答えがあるだろうか？　このような内容構成は「ドルメンは族長のお墓である」と機械的に記憶することから、「本当にそうだろうか？」という疑問に導いていく。教室で生徒たちに話すような内容、この本は私にこのような印象を与えた。もちろん、その他にも「history」の代わりに「herstory」と名づけられた斬新なアイディアも叙述されている。

『生きている韓国史教科書』は、期待以上の反響を見せた。この本に賭けた歴史教師の関心が大きく作用した。全国歴史教師の会は、自主研修などの集まりを通じて、本の方向や内容に関して教師の意見を集約した。その過程により、自然に『生きている韓国史教科書』を歴史教師に知らせ、教師はこの本がどのような姿で現れるのか期待を持っていた。

『生きている韓国史教科書』に対する関心は、歴史教師や歴史家に限定されなかった。出刊された本は社会の大きな関心を引き、一か月も経ずに初刷五千部を売り切った。多くのメディアも『生きている韓国史教科書』を報道した。代表的な保守メディアである『朝鮮日報』が二〇〇二年五月にこの本を「今月の本」として選定したほどであった。対案教科書に対しては見解が分かれた。歴史学界は『生きている韓国史教科書』の具体的な内容に対しては問題を指摘したが、全体的にその意味を高く評価した。しかし、本が高い社会的関心を引き広く読まれる動きが見えると、一部の団体からは次第に批判の声が聞こえ始めた。本の内容から浮かび上がる歴史認識が気に入らないのであった。二〇〇二年九月に韓国私学法人連合会は『「生きている韓国史教科書」の問題点と対策』という読み物を発刊した。この読み物では、『生きている韓国史教科書』が民衆史観または唯物史観の観点で階級摩擦を起こし、社会全体を対立と分裂に導く恐れがあると批判した。植民地期と解放以後の部分では左翼を正当化させる叙述が多く、北朝鮮独裁政権を暗黙的に正当化し、大韓民国歴代政権に対しては批判一辺倒であると主張した。ハンナラ党の金貞淑《キムジョンスク》議員の対政府質疑に対する答弁として作成された国史編纂委員会の分析では『生きている韓国史教科書』の内容が民衆史観に偏り教科書として不適切であると指摘された。この人たちは『生きている韓国史教科書』を学校において教材として使用してはいけないと強調した。『生きている韓国史教科書』は本題に「教科書」という言葉がついているが、一般歴史本であり教科書ではないことは自明のことである。しかしながら、このように「教科書」をめぐる議論として扱うような事実は、この本が引き起こした社会的反響を意識したことを意味する。

『生きている韓国史教科書』の後に続き、二〇〇五年には『生きている世界史教科書』が出された。この本は「主演ヨーロッパ、助演中国」という世界史教科書の問題点を克服し、文化圏の交流と衝突を中心に歴史を叙述しようとした。これとは別に、二〇〇七年には『生きている韓国近現代史教科書』刊行した当時の全国歴史教師の会の会長であった金陸勲《キムユックン》の個人著書である『生きている韓国史教科書』が出されたこともあった。

「生きている歴史教科書」シリーズが読者層を生徒に想定したことなら、『私たちの子どもたちに歴史をいかに教えるか』（ヒューマニスト、二〇〇一年）は教師を対象としたものであった。この本では「現場教師が書いた歴史教育論」という副題が付いている。教員免許を取るためには大学で定められた単位を超えて教育学と教科教育学の授業を受けなければならない。しかし、教育学の授業は学校現場や教室での授業とは距離のある理論であるという批判が前からあった。大部分の学生は、生徒に教える時に教育学が役に立つとは思っておらず、教員免許を取るために仕方なく履修しなければならない授業として認識している。教科を教えるために必要な実践的能力を身につけられるように期待され、近年その重要性が強調されている教科教育学の講義もそのような批判から逃れられない。「〇〇教育論」のような名前が着いた教科教育学理論は扱う問題があまり衒学的であったり抽象的であったりし、「〇〇教材および指導論」や「〇〇教授法」などの教科教授法も実際の授業では活用できない図式的な内容という批判があった。そのため、教師たちが書いた歴史教育論が必要であるという結果としてこの本が出刊されたことである。「生きている歴史教科書」シリーズが対案教科書なら、この本は「対案の歴史教育論」である。

二〇〇八年八月八日に建国大学校千年記念館では「生きている歴史教育二十年を省察する」という主題で全国歴史教師の会の創立二十周年記念シンポジウムが開かれた。全国歴史教師の会に対する感懐を話しながら、ある教師が大学で学ぶ歴史教育論の問題点を批判した。自分が歴史を教えるのに役に立ったのは、大学で学んだ歴史教育論ではなく、全国歴史教師の会の資料であったと力説した。その教師の話の中で、「教師になる前には誰でも勉強するが、教師になった後には一度も読まない黄色い本、青い本、茶色の本」という言及があった。黄色い本は『歴史教育の理論と方法』（三知院）、青い本は『歴史教育の理解』（三知院）、茶色の本は『歴史教育と歴史認識』（本と共に）を指す。これらの本はいくつかの歴史教育論文を集め、歴史教育論の講義教材として開発されたものである。歴史の教員採用試験のために大抵の学生が読むことで、このように色で呼ばれている。これらの本は共著ではあるが、私が主導して作ったものである。後ろで座っていた私はこの話を聞きながら少し恥ずかしくなったものの、決して悪い気分ではなかった。これらの本が色で呼ばれている事実は私も既に知っていて、本に対する批判も十分に予想していた。この批判は私が悩むべきものであり、今後勉強しながら解決しなければならない課題でもある。

全国歴史教師の会が主催した創立20周年記念シンポジウム

しかし、私はその批判に全面的に同意したのではない。まだ歴史教育研究は他の領域と比較しても低い水準であり、基礎的な理論を論じたり学問的体系をつくる過程にある。また、歴史教育理論書は教師が期待するほど具体的な授業方案を提示することもできない。「授業は教師の創作物」という観点で見れば、歴史教育理論書は授業に必要なアイディアを提供し、教師がこれを基に具体的な授業を組織する方が妥当である。時々、経歴十年程度になる歴史教師が私にこのような話をすることがある。「大学に通っていた時や教師になった直後は、歴史教育論の本の内容が頭に入ってなかったが、今はどのようなことも理解できる。」もちろん私にはあえて良い話をしたこともあろうが、ある程度は「そのようなこともある」と思ったりもする。歴史教育論の内容はかなりの部分が歴史的事実の理解と歴史教育の経験を基にしているので、大学講義を聞いている二、三年生や教員採用試験の準備する人々にとってはよく分からないこともあるかもしれない。同じく歴史科の学生は歴史理論を扱う歴史学概論を一年生で学ぶが、その内容を正しく理解できないこともある。

私は個人的に、全国歴史教師の会で歴史教育論の本を作ったという話を聞いて嬉しかった。基本的に歴史教育を扱う本がもっとたくさんあるべきと考えており、歴史教育論を踏まえた歴史教育概説書が必ず一冊である必要はない。教育現場を基にした歴史教育論の開発も全国歴史教師の会で推進されるべき課題であった。全国歴史教師の会は『私たちの子どもに歴史をいかに教えるか』の後に、『歴史、何を教えるか』(ヒューマニスト)を作った。現場教師が書いた「対案の歴史教育論」の第二部になる。しかし、対案の歴史教育論は対案教科書ほど大きな社会的反応を引き起こすことはできなかった。対象の読者層が異なり、どうしても社会的関心を呼ぶ分野ではなかったからである。

歴史教育運動の可能性

歴史教育に対する社会的関心は比較的に高い方である。しかし、歴史教育の本質的価値よりは外的問題と関連する場合が多い。例えば、現代史がよく論争になるのは今の政治、社会勢力と関連があるからである。しかしながら、このような関心は歴史教育に対する統制および干渉として作用する。全国歴史教師の会の前身である歴史教育のための教師の会は教育運動に積極的に参加した。全国歴史教師の会で活動した教師も教育改革に関心が高かった。直接社会改革運動に飛び込んだり、歴史授業を通して実践できる方案を模索したりした。全国歴史教師の会は、性向上、韓国社会の分類基準では「進歩勢力」と言われる人々と手を組んだ。全国歴史教師の会が保守勢力の絶えまない批判を受けてきたのもこの理由からである。

全国歴史教師の会は教師を対象とする研修を開いたり、教師と生徒、保護者を集め巡検を行ったりするなど、歴史教育を拡大・強化する活動を行ってきた。また、二〇〇七年改訂教育課程に直・間接的に参加したりもした。全国歴史教師の会の名義で教育課程を開発することではなかったが、ここに所属する人々が個人的に教育課程に関与し、検定『韓国近・現代史』教科書を執筆した。既に歴史教育界に少なくない影響力を行使しており、また当時が盧武鉉《ノムヒョン》政府であったこともそれを可能にした。その他、市民社会団体や教育団体、学会などと連携し、社会と教育の懸案に意見を開陳し社会改革運動を展開した。歴史教育だけではなく他の分野の教育、社会問題でも積極的に声をあげた。

全国歴史教師の会は歴史教育を改革する努力を「運動」として考えた。全国歴史教師の会やその会誌である『歴史教育』でたびたび「歴史教育運動」という言葉を聞くことができる。「歴史教育強化運動」は自然に感じるが、「歴史教育運動」は何か合わない単語の組み合わせのように感じる。「歴史教育のための運動」という意味であるか、あるいは「歴史教育により目的を達する運動」という意味であるか。また「歴史を正しく教えようという運動」であるのか。分かるようで分かりにくいこの名称はそれほど複合的な意味を含んでいる。誰もこの言葉の意味を正確に定義しないまま使用する。この言葉には歴史教育強化運動も含み、歴史教育を通した社会改革運動という意味も入っている。また歴史を正しく教えようとする運動も歴史教育運動の一つである。

全国歴史教師の会は二〇〇九年四月に一層体系的で持続的な歴史教育研究と実践のための歴史教育研究所を作った。歴史教育研究所には全国歴史教師の会で積極的に活動していた歴史教師と一部歴史教育研究者が参加した。全国歴史教師の会と歴史教育研究所は外形的には独立的な団体であるが、コインの両面のように活動と研究を分け、相互補完作用を行うとした。歴史教育研究所は民主主義と歴史教育分科、歴史教育史分科、歴史教育課程分科、子どもと歴史教育分科、歴史授業研究分科などを置いて研究活動を行っている。歴史教育研究所は二〇一〇年から二〇一一年にかけて生徒と教師を対象とする歴史意識調査を行った。学校歴史教育の実体を確認し、合わせて歴史教育の目的を再定立し、歴史教育内容の構成のための基礎資料を用意するためであった。二〇一二年には第二次歴史意識調査事業を行った。しかし、このような歴史教育研究所の研究活動が歴史教育の実践にどれほど役に立つのかはまだわからない。

全国歴史教師の会や教師運動に対する評価は多様である。保守的な団体や保守的な人々は全国歴史教師の会を全教組傘下組織として見なし、機会があるたびに左派団体として責め立てる。その攻勢は李明博《イミョンバク》政府に入ってから強化された。これは全国歴史教師の会の活動を制約する外的要因として作用する。

内部的には全国歴史教師の会がこれまでの活動基盤として歴史教育の改革を主導できる力を保有しているかという問題がある。全国歴史教師の会は外形的に数千名の会員を持つ団体であるが、実際に集まりを率いている活動家はそれほど多くないという悩みがある。全国組織であるが、大部分の活動成果は少数で構成された研究会から出る。地域の集まりは活性化されているが、全国の歴史教師たちが一緒に行う事業はそれほど多くない。全国歴史教師の会が力を得るためには会員の積極的な参加が要請される。しかし多くの会員は会費を払い資料を共有するだけであり、活動に積極的ではない。このことで、執行部を始め一部会員の負担は重くなっている。このような負担感は研究部に参加する教師も同じである。昼に授業を行い、夕方や週末に集まって一緒に勉強したり資料を開発したりすることは簡単なことではない。さらに、会の規模が大きくなるほど負担も多くなる。しかし、考えてみれば、これは規模が拡大すると起きる当然の現状でもある。全国歴史教師の会だけではなく、他団体の多くが経験することである。結局、全国歴史教師の会が、教育改革の意志を持つ新しく若い歴史教師をどれほど多くこの会に参加するように誘導し、積極的に活動できるようにするかが課題である。これは今二十年を超えた全国歴史教師の会がこの間「生きている歴史教育」のために推進してきた「歴史教育運動」の持続と成功を見極める必要条件である。

〈訳注〉

❶四月革命　一九六〇年三月に行われた第四代大統領選挙の大規模な不正選挙に反発した学生や市民による示威。最も大規模に発生した日が四月十九日であったことから、四・一九革命ともいわれる。示威の結果、四月二十六日に李承晩大統領が下野を発表し、四月二十八日に暫定政府が発足され、六月十五日に議院内閣制を採用した第二共和国が成立された。

❷聖徳大王神鐘　新羅第三十五代の景徳王が父王である聖徳王の偉業を崇めたてまつるために鋳造した青銅の鐘。最初に鋳造された鐘はどうしても音が鳴らなかったが、幼い子を人柱として作り直すと美しい音色を響かせた。それが「エミレ、エミレ」と叫ぶ子どもの声に聞こえることからエミレの鐘とも呼ばれる。

十六 「抗争」か、「暴動」か——国史教科書準拠案の問題

北朝鮮宣伝資料複写版の恐れ

このような経由で右翼より左翼が、韓国より北朝鮮が、相対的に伝統があり優位を占めるような印象を与えることが試案を読んでみた関連学者の反応である。……

国史教科書を通して、北朝鮮の経済と社会、文化を理解させることが、ひょっとすると彼らの宣伝資料をそのまま置き換えた結果をもたらすことになるかもしれないのである。——『朝鮮日報』一九九四年三月二十四日

いくら『朝鮮日報』といえども、国史教科書が北朝鮮の宣伝資料の複写版になるかもしれないと何の権利があって軽はずみに言うのだろうか。『朝鮮日報』が問題としたものは国史教科書の執筆準拠案であった。この執筆準拠案は一九九二年に告示された教育課程に従って国史教科書を執筆するために用意された「国史教育内容展開の準拠案（試案）」であった。準拠案（試案）の指針通りに執筆すれば、国史教科書は北朝鮮の宣伝資料の複写版になるかもしれないという主張であった。一九九四年三月十八日に開かれた公聴会の前後、この準拠案（試案）の内容が知られると、『朝鮮日報』だけではなく他の保守メディア、当時政権与党である民主自由党（民自党）、保守団体と人々は一斉に批判の声を上げた。

国史教科書が「北朝鮮の宣伝資料の複写版」になる?

教育課程が改訂されると、それにしたがい新たな教科書を執筆するようになる。しかし、国史教科書の場合には、教育課程を基に教科書を直ちに執筆することはなく、準拠案を作りそれを参考にするというもう一つの手続きが追加される。この準拠案をつくることは、国史教科書の上古史論争からであった。一九八〇年代後半、上古史を始め学説の対立がある部分の叙述基準を定めるために用意したものが執筆準拠案であった。ところが、一九九〇年代に入ると近現代史、特に現代史の執筆準拠が論争になった。

一九九二年に第六次教育課程が告示され歴史教育課程が確定されると、一九九三年から準拠案研究が始まった。教育部は「国史教育内容準拠案研究」を政策課題として設定し、準拠案の開発作業に入った。当時、教育部の歴史編修官でこの作業の実務を担当したシンヨンボムは、こうした研究が必要な理由として、①これまで歴史学界で蓄積された新たな研究成果を教科書内容に反映し、②第六次教育課程で提示した内容要素にしたがい叙述指針を提示するようにし、③近・現代史において論争の対象になっている歴史用語を整理し統一案を提示することを挙げた。しかし、国史教科書準拠案は第五次教育課程による教科書開発のために既に一九八七年に開発されたことがあり、この時の準拠案開発は以前の慣例にしたがったということができる。

準拠案開発において教育部が特に気をつけたことは近現代史であった。これは一九八〇年代中盤以降、社会の民主化の進展により国史教科書の近現代史内容に対する批判が多くなったことを意識したからである。歴史学界と一部メディアでは、国史教科書を国定から検定へ転換すること、現代史内容を新しく書き直すべきであるという主張がなされた。これまでの現代史叙述は政権の広報用に使われていたが、国史教科書が検定になると多様な観点を反映することができるようになるということが検定の理由であった。一九八〇年代後半以降、活性化された韓国近現代史の新たな研究成果を教科書叙述に反映する必要もあった。

国史教育の内容展開準拠案研究委員会は九名の委員で構成されていた。最も大きな関心対象であった近現代史研究委員は、学問的性向も考慮し三名を割り当てたという。近代史研究委員は、鄭在貞《チョンゼジョン》（当時韓国放送通信大学教授）、李《イ》炫熙《ヒョンヒ》（当時誠信女大教授）、徐仲錫《ソジュンソク》（当時成均館大教授）であった。この中で現代史部分を執筆したのは、現代史専攻者である徐仲錫であった。

国史教科書準拠案の近現代史内容

「国史教育内容準拠案（試案）」の近現代史は、国定国史教科書の近現代史叙述に対する批判と一九八〇年代後半・一九九〇年代初めに行われた近現代史の研究成果を反映したことであった。この点において、以前の国定国史教科書と比較するとかなりの部分で違いを見つけることができる。

第一に、最も目立つのは用語の変更である。歴史用語は歴史的事実の性格を規定し意味を付与する。歴史的事件をどのように呼ぶかはその事件の評価によって異なる。そのため、歴史学者だけでなく多くの人々が歴史用語に関心を見せ、時には敏感に反応することもある。東学農民戦争、四・一九、五・一六などが国史教科書においてさまざまな名称で呼ばれるのもこの理由からである。準拠案（試案）は、近現代史の幾つかの事件を以前の国史教科書とは異なる用語で提示した。「自強啓蒙運動」、「民族解放運動（闘争）」、「十月抗争*」、「済州四・三抗争❶」、「韓国戦争（朝鮮戦争）」、「四月革命」、「五・一六クーデター」、「十二・十二クーデター」、「五・一七クーデター」などがその事例である。

第二に、過去の冷戦イデオロギーや政権によって歪曲された歴史的事実を直し、外されていた内容を追加したことである。代表的な事例として、モスクワ三国外相会議が挙げられる。準拠案（試案）はモスクワ三国外相会議について、次のように叙述することを提案した。

*一九四六年十月に大邱で始まった後、全国へ拡大した大規模な大衆デモ。一九四六年九月から米軍政の食糧政策に抗議するデモが続いた。十月一日にデモを行っていた群衆に警察が発砲したことを契機として、デモが全国に拡大され十二月まで続いた。軍部独裁政権時代には主に「大邱暴動」と呼ばれ、以降「大邱一〇・一事件」という用語を使用したりした。

・米ソ両軍の進駐とモスクワ三国外相会議の決定を①項から事実通り記述する（中学校）。
・モスクワ三国外相会議の決定について、それまでは③項後段にある信託統治の条項だけを浮き彫りにしていたが、事実通りに簡略に記述する（高等学校）。

モスクワ三国外相会議の決定書①項は「朝鮮を独立させるために臨時民主政府を樹立する」という内容である。この条項は多くの近現代史研究者たちにより、モスクワ三国外相会議の決定書の最も重要な条項として評価されている。しかし、以前の国史教科書では①項は言及しないまま、③項だけを叙述してモスクワ三国外相会議の決定を信託統治と同一視していた。準拠案（試案）ではこの問題点を指摘し、三国外相会議の決定を事実通りに叙述するようにしたのである。

高等学校試案では「戦争期間中に発生した同族相残（共食い）、良民虐殺、国民防衛軍事件などを理解させる」という内容もあった。朝鮮戦争中に起きた民間人虐殺や国民防衛軍事件は、それまでの国定国史教科書では見られない事実である。しかし、一九八〇年代後半以後はこれに関する研究が活発に行われ、真相糾明の声も本格化し始めた。

試案では、また一九三〇、四〇年代の国外の民族解放運動勢力である大韓民国臨時政府、満州の独立軍と東北抗日聯軍❷、華北朝鮮独立同盟の抗日闘争を説明するようになっている。その中で、満州地域の武装抗日隊である東北抗日聯軍は金日成や北朝鮮政権と直接に結びつく勢力である。一九九〇年代に発行された高等学校国史教科書では東北抗日聯軍の名前が出るには出るが国史教育ではこれまで避けられていた事実であり、それまでの教育課程や準拠案ではなかった内容である。準拠案（試案）でもこれを意識し、中学校では「中国東北地域の武装隊の時、金日成などの名前を取り上げない」と制限している。しかし、高等学校ではこのような条件を付けていなかった。

四月革命以降成立した民主党政府の第二共和国に対する評価も注目するべき内容であった。準拠案（試案）は民主党政府の功過を次のように提示した。

・四・一九以降の混乱は十年にわたる独裁の結果として自然発生的なものであり、四月革命の課題を成し遂げるための過程で現れたものであり、一九六一年に入ってから大きく減少した事実を理解させる（中学校）。

・民主党政府では、四月革命の要求により自由民主主義が花開いた面を肯定的に理解するようにする。しかし、不正選挙の元凶、不正蓄財者の処理などに消極的であり、過渡期では「無能」な面が明瞭であったことを指摘する（高等学校）。

それまでの国史教科書は無分別な自由を押し出したデモによる混乱とこれに効果のある対処ができなかった民主党政府の無能を強調していた。これはただちに朴正熙による軍事クーデターである五・一六が不可避であったという論旨と結びついた。しかし、準拠案（試案）では民主党政府が肯定的側面と否定的側面をともに持っていたとして、否定的側面についてはデモを効果的に統制できなかったこと以上に、社会改革を積極的に推進できなかったことを述べた。こうすれば、五・一六が国を救うための不可避的な措置であったという論理は成立しない。

第三に、北朝鮮史の内容を増加し、北朝鮮の変化を事実的に理解させるようにしたことである。これまでの国史教科書では、北朝鮮関連記述は韓国侵略の前史として、北朝鮮政権の樹立と金日成一人独裁体制の成立のみを簡単に叙述していた。しかし、準拠案（試案）では、北朝鮮の変化と関連した重要な歴史的事実を扱うこととして、解放以後の臨時人民委員会と人民委員会設置などの北朝鮮の社会主義化の過程、北朝鮮政権の樹立過程を理解させるようにした。また一九五〇年代北朝鮮の権力集中化の過程、社会主義、千里馬運動❸を理解させるようにした。さらに一九六〇年代以後は「北朝鮮の唯一体制と主体思想」という中単元を設け、独立的に扱うようにした。社会、経済と文化を扱う中単元でも、北朝鮮の経済と社会、文化を扱う小単元を設けた。その他では、「統一祖国の建設と民主主義」という中単元を設け、南北関係の変化を叙述して統一のための民族共同体の実現案を扱うようにした。

「魔女狩り」となった準拠案（試案）批判

普通、国史教科書の内容自体はあまり大きな社会的な関心を呼び起こさなかった。メディアも上古史論争のような問題がある際は関心を注ぐが、その事が収まるとすぐ忘れてしまった。準拠案（試案）も、初めはメディアの関心を引かなかった。準拠案（試案）公聴会で記者の来ていた日刊紙が一社しかなかった事実はそれを証明していた。公聴会の翌日である三月十九日にメディアは一斉に準拠案に関する報道を行ったが、その論調のほとんどは批判より国史教科書内容が大幅に変わることに焦点を合わせていた。ただ『中央日報』だけは社説において「どうして〝暴動〟が〝抗争〟であるのか」とし、準拠案（試案）での現代史の内容を批判した。『中央日報』は、公聴会当日に準拠案を報道した唯一の日刊紙であった。それほど他の新聞社より準拠案に関心を寄せていたのである。

これを契機に、次の日の三月二十日には普段から保守的論調を繰り広げるメディアが一斉に準拠案（試案）を批判する記事と論説を掲載し始めた。特に『朝鮮日報』は、報道や社説、時論など四カ所に渡って準拠案（試案）を辛辣に批判した。「新しい国史教科書論争／主思派など八〇年代から〝新作業〟」、「学界、〝危険な民衆史観〟批判／新しい国史教科書論争、現代史」、「暴動は〝暴動〟である（社説）」、「どうして〝抗争〟であるか（時論）」。このような記事において、『朝鮮日報』は一九八六年八月十八日付けソウル大学校自民闘*の機関誌『解放宣言』の内容を引用した。準拠案（試案）の内容が自民闘の歴史観と同じであると追いつめるためであった。『朝鮮日報』だけではなく『東亜日報』も、記事と社説を通じて準拠案（試案）を激しく攻撃した。社説の題目「歴史教科書を書く姿勢」はおとなしいものの、準拠案（試案）の内容がつまるところ左翼、親北論理であると次のように断定した。

> 問題はこの試案に含まれた「左翼関係」用語と叙述にある。……十月暴動や四・三事件を光州抗争、六月抗争と同じく民衆抗争として記述することは客観的でもなく事実とも合わない。それだけでなく、大韓民国政府の正統性にも疑問を提起することになり得る敏感な問題であることを想起する必要がある。――「歴史教科書を書く姿勢」、『東亜日報』

三月二十日社説

準拠案（試案）を批判した新聞記事と論説（上・下）

＊自民闘は「反米自主化反ファッショ民主化闘争委員会」の略語。普通「NL」と呼ばれる、民族解放民衆民主主義革命（NPDR）を理念として掲げた。保守勢力はNLを金日成の主体思想を信奉する「主思派」と同一視する。『朝鮮日報』が準拠案を批判しながら、自民闘に言及した理由もそこにある。

教育部は急ぎ事態収拾に乗り出した。論争を検討するのではなく、保守メディアの意見をそのまま受け入れたのである。準拠案（試案）はあくまでも個人の意見による「試案」にすぎず、教育部はこのような試案を受け入れる考えはないということであった。「十月抗争」、「四・三抗争」などの問題となった用語に変更する意思はなく、普遍性のある妥当な史観だけを教科書に収録すると弁明をした。しかし、勢いのある保守メディアの攻撃は止まることがなかった。「近代史も問題である／どの国の教科書であるのか（『朝鮮日報』三月二十二日時論）」、「教授一人に任せた〝歴史改編〟／用語の問題ではない（『朝鮮日報』三月二十二日）」、「私たちの〝内部〟あやしい（『朝鮮日報』三月二十二日論説）」など、刺激的表現を駆使し執拗な攻撃が続いた。結局、金泳三大統領が乗り出してくることになり、教科書改訂を慎重にするように指示した。準拠案問題が進歩史学の研究を妨害してはいけないという野党国会議員のつつましい心配や「歴史直し〝世論裁判〟／現代史用語論争（『ハンギョレ』三月二十五日）」のような一部メディアの準拠案擁護は大した影響を与えることができず後手に回った。保守右翼勢力の攻撃は絶えなかった。その上、自由民族民主会議という保守団体が発刊する『民族正論』では、「国史教材改編委員徐仲錫教授の思想的性向」（一九九五年五月号）、「国家変乱を企んだ国史教科書改編試案：大韓民国の正統性を無視した金正男《キムジョンナム》文教首席」（一九九五年五月号）のように、個人への人身攻撃までためらわずに文章で行った。

国史教科書内容自体でもなく、まだ確定されていない準拠案（試案）をめぐってメディアはなぜこのような熾烈な反応を見せたのだろうか？　誰でもすぐ当たりがつくと思われるが、これはただの国史教科書内容の問題だけではなかった。当時の社会状況と政治的目的が複合的に作用したからであった。

準拠案問題は、一九八〇年代中盤から現れた歴史学界の進歩的動きと歴史教科書批判の反作用であった。一部政治・社会勢力は、準拠案のような国史教科書が叙述されると自らの存立根拠への威嚇を受ける恐れがあることを心配した。例えば、反託運動は右翼勢力にとっては大韓民国を立てた正統勢力であることを自ら主張する根拠であった。「反託＝右翼＝愛国、賛託＝左翼＝売国」が彼らの存在価値を長い間支えていた。彼らにとってモスクワ三国外相会議に別の解釈を与えることはあり得ないことであった。

五・一六の場合も同じであった。五・一六は当時状況の中で国を救うために不可避な措置であったと宣伝された。そのため、五・一六を「軍事革命」または「革命」と呼んだ。しかし、準拠案（試案）通りになるのであれば、五・一六は政権を握るためのクーデターに転落する恐れがあった。これは、五・一六を基盤として政治権力を握り、その後も権力を維持してきた人々にとってはその存在を威嚇されることであった。

次に、彼らは北朝鮮社会の問題点を強調することで反共路線を確かめ、北朝鮮に対する対決構図をつくろうとした。都合よく三月十九日に行われた南北特使交換のための会談において、北側の代表である朴英洙《パクヨンス》祖平統（祖国平和統一）副局長の「戦争が起きればソウルは火の海になるだろう」という「ソウル火の海」発言がメディアに大きく報道された。これにより、南北の緊張は高まりを見せ、北に対する警戒心が大きくなった。彼らはこの事件と準拠案の内容を組み合わせ、南北対話より対決の方向へ南北関係を導こうとしたのである。

第三に、金泳三政府の政策に対する牽制であった。一九九一年大統領選挙で保守右翼勢力は金泳三《キムヨンサム》を支援した。彼らの全幅の支持により金泳三は大統領に当選した。しかし、「文民政府」を標榜した金泳三政府はそれまでの軍部政権との差別化のために、執権初期に一連の改革政策を推進した。これにより、金融実名制、地方自治制全面実施、公職者財産登録などの政策が施行された。このような改革政策を支えるために、改革的性向を持つ教授や市民社会団体の活動家を政府の重要な役職に多数登用した。こうした金泳三政府の改革措置は保守勢力に失望感を与えた。そして、彼らは機会があるたびに改革政策にブレーキを掛けるようにした。国史教育内容準拠案事件もこれに利用されたのである。

彼らがターゲットとしたのは、当時青瓦台文教首席であった金正男であった。金正男は一九七〇～八〇年代の在野民主化運動家としてよく知られた人物であった。一九七四年の民青学連事件[4]当時に手配者らの逃避を手伝い、一九八一年釜山米文化院放火事件[5]、一九八七年朴鍾哲《パクジョンチョル》拷問致死事件[6]などを世の中に知らせた人物であった。しかし、金正男は一般的な在野民主化運動家とは異なり、金泳三を支持した。在野民主化運動勢力との結び付きが足りなかった金泳三には重要な人的資源であった。金正男は三党合党を正しい政界改編と見て、「闘士の時代」は終わったと言いながら本格的に政治に参加した。この時点で既に運動家より政治家といえる人物であった。当時、左翼はもちろん進歩勢力とも距離を置く状態であった。しかし、保守勢力としては金正男のような人を青瓦台文教首席秘書官として登用することは裏切りであり、これ以上見過ごすことができなった。彼らは徐仲錫が民青学連事件で拘束されたことを思い出し、その縁で金正男が徐仲錫を研究委員に入れて意図的に現代史を書き直すようにしたとした。準拠案事件を契機に金泳三政府を追いつめ、改革政策に制御を掛けようとしたのである。こうした考えを代表的な右翼政治人である李哲承《イチョルスン》が三月二十日の『朝鮮日報』に寄稿した「どうして『抗争』であるか」という時論で正直に明らかにした。

一九九二年大統領選挙当時、この国の建国勢力と六・二五に参戦した勢力は満身の力を込めて金泳三候補を支援した。それは我が社会各分野に浸透した金日成《キムイルソン》の対南統一戦線戦術による大韓民国の建国史および現代史に関して、金日成史観や修正主義史観で歪曲され国の基礎が揺らぐ現状を金泳三大統領が正すことに期待したからであった。

李哲承は解放直後に右翼青年団に加担し反託運動などをした。李承晩《イスンマン》と朴正熙《パクチョンヒ》政府時代には野党の国家議員をした。一九七一年に新民党大統領候補選挙で四十代旗手論に便乗して出馬し、維新体制下では代表最高委員の席まで登りつめたこともあった。しかし、中道和合論を押し出し、朴正熙維新政権に柔和的態度を取ることで「さくら」政治人という非難を受けた。一九八五年二・一二総選挙で新民党の推薦により当選したが、全斗煥《チョンドゥファン》政権の内閣責任制改憲案を受け入れることで金泳三、金大中《キムデジュン》などと別れた。彼としては生涯の政治的ライバルである金泳三を攻撃できる良い機会と思ったのかもしれない。

保守右翼の主張通りに確定された準拠案

一九九四年七月「国史教育内容展開の準拠案研究報告書」に続き、十一月「国史教育内容展開の準拠案」が告示された。準拠案（試案）をめぐった論争の過程で既に予想されたように、保守メディアや右翼側の主張を受け入れたのであった。「従来の正統的見解を大幅に受容するように決定した」という教育部の話はこれを遠回して表現したことであった。結局、教育部は既存の国史教科書の枠組みからあまり外れないところで準拠案をまとめた。

試案で新しく提案した用語はあらかた以前の教科書に戻った。「愛国啓蒙運動」、「民族運動」、「済州島四・三事件」、「六・二五戦争」という用語が使用され、論争になった大邱十月抗争は完全に除外された。十二・十二、五・一七などの用語は明示されなかった。それでも、前の教科書では「四・一九義挙」とされたものが「四・一九革命」に、「五・一六軍事革命」が「五・一六軍事政変」に変わったことは変化であった。

内容についても、中国東北地域（満州）抗日武装隊活動に関連した内容はすべて削除された。それにしたがい、それまで教科書に入っていた東北抗日聯軍内容がむしろ改訂教科書から消えた。植民地下の社会主義系文化運動も同じであった。六・一五戦争の国民防衛軍事件や民間人虐殺も外れ、北朝鮮関連の内容は大幅に減った。四・一九革命後の民主党政府に対する評価は「功過を叙述する」という原論的な言葉でごまかした。

これをもって、一九九四年の国史教育内容準拠案問題は片付けられた。一九九七年に告示された第七次教育課程による二〇〇〇年二月にも「国史教育内容展開の準拠案」が新しくつくられた。しかし一九九四年問題のような事件は起きなかった。もちろん準拠案研究委員がこのことに触れないように慎み、論争になる部分は一九九四年に告示された準拠案の内容をあらかたそのまま受け入れたからである。一種の「自己検閲」であった。しかし一九九四年準拠案問題

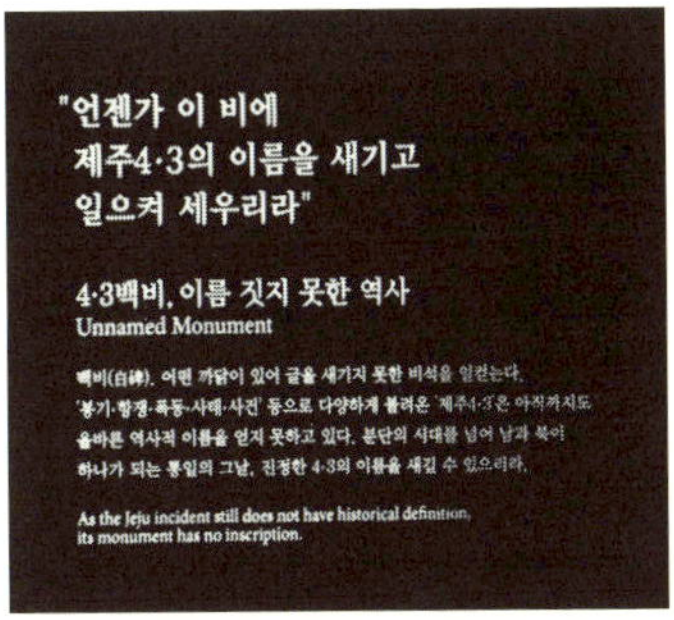

済州４・３平和記念館と記念館内壁に刻んだ文章

は、国史教科書理念論争の本格化を知らせる信号弾となった。

準拠案問題、その後

準拠案（試案）の現代史部分を作成した当事者である徐仲錫は、一九九四年の準拠案問題の過程で人身攻撃まで受けながらも、これにはほとんど言及しなかった。かなりの時間が経った後の二〇〇一年、徐仲錫は国史教科書の現代史叙述内容を分析した文章でその理由を次のように説明した。

筆者は一九九四年三月以来、現行の中・高校国史教科書を分析したり批判したりする文章を書かなかった。現代史と関連した事実と真実は、特に極右イデオロギーの人々が食い下がる部分ほど研究者によってかなりの部分が明らかになっており、時には醜悪的に展開される論争に入る必要がないと判断したこともあった。しかし、それより文章を書かなかった最も大きな理由は、正しい態度ではないが東洋的「義理」または「私情」のためであった。その年の準拠案を作成したことで、それに関連した多くの方々に筆者のせいで迷惑がかかるかもしれないという点もあった。より直接的には、現行の教科書執筆者との人間関係が作用した。――徐仲錫「国史教科書現代史叙述、問題多い」、百四十八－百四十九頁

国史教科書の叙述内容は気にいらないが、それを一つひとつ分析して批判したら執筆者に苦労させるということを心配したということである。この文章では、国定国史教科書の現代史叙述の特徴を五つに整理している。①政府・官中心の叙述、②叙述の不均衡、③「民族」などを過多に使用、④極右権威主義の政権美化、⑤反共・反北イデオロギーによる制約、ということである。ここで②叙述の不均衡は、現代史叙述の時期別不均衡、国家別不均衡、路線（理念）別不均衡、分野別不均衡などを指摘したものである。こうしてみると、それまでの国史教科書の現代史叙述と大きな

違いがない。国定国史教科書に対しては他の近現代史研究者による分析も類似した批判を行っている。ここで分析対象とした国定国史教科書は、一九九四年準拠案によって開発され一九九六年から使用されたものである。準拠案（試案）の問題意識が挫折したまま、それ以前の教科書とは大きな違いがない範囲で準拠案をつくったことが原因とも言える。

第七次教育課程によって刊行され二〇〇三年から使用された韓国近・現代史教科書は、一九九四年の国史教育内容準拠案（試案）の持っていた近現代史の問題意識をかなり反映した。これは、韓国近・現代史教科書が検定で発行されたために可能なことであった。一九九四年の準拠案（試案）の時と同じく、韓国近・現代史教科書は再び保守勢力の攻撃を受けた。しかし、一九九四年の時の一方的な攻撃と異なり社会で論争が熱く行われ、教科書も彼らの意図通りに安易に変わることはなかった。この間、韓国近現代史の研究成果がより蓄積されたとともに、大衆の歴史認識も大きく変わったからであった。

〈訳注〉

❶済州四・三抗争　一九四八年三月一日に済州島での韓国単独選挙（五月十日）に反対する示威隊に対する警察の発砲事件を契機に四月三日に発生した民衆の蜂起。その後一九五四年九月二十一日まで引き起こされた双方の武力衝突と民衆虐殺を含み四・三事件とも言われる。

❷東北抗日聯軍　一九三六年に中国共産党指導下の満州で編成された共産党系の中国人・朝鮮人の抗日武装組織。一九三七年六月、金日成が率いる第六師が鴨緑江を渡り、甲山の普天堡を襲撃し成功した。この普天堡の戦いにより、金日成は朝鮮のみならず民族運動を取り締まる日本側からも大物視されるようになり、後の北朝鮮において権力を独占する有力な基盤となったとされる。

❸千里馬運動　北朝鮮で経済発展のために一九五〇年代末に始まった国家的運動。千里馬という一日に千里を走る伝説上の馬の勢いのように社会を大躍進させようという意味を持つ。

❹民青学連事件　一九七四年四月「全国民主青年学生総連盟（民青学連）」の名で民主化を求めるビラがまかれた事件。朴政府下の韓国中央情報部（ＫＣＩＡ）はこの民青学連を摘発し、千人以上が連行された。首謀者とされた八人が死刑となった。

❺釜山米文化院放火事件　一九八二年三月十八日、釜山アメリカ文化院で火災が発生した事件。火災発生直後に文化院の周辺で光州事件を武力弾圧した全斗煥政権の打倒、同政権を支援するアメリカへの闘争を呼びかけるビラ数百枚が撒かれた。

❻朴鍾哲拷問致死事件　ソウル大学言語学科の学生だった朴鍾哲が一九八七年一月に治安本部で水拷問をされて死亡した事件。その後の大統領直接選挙制改憲を中心とした民主化要求である六月抗争の背景ともなった。

三部

一九九〇年代中盤以後から現在まで

一九九〇年代以後、歴史教育に関する社会的関心が高まる中で研究が進められるようになり、以前に比べて多様な諸問題が議論の対象となった。社会科統合の強化は歴史学界の激しい反発を呼び起こした。西洋史専門家を中心とするポストモダン歴史学者は民族主義歴史学と歴史教育を強く批判したが、多数の韓国史専門家は民族を中心に置く歴史教育は未だに価値があるとして対立した。国史教育に比べて相対的に関心の下がる世界史教育の議論も本格化した。西ヨーロッパ中心の世界史教育に対する批判は、次第に「ヨーロッパ中心、中国副中心」の批判として拡大し、世界史教育の危機を心配する声も高まった。近現代史認識をめぐる社会的論争は、『韓国近・現代史』教科書問題として広がりを見せた。一部の保守勢力は、歴史教科書を理念論争の対象に仕立てる役割を果たした。

21世紀に入り、東アジア社会は歴史紛争の渦に巻き込まれた。日本の右翼団体である「新しい歴史教科書をつくる会」が発行した『新しい歴史教科書』の内容は、日韓間の歴史紛争の端緒となった。中国の東北工程❶は、高句麗史を中国史に編入しようとしているのではないかという疑惑が生じ韓国社会の激しい反発を呼び起こした。高等学校歴史科目として「東アジア史」が新設されたのも、これらの影響であった。しかし、東アジア共同歴史教材の開発のようにこうした争いの解消を模索する動きも登場している。

〈訳注〉

❶東北工程　中国東北部（旧満州）の歴史研究を目的とする中国の国家プロジェクト。二〇〇二年から二〇〇六年まで行われ、韓国では高句麗史を中国史に編入する動きとして大きな反発を呼んだ。

十七　歴史と社会科は敵対関係なのか——社会科の統合と国史教育の選択をめぐる論争

一九九一年九月二十七日に開かれた第六次教育課程試案公聴会は社会的な関心を大きく引いた。メディアは一斉に試案の内容を報道し、専門家たちの見解を載せた。テレビやラジオではこれをテーマとした討論が行われることもあった。新聞の読者欄でも市民からの多くの意見が掲載された。教育課程の改訂がこれほど社会的関心を引くことは初めてであった。もちろん、それ以前の教育課程の改訂案も公聴会などにより意見集約の過程を経て制定されていたものの、大衆の関心を引くには至らなかった。メディアは改訂試案の内容をあまり報道せず、試案は大きな修正なしで教育課程として確定されていた。しかし、第六次教育課程では、試案公聴会を前にその内容が公開されるや否や各教科の関連者や団体だけでなく一般市民でさえ賛否を始めとする各種意見を争うように出してきた。これは一九八〇年中盤以後、社会の民主化の進展を示すものでもあった。そして、この試案について多くの論争を引き起こしたものが社会科であった。試案の重点は次の二点であった。

・中学・高等学校教育課程における国史科を廃止し、国史を社会科に含める。
・社会科を代表とする統合科目として「現代社会と市民」を新設し、これを高等学校の必修科目とし、その他すべての社会科科目は選択とする。

この案にしたがうと、一九七〇年代から独立教科であった国史科がなくなり、高等学校国史は選択科目となる。こうした改訂の背景には、社会科統合を強化しようとする動きがあった。「現代社会と市民」は、歴史・地理・一般社会〔公民〕などの社会科のすべての分野を網羅する統合科目として提案されたものである。

分野間の折衷で片付けられた第六次教育課程

改訂試案の内容は熱い論争を呼び起こした。その論点は二つあった。一つは社会科統合が果たして正しいかという問題であり、もう一つは国史を選択科目とする問題であった。改訂試案の内容が知れ渡ると、代表的な歴史教育関連学会である歴史教育研究会は公聴会が開かれる前の一九九一年九月二十五日「いわゆる社会科統合の問題と歴史教育の進路」というテーマで急いでセミナーを開催し、国史の必修科目除外と社会科統合に反対した。社会の関心は、社会科統合より国史が選択科目になることにあった。これについて世論は大変否定的であった。各界の人々は放送や新聞を通してこれを批判した。一般国民の批判はより激しかった。「どうして我が国の歴史を学ばなくても良いのか?」さらには新聞の読者欄では、教育課程試案を作った教育課程研究委員会（以下、委員会）委員たちを「売国奴」、「反民族的」という極端な表現で非難した。

こうした世論の動向は歴史学界としては嬉しいことであった。「自分の利益だけを優先する」という反論を押し切って進まずとも、世論の力を借りて問題を解決できる状況にあったからである。予想通り、世論の批判に直面した教育部は国史を必修から外すことは教育部の意見ではないと一歩後退した。委員会が出した、ただの試案ということであった。結局、国史を必修科目に戻し、代わりに国史科を社会科に統合させる折衷案で片付けられた。そして、「現代社会と市民」の名称を「共通社会」に換え、国史とともに必修科目とし、共通社会は教科書を二冊に分け『共通社会（上）』は一般社会、『共通社会（下）』は韓国地理で構成した。国史だけ必修とすることについて、地理と一般社会側の反発を考慮した措置であった。結局、社会科の三分野という歴史・地理・一般社会で、それぞれ必修科目をつくる妥協策であった。教育部のこのような案が表に出ると、一九九二年一月末に歴史学界は共通社会から世界史が外されたことは高等学校で大部分の生徒が世界史を学ばなくなることを意味すると世界史教育の危機を指摘し反発した。五月三十日に開かれた全国歴史学大会では、歴史教育研究会が主催、東洋史と西洋史関連学会が共催した「世界史教育の難局と展望」というテーマでシンポジウムが開かれた。シンポジウム参加者は、教育課程改訂案を批判して世界史教育の正常化をうながした。しかし、国史とは異なり世論の関心を引くこともなく、教育部の改訂案はそのまま教育課程として確定してしまった。

統合社会科科目「現代社会と市民」

改訂教育課程では国史は必修科目に戻されたものの、国史科を廃止して社会科に統合する案はそのまま施行された。また、「現代社会と市民」は「共通社会」という名前に変え、そのまま維持された。ただ、「共通社会」は歴史が除外されたまま韓国地理と一般社会で構成されることになり、歴史は社会科に属するものではあるが「共通」として知るべき内容ではなかった。結局、社会科統合という委員会の本来の構想は維持され、引き続き争いの火種を残した。

委員会は一九九〇年十二月に組織され、教育課程改訂案の研究活動を始めた。ところが、委員会の委員の中には教科教育専攻者が含まれておらず、教育学専攻者を中心に運営された。教科教育の専攻者が関連すると「教科利己主義」にとらわれ、改革的な案を作ることができないという論理であった。特定教科を専門としていない教育学の専攻者は、教科の特性を考慮したり、わざわざ既存の教科体制を維持したりする必要がなかった。むしろ、委員の中には統合教科の専攻者さえ含まれていた。その人らは「生徒の立場」を主張して、教科統合の方向へ教育課程の改訂を推進した。その対象が社会科と科学〔理科〕であった。

委員会は「現代社会と市民」の性格を「現代社会と暮らしの問題を歴史的、地理的、政治・経済的、理念・哲学的などの立場で主題中心に多学問的に教え、複雑な現代社会を生きる市民の社会問題を体系的、総合的に考え解決することができる能力を培うこと」を目的とする科目として規定した。これによると、「現代社会と市民」は単純に社会科のさまざまな分野を合わせたものではなく、教科目的のために新しく再構造化された科目である。現代社会と暮らしの問題に歴史的、地理的、政治・経済的、理念・哲学的などの立場で主題中心に多学問的に接近した統合科目である。すなわち、全人的な人間の資質として、複雑な現代社会の諸問題を効果的に解決することができる人間を想定し、このような人間の育成のための教科目として「現代社会と市民」を設定したものである。委員会では社会科と歴史科は対立関係ではなく、「現代社会と市民」を新設することが歴史教育を弱体化させるという主張を否認した。国史と社会科は目的と方法を共有しているため、国史教育を社会科学的見識と世界史との関連、現代社会との関係で組織する努力が必要だと、忠告さえした。

しかし、高等学校で国史を廃止し選択科目にすることは国史教育を弱体化させることではないという主張は、わざわざ反論するほどもない無茶な話であった。学問の発展にしたがって統合教育が必要となるという論理も独断的なものである。もちろん、現代の諸学問が学際的研究を通して大きく発展し、多くの研究成果を生み出したことは事実である。しかし、学際的研究は、既存の学問と切り離れて成り立つものではなく、その学問的基礎や研究成果を背景とする。統合教育が学問の発展に役に立つためには、その中に含まれる個別の科目や分野に対する体系的な学習を前提にしなければならない。そうしなければ、統合教育は単純な技能だけを教えることに留まる恐れが大きい。

社会科統合科目としての「現代社会と市民」の性格は不透明なものであった。歴史教育界は特に「現代社会と市民」が日本でも試みられた「現代社会」と名前や論理が似ていることに注目した。日本は一九七八年に改訂された学習指導要領において、高等学校社会科の代表科目として「現代社会」を新設して必修科目とし、他の科目を選択にした。しかし、「現代社会」は、現代社会の人間と文化、環境と人間生活、現代政治・経済と人間など、公民中心に組まれており、体制の擁護とイデオロギー教育という批判を受けた。「現代社会」の失敗は、すぐさま社会科統合の失敗を意味した。一九八九年学習指導要領改訂では高等学校社会科が解体され、地理歴史科（地歴科）と公民科に分離され、「現代社会」は社会科統合科目の地位を喪失したまま公民科の一科目と成り下がってしまった。歴史教育界はこのような日本で既に失敗した「現代社会」と類似する科目を、あえて韓国で繰り返そうとする過程や意図を疑った。委員会は各教科当たり一科目だけを必修とする方針を定め、社会科を代表とする科目を調べる中でどの科目も入れたり外したりできなくなり、統合科目という奇抜な工夫をこらすことになったのではないかと推測もされた。実際、学校教育の主体である教師と生徒たちが反対し、教員養成システムとも合わないのである。教科統合に積極的に反対しなくても、特に実験も行わずに、師範大学〔教育学部〕の教育課程の改編もないまま施行することには無理があるという指摘もあった。

こうした反対意見が出ても「現代社会と市民」は「共通社会」に名前を変えて存続した。共通社会の中では歴史が初めから抜けており、教科書が韓国地理と一般社会に分かれて発行されることから、「共通」という名前が恥ずかしくもあった。しかし、社会科統合は学校教育に現実的な影響を与えた。特に該当科目を教える社会科教師には相当な影響を与えた。共通社会の中の韓国地理と一般社会を分けて教えることもできるが、一緒に教える学校もあった。この場合、地理や一般社会の教師は自分の専攻ではない他分野を教えなければならなかった。中学校では既に一九八〇年代から歴史〔世界史〕、地理、一般社会の中で二つの分野を一緒に教えてきたが、この時からこうした状況が高等学校にも広がった。さらには、同じく社会科であるということで、国史でさえ歴史教師ではない地理や一般社会の教師が教えることが中学校では見られるようになった。教育部は統合の趣旨に合わせ、歴史、地理、一般社会の教師に、社会科の全体を教えることができるように研修を行った。共通社会の教師資格も新たにつくられた。しかしながら、研修を受けたとしても、既存の歴史、地理、一般社会の教師が他の分野を教えることは難しく、教育の質も落ちた。自分が専攻した分野を詳しく教える一方、その他の分野は教科書をまとめる程度で終えることがしばしばあった。さらには、共通社会資格を持つ教師が、歴史・地理・一般社会の分野を教える際、その分野を専攻

高等学校『共通社会（上）』教科書

した教師より難しさを感じることは当然であった。結局、社会科統合とこれを代表とする必修科目としての「現代社会と市民」の新設は、生徒の立場を全面に押し出したものの、むしろ学校教育の現実や教師と生徒の立場を無視したという批判を避けることは難しかった。

社会科統合をめぐる論争

そもそも社会科統合を推進した人々は主に統合教育を専攻とした教育学者であり、これらの人々が教育課程の方針を決めるのに主導的な役割を果たした場合が多かった。そして、社会科の分野では一般社会と関連した専門家や一般社会の教師が社会科統合を支持することが多かった。それに比べ、歴史専攻者の多くは社会科統合に反対した。地理専攻者も全体的に社会科統合に反対したものの、歴史学界や歴史教師ほど積極的ではなかった。これは社会科の三分野の中、地理が歴史や一般社会に比べ、相対的に疎かにされたという被害意識から出た反応であった。社会科統合には基本的に反対するが、地理教育が今より強化されることがあれば、仮にそうであるならば統合を受け入れることができるという二重的な態度が底辺にあった。したがって、論争は主に社会科統合論者と歴史専攻者の間で行われ、社会科統合のさまざまな論理をめぐって論争は続いた。

社会科統合論者は、統合を行うべき最も重要な論拠として生徒の立場を主張した。特に、統合教育が物事や現象を認識し知識を習得する生徒の思考体系に合致すると強調した。それらの人々は、初等・中等教育がすでに普通教育になったと主張して、普通教育の究極的な理想を全人教育の実践より探した。ところが、全人教育のためには社会と自然の現象を断片的な一側面ではなく総合的な眼目で見つめなければならず、統合教育がこのような教育に直接的に役立つという論理であった。私たちが直面する社会諸問題は複雑で多様化されているので、これを解決するにはある特定分野の知識だけでは不可能であるという主張がこれを支えた。さまざまな分野で蓄積された諸知識を動員して総合的に理解しようとする時、ようやく問題の解決に接近できるということである。また、分野によって分節的に教えることは、学習者が実際に経験する方式とも合わないと批判した。それらの人々の主張によれば、学習者はある学習場面や問題に対して全体的に反応し、個別的な経験さえも全体との関連の中で認識する。したがって、教育もこうした学習者の学習経験に沿って全体との関連性の中で統合的に行わなければならないとした。

もちろん、生徒たちは時間と空間、現象を分離して認識せずに、統合的に物事や現象を把握する場合も多い。しかし、これは教科統合を支える根拠とはならない。既存科目の授業でも、他の分野の知識を分離したり無視したりしない。例えば、世界史ではギリシャのポリスを教える際、その原因としてギリシャのリアス式海岸や海岸山脈という地理的条件に言及する。歴史変化の要因として地理的条件に言及することは、歴史教育においてよくあることである。しかし、これは既存学問領域内の議論であり、学校教育においても教科統合とは関係ない授業実践の問題である。

委員会の主張は、教育といえば現実社会を生きて行く中で直接的に役立つべきであるという実用主義的な教育観に基づいている。社会問題を解決できる技能を育てることができるか否かが、生徒が学ぶべき教科を選定する核心的な基準となっている。こうした教育観は、人間の行動と思考、意志を扱う人文教育の重要性を真に認識できない可能性が多い。特に文学や芸術のような純粋な人文教育ではなく、歴史のように人文教育と社会教育の性格をともに持っている場合に対して、社会技能だけに焦点を合わせることがある。これは人間活動の一面性だけ強調することになり、委員会が志向する全人的人間の育成にも合わなかった。

もう一つ大きな問題点は、教育の最終目標と教科教育の目標を同じ次元で扱っている点である。全人的人間の育成は、ある学年や一教科を通じて達成できるものではなく、総体的な教育の過程を通して育てられる総合的な目標である。しかし、統合教育論者らは全人教育を行うために、別個の教科が必要であるように主張する。統合教科であってもそれは一つの教科に過ぎない。全人教育は教育の総体的な結果であり、一つの教科を教えて達成できるものではない。議論の対象は、社会科統合が世界的趨勢であるかどうかも問題とした。統合教育論者らは、教科の統合が世界的傾向であり、多くの国々が統合社会科で進められていたと主張した。これに対して、社会科統合を批判する人々は、統合社会科が他の国でもすでに失敗し世界的にはほぼ無くなる傾向であるのに、韓国ではむしろ強化しようとしていると反駁した。

教育課程の編成主体や方式、性格や位置は国ごとに異なる。韓国や日本、そして社会主義国家は国家教育課程のシステムを採っているが、多くの国では初等・中等教育課程を自治体別に施行している。したがって、世界的傾向を一括して言うのは難しく、外国の事例を間違って紹介したり、時には自分の主張に合わせて勝手に利用したりする場合もある。外国の事例を挙げる際、必ず扱われるアメリカ、ヨーロッパ、日本の場合を見てみよう。

アメリカの場合、歴史・地理・社会科学の各分野が社会科に含まれている。「社会科」という教科が作られたのもアメリカである。アメリカは、韓国のように国家次元の教育課程がなく、州ごとに社会科で教える内容を設定し、これを「歴史と社会科学概要（History and Social Science Framework）」という。実際、教育課程は地域や国家ごとに異なる。複線型学校教育システムを採用しているアメリカの場合、教育課程は幼稚園から十二学年までのK-12と表記する。低学年の社会科は、たいてい自分の周辺で経験できる馴染みある具体的な問題を扱う。学年が上がるにしたがい次第に周辺から拡大され、経験することが難しい馴染みのない抽象的なものに進む「同心円拡大法（environmental expanding approach）」によって統合的な教育を行う。しかし、五学年からはアメリカ史、世界史、市民学（civics）、世界文化、アメリカ地理、世界地理などの個別科目を学習する。社会科を網羅する統合科目はなく、韓国の一般社会に該当する科目はない。社会科学の各分野を個別に学習するためである。

ヨーロッパでは、基本的に「社会科」という教科がなく、歴史と地理中心の教育が行われている。歴史と地理を小学校から教え、韓国の高等学校段階では、政治学・経済学のような社会科学の各分野を個別科目で編成して教える。近来、イギリスドイツなどで「社会科」という科目が開発されているが、これは既存の歴史と地理、その他の社会現象を扱う科目を統合したものではなく、市民学に相当する選択科目である。イギリスのナショナルカリキュラムにおいて、韓国の中学校に該当する十一～十四歳、高等学校に該当する十四～十六歳に編成されている「市民科（citizenship）」は、韓国の一般社会に該当する科目である。「市民科」とは別に、地理と歴史も小学校から高等学校段階まで学ぶようになっている。フランスでは統合社会科科目はなく、歴史、地理、公民を並列的に教える。統合教育は小学校だけで「啓発活動」という教科形態で行われていたが、一九八五年からは「啓発活動」さえ、科学、歴史・地理、公民の各分科別に提示されている。ドイツの場合、州ごとに差はあるものの、多くは歴史と地理を必修科目として独立的に教えている。ただ、一部の州で、社会科統合に対する議論がある。

日本では小学校低学年で生活科という名前の統合教育を行っており、中学校は韓国のように社会科の中で歴史・地理・公民が編成されている。しかし、中学校一学年と二学年で歴史と地理を並行して別々に学習し、三学年で公民を教える。すなわち、社会科の下にあるものの、別々の教科書で分科的な教育が行われている。高等学校では、一九八九年改訂の学習指導要領から社会科が解体され、地歴科と公民科に分かれた。

以上のような状況を見てみると、社会科を統合的に教えることが世界的な傾向とは言えない。むしろ日本のように、社会科や統合科目が解体される傾向が現れている。さらに社会科に属するすべての科目を網羅した統合社会科科目を作る試みは、他の国では見られない現象である。

自国史教育を必修とすることが世界的な趨勢であるかどうか、ということも争点の一つであった。委員会は、世界各国で自国史が必修ではないと主張した。国家主義が強い日本はもちろんのことで、イギリス、フランス、アメリカの多くの州では必修ではないということであった。社会主義国家やスウェーデン、スペイン、イスラエルなどが必修であるが、世界史との有機的な関連の下で教えている。そして、国史を必修科目とするべきという主張を「教科利己主義」と激しく責めた。そして、共通必修より学習者に意味ある学習経験を意味ある方法で提供することが必要であると主張した。意味のない内容を単純に暗記中心に教えることなら、そうした教科の時間を増やしたり共通必修科目にしたりすることは国家的な無駄であると指摘したのである。一見当然のことに見えるこうした主張は、小・中・高で反復して多くの歴史的事実を暗記中心に教えてきた国史科目を指していた。しかし、歴史学界はむしろ自国史教育を強化することが世界的な動きであると主張した。アメリカの大部分の州はアメリカ史と世界史が必修であり、日本では日本史を中心に世界史教育を施行しており、台湾は国語教科書に古事が含まれていることを根拠として挙げた。国際化時代であるからこそ、韓国人としての誇りと責任感を身につけられるように国史教育を強化し、小・中・高で反復的に扱うことの必要性を指摘した。中学校を卒業しただけで高等学校に進学しない生徒のためにも、中学校でも国史を学ぶことは必要であり、高等学校課程と重複を避けるためにも連携性を考慮し、教育課程を構成すればよいという論理で反駁した。

自国史を必修とすることが世界的傾向であるかどうかをめぐる論争は、空虚な気持ちにさせられる。各国の教育制度や教育課程を正しく理解しないまま、勝手に自分の主張を行うからである。アメリカの場合、州や地域、学校ごとに差異があるものの、中等学校の九十パーセント以上はアメリカ史を独立科目として設置していることが知られている。ヨーロッパの大部分の国では「自国史」が別に設けられておらず、「歴史」で自国史を教える。「歴史」の多くは、自国史を中心に内容が構成され、関連した世界史も一緒に扱う。ただ、近年では、ヨーロッパやアメリカ以外のアジアやアフリカの歴史内容も少しずつ増えている。例えば、イギリスの場合、一九九一年にナショナルカリキュラムが制定される前までは学校ごとにカリキュラムが異なっており、必修科目という概念が存在しなかった。ナショナルカリキュラムにおいて、歴史は初等学校から中学校段階までが必修科目で、高等学校段階では選択科目である。

フランスやドイツの各州も類似している。フランスでは我が国の高等学校に該当するリセ（Lycée）一学年までは共通課程で、すべての生徒が歴史を必修に学ぶ。リセ二学年と最終学年は主に人文科学を教えるA科と社会科学中心のB科、自然科学を主に学ぶC科に分けられ、歴史はA、B、C科すべてで必修科目である。小学校から高等学校まで歴史が必修であるのである。ドイツの場合も州ごとの差はあるものの、多くは歴史と地理を必修科目として独自に教える。日本の高等学校では委員会の指摘のように、日本史ではなく世界史が必修科目である。しかし、これは中学校の教育課程編成と関連している。日本の中学校では「歴史」があるが、この科目の内容は大部分は日本史で、日本史と直接関連した世界史が若干言及される程度である。即ち、中学校では事実上日本史が必修であり、世界史を教えていないために、高等学校では世界史を必修としたことである。こうした構成は世界進出という日本社会の要求を反映したものであるといえる。

社会科統合を主張する者は、韓国の中等教育が多くの科目を生徒に押し付けていると批判する。国民共通基本教育課程の高等学校一学年まで、一教科ごとに一科目だけで編成しようとする教科編成の原則も生徒たちの授業負担を減らすことを名分として挙げている。これに比べ、社会科統合を批判する人々は、生徒たちの学業負担が英語や数学のような授業時数が多い科目によって生じたことによるものであり、社会科の問題ではないと反駁した。事実、生徒が各学年で学ぶ科目数は、社会科統合教育を行っても減らない。統合以前に歴史、地理、一般社会を別に教える際も、中学校の一学年でこれら三つの科目が同時に編成されたことはなかった。大部分の場合、一学年に一科目を学んだ。高等学校でも、学年制ではなく単位数により運営されているが、社会科のさまざまな科目が同じ学年で同時に編成されることは珍しい。こうしてみると、社会科統合は生徒が学ぶ科目の数を減らすことではない。むしろ生徒の立場からみると、個別科目単位で学ぶことにより、二つ以上の科目や分野を一学年で同時に扱うことになり学習負担が増える恐れもある。

社会科統合をめぐる論争は、両方が自分の主張を繰り返すだけでは進展は見えない。社会科統合に賛成する人々は、統合論理に対する歴史学界の反駁を再反駁しないまま、以前からの自分たちの主張を繰り返すのみだった。第六次教育課程改訂当時、新聞紙面とテレビなどのメディアを通じて展開されたこの論争は見る人々を混乱させた。同じ用語を互いに異なる概念として扱ったり、同じ内容を扱いながら違う主張を広げたりしたからである。相手の主張を正確に理解せずに反論をする場合もあり、外国の例を我田引水して解釈したり根拠としたりした。このような状況はそれ以後も続いた。

「歴史と社会科は敵対関係」であるか？

歴史と社会科の衝突は韓国だけの問題ではない。韓国と同様に第二次世界大戦が終わった後に社会科が導入された日本や、社会科という教科が一番先に始まったアメリカでも同じである。社会科教育が統合的な社会問題解決に関心を持つべきであると主張する意味で、社会科支持者たちを「問題陣営」という。「問題陣営」は社会問題を中心に社会科のさまざまな分野を一緒に扱うという意味で、社会科統合に賛成する側である。「問題陣営」と「歴史陣営」の対立は、社会科教育をめぐってアメリカで長い間続いた論争である。さらには「歴史と社会科は敵対関係」という言葉も公然と出た。

歴史と社会科は元々このような対立関係ではなかった。社会科を最初につくったのは一九一六年のアメリカ教育学会（National Educational Association）である。この時期まで歴史学者はアメリカ教育学会に積極的に参加した。新しい史学（new history）の主唱者としてよく知られているロビンソン（James Robinson）が、アメリカ教育学会の会長をしたこともあるほどである。二十世紀初まで歴史学の主流であったランケ（Reofold von Ranke）流の文献考証史学に代わって、社会史の必要性を強調した当時のアメリカ歴史学者には「歴史と関連した周辺分野」を意味する社会科は否定的な概念ではなかった。しかし一九二〇年代以、社会科を教科として採択する学校が増え、社会科の拡大にしたがって歴史は次第に縮小された。さらに教育学が細分化され、教育課程のような下位分野が独立し学問として位置づけられ、教科専攻者と教育学専攻者の間に距離が生まれるようになった。次第に、アメリカ教育学会は教育学専攻者で占められた。これらの人々は教育課程そのものが専攻領域であり、実際にそれを実現した教科には関心がなかった。そのため、教育課程の論理と教科の論理の統合的な具現には関心がなく、教育課程の論理だけを優先した。その結果、歴史専攻者と教育学専攻者の間には、学校教育の方向をめぐり葛藤が生じた。

国史が社会科に統合されることによって、当初より国史学界が心配したように、中・高等学校での国史教育の立ち位置は低くなり、教科の中での比重も下がった。生徒にとって国史はもう主要科目ではなかった。国史だけではなく世界史教育も一緒に弱体化した。国史を変わらず必修として学ぶことで、社会科分野間のバランスを取るという名分により世界史を選択科目として編成したからである。

多くの歴史教師は社会科統合が好きではない。もちろん、その原因は一次的には社会科統合が歴史教育を弱体化することだからである。しかし、歴史と他の社会科科目とは本質的に性格が異なるという認識もその一つの理由である。そのため、歴史教育の強化を主張する際、社会科から歴史を独立させるべきであるということを決して忘れていない。

社会科統合問題は、教科教育の主な目標をどこに置くかという観点と密接な関連を持っている。社会科統合論者は知識教育を強く批判する。今まで私たちの教育が暗記中心の知識教育で行われてきたことにより、生徒の思考力を低下させたということである。これらの人々は、思考や技能を教えることを教科教育の主な目標とみている。したがって、歴史を学ぶ必要はあるものの、すべての歴史を網羅して通史的に勉強する必要はなく、思考力や技能を身につけるために必要な内容を扱えばよいと考える。暗記中心の知識教育に対する批判は、歴史教育内部でもよく提起された。しかし、思考や技能を養うための教育はそのままで可能ではなく、教科の内容を媒介とする必要がある。歴史的思考力や歴史意識は歴史的事実に対する正しい認識を基に育成されることで、特に時代の流れによる歴史的変化を正しく把握しなければならない。このような意味において、歴史の構造や流れを理解するために基本になるものや重要な事実であれば、そのものを認識することも歴史教育においては大きな意味がある。

社会科教育課程の廃止を要求する地理教育関係者たちの記者会見（2007 年 2 月 5 日）

社会科統合をめぐる争いは継続している。この論争はまだ勝敗が決まってない。「勝敗」を論じることは問題ではあるが、あえて言えば引き分けである。社会科は解体されてないが、国史は初等学校から高等学校まで実質的に学んでいる。教育当局がある一方の側の主張に一方的に賛同するのではなく、世論を読みながら調停したからである。こうした現象は今後も続くかもしれない。しかし、論争の過程で歴史学界も重要な部分を見過ごした。歴史をなぜ独立教科として編成するべきか、なぜ歴史を勉強しなければならないかについて、本質的で説得力ある論理を構築するのに無関心であった。ただ世論や教育政策に依存しただけであった。もちろん大部分の人々が納得する論理をつくることは難しい。しかし、そのような努力を絶えまなく続ければならない。今まで国史は「我が国の人々が我が国の歴史を知らないことは話にならない」という論理により、愛国心を売り出して必修科目の座を維持してきた。それに比べ、社会的な気運さえ形成しにくい歴史科独立は結局のところ貫徹できず、世界史教育は相対的に弱体化を避けることができなかったのである。

十八　ポストモダン歴史学と民族主義歴史学——民族主義歴史学と歴史教育の論争

「民族主義は反逆だ」。漢陽大学校教授で西洋史を専攻した林志弦《イムジヒョン》が書いた本のタイトルである。多少挑発的なこの本のタイトルは、「民族」を重視した韓国史学界を狙って書かれたものである。ここでの「民族主義」は、既に批判を受けてきた朴正熙《パクチョンヒ》の維新民族主義や、「燦爛たる」韓国上古史を信じるいわば在野史学界の極右民族主義をもちろん含んでいる。しかし、ここではそれよりも進歩陣営に対する民族論を主な批判対象としている。極右民族主義派については言うまでもなく、進歩的民族主義もその本質では差異がないという論理である。このことについて本の序文では次のように書かれている。

私たちの見方が、依然として抵抗民族主義の道徳的正当性に対する規範的理解に留まっている限り、北朝鮮の「朝鮮民族第一主義」や朴正熙の民族主義的修辞が持つ比較的単純な体制維持のための政治工学さえ見抜くことができないのである。民族主義的性向を持つ多くの批判的知識人が権力のルビコン川を渡ったことも、こうした脈絡で理解することができる。それは単に個人的次元の変節ではない。それよりも、民族主義に対する純真な理解から始まる知的破局は、韓国社会の知性史的脈絡から読まなければならないというのが私の判断である。——林志弦、『民族主義は反逆だ』、七頁

「民族主義は反逆だ」

実はこの本での「反逆」の意味が何であるかは明確ではない。著者は本の中でそれなりにその意味を盛り込んでいるのではあるが、私のような読者には明確に伝わってこない。著者の論文を集めたこの本の中で直接的に韓国史学界の問題を扱った論文は、『歴史批評』に発表した「韓国史学界の『民族』理解に関する批判的検討」の一編である。他の論文では部分的に言及されているものの、民族に関する著者の観点を本格的に示したものはこの論文だけである。しかし、あえてこの論文の内容をここでは言及しない。特定論文の内容を扱うことは本書の趣旨ではなく、今から文章を展開する過程で関連した議論が自然に出て来るからである。

一九九〇年代中盤以降、主に西洋史専攻者を中心に、韓国の歴史学界と歴史教育界の民族主義あるいは民族中心歴史教育に対する集中的な批判がなされた。述べる人物や書かれた文章によって差異はあるものの、その論旨は似通っている。こうした批判論理の根拠は「ポストモダン歴史学」として知られている。実は、「ポストモダニズム（postmodernism）」が何であるかをきちんと規定しないまま「ポストモダン歴史学」という表現を使用することが適切であるかは疑問である。ポストモダニズムが韓国社会に入った後、その概念や性格、モダニズムとポストモダニズムの関係などに関して長い間論議があった。ポストモダニズムは、その初期に「後現代主義」、「脱近代主義」などに訳された。しかし、近来ではそのままポストモダニズムと表記する場合が大部分である。「後現代」と「脱近代」という言葉からわかるように、ポストモダニズムをモダニズムの延長線上で見る人もいる一方で、モダニズムから抜け出た傾向として見る者もいる。しかし、歴史学界ではポストモダン歴史学に関する本格的な議論さえない状態だった。

民族主義歴史学と歴史教育を批判した『民族主義は反逆だ』（右）、『国史の神話を越えて』（左）

一九九〇年代に入ってから、韓国の歴史学界では「言語論的転換」、「ポストモダン的歴史」、「新社会史」、「民族誌的歴史研究」、「オーラルヒストリー（口述史）」、「記憶の歴史」、「サバルタン・スタディーズ」などのような多様な歴史学や歴史研究動向が紹介された。ポストモダン歴史学は、このような傾向を代表したり総合したりした概念だといえる。このような現象は、歴史を見る観点を新たにし、歴史研究の対象を広げ研究方法を多様化した。歴史教育もこれに影響を受けた

解放以降、韓国の歴史学は西欧式近代がまさに発展であるという認識を持っていた。しかし、ポストモダン歴史学では西欧の近代を歴史発展の指標とみなす観点を拒否する。西欧社会の発展により枠組みをつくってきた巨大な言説〔discourse〕に終わりをつげ、西欧もさまざまな文明の中の一つであると認識する。したがって、歴史発展の新たな基準が議論されるようになったのである。

歴史研究の対象を拡大したことも重要な変化の一つである。支配層や主流を対象とした研究から抜け出し、ポストモダン歴史学は「少数（minority）」、「部外者（outsider）」、「他者（others）」の歴史に関心を与えた。これまで軽視された社会的下層民、少数民族の歴史が新しく浮かび上がった。フェミニズム的視角の女性史が歴史叙述に含まれ、ジェンダー研究が一つの独立した研究分野として位置づけられた。中央史ではなく地方の歴史、都市史だけではなく農村の歴史研究も活気を帯びた。

ポストモダニズムの民族主義批判

ポストモダン歴史学において、韓国史や歴史教育を見る視角の中で一番大きな論議となったものは、民族主義あるいは民族中心の歴史学と歴史教育に対する批判である。ポストモダン歴史学の人から見れば、「民族」は歴史的実態ではなく観念的な産物であり、支配イデオロギーの性格を持つ巨大な言説である。この批判内容と韓国史研究者の反論を具体的に見てみよう。

第一に、民族の概念や属性をめぐる論争である。ポストモダニズムでは民族と民族主義を近代ヨーロッパでつくられたイデオロギーと見る。これを基準にすれば、韓国史でいう民族は、大部分の歴史において現実的に存在した実体ではなく観念である。もちろん、ポストモダン歴史学者も、前近代社会で一定の同質性を確保した存在であったと考える。社会的・歴史的意味の血縁関係を持つ人種集団や、長期間にわたり歴史的経験を共有し言語と文化面で同質化した集団はあった。しかしこの集団は、能動的な民族意識を持ち、民族史に積極的に参加しようとする主観的意志の欠如した限定的同質集団であるということだ。そのため、このような集団を民族ではなく「民族体」とする。民族を血統的存在ではなく政治的単位として把握したのである。

これに対して、韓国史専攻者は、民族の概念を近代ヨーロッパの民族に限定したことは西欧中心的な思考方式であると反駁する。また、民族は社会科学的概念だけではなく歴史的概念であり、その意味や属性は可変的であると主張する。時期によって、民族の属性が異なるということである。したがって、民族の属性の中でその一部の要素を持つ共同体をあえて「民族」と区別して、「民族体」とする理由がないとする。むしろこの点を前近代的民族の属性として規定する。だが、ポストモダニズムでは、近代ヨーロッパの民族が持つ属性を基準として民族であるかどうかを区分し、批判する。

第二に、ポストモダニズムでは民族を支配イデオロギーとしてみる。近代ヨーロッパの民族や民族主義は、他の民族を支配したり侵略したりする道具として帝国主義を活用した。個人の自由と階級を否定するファシズムの顔になり、さらにホロコーストのような人種主義と結合し、他の民族を虐殺する狂気を見せることもあった。

しかし、相当の数の韓国史専攻者は、西欧では民族主義が支配イデオロギーとなったが、植民地や半植民地では抵抗イデオロギーであったと主張する。韓国史でも、李承晩《イスンマン》や朴正熙《パクチョンヒ》が民族を前面に打ち出し、他の批判を抑えつける支配イデオロギーとして機能したが、これは歪曲された類似民族主義である。これとは異なり、民族主義は分断や独裁と闘った抵抗イデオロギーとして機能したということである。しかし、依然としてポストモダニズムでは、抵抗イデオロギーという民族主義も、その本質においては他の思考方式を排除する支配イデオロギーとして機能するという点においては差異がないと言う。民族に利益になることは善、そうではないことは悪であるという図式により、民族だけを肯定的に評価し、民族以外のものを否定的に認識する。歴史を民族に対する反民族という構図で評価するということである。これは韓国史でも同じであると主張した。

第三に、ポストモダニズムでは、民族や民族主義を代表的な巨大な言説であるとして批判する。彼らから見ると、巨大な言説は社会を構成する人々の暮らしを正しく理解することを困難にする。歴史は人々が生きていく具体的な暮らしを見せなければならないが、「民族主義」という言説は、これを妨げているということである。要するに、植民地下の叙述は植民地支配と朝鮮人の抵抗だけで描かれるのである。当時の人々にとっては、これと同じ位、日常的な生活も重要である。それにもかかわらず、「民族」だけを押し出すことで他のことを他者化し、少数者や弱者の暮らしを排除したということである。韓国史学界も、私たちの歴史研究がこうした問題点を持っていることをある程度認めている。しかし、これをもって民族を排除する理由にはせずに、多様な近代主体と民族の関係を再構成することで解決することができるとする。また。独立運動史は植民地下の研究と叙述において、依然として重要な分野であると評価する。

植民地近代化論と民族主義歴史学

この他でも、民族主義歴史学と歴史教育に対する批判が出現してきた。その一つは植民地近代化論である。植民地近代化論者は、韓国史学界が過度に「民族」に執着し、近代史を単なる収奪と抵抗という二分法で判断し、近代史の実体を正しく把握していないと批判した。彼らは日本の植民統治がたとえ収奪を目的としたものであっても、結局は近代化の土台になったのだと主張する。植民地下においては朝鮮半島の経済成長は当時の世界の中でも高く、植民地下の技術蓄積は解放後の近代化の土台になったということである。

植民地近代化論は、既存の韓国史学界の近代史認識を辛辣に批判した。そのため、具体的な事実に対する評価でもさまざまなところで衝突した。大韓帝国と光武改革❶、土地調査事業をめぐる論争が代表的である。二〇〇四年には『教授新聞』の紙面において、大韓帝国の性格と歴史的意味をめぐる論争が展開された。大韓帝国の財政をめぐって始まったこの論争は、光武改革の性格と開明君主としての高宗に対する評価など、大韓帝国の歴史的意味全般にわたって進行した。植民地近代化論者は、大韓帝国と光武改革は前近代的性格から抜け出すことができなかったとする。これに対して、韓国史専攻者は光武改革が近代社会の性格を指向したと評価した。

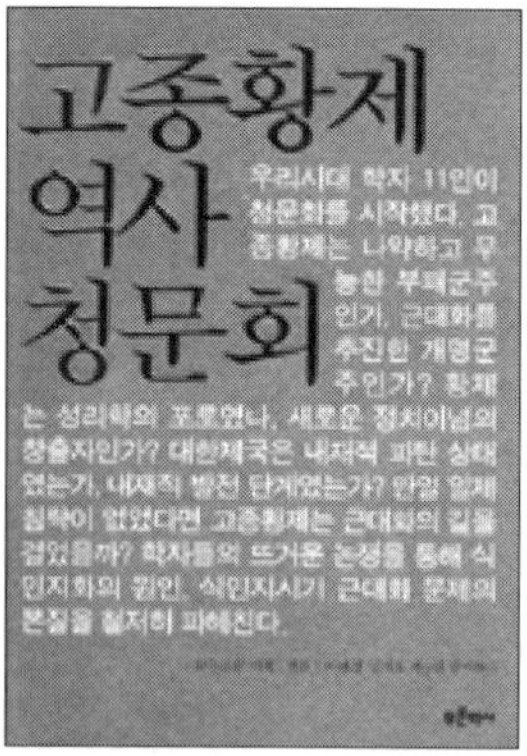

大韓帝国と光武改革をめぐる論争をまとめた『高宗皇帝歴史聴聞会』

植民地近代化論者が、国史教育の問題点として集中的に批判の対象としたのは日本統治期の叙述であった。歴史学と歴史教育は「収奪と抵抗」の二分法に陥り、近代の実体を把握できないまま、むしろ偏向したり間違った叙述をしたりしたと主張した。この代表的な例として土地調査事業が指摘された。近代化論者は、土地調査事業の目的が収奪であったことを全面的に否定しない。土地調査事業は基本的に土地制度を近代的に変えることに目的があり、その結果として近代的土地所有制度が確立したとみた。

> 国史学者によりこうした神話がつくられ、国民教育を通して広く普及されるまでになった一つの事例として、日本が「土地調査事業（一九一〇〜一九一八年）」を通して全国の農土の九十パーセントを略奪したという国史教科書の叙述を挙げることができる。……最近の国史教科書は筆者を含む批判者を意識し、この部分を「国土の四十パーセント」とこっそり修正したが、論理的および実証的に通用しないことは同じことである。——李栄薫《イヨンフン》「国史と文明史」、九十三－九十四頁

しかし、すでに二〇〇二年版国定「国史」教科書では、朝鮮総督府の国土占有率に言及しておらず、次の二〇〇三年から使用された『韓国近・現代史』の六教科書中五社でもこの内容はない。この内、四社の教科書では土地調査事業の目的が土地掠奪であったり、朝鮮総督府が朝鮮人の土地をたくさん奪ったりしたという内容まで消えた。これは、こうした批判が当時の国史教科書の叙述を正しく確認していなかったためである。上記の指摘通り、国史教科書のこ

うした変化は植民地近代化論の批判を意識したことである。言い換えると、国史教科書の土地調査事業の叙述が民族的観点で誇張・歪曲されたという植民地近代化論者の主張は相当な部分で事実である。そうであるとしても、韓国史学界が土地調査事業に関する近代化論の人々の観点を受け取ったという意味ではない。植民地近代化論者は土地調査事業が近代的土地関係を確立させたことに焦点を当てている半面、韓国史学界は植民支配に必要な日本の財政確保という点から土地調査事業に注目しているからである。

日本統治期全体に議論を拡大しても同じである。植民地近代化論者は、韓国史学界が過度に「収奪と抵抗」だけを焦点として歴史的事実の実体を見ていなかったと批判する。そして、「収奪と抵抗」の代わりの新たなパラタイムとして「開発と成長」を提示する。植民統治は収奪だけではなく、開発と成長をもたらしたというものである。近代化論者は日本の植民支配の時期に朝鮮社会で資本と労働の蓄積が展開され、資本主義的生産様式が朝鮮経済の性格となり、朝鮮人が近代的農民、労働者、資本家階級に変身したと主張する。これに対して、韓国史学界では植民地下の経済成長は表面的なものに過ぎないとする。そして、歴史はこの表面的数値だけを持って見ることができず、そのことが人々の暮らしにどのような影響を与えたかを見るべきであると反駁する。経済成長の果実は日本のためであって、朝鮮人の暮らしには意味を与えなかったということである。ただ、具体的な事実の叙述において、植民地近代化論者の批判と新たな研究成果を受け取り、一部内容を修正したに過ぎなかった。土地調査事業の叙述はそうした事例であった。

一方で、植民地近代化論と植民地収奪論の両方が、西欧的近代化を歴史的発展としての進歩とみなすことを批判し、韓国近代の普遍性と特殊性を考慮した新たな近代の指標を提示すべきであるという主張を展開する。こ

日本が土地調査事業のために土地を測量する様子

れにより、植民地近代化論と植民地収奪論で展開された論争は、植民地の近代的性格を新たに究明しようとする試みまで加えられ、一層複雑な様子を見せた。さらに植民地近代化論を主張する人々の中の相当が「ニューライト」活動に積極的に参加したことで、学問的議論を越えて政治的問題の様相をあらわにした。同民族であることを強調し北朝鮮を韓国史に引き入れて擁護しようと考えるために韓国近現代史学界が民族と民族主義パラダイムに閉じ込められているという植民地近代化論者の疑いからこうした動きは始まった。こうして植民地近代化論をめぐる論争は、歴史学界の保守と進歩が対立する様子を見せた。

民衆論と民族論

歴史学と歴史教育の民族主義的傾向に対するもう一つの批判は「民衆論」の観点より出された。歴史叙述において民衆が疎外されたとみる一部の人々は、韓国史学界が民族の言説に陥ることで歴史的事件の実体を無視し民衆の存在を排除したとする。例えば、東学農民戦争は階級的性格が強いにもかかわらず民族運動と規定したとする。さらに、本質的に労働運動である植民地下の元山ゼネストでさえも、民族運動として叙述することでその性格を変質させたと批判した。

金學鐵《キムハクチョル》が書いた自伝的小説『激情時代』は元山ゼネストの場面から始まる。元山ゼネスト当時に中学生であった金學鐵は、労働者たちのゼネスト場面を目撃する。デモに参加した労働者たちは、企業家が動員した会社側の人々や警察の介入により次第に守勢となる。その時丁度、港に停泊していた日本人労働者がストライキ中の元山の労働者たちを熱烈に応援し、これにより状況が変わる。元山ゼネストは、植民地朝鮮人と植民支配国家の日本人との間での問題ではなかった。基本的に階級と資本、すなわち労働者と使用者間の対立であった。使用者の利害を代弁する現場監督は日本人であり、これを支える公権力は日本警察であったため、労働者の闘争対象が日本人になるのである。もちろん、ストライキでは日本人と朝鮮人を差別待遇する植民地支配政策に対する怒りが含まれ、民族運動の性格も加えたものであった。しかし、『激情時代』で見られるように、日本人労働者の中でも元山ゼネストを支持する人々は多く、朝鮮人でも全員が元山ゼネストを肯定的に見ていなかったため、朝鮮人と日本人の対立ではなかった。日本でも募金がすすみ同盟ストライキが行われたこともあった。それにもかかわらず、私たちは元山ゼネストの民族的性格を前面に出して「民族運動」であると規定する傾向が強かったのである。

　歴史教科書叙述のこのような問題点は、今までも数度にわたり指摘されていた。近年では、この批判を意識して韓国史教科書の叙述内容が一部変わった。例えば、以前は義兵抗争を全面的に民族運動として考えていたが、現在では乙未《ウルミ》義兵は封建的社会体制を守るための両班儒生の蜂起として区分されている。朝鮮物産奨励運動の場合も全民族の支持を得たように叙述されてきたが、近ごろは当時の朝鮮人の中でも賛否両論があり、これを資産階級の利益のための運動とみて、むしろ打倒しようとした動きまであったことを紹介することもある。

聯合會員二千名
昨朝부터總罷業斷行
二十二日執行委員會決議로
元山一帶空氣險惡
全咸南警官總動員警戒
總罷業斷行前形勢
人夫罷業으로 各運送店休業
今年度公普收容力 十萬八千六百名
廿餘名代表 再次로

1929年1月元山ゼネストを報道した『東亜日報』新聞記事（上）と当時デモに出た労働者の様子

　事実、民族と民衆は対立的関係である場合が多かった。第一次世界大戦が起きるとすぐに第二インターナショナルの構成員が「祖国防衛」という名分下で帝国主義戦争に参加した。これにより、労働者の国際連帯が崩れたことはこれをよく表現している。植民地下の朝鮮社会の主な現実が民族矛盾であるか階級矛盾であるかによって、歴史認識は大きく変わる。このような論争は一九八〇年代の韓国社会でもあった。今でも根強く続けられている民族解放（NL）と民衆民主（PD）論争がそれである。民族と民衆の利害関係が同じではなくむしろ対立的であっても、一般人にとってはそれらの人々の主張は似通っていると感じ、また実際に多くの社会現実では混同されていたのは「分断」という朝鮮半島の特異な状況からである。独裁政権は、北朝鮮を支持したり、少なくとも北朝鮮の利益となったりするという理由により、民衆運動を責め弾圧した。北朝鮮の存在は民衆運動の障害物であった。そのため、統一運動は民族運動だけでなく民衆運動でも重要な課題であった。統一を主張することで、「南と北は一つの民族」という民族論を強調するようになった。民衆論と民族論の結合である。

敵対的共犯と選択的共犯

民族主義、民族中心の歴史教育に対する批判はさまざまな部分で出てきたが、本質的な問題提起はポストモダン歴史学の論理から始まったものであるといえる。しかし、歴史学界の熱い議論に比べ、一般人には何ら関心を引かなかった。まずポストモダニズムが何であるかが曖昧であり、民族の概念も使用する人によって幅が広すぎた。学術的には民族を政治的・歴史的概念として規定するが、一般人の多くは民族を人種や種族、血統を共有する存在として受け取る。そして、ポストモダニズム以上に植民地近代化論の民族批判の方に関心を持つ。民族や民族主義をめぐる議論は非常に敏感な社会的問題であるが、ポストモダン歴史学対民族主義歴史学論争は、大衆の参加がない学者だけの試合であったかもしれない。

一九九八年第四十一回全国歴史学大会の主題は「統一と民族主義」であった。主題の性格上、民族主義が統一にどのような役割を果たしているかを重点的に議論した。学術大会が終わった後の個人的な集まりの場において、ある参加者は統一院の存在を批判した。統一院の長官は他の部の長官より一つ上の副総理級で、政府次元で統一をいかに重要視しているかを象徴的に見せつける存在であった。しかし、その参加者は統一を成し遂げたドイツの場合では、むしろそのような統一部が存在しなかったという点を強調した。「民族」に依存したり、民族主義に執着したりしないことで、統一が可能であるという主張であった。もちろんこの批判は、民族を出して民主主義や人権を抑えつけた政権批判であり、一方的過ぎるほどの民族依存統一運動に対する批判でもあった。人権や平和のような普遍的価値を共有することが、統一を行うための近道であるという意味であるというのである。論理上、問題のない主張であった。しかし、統一の必要性を述べ、人々がそれに共感する根拠は南北が同じ民族で構成されているからであり、民族を排除すれば南と北の統一は異なる二つの国が統合することと同じではないかという反駁も出た。

ポストモダン歴史学の民族主義批判は、かなりの共感を得た。少数や他者に関心を向けたり、歴史学が人々の日常的暮らしを扱ったりするべきであるという主張は、韓国史学界内部でもしばしば出ていたからである。歴史教育においても、人権や平和のような市民的資質を養うことに力を入れるべきであるという主張も耳を傾けるに値する。実は今まで歴史教育は批判的態度を強調しながらも、市民教育の問題はおろそかにしがちであった。

しかし、その主張の中には理解を得がたい部分もある。前に引用した林志弦の文章では、「この文章はモダニズムに感染されていない申東曄《シンドンヨプ》のみずみずしい民族的感受性に対する金洙暎《キムスヨン》の冷徹であるが本質的には暖かい批判と性格をともにする」（林志弦『民族主義は反逆だ』、五十八頁）という内容がある。詳しい説明がなく、申東曄や金洙暎の詩の世界をよく知らず、詩的感受性がない私にとってはこの文章の意味を正しく理解できない。情緒的な民族や民族主義は正しいが、イデオロギー運動としての民族や民族主義は排斥されるべきという意味であろうか。しかし、この二つが明確に区分されるものかはわからない。申東曄や金洙暎自身の意志と関係なく、朴正熙独裁政権に抵抗した人々は彼らの詩から抵抗民族主義の姿を見た。民族の情緒、感受性が運動の道具になった。読者を強調するポストモダニズムの観点によると、申東曄や金洙暎の感受性と暖かい批判はすでに運動である。

さらに問題は、民族主義を批判するグループの歩みである。この人々は「民族主義」という共通の敵の前において、共同歩調を取り連帯する。しかし、民族主義を批判すること以外に、これらの人々の指向の中にどのような共通点を探ることができるのか。林志弦は民族主義が持つ排他性と支配性を「敵対的共犯関係」という言葉で説明する。

事実上、近代東アジアの地理的条件の中で民族主義が作用してきた方式を理解すれば、東アジア市民社会の歴史意識がなぜ「国史」の枠にはめられているかを理解しやすくなる。最近の歴史戦争で見るように、東アジアの民族主義は互いが互いを排除し他者化する点で現象的には鋭く衝突するが、基本的な思考の枠組みとイデオロギー的戦略を共有している。敵対的に出会いながらも同時に共犯者的関係を構成するのである。この「敵対的共犯関係」の中で東アジアの民族主義は互いが互いを排除し他者化しながらも、互いが互いを太らせ強化させたのである――林志弦、『国史』の内と外―ヘゲモニーと『国史』の大連鎖」、二十六頁

「敵対的共犯関係」という言葉を用いながら、民族主義歴史学と歴史教育を批判する人々の間の関係はどうなのかと考える。理念や主張だけを見れば「敵対的」でありそうなポストモダン歴史学者と植民地近代化論者が「仲間」になる現象をどのように説明するのか。すべてではないが、相当の数のポストモダン歴史学支持者が、民族主義を巨大な言説であると批判し少数や他者の意味を強調しながらも、国家主義を擁護し民族主体史観を国民精神の全面に立たせた朴正熙を崇めたたえる植民地近代化論者と路線をともにした。この人々の関係こそ「敵対的共犯関係」ではないだろうか。もちろん表面的には対立しないので「敵対的」ではなく、植民地近代論者がニューライト活動を本格化した後は分離したために「共犯」でもないと言えるかもしれない。しかし、一時期「共犯」の関係を維持し、しかもそれは自分たちの意志による行動であった。そうであれば、その時期、それらの人々の関係は元々「敵」でありながらも、必要によって「仲間」として選択した「選択的共犯関係」という言葉がふさわしいのかもしれない。

〈訳注〉

❶光武改革　一八九六年から一九〇四年までにかけて行われた朝鮮の改革。一八八七年に大韓帝国を宣布した後に、集中的に行ったことがら、高宗皇帝の元号である光武を用いて光武改革という。「旧本新参」の理念の下で王権強化をしながら自主的な近代化を目指した。この改革によって、土地を測量し所有者に証明書を発給する土地調査事業が自主的に実施され、製造工場・電気・鉄道などの基盤施設が整備された。

十九　「西欧中心」から「ヨーロッパ中心、中国副中心」へ——ヨーロッパ中心の世界史教育批判

「地理上の発見」。これは中・高の世界史の時間でかなり詳しく学んだ事件であった。バルトロメウ・ディアスの喜望峰到達、バスコ・ダ・ガマのインド航路、コロンブスのアメリカ大陸発見、マゼラン艦隊の世界一周などを一つひとつ勉強した。試験にもよく出た。中・高で「地理上の発見」は、西洋の中世と近代を区分する基点であり、世界を一つに結ぶ真の世界史を成立させた歴史的意味を持つ事件であった。ところが、いつからか「地理上の発見」は西欧中心の歴史観を反映する代表的な用語であると批判を受けた。アメリカではそれまでに既に多くの人々が住んでいるにもかかわらず、「知られていなかったことを初めに見つけた」という意味の「発見」という言葉を使用することはヨーロッパ人の観点であるということである。北ヨーロッパのヴァイキングが既に十一世紀頃から北アメリカに往来したこともあり、コロンブスがアメリカを発見したことはヨーロッパでも西ヨーロッパ人たちの観点といえる。したがって「地理上の発見」は、次第に「新航路の開拓」や「ヨーロッパ世界の拡大」という言葉に代替された。歴史教師も地理上の発見を教える時、私たちが知っている世界史が西欧中心で叙述されたことをよく話したりする。

スローガンに過ぎない西欧中心脱皮

世界史教育が西欧中心であるという批判は、既に一九七〇年代に出ていた。一九七九年に韓国教育開発院で発行した『高等学校世界史』教科書は、人文系と実業系を網羅した高校生が学ぶ世界史教科書としては唯一の国定教科書で

あった。この教科書では、はしがきで「各単元は適切な比重を置き、特に近代以後に重点を置いてアジアとヨーロッパを同等な比重で扱った」と書いている。アジアとヨーロッパを同等な比重で扱ったということは、以前はヨーロッパ史の比重が多かったという意味である。教師用指導書はその意味を以下のように明確に説明していた。

次は東・西洋の比重をできるだけ同じようにしようとした点である。従来は西洋中心の単元構成であったが、私たちに一番身近な隣に関する理解を再整理することと同時に、東洋のアイデンティティ脱皮に多くの神経を使った。――『高等学校世界史教師用指導書』、一九七九年、十頁

以後、「西欧中心からの脱皮」は世界史の一種のスローガンになった。実際に内容構成でもこのような観点がある程度反映された。アジア史の中でも中国以外の地域の叙述が増えた。一九八二年の高等学校世界史教科書からは、アフリカ、東南アジア、内陸アジアの歴史が叙述され始めた。世界史教科書が扱う地域と時代はさらに広がって、二〇〇三年から使用された高等学校教科書ではアメリカの原住民の歴史とアフリカ前近代史も含まれた。西欧中心の世界史教育から抜け出すことを標榜してから数十年を経たが、二〇〇〇年代に入っても世界史教育が「ヨーロッパ中心」であるという批判は縮小することはなかった。そうこうするうちに、世界史教育の専門家と中国以外の地域の歴史を研究する人々の間で世界史教育に関する関心と危機意識が高まり、むしろ批判の声が一層高まった。

二〇〇〇年代初に使用された中学校社会科教科書の世界史と、高等学校世界史教科書の内容を分析したものを集めた一冊の本は、序文で世界史教科書の問題点を以下のように指摘した。

我らの教科書に入っている「世界」は世界ではない。東北アジアとアメリカ、ヨーロッパが中心になって、その地域以外のより広い世界とより多くの人々は調和よく差し込まれている。現在の中学校社会科教科書と高等学校世界史教科書は、本当の「世界史」を失った。――イオクスン他『誤謬と偏見に満ちている世界史教科書の立て直し』、九頁

ここでのアメリカは原住民ではなくヨーロッパから移住した人々が建設したアメリカであり、東北アジアでは中国史叙述が断然多い。結局、世界史教科書がヨーロッパと中国中心で構成されたという意味である。「西欧中心」がヨーロッパと中国という二つの中心に変わったわけである。「我が国の中・高校の世界史教科書内容は第一次教育課程から七次教育課程まで『ヨーロッパ中心－中国副中心』の二つの軸があるが、ヨーロッパの方に中心がさらに傾いた構成を固守している」（ユヨンタク『歓呼の中の警鐘』、四百七十六頁）ということである。

実際、世界史教科書においてヨーロッパと中国を除外した他地域の歴史叙述は、依然として貧弱である。東南アジアとアフリカ地域の歴史が含まれているが、王朝や民族を羅列したものに過ぎない。例えば、『高等学校世界史』（教学社、二〇〇三年）の「東南アジア各国の成長」という小単元は二頁で構成されているのに、カンボジア、ミャンマー、インドネシア、タイに存在した七つの国名が出る。このような現象は、東南アジアやアフリカの歴史を扱う他単元や他教科書でも同じである。さらに、叙述に参考になるほどの本や資料も十分ではない状態であり、非専攻者が執筆したために間違いも少なくない。ヨーロッパとアメリカ、中国以外の地域の歴史専攻者たちが執筆した『誤謬と偏見に満ちている世界史教科書の立て直し』は、一つひとつその問題点を指摘した。その部分を教える教師たちにとても参考になることは間違いないが、なぜそれ以前から世界史教科書の内容が慎重に検討されなかったかという考えも一方で浮かぶ。

ヨーロッパとアメリカ、中国以外の地域の歴史専攻者たちが執筆した『誤謬と偏見に満ちている世界史教科書の立て直し』

こうした問題意識は世界史教育課程の構成原理に関する議論に引き継がれる。一九九〇年代まで世界史教育課程は「前近代史は文化圏、近現代史は主題中心の世界史的アプローチ」という原則下でその内容が構成された。その根底には、前近代世界でも地域間の交流があったが、文化圏別に区分され独自的性格と発展論理を持っていたという認識がある。「世界史の内容体系は基本的には東アジア文化圏、西南および東南アジア文化圏、ヨーロッパ文化圏、他地域で区分するという伝統的時代区分法によって構成している」（『教育部告示一九九七－十五号高等学校教育課程解説［社会］』、百九十三頁）ということである。近代に入ってから初めて世界史を相互関連で扱い、現代世界を一つの文化圏と見なすことを基本構成とした。

文化圏的アプローチを批判する人々は、前近代世界でも文化圏単位の独自的発展による交流と相互作用がより重要であるとみる。地域間に活発な交流があって、互いに影響を交わし依存しながら歴史の変化が行われたということである。また、文化圏的アプローチは近代以前では「歴史の周辺」であったヨーロッパを、さまざまなアジア文化圏を合わせたものに匹敵する歴史の中心地として扱う。「地理上の発見」や「大航海時代」と呼ばれるヨーロッパ勢力の拡大時期を、歴史的分岐点とするヨーロッパ中心史観の土台になったと批判する。「地理上の発見」という言葉は、「新航路の開拓」や「ヨーロッパ世界の拡大」に代わったとしても、ヨーロッパを中心に世界史を見つめることは同じということである。

危機に直面した世界史教育

西欧中心史観と内容構成が論争となってきたが、世界史教育においてより大きな問題は学校教育課程と生徒から目をそむけられたことである。大部分の科目を必修で学ぶ中学校ではそうであったとしても、高等学校において世界史教育はますます立場が弱くなった。一九九〇年代以後、世界史教育が危機という言葉まで出てきた。この頃、「危機」は社会でよく聞く言葉である。そのためか、「危機」という言葉を聞いても、それほど危機意識を感じなくなった。世界史教育は本当に「危機」であるのか。

一九七〇年代の第三次教育課程以後、高等学校世界史教育はずっと選択科目であり、選択する生徒の数が段々減っているという実態がある。一九九〇年代に入って、韓国社会において「世界化」が話題になったが、中・高での世界史教育は関心を持たれなかった。「世界化時代を生きていく人間を育成するためには世界史を教えなければならない」という主張が時々活字化されたが、これを教育政策へ反映させる問題として真剣に考える人は多くなかった。

第七次教育課程が施行された二〇〇三年から二〇一一年まで、一般系高等学校で世界史を選択する生徒は年度によって若干の差異はあるが、大体約八十万人中七万人あたりで九パーセント程度に過ぎなかった。さらに、高等学校教育に決定的影響を与える大学修学能力試験〔日本でいうセンター試験〕では、世界史を受験する生徒はその半分にもならない。社会探究領域の中で、生徒が世界史を選択するのは最も少なかった。大学修学能力試験が高等学校教育に与える影響を考えると、実際の授業が十分に行われていない場合が多いということを簡単に想像することができる。

歴史を専攻しなかった教師が世界史を教える場合も多い。二〇〇六年度の教育人的資源部調査によると、世界史が三分の一程度含まれた中学校一学年社会を教える教師の中で歴史専攻者は二十パーセントに至らず、半分以上が世界史内容である中学校2学年社会を教える教師も四分の一程度が歴史専攻者であった。もちろん、中学校社会が一学年で地理・一般社会・世界史の中から二つの科目を一緒に学ぶため、生徒は当然一部の内容を非専攻教師に学ばなくてはならない。しかし、世界史の場合、その比率が地理や一般社会よりはるかに高いのである。

中・高で「歴史」といえば、国史と世界史を指す。歴史教師は国史も世界史も教える。しかし、すべての教師がそうではない。入試の面接をする時、生活記録簿という書類の中の将来希望職業欄に「国史教師」と書いたものを時々見る。私が所属している歴史教育科に志願する生徒たちの大部分は歴史が好きである。しかし、希望するのは「歴史教師」ではなく「国史教師」なのである。もちろん、そのように書いた生徒が世界史を嫌いという意味ではない。ただ、「世界史」は思考の範疇の外にあるのかもしれない。長い間、国史教育に集中してきた教育政策の結果であるが、歴史教師や歴史教育を専攻しようとする生徒までがそのように思うことを見ると苦い気持ちになったりもする。例え生徒はそうだとしても、国史教師が個別に存在しないことを知っている教師が提出書類を書きながら「歴史教師」ではなく「国史教師」とした理由は何であろうか。生徒が言った通りに書いても問題ないと考えたからであろうか。そう言えば、学校ホームページの教師紹介において、担当科目を「国史」と書いたものをたびたび見ることができる。

歴史教育は、私のような歴史教育専攻者や歴史学者だけではなく、一般の人々の関心までも絶えまなく受けてきた。歴史教育をめぐる社会的論争が起こったことも少なくない。しかしながら、それは大部分が国史を巡る問題であった。中学校まではほとんどの科目を学ぶために特に問題はないが、高等学校で必修とするかしないかという議論の対象となったのは国史であった。社会科統合も主に国史を社会科に入れるかどうかの問題であった。そのため、一九七〇年代から一九九〇年代まで世界史が社会科に入っていたが、国史が独立教科であったため、歴史が社会科に統合されていなかったと思う人が大半であった。世界史は、社会科統合論争でもあまり大きな関心の対象にはならなかった。

もちろん、このような世界史教育が国史教育と比較して疎外されたことは、自国史を重視する韓国社会の雰囲気のせいだけではない。世界史を専攻する学者の責任もある。韓国史専攻者より東洋史や西洋史専攻者が歴史教育に関心をあまり持っていなかったことも、学校世界史教育が萎縮するのに影響を与えた。ここで中・高の科目編制と歴史学界の学問体系が異なることも一つの原因である。中・高では「世界史」という科目や分野があるが、大学では「世界史」という名前をつけた講座は探すことが難しく、世界史学者もいない。東洋史や西洋史を専攻するだけである。韓国史を専攻分野とする国史教育とは異なる。東洋史や西洋史専攻者たちが世界史教育に関心が少ないこともここに一つの理由がある。歴史分野を韓国史・東洋史・西洋史に分けたことは、植民地下で始まった歴史研究の産物であった。しかしながら、解放後でもこのような分類がそのまま維持された。そのような中で、世界史研究や教育の動向を紹介したものは西洋史専攻者たちであり、実際に扱う内容は西洋史であった。

内容要素が多すぎる教科書も、世界史教育から目をそらす理由の一つであった。もちろん、歴史はその性格上、他科目に比べ内容要素が多くなることがある。教科書内容が学習資料ではなく学習内容になる。歴史科目のこのような性格を念頭に入れるとしても、世界史教科書の内容要素は多すぎる。執筆者たちはその内容をすべて知るべきではないと強調するが、生徒たちには覚えなければならない内容として負担に思われている。世界史教科書の最初に出てくるアウストラロピテクスなら世界の最初の人類という意味で覚えても、少し後に出てくるソクラテス、アリストテレス、ピタゴラスのようなギリシャ哲学者の名前を生徒に押しつけてくる。古代ギリシャの詩人サッポー、アナクレオン、悲劇作家アイスキュロス、ソポクレス、エウリピデス、喜劇作家アリストパネスの名前が教科書一頁に渡って出てくる（『高等学校世界史』、一九七九年、三十七頁）。生徒が世界史に興味を持つことが、むしろ不思議になる。今はこのような人名や作品名などは少なくなったが、世界史教科書は他科目と比べて依然として内容要素や学習内容を多く含んでいる。

歴史教育課程編成をめぐる争い

歴史教育界も世界史教育の問題点を認識していた。既に一九七〇年代から多くのシンポジウムにおいて世界史教育が正しく行われていないことを指摘し、世界史教育の正常化を促した。一次的な努力は、高等学校での世界史教育の立場を確保することであった。特に、社会科統合をめぐる議論が起こった第六次教育課程の改訂過程で、歴史学界と歴史教育界は高等学校世界史教育があまり行われていないことを心配した。一九九二年五月三十日に全国歴史学大会で「世界史教育の難局と展望」というシンポジウムを開き、世界史教育の正常化をうながした。しかし、歴史学界と歴史教育界のこのような主張が社会の関心を引くことはなかった。以後、第七次教育課程が施行されて世界史教育はさらに縮小した。

問題は、世界史教育の危機には共感しながらも、その原因や対策に関する見解は歴史学界内部では相当な差異があったことである。歴史教育や韓国史専攻者の多くは、その原因を社会科統合にあると考えている一方で、

2003年歴史教育研究会と全国歴史教師の会が主催した「歴史科教育課程と世界史教育の進路」シンポジウム

東・西洋史専攻者のかなりの人は社会科統合の問題点について一応共感を示すが、世界史教育弱体化の責任をやりすぎた国史教育偏重という現象より探した。そのため、歴史教育と関連した問題において韓国史と東・西洋史専攻者の間に意見の違いが出ることが多かった。これは歴史教育に関して組織的で体系的な声を示すことを困難とした。

第七次教育課程が施行された後、歴史学界と歴史教育界では歴史教育の縮小を批判した。次回の教育課程改訂に備え、歴史教育の方向に関する基礎研究と意見集約を行う場を設けた。形式的には「世界化時代の韓国歴史教育の方向と課題」というプロジェクトを行うためのものであったが、研究の核心内容は歴史教育の正常化のための教育課程構成案を作成することであった。研究者たちはすべての学会からの推薦を受けた。韓国史研究会と韓国歴史研究会から各一名、東洋史学会一名、西洋史学会一名、歴史学会一名、歴史教育研究会二名で構成された。もちろん、この人たちが各学会の意見をそのまま代弁しているとはできないが、学会が歴史教育問題を集中的に議論したことがなく、各学会は自分たちの意見を持っていなかった。しかしながら、とにかく今までとは異なり、さまざまな分野の歴史学界の団体が同じ場所に集まり、歴史教育課程の方向を話し合おうという趣旨であった。

議論の焦点は、中・高で歴史教科をどのように編制するかという問題であった。その場で、歴史教育専攻者は主に韓国史と世界史を合わせた「歴史」を構成し、これを高等学校の必修科目として韓国史と世界史を同等に選択科目とする編成を主張した。しかし、韓国史専攻者の一部は、「歴史」という科目に懐疑的な見解を見せた。その根底には「歴史」という科目に対する一般の人々の反応が低く、万が一間違えると、国史さえも必修科目の地位を失うという逆効果を招きやすいという心配がその基底にあった。さらに意外なことは、韓国史を必修科目、世界史を選択科目としようとする西洋史側の提案があった。その代案として、歴史の選択科目は世界史一つにすることであった。できるなら高校生も世界史を学ぶべきだと思う。しかし、第七次教育課程では一般社会は選択科目が四つ、地理は三つであることに比べ、歴史は二つであったこともあり、歴史教育の強化方案を議論する集まりにおいても選択科目を世界史一つに減らす意見には賛成することができなかった。だが、そのような話が出る理由も理解することができた。韓国史と競争関係である限り、世界史教育は縮小されるのみという考えからだった。第七次教育課程では、歴史の選択科目は韓国近・現代史と世界史の二つであるので、多くの学校の生徒は事実上どちらかを選択しなければならなかった。もちろん、世界史より韓国近・現代史を選択する生徒がさらに多かった。結局、それら議論を整理した報告書において、一番重要な教育課程改訂案の内容は科目名と時数を提示するだけに留まった。それさえも、体系的な論旨を基に意見を提示したということではなく、歴史を独立教科として時数を増やすべきという希望を含んだ原論を主張するだけであった。

こうした対立はある程度予測されたことでもあった。歴史教育をめぐる議論において、主に声を上げるのは韓国史専攻者であった。そして、一九九〇年代以後、歴史教育が弱体化してきたのであるが、国史は中学校や高校においてある程度授業時数を確保できてきた。世界史教育の弱体化はその反面であった。国史の比重を増やす代わりに、世界史を減らすことで歴史・地理・一般社会という社会科の三分野である程度のバランスを持たせたのであった。西洋史専攻者が見れば、韓国社会の民族主義的雰囲気もこうした現象を招いた主犯の一つであった。民族を強調する歴史教育が世界史教育を危機に追いやった一つの原因として言えるということである。ポストモダニズムの観点で民族主義国史教育を批判した西洋史専攻者と、民族主義歴史教育の価値を擁護する韓国史専攻者の間の争いはその産物の一つであった。

新しい世界史—多文化、異文化、グローバル・ヒストリー

二〇〇〇年代に入って、世界史教育をめぐる議論は以前より一層活気を帯びた。世界史教育に関する歴史学界の全般的な関心が高まったとともに、韓国史・東洋史・西洋史という三分法から脱皮した「世界史」の模索、そして世界史教育を研究する学者の登場など、さまざまな要因が複合的に作用した結果であった。

ヨーロッパ中心史観から離れた世界史が模索された。「ヨーロッパ中心主義世界史を乗り越えて諸世界史へ」、「西欧中心主義を越えて」のような本のタイトルは、このような観点を直接的に表現したものである。アジアに関する知的・文化的優越感にとらわれたヨーロッパ人のアジア観を批判した代表的著書であるエドワード・サイード『オリエ

ンタリズム』が翻訳されたりもした。教科書内容に関してあまりにもヨーロッパの比重が高かったり、ヨーロッパの観点で叙述されたりといったことを漠然に批判していたことを越えて、ヨーロッパ中心の世界史がどのような問題点を持っているかを緻密に指摘し、その代案を模索したのである。

普遍的歴史や巨大な言説を批判しつつ、ヨーロッパ歴史の発展の枠に合わせて構成された世界史が否定された。西欧的近代を発展の普遍的基準として見る観点から離れ、地域の文化的特殊性に注目した。今まで世界史叙述は国家・民族単位であり、地域や文化圏の歴史はそれに属する帝国、国家、民族の歴史を合わせたという批判がよく見られた。その代わりに、多文化的観点で文化間の相互作用と交流に焦点を合わせて世界を相互依存体系として把握することを主張した。アジア、ヨーロッパ、アフリカを一つに結ぶ半球（hemisphere）理論や、グローバル・ヒストリーが提唱されることもあった。香料や銀、陶磁器などの交易を通した文化交流や植生と疾病の伝播、科学技術の伝播など交流内容でも多様な接近が試された。

このように、ヨーロッパ中心の歴史から離れる方法として、相互関連性や相互作用を中心に世界史を再構成しようとする主張は、世界史に関心を持つ人々にとっては納得がいくことである。実は、韓国における世界史はあまりにもヨーロッパ中心であった。高等学校世界史時間に「地中海はローマの湖」であると学んだ。「一切の古代史は、いわば一つの湖に注ぐ流れとなってローマ史のなかに注ぎ、近世史の全体は、ローマ史の中から再び流れ出るということができる」というランケの言葉もある。このような言葉を聞いて、実にローマが巨大な領土を持つ世界の大帝国であり、きらびやかな文化が花咲いた文明国家であると思った。それに比べて、モンゴル帝国は世界歴史上一番大きな帝国を成したが、他の国や民族が建設した文明を破壊して、それさえもチンギスカンが亡くなった直後に分裂したと学んだ。文明国ではなく野蛮国のイメージであった。世界文化の交流と相互作用に寄与したモンゴル帝国の功は無視されたのである。

ローマが地中海一帯でしばらく威勢をふるった時、その東側にはパルティアが健在していた。しかし、地中海を「湖」としたローマの歴史は共和政から帝政を経て、東・西ローマ帝国の分裂まで詳しく学ぶが、パルティアは数行で終わる。パルティアに続き、この地域を支配したササーン朝ペルシアがローマを何回も屈服させた強国であったことは教科書では言及されない。そのためパルティアやササーン朝ペルシアがローマなどヨーロッパ地域と中国を連結した世界的交易の要衝の役割を行ったことを生徒は認識していない。近代ヨーロッパが世界的威勢をふるうことを基準として古代世界史を見るのである。

交流と相互作用を中心に世界史を構成するべきであるという主張はかなりの関心を引いたが、いざその内容を反映させた世界史教育に全面的に再構成することはあまり容易ではなかった。大規模な移住、世界帝国の建設、遠距離交易など文化圏を越える相互関連性と相互作用を基にする教育課程案が提示されたが、専攻者ではない一般の人々が見れば既存の世界史教育と大きな差異を感じることができなかったかもしれない。「グローバル・ヒストリー」のような用語は見慣れていないが、世界化の趨勢に便乗したような印象を受けることもあった。

ローマ帝王（ウァレリアヌス）を捕まえたペルシア帝王（シャープール１世）

このような主張は、世界史教育にある程度影響を与え、世界史教育課程に一部反映した。

中世へ変わったルネサンス、消滅した宗教改革

二〇〇七年二月二十二日に改訂告示された教育課程において、世界史は中学校の「歴史」と高等学校の「世界歴史の理解」（二〇〇九年教育課程で「世界史」に名前が変更）として教えることになった。中学校歴史科目の独立や高等学校「東アジア史」の新設などに隠れ、あまり目立つことはなかったが、世界史の内容構成では意味ある変化が起こっ

た。交流と相互作用を中心とする内容構成が試されたのである。このことを教育課程は世界史の性格から強調した。高等学校「世界歴史の理解」は、その性格を次のように説明している。

「世界歴史の理解」は個別の国家を超え、地域世界という新しい単位を設定し、さまざまな地域の歴史的経験を比較できる主題、各地域間の相互作用を探究できる主題、そして現代世界の特徴と争点を把握することに役に立つ主題を選定し提示する。

性格だけではなく目標でもこれを強調した。そしてこのような観点は世界史の内容にも反映された。中学校「歴史」の中で、世界史分野と高等学校「世界歴史の理解」内容の大単元を見ると下記の通りである。

単元名では、それ以前の世界史教育課程と相当な違いを見出すことができる。近現代部分は類似しているが、前近代は文明の成立と拡散、交流などに重点を置いていることが一目でわかる。歴史主体に該当する「統一帝国」「世界宗教」「地域世界」「世界的交易網」のような用語や、その変化を指す述語である「登場」「形成」「発展」「拡散」のような言葉はそれをよく表している。その中で、特に十世紀から十七世紀までを世界史の転換点として把握する観点は新しいものである。中学校の「(3)交流の拡大と伝統社会の発展」、高等学校の「(4)地域経済の成長と交流の拡大」「(5)地域世界の膨張と世界的交易網の形成」に該当するこの時期を、世界帝国が形成され全

中学校「歴史」(世界史分野)	高等学校「世界歴史の理解」
(1) 統一帝国の形成と世界宗教の登場	(1) 歴史と人間
(2) 多様な文化圏の形成	(2) 都市文明の成立と地域文化の形成
(3) 交流の拡大と伝統社会の発展	(3) 地域文化の発展と宗教の拡散
(4) 産業化と国民国家の形成	(4) 地域経済の成長と交流の拡大
(5) アジア・アフリカ民族運動と近代国家の樹立運動	(5) 地域世界の膨張と世界的交易網の形成
(6) 現代世界の展開	(6) 西洋近代国民国家の形成と産業化
	(7) 帝国主義の侵略と民族運動
	(8) 現代世界の変化と課題

世界的文化交流と相互作用が拡大された世界史の転換点として見ている。モンゴル帝国、オスマン帝国、ティムール帝国、ムガール帝国、絶対王政、明・清帝国などがその役割を行った。

この教育課程の内容構成で私の目に留まったのは、ルネサンス、宗教改革、地理上の発見であった。ルネサンスによって神中心の時代が終わり人間中心の時代が到来し、宗教改革では現在の世界で最も多くの人々が信じるプロテスタントの誕生という点において、新たな時代をもたらした事件として位置づけられた。大学教材用として使用された文化史概論書でも、よく近代の叙述をこの諸事件から始める。「地理上の発見」という言葉が西欧中心の用語という批判を受けて「新航路の開拓」のような用語に代わったが、これを基点とする見解は変わりがなかった。ところが、二〇〇七年改訂教育課程の中学校歴史はルネサンスを中世に含めた。「⑵多様な文化圏の形成」単元では「キリスト教を中心に中世ヨーロッパ文化の特徴を把握し、ルネサンスを機会に新たな変化が現れたことを理解する」ということである。「中世」という言葉は書かれていないが、単元構成でこの時期は中世に該当する。それでも、高等学校「世界歴史の理解」ではルネサンスが出てこない。宗教改革は、中学校「歴史」と高等学校「世界歴史の理解」のどちらにも入っていない。多くの教科書は、宗教改革を外すことが負担であるかのように読みもの資料の形態で叙述している。しかし、近代の基点であったルネサンスと宗教改革の地位は大きく下がっている。

ルネサンスを近代的事件とみるか中世的事件とみるかは、世界史の論争問題の一つである。学界では、すでにルネサンスを中世に分類する見解が多かった。そのような点から見れば、ルネサンスが中世に含まれたこと自体は大きな問題ではない。それより注目すべき点は、ルネサンスが西ヨーロッパに限定された事件であるということである。同じように、宗教改革もさまざまな世界宗教の一つであるプロテスタントの始まりに過ぎない。これを世界史の中世と近代を区分する基点とすることは、典型的ヨーロッパ中心思考方式と言える。このような点から見れば、交流や相互作用を中心とした内容構成がヨーロッパ中心の世界史から脱皮するのに寄与できるという主張は妥当であると思われる。

しかし、果たしてこのような世界史内容構成が私たちの根深いヨーロッパ中心の歴史観を脱皮するためにどれほど役に立つかはもっと見極めなければならない。グローバル・ヒストリーの「グローバル」という言葉が国家と民族の境界線をなくし、全世界のすべての人々の交流と機会均等を提供するのではなく、実際には超国家的資本の利益を代弁する「世界化」を連想させる疑念を抱く。社会全般に根強いヨーロッパやアメリカ中心の思考方式も、西欧中心の世界史から抜け出すことに支障となる。

私は二〇〇二年第七次教育課程の編集資料の世界史審議会の最終会議に参加したことがある。東・西洋史専攻者中心の会議であったが、私の専攻が歴史教育であるために参加が求められたのかもしれない。主に世界史教科書の用語を審議するこの会議で、従来のペルシア戦争を「ギリシャ‐ペルシア戦争」または「ペルシア‐ギリシャ戦争」に、中東戦争を「アラブ‐イスラエル戦争」または「イスラエル‐アラブ戦争」にすることで合意した。会議の参加者の間では大きな問題はなかった。しかし、最終確定された編集資料には「ペルシア戦争」または「ギリシャ‐ペルシア戦争」と「中東戦争」になっていた。どのような過程を経て審議会の合意が無視され、そのように確定されたかは分からない。ただ、ギリシャの観点で命名された「ペルシア戦争」と、ヨーロッパを中心としてアジアを区分した「中東」という名前が私たちの社会に根強く残っていることを見せつけられた。

『誤謬と偏見に満ちている世界史教科書の立て直し』は、世界史教科書における世界各地域の叙述の特徴を次のように表現する。「中央アジア：失われた歴史」、「東南アジア：東南アジアの躍動と多様性が混ざった教科書」、「インド：優秀な古代、劣っている現在?」、「西アジア‐イスラム：敵対的固定観念で歪曲された西アジア‐イスラム」、「アフリカ：アフリカに関する韓国人の想像と再現」、「ラテンアメリカ：野蛮と文明の間で」、「オセアニア：オセアニアは白人と羊の群れの大陸であるのか」。交流と相互作用の世界史が、こうした偏見をどれほどなくすことができるのだろうか?

二十　戦争と植民地支配を合理化する歴史教育——日本の歴史歪曲と日韓歴史紛争

歴史を学ぶとは、今の時代の基準からみて、過去の不正や不公平を裁いたり、告発したりすることではない。過去の各時代には、それぞれの時代に特有の善悪があり、特有の幸福があった。

歴史を学ぶのは、過去の事実を知ることでは必ずしもないと言ったが、過去の事実を厳密に、そして正確に知ることは可能でないからでもある。何年何月何日にかくかくしかじかの事件がおこったとか、誰が死亡したとかいう事実はたしかに証明できる。それは地球上のどこにおいても、妥当な客観的な事実として確定できる。けれども、そのような事実をいくら正確に知って並べてもそれは年代記であり、まだ歴史ではない。一体これらの事件はなぜおこったのか、誰が死亡したためにどのような影響が生じたかを考えるようになって初めて歴史の心が動き出すのだと言ってよい。——新しい歴史教科書をつくる会『新しい歴史教科書』、六頁

歴史を当時の人々の観点において見なければならないこと

右記は、中学校用日本歴史教科書の序文の内容である。歴史は単純な事実の羅列ではなく因果関係の解釈であること、過去の事実を現在の人の観点ではなく当時の社会で生きていた人々の観点から見つめなければならないということである。一見すると、何ら問題のない主張に見える。追体験や感情移入的理解によって過去の行為者の観点を理解しなければならないと書いた私の学位論文と類似した論旨に見えたりもする。しかし、歴史的事実の性格に言及した

『新しい歴史教科書』（扶桑社、2000年）

前記の主張の裏側には、非常に危険な下心が隠れている。

これは、日本の右翼歴史団体である「新しい歴史教科書をつくる会（以下、つくる会）」が二〇〇〇年に発行した『新しい歴史教科書』の序文「歴史を学ぶこと」の内容である。「過去の人々の観点ではなく今日的な観点」が狙っているのは東京裁判である。東京裁判は、第二次世界大戦を起こした日本のA級戦犯を対象とする裁判であった。裁判では「平和に対する罪」という包括的な犯罪を規定した。裁判を終えた二十五名の戦犯は絞首刑七人、終身刑十六人、禁固二十年一人、禁固七年一人の判決を受けた。事実、東京裁判は他の戦犯裁判に比べてかなり不徹底であった。戦争を起こした最高責任者である天皇は初めから戦犯対象から除外された。戦争に大きな責任がある財閥も起訴されなかった。東京裁判の判決が下された当時、裁判を逃れた十七名のA級戦犯容疑者はさらに刑務所に留められたが後に全員不起訴となり釈放された。この時、釈放された岸信介は一九五八年に総理大臣になった。生物兵器を開発するために生体実験を行った七三一部隊の隊員は、細菌戦の資料を欲したアメリカとのやりとりで不問に付された。また、東京裁判で終身刑、禁固刑が下された戦犯も一九五八年までに全員釈放された。敗戦当時、外務大臣重光葵は七年刑の宣告を受けたが、四年で釈放され、その後は外務大臣に復帰した。A級戦犯が総理大臣や外務大臣など高位職位に上り、またもや日本を導いたのである。

しかし、東京裁判は一定の成果を得た。裁判の過程で戦争中に日本軍が犯した非人道的蛮行が一部明らかになった。代表的な事実が、日中戦争当時に行った南京大虐殺である。一九三七年十二月に南京を占領した日本軍は、一九三八年一月まで約四万名の中国人を虐殺し、強姦、放火、掠奪などを行った。南京の占領過程で犯した虐殺をも合わせると、二十万名を超える中国人が日本軍に虐殺された。その他、日本軍が東南アジアで犯した蛮行が暴かれ、満州事変、日中戦争、太平洋戦争と続く十五年戦争を起こした過程も裁判で扱われた。日本の右翼は、戦後日本の近現代史教育が学問的研究や教育的考慮ではなく、東京裁判という政治的行為の産物にあると主張した。すなわち、近現代史で日本が犯した侵略と植民支配と戦争を東京裁判という現在の観点ではなく、事件が起きた当時の観点で見なければならないということである。過去の人々の観点というのは、まさにこれを合理化する論理であった。

歴史衝突で始まった21世紀

二十世紀をよく「衝突と戦争」の世紀という。帝国主義時代で始まった二十世紀は、強い国が弱い国を侵略、収奪、植民地とする時代であった。力を持つ国だけが生き残る弱肉強食の論理は、二度の世界大戦を招いた。大小の戦争の中で人権は無残に踏みつけられた。さらに数十、数百万の人々が集団虐殺を受けるジェノサイド（genocide）*が、ところどころで起きたりもした。

東アジアも同じである。周辺の国よりいち早く西洋文物を受け入れた日本は、西欧ヨーロッパ国家が歩いた道を追い帝国主義の道に入った。日本は朝鮮半島を植民地とし、中国を侵略した。日本の植民統治と戦争により、韓国と中国の

第２次世界大戦後に開かれた東京戦犯裁判の場面

*特定集団の人々を完全になくすために起こした大量虐殺。人種を意味するギリシャ語の'genos'と虐殺を意味するラテン語の'cide'を合わせた言葉である。二十世紀に入り、第二次世界大戦中ドイツ・ナチス政権のユダヤ人虐殺（ホロコースト）と、世界大戦中オスマン帝国のイスラム系テュルク人によるキリスト教系のアルメニア人の虐殺、一九七五年カンボジアのポル・ポト（クメール・ルージュ）政権の富裕層と知識人の虐殺（キリング・フィールド）など十回程度のジェノサイドが起きた。これを防ぐために国連は一九四八年にジェノサイド条約を採決した。

多くの民衆が苦しんだ。しかし日本はこのような過去の歴史問題を反省して賠償・補償を行わなかったばかりか、問題をはぐらかした。このような歴史は、韓国と日本、中国と日本の関係を引き続きギスギスさせる要因となった。特に三十五年もの植民支配を受けた韓国人にとって、日本は「近くて遠い国」になるしかなかった。

韓国と日本は侵略と植民支配という過去の歴史問題を清算し、新たな日韓関係を結ぼうとした。一九九八年十月に韓国の金大中《キムデジュン》大統領と日本の小渕総理が共同で宣言した「日韓共同宣言―二十一世紀に向けた新たな日韓パートナーシップ」はそうした動きの一つである。「両首脳は、日韓両国が二十一世紀の確固たる善隣友好協力関係を構築していくためには、両国が過去を直視し相互理解と信頼に基づいた関係を発展させていくことが重要であることにつき意見の一致をみた」。日韓共同宣言の二項でこのように話しているように、今後の韓国と日本は不幸であった二十世紀を封印し、和解と協力の二十一世紀を迎えようとした。しかし、こうした期待は二十一世紀に入ってすぐに壊れてしまった。つくる会が出した『新しい歴史教科書』の歴史認識と、これを放置した文部省の態度がその原因である。しかし、この問題は二十一世紀に入って急に出てきたわけではない。日本の歴史歪曲問題は既に数十年前から韓国を始めとするアジア諸国の反発を招き、これをめぐる摩擦も続いていた。その過程を見ていこう。

日本の歴史歪曲の展開過程

日本において歴史教科書が問題になり始めたのは、一九五〇年代中盤であった。第二次世界大戦で敗戦した後に民主主義の道を歩いた日本は、アメリカが日本を東北アジアの反共基地とする政策により「逆コース」の道を歩くようになった。戦後、連合国軍最高司令官総司令部（GHQ）により推進された軍国主義の撤廃と民主主義政策が幕を閉じ、反共が一番基本的な政策の指標になった。A級戦犯が総理大臣や外務大臣に復帰するようになったのもこうした背景からであった。

一九五〇年代中盤に入ってから、文部省は歴史を始めとする社会科学習指導要領と教科書に対する干渉を強化した。

戦前日本の軍国主義の政策と侵略戦争への批判的叙述を修正することを著者に要求したのである。日本ではこれを「第一次教科書攻撃」という。これに反発した教科書著者の家永三郎が、教科書検定制度の不当性を主張して一九六五年に提起した訴訟が以後三次に渡って数十年間続いた。

一九七〇年代中盤から教科書検定が再び強化され、第二次教科書攻撃があった。この余波が韓国など周辺国家に拡散された。韓国社会が日本の歴史教科書問題に大きな関心を持つようになったのは、一九八二年に日本文部省の検定過程で明らかになった歴史歪曲問題からであった。当時、日本政府は検定申請された歴史教科書を、日本の植民地支配を美化し侵略戦争を合理化する方向に転換する修正指示を行った。また、植民統治と侵略戦争で日本が起した人命殺傷と収奪を隠ぺいした。例えば、「周辺諸民族に対する抑圧を強化しながら」は「朝鮮・中国へ進出を図り」とし、三・一運動をデモと暴動で記述するようにした。三・一運動と関東大地震当時の朝鮮人虐殺、一九三〇年代末から一九四〇年代までの人的収奪と強制連行は具体的な事実をはぐらかしたり、初めから叙述を除外したりするなどの隠ぺいをしようとした。前近代史でも支配と従属の関係で日朝関係を見たり、両国間に発生した紛争の責任を朝鮮のせいにしたりした。朝鮮半島南部を日本のヤマト朝廷が長い間支配したという任那経営説を事実として記述し、秀吉の朝鮮侵略は明を征伐する道を開け朝貢を捧げろという豊臣秀吉の要求を朝鮮が拒否したから起きたということであった。

1992年1月8日、日本総理訪韓を前に開かれた初めての水曜デモ

文部省のこのような修正指示は、韓国や中国などアジア国家から大きな反発を受けた。日本の中でも文部省の干渉を批判する声が出た。韓国ではこれをきっかけに独立記念館がつくられ、中国でも抗日戦争記念館が建てられた。北朝鮮も日本の歴史歪曲に批判の声を高めた。これ以後、日本は歴史教科書検定の原則に「近隣諸国条項」を追加した。教科書でも日本の帝国主義的侵略を認め、韓国や中国の民族運動を紹介し、一九八〇年代中盤以後は本格的に社会問題と国際懸案になった日本軍

「慰安婦」問題を叙述するなど、ある程度改善の動きが現れた。

しかし、一九九〇年代中盤以後、日本社会の保守化・右傾化の傾向とかみ合う中で、むしろ日本の歴史認識は後退した。教科書に入っていた日本軍「慰安婦」叙述が一九九〇年代末に改訂された教科書から消えたことはこれを象徴的に示している。

つくる会の誕生と『新しい歴史教科書』刊行

一九八〇年代後半、「バブル経済」の崩壊に続いた長期不況は、日本社会の保守化雰囲気を大きく拡散させた。さらに一九九一年に起きた湾岸戦争は、日本中で「よい戦争論」に力を貸した。韓国も同じであったが、湾岸戦争当時の日本人はCNNの生々しい戦争の「中継放送」を家の中で座って見つめた。各放送社は、戦争のニュースを早く伝えるためにわざわざ記者を派遣する必要がなかった。CNNの英語放送を同時通訳する人がいれば十分であった。CNNは徹底的にアメリカの論理で湾岸戦争を放送した。CNNを通して伝えられた湾岸戦争は、「悪の枢軸であるイラクを懲らしめるアメリカの正義の戦争」であった。湾岸戦争を契機として、戦争が必ずしも悪ではないという日本の右翼の主張が社会で力を得た。これらの人々は「よい戦争論」に立って、平和憲法の改正を主張した。「一．日本国民は正義と秩序を基調とする国際平和を誠実に希求し、国権の発動たる戦争と、武力による威嚇又は武力の行使は、国際紛争を解決する手段としては、永久にこれを放棄する。二．前項の目的を達するため、陸海空軍その他の戦力は、これを保持しない。国の交戦権は、これを認めない。（日本国憲法九条）」という条項の改正は日本右翼の長い念願であった。日本軍の再武装、先制攻撃、領土外の軍事活動主張などが後に続いた。

このような雰囲気に力を得て、社会と学界の一部では既存の歴史解釈と教科書叙述を新しくしなければならないと主張する人々が増えた。これらの人々は、第二次世界大戦後の日本の歴史教育が東京裁判をそのまま受け入れた「東京裁判史観」によるものであると批判した。その特徴を「自虐史観」「暗黒史観」と規定した。将来の社会を導く主人公になる生徒に、暗くて間違ったものと自分の国の歴史を教えることはよくないという論理であった。これらの人々はその代案として「自由主義」を主張し、自由主義史観研究会を結成した。自由主義史観研究会は、今まで批判を受けてきた日本の帝国主義侵略と戦争、植民地支配などを他の観点から見ることができるという考えを生徒に養うための授業方法として「ディベート（debate）」を用いた。ディベートは、歴史的に論争となる諸事件に関して賛否論争を通して学習する論争型討論授業である。歴史に関する解釈や評価は人によって異なることもあるという点で、ディベートという授業方式そのものが大きな問題点を持つことはない。しかし、これらの人々がディベート法を導入した理由は、過去日本が起こした侵略や戦争を合理化するためである。例えば、太平洋戦争の本格的な始発点になった真珠湾攻撃をディベートの主題とすれば、生徒たちはこれに賛成する側と反対する側に班を分けて論争を行うようになる。この過程を通して、真珠湾攻撃を必ずしも侵略戦争とだけ見るのではなく、当時の状況ではやむをえない処置であったとか、歴史ではよく起こることだという考えを生徒に植え付けようとするものである。

歴史教育と教科書を批判する日本右翼の動きは、つくる会の結成につながった。つくる会は一九九七年一月に大学と文学界などの右翼の人々の主導によりつくられた。つくる会は、歴史教育が過去の祖先の活動を肯定的に考え、成長する二世たちに日本の歴史に対する自負心を持たせなければならないが、東京裁判史観でむしろ日本の歴史を恥ずかしく思い清算すべきことと思わせていると批判した。これを克服することができる歴史認識と歴史教育が必要であると主張した。既存の歴史解釈と歴史教科書内容を批判するつくる会の主張は、一般大衆にも相当な影響力を与えた。一九九九年十二月には会員が一万名を越え、年間四億円以上の収入をあげて活動する団体に成長した。

つくる会の主張は一九九〇年代まで続いていた日本右翼の主張と大差ない。ところが、これまでの日本右翼が既存の教科書批判に力を尽くしたとすれば、つくる会は自分たちの歴史認識を含む教科書を直接作成することを目指した。既存の歴史認識を正しくするため「新しい」教科書が必要であるということである。つくる会は実際に中学校用の歴史と公民教科書を執筆した。

『新しい歴史教科書』と『新しい公民教科書』は二〇〇〇年に日本文部省の検定を通過した。これらの教科書は過

日本連合艦隊を指揮する東郷平八郎（日本右翼教科書の日露戦争の挿絵）

去の日本の帝国主義侵略を正当化し、戦争行為を合理化した。日本が本格的な帝国主義の道に入った出発点ともいえる日露戦争をロシアの脅威から日本を守るための自衛戦争であると弁護し、世界最大の陸軍大国であった白人ロシアに勝利したことはヨーロッパの植民地に転落したアジア民族に独立の希望を与えたと強弁した。朝鮮半島を強制併合した後は近代化のために努力したと植民支配を合理化した。日中戦争に続く太平洋戦争はアジア人の共同繁栄を追求した「大東亜戦争」として美化し、太平洋戦争初期の日本が東南アジアを占領したことはアジア人の人々に独立の希望を与えたと叙述した。南京大虐殺については、資料上に疑問点があることや異なる見解があることを主張し、事実ではなく一主張であるとした。

　このような歴史歪曲は、韓国を初めとして中国、北朝鮮、東南アジア各国の強い反発を巻き起こした。日本の中では、進歩的知識人や市民団体がつくる会とその教科書を批判した。批判勢力は、まず日本の文部省が教科書検定を通過させないことを要求し、検定審査を通過した後には不採択運動を広げた。その結果、『新しい歴史教科書』は正規の学校でわずか五百冊余りの採択にとどまった。つくる会は、市民団体が広げた不採択運動は不当な政治介入であり、日本政府が外国の圧力に屈服していたと非難した。そして次の検定の際には「リベンジ」をし、最低十パーセントの採択率を達成することを公言した。

　改訂されたつくる会の『新しい歴史教科書』は、二〇〇五年四月に教科書検定を通過した。改訂版『新しい歴史教科書』は、二〇〇一年版より国粋的、軍国主義的性格を強化した。朝鮮侵略をロシアのような大陸国家の脅威から日本を守るためのやむをえない政策であると強弁し、日本の植民地支配が朝鮮の近代化に寄与したと主張した。侵略戦争過程で起こした日本軍「慰安婦」の強制徴用を否定し、南京大虐殺を事実かどうか曖昧に叙述した。大日本帝国の憲法と教育勅語を賛美し、人権や平和論を批判し、戦争を禁じる憲法の改正を主張することもあった。また、神話や天皇に関する叙述はそのままにするなど皇国史観を固守した。さらに、つくる会がつくった公民教科書を始め一部の教科書に、独島〔竹島〕を日本の領土と明記することで韓国人の怒りを買った。残念なことに、島根県が独島を自分たちの島であることを確認する条例を制定し、日本大使と一部の閣僚もこれを支持する発言を繰り返し、日韓間の外交摩擦まで呼び起こした。

二〇〇一年よりつくる会は『新しい歴史教科書』の採択を拡大するために積極的に力を注ぎ始めた。自民党のかなりの数の国会議員と『産経新聞』『読売新聞』を始めとする右翼メディア、石原慎太郎東京都知事など保守右翼人の支持を基盤にして、採択率を上げるための組織的行動に出た。これに対して市民団体は『新しい歴史教科書』の採択を防ぐための活動を活発に展開した。韓国の市民団体も日本の市民団体と連帯し力を貸した。その結果、『新しい歴史教科書』は二〇〇五年にも約五千冊、〇・四パーセントという低調な採択率に止まった。

二回にわたる採択失敗はつくる会の分裂をもたらした。教科書を出版した扶桑社は大きな財政的打撃を受け、扶桑社とつくる会の主要構成員の間で争いが起きた。二〇〇一年の一回目採択失敗が原因でつくる会から一部の人々が離れ、二〇〇五年に再び微々たる採択率に止まったことで分裂は本格化した。『新しい歴史教科書』があまり採択されないのは、つくる会構成員の行き過ぎた右翼的性向であると扶桑社は判断し、つくる会との関係を切って新たに歴史教科書を出版することを宣言した。そして三億円の資本を投資し、教科書を専門的に出版する育鵬社を作った。つくる会と扶桑社の間で既存の『新しい歴史教科書』の著作権と版権を巡って訴訟が起きたこともあった。つくる会の一部会員も脱退し、「改正教育基本法に基づく教科書改善を進める有識者の会〈以下、教科書改善の会〉」を組織した。教科書改善の会は、育鵬社と手を組んで二〇〇八年に告示された学習指導要領に合わせて中学校歴史教科書と公民教科書をつくり、二〇一一年三月に教科書検定を通過させた。この教科書は以前と同じ「新しい日本の歴史」というタイ

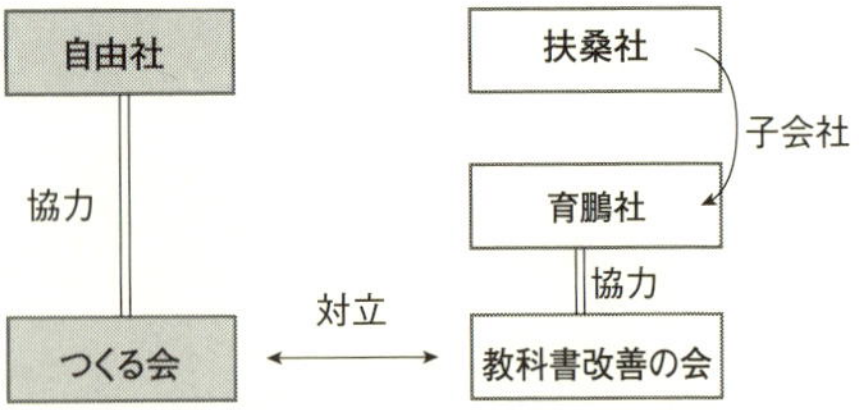

つくる会と教科書改善の会の関係

トルをつけている。育鵬社の教科書は、市販本表紙に「育鵬社は扶桑社の教科書事業を継承した出版社である」という言葉を明記し、自分たちが出版した教科書が正統的な右翼教科書であることを主張した。

一方、扶桑社との関係を清算したつくる会は、自由社という出版社から『新編新しい歴史教科書』を刊行し、二〇〇九年四月検定審査を通過した。しかし、つくる会の『新編新しい歴史教科書』の内容は、その大部分が既存の『新しい歴史教科書』をそのまま転用したものであり、二〇〇一年と二〇〇五年教科書検定よりも社会的関心を大きく失った。つくる会の歴史教科書は『新しい歴史教科書』というタイトルにより、二〇一一年検定審査を通過した。しかし、日本の右翼教科書の採択率は二〇〇一年や二〇〇五年に比べるとその採択率を大きく伸ばし、育鵬社教科書の採択数は約四万八千冊で全体の三・八パーセントに達し、自由社と合わせて四パーセントを超えた。

日本批判から平和のための歴史教育へ

日本の歴史教科書が問題になるたび、韓国政府、学者、市民は一つとなり日本を攻撃した。日本の一部学者と市民も、文部科学省や右翼の歴史歪曲を批判した。韓国ではこれらの人々を「良心的日本人」と持ち上げた。しかし、日本右翼の歴史歪曲を見つめる韓国人と日本の「良心的知識人」の考えは完全に同じではなかった。つくる会の教科書が朝鮮侵略の事実を隠ぺいしたことに韓国人は怒りを示したのに対し、日本の右翼教科書を批判する人は、日本社会の軍国主義化と平和憲法改正を憂慮した。一部の人の中には、この視角で韓国の歴史教科書も測らなければならないと主張したこともあった。日本の歴史歪曲を批難することだけでは限界があった。その代案として出されたのは、共同研究とともに成長する生徒や青年に正しい歴史認識を育てることができる共同歴史教材の開発であった。

このような努力は、まず学界を中心に始まった。一九九〇年代初めから韓国と日本の学者は両国間で争点になっている歴史的事実を主題として共同研究を行い、セミナーを開催してきた。中韓の国交正常化以後の一九九〇年代中盤からは、中国学者も参加する学術会議がほぼ毎年開かれた。二〇〇〇年代に入り南北交流が活性化すると、韓国と北朝鮮を含む東アジア全体に拡大された。学者を中心に行われきた交流が、中・高の教師にまで拡散するようになり、市民団体や地方自治団体も多様に交流している。近年では中・高の生徒の交流も生まれている。

このような交流では、まず日本の教科書を始めとする各国の教科書叙述を分析し、問題点を探すことに重点を置いた。しかし、次第に代案的な歴史叙述を通じて歴史認識の共有を模索した。消極的な対処から積極的に問題解決を追求する方向へ進んだのである。これにしたがって、さまざまな経路を通じて共同の歴史研究が行われ、歴史教材の開

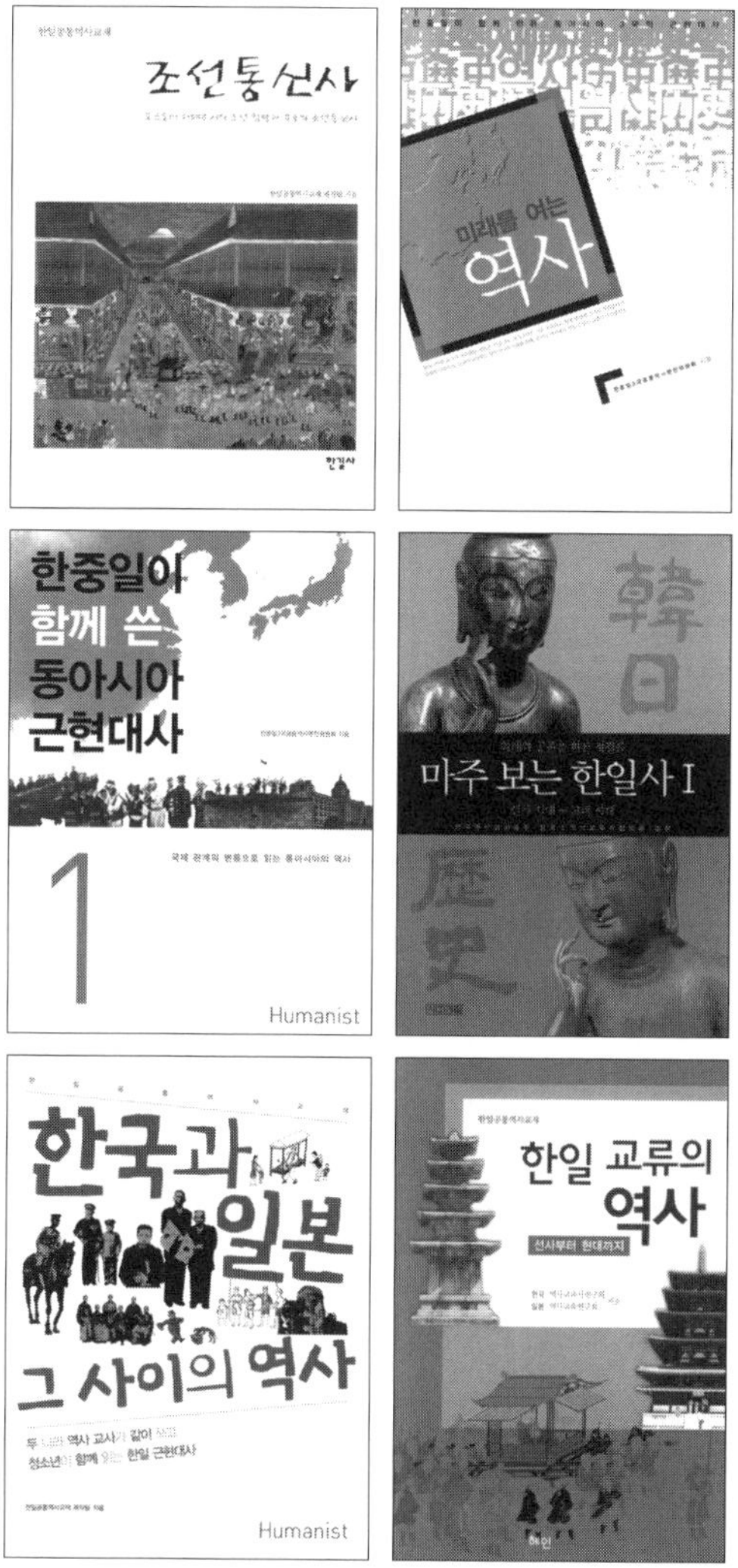

日・中・韓、または日韓共同歴史教材

発が推進された。二回に渡り政府間の日韓歴史共同研究委員会が運営されたのも、この方向性を念頭に入れていたからであった。

歴史認識を共有するために共同教材を開発しようとした努力の結果、二〇〇五年に東アジア共同の近現代史認識を目標とした日中韓の学者と市民が共同で出版した『未来をひらく歴史―東アジア三国の近現代史』（韓国のタイトル『미래를 여는 역사』、中国のタイトル『東亜三國的近現代史―面向未来的歴史』）が、日本・中国・韓国で刊行された。この本は周辺国の歴史に対する知識を基に、東アジア三国の関係史と民衆生活の理解を模索している。その他にも、さまざまな団体や経路を通じて韓国と日本の間に多様な共同歴史教材が開発された。韓国のソウル市立大学校が主軸になった歴史教科書研究会と日本の東京学芸大学を中心とする歴史教育研究会は十年にわたる共同研究と討論の末、『日韓交流の歴史』（韓国のタイトル『한일 교류의 역사』）を出版した。韓国の全国歴史教師の会と日本の歴史教育者協議会に所属する歴史教師間の交流は『向かい合う日本と韓国・朝鮮の歴史』（韓国のタイトル『마주보는 한일사』）となって実を結んだ。韓国の全国教職員労働組合大邱支部と日本の広島教職員労働組合所属の歴史教師は、『朝鮮通信使』（韓国のタイトル『조선통신사』）に続き『学び、つながる 日本と韓国の近現代史』（韓国のタイトル『한국과 일본, 그 사이의 역사』）を出版し交流を継続している。

韓国と日本は、多くの歴史経験を共同で持っている。両国がともに経験した歴史的事実をそれぞれの国が自分の立場だけで見れば争いが起こるのは当然である。特にある国が加害国で一方が被害国という歴史的事実の場合、考え方の差異はさらに大きくなる可能性が高い。歴史解釈や叙述の違いを克服し、歴史認識を共有しようとする努力は、統一的、画一的な歴史像を持つためではなく反省と和解を通して不幸な過去を繰り返さないためである。

共通の歴史認識と歴史教科書叙述を模索する韓国と日本の学者・教師・市民は、歴史的な経験により生じた対立を解決した国々の事例から教訓を得ようとした。最も注目したのが二十年間も続いた西ドイツとポーランド間の歴史教科書会談であった。西ドイツとポーランドの会談は、ついに共同で歴史教科書叙述の勧告案をつくることで実を結んだ。ドイツが統一した後もその成果は続き、両国がともに関連した歴史的事実の教科書叙述を共有する方向へ展開した。ドイツとフランス、アメリカとカナダの間でも、歴史認識を共有しようとする努力が展開された。

しかし、ヨーロッパのように東アジアでも自国史・ヨーロッパ史・世界史を一つの単位で叙述することが可能であるのか、そのような努力が正しいのかという疑問も提起された。ヨーロッパの場合、現在の国々に区分される前にヨーロッパ世界が形成された。しかし、東アジアでは「東アジア」という文化圏あるいは地域世界が形成される前に個別の国家が先に生まれた。人種構成や文化的性格が異なる国家間が、交流を通じて一定の属性を共有した文化圏が形成されたのである。したがって、東アジア文化圏といっても政治的や社会的に異質的な要素が多い。このような理由により、各国の歴史を自国史と世界史の区分なしに東アジア史で統合することには無理がある。このような疑問は、ヨーロッパのような脱民族的観点から歴史叙述や教科書改善のための協議が可能であるかに関しても同じである。

結局、東アジア歴史認識の共有は「脱民族」や「東アジア史」の観点を強調することより、歴史教育を通して達成すべき究極的な価値を指向することが正しく、むしろ現実的でもある。歴史認識と歴史教育が、究極的に東アジア、さらに世界の平和と人権、民主主義のような人類が実践すべき普遍的な価値に役に立たなければならない。特に「平和」のために、歴史教育は一つの方向に進むことができる。

究極的に排斥すべきものは、私たちとは異なる周辺国の歴史認識ではなく、侵略と植民地支配を美化し戦争を正当化、暴力と抑圧を合理化する歴史認識である。日本の右翼は自らの歴史叙述を批判する韓国の教科書においても、ベトナム人に対する加害事実を隠しベトナム戦争を合理化していたと反駁する。東京裁判において、日本の戦犯は広島と長崎に原子爆弾を投下し、数多くの民間人を死に追い込んだアメリカの責任者にも自分たちと同じく戦犯として処罰を受けるべきと主張する。事実、ベトナム人の視角から見れば、加害事実を隠している韓国の歴史教科書もベトナム戦争を歪曲しているとも言える。原子爆弾の投下行為が戦争犯罪に該当するかは今でも議論がある。日本の右翼の主張ではなくてもこのような行為を繰り返させないようにすべきである。

歴史認識と歴史教育をめぐる論争は、自己の目的のために侵略と戦争、衝突と対立を正当化しようとすることから共通的に始まる。自分の利益のためには侵略や戦争もやむを得なく、力で周辺を押さえつけなければならないという軍国主義的国家観が歴史の歪曲で示されたということである。歴史教育は、過去の経験を通じて戦争を防ぎ、争いを減らし、人類共同で実現しなければならない価値は平和を維持することであるという意識を育てることができるのである。

二十一　高句麗史はどの国の歴史であるのか――中国の東北工程と高句麗史論争

将軍の服装をした一人が、隊列の前で刀を振り回しながら掛け声を叫ぶ。「中国は高句麗史歪曲を直ぐに中断せよ」。その後ろに群れをなして掛け声を続けて叫ぶ人の中には、韓服姿の生徒も見える。彼らは太極旗を振りながら群れを先導している。群れの前に立つ将軍の姿は、中国の隋の百万大軍を撃破した高句麗の英雄である乙支文徳《ウルチムンドク》である。韓服姿の生徒は、最も優秀な秀才だけが進学する民族史観高等学校の生徒である。二〇〇四年一月五日に「中国の歴史歪曲対策民族連帯推進運動本部」という団体が主催した中国の歴史歪曲糾弾デモの光景である。この示威に民族史観高等学校の生徒が多数参加した。「民族史観高等学校」という学校の名称を考えると、彼らがデモに参加したことは自然に見える。しかし、先の団体に民族史観高等学校校長である李敦熙《イドンフィ》が共同議長として参加している事実も関連しているかもしれない。

乙支文徳の服装をした中国大使館前のデモ隊

私はこのニュースを初めて見た時、外交的に問題にならないかと思った。「集会と示威に関する法律」では、外国大使館前でのデモを禁じていることを聞いたことがあるからである。調べみたら、「集会と示威に関する法律」第十一条四号では、国内駐在外国の外交機関や外交使節の宿舎は屋外集会とデモ禁止場所として規定している。もちろん、いくつかの例外条項を設けているのでそれに該当すると思えばそれだけであるが、議論の余地はある。しかし、中国側が

2004年1月、中国大使館前で中国の歴史歪曲に抗議するデモ場面

このデモを不法として問題としない以上、先に警察や韓国政府がこれを制止する理由はなかった。これ以後、高句麗の将軍の服装をしたデモは中国大使館前でしばしば開かれた。一つのアイディアというか、コンセプトというべきか。

このようなデモが開かれたのは、中国の東北工程のためである。二〇〇三年秋、メディアは「中国が高句麗史を奪おうとする」という話を続けて報道した。「高句麗史を中国史の一部に—中国学界『歴史奪い』大規模プロジェクト」(『中央日報』二〇〇三年七月十五日)、「韓・中歴史戦争—高句麗史は中国史であるか」(KBS〈日曜スペシャル〉二〇〇三年十月十二日放送)。

この話は韓国社会に大きな衝撃を与えた。日本の歴史歪曲に怒ってはいたが、中国の歴史歪曲はこれと比較にならないほど深刻な問題であった。「我が歴史上最も強大だった国家である高句麗の歴史を中国史に編入させようとする!」インターネットや雑誌などでは「二十一世紀徐熙《ソヒ》将軍を探します(サイバー外交使節団バンク)」、「廣開土王を返して」(『ハンギョレ21』四百九十六号)のように、中国との一戦を覚悟しなければならないとけしかける言葉が横行した。「韓・中歴史戦争」、「第二の羅・唐戦争」という言葉も聞こえた。実際には銃弾が行き来はしなかったが、本当に戦争でも起きる雰囲気であった。保守メディアであれ、進歩メディアであれそれは同じであった。

この過程で、高句麗遺跡の世界文化遺産の登録と関連した話も伝わった。二〇〇二年に北朝鮮は高句麗古墳群の世界文化遺産への登録申請をユネスコに行った。しかし、満州地域にある類似する古墳を含んだ比較研究、古墳の真偽、原型毀損程度の評価、非公開された古墳の追加調査の必要などの理由で保留になった。その理由の中には、中国との共同登録の必要性も含まれていた。これを韓国国内では、中国が高句麗の歴史を中国史に公認してもらうために、現在中国にある高句麗遺跡を中国の世界文化遺産として登載しようとする中国の意図が作用した結果と見た。

独島は韓国の領土であり「日本海」ではなく「東海」という名称を使用すべきであることを世界に知らせて有名になったサイバー外交使節団バンクは、高句麗史は韓国の歴史であるために高句麗遺跡を中国の世界文化遺産として登録させてはいけないということをEメールやインターネットで世界に知らせた。特に、世界文化遺産登録審査委員にこのような主張を書いたメールを集中的に送る運動を展開した。これは「徐熙将軍プロジェクト」と呼ばれた。昔の高句麗の領土を高句麗の地で成長した契丹が治めるべきという蕭遜寧の主張を外交談判によって倒した徐熙将軍のように、高句麗史を中国史の一部とする中国の論理をサイバー外交で粉砕しようとする運動である。高句麗史を守護することを目標とした「我が歴史を正しく知る市民連帯」、「高句麗の歴史を守る汎民族市民連帯」などの市民団体も続々と結成された。これらの団体は、高句麗史を守る百万人署名運動を開いたりシンポジウムを開催したりして、問題の深刻性を広く知らせて社会的関心を喚起した。

政治的目的から始まった東北工程

高句麗史の問題は中国政府が推進した「東北辺疆歴史与党現状系列研究工程」、いわば東北工程を発端としている。プロジェクトを意味する「工程」という言葉の前にある東北は中国の東北辺境地域を意味する。中国東北地方は、私たちがよく「満州」と呼ぶ遼寧省、吉林省、黒竜江省を指す。東北工程は、東南工程、西南工程などとともに、辺境地域に対する一連の研究の一つとして推進された。

中国の辺境の歴史として高句麗史を整理しようとする動きが中国であることは、古代史専攻者の間にはすでに知られていた事実であった。学術誌では、中国学界のこうして動向を紹介した文章も掲載されていた。しかし、その時は「東北工程」という大規模プロジェクトよりも、歴史研究という次元で紹介されていた。昔から中国が主張してきた渤海史が中国辺境の歴史であるという主張と類似したものと思われた。

東北工程は、中国社会科学院の「中国辺疆史地研究中心」が約二百億元をかけて二〇〇二年から二〇〇六年まで推進したものである。研究内容では、高句麗史に関連した主題が相当部分を占める。このプロジェクトでは研究だけではなく、調査・遺跡発掘と整備・博物館新築や増築、周辺景観の整備なども行われた。中国は外部の人の接近を防ぐ状況をつくり、遺跡を発掘し整備を行った。このプロジェクトの主な目的は、高句麗史が中国の歴史であることを裏づけることであるということが韓国内に知れわたったのである。

東北工程の研究は、中国東北地方の歴史全般と、種族、国境などの地理的問題である。主な課題は一部のロシア関連研究を除き、大部分は朝鮮半島南北、韓中関係史である。これらの課題は高句麗史に限定されるものではない。古朝鮮史、渤海史、中世の韓中関係史、韓中国境の問題、朝鮮族問題など、韓国史や韓中関係史全般にわたっている。こうして見れば、東北工程は高句麗史だけではなく、韓中関係史やさらに東北アジア史全体の問題を対象としていたといえる。

しかし、高句麗史研究が東北工程の核心であることも事実である。すでに中国は渤海を中国地方政府の歴史と見る研究成果を継続的に出してきた。私たちは、渤海が高句麗を継承した国と見なして朝鮮史に入れた。国史教科書には「統一新羅と渤海」を一つの単元として設定しており、「南北国」という用語を使用したりもする。しかし、中国では渤海を靺鞨《マルカル》族の国と見ている。靺鞨族は現在の中国民族の一つであり、当然渤海も中国民族が建てた国であり渤海史も中国史であるという論理である。もし高句麗を中国の歴史に入れることができるなら、それ以前の古朝鮮や高句麗を引きついだ渤海の歴史はおのずと中国の歴史になる。すなわち、高句麗史は古朝鮮史と渤海史を連結する橋の役割をする。

中国政府は、東北工程が学術研究であるにもかかわらず韓国がこれを政治問題化したという懸念を示した。しかし、東北工程が単純に辺境地域の歴史や地理研究のためのプロジェクトではなく、政治的意図を持って始まったことは確かである。今は消えたが東北工程の公式ホームページ（当時のサイト http://www.chinaborderland.com）は、プロジェクトの趣旨を「特にここ十年、東北アジアの政治的・経済的地位が日々上昇するにしたがい世界の注目を引く地域となり、中国東北辺境地域は東北アジアの中心に位置する最も重要な戦略的位置を占めている」と明らかにした。ホームページでは東北工程の課題を示す中で、国際的にも熾烈な論争になる問題を扱う「熱点聚焦」の掲示欄において高句麗史とともに、辺境理論、モンゴル、トルキスタン、南沙諸島、釣魚島などの国境問題を含んでいた。また、中国は東北工程に先立ち「朝鮮半島の形勢変化が東北地区の安定に及ぶ影響」に関する調査を行った。これには中国と韓国の歴史上の論争点、朝鮮半島の形勢変化推移、アヘン・宗教・民族関係など東北地区のさまざまな問題、大規模な脱北者が現れる可能性などのような政治的問題が含まれている。結局、朝鮮半島に情勢変化が起こった時、提起されると思われる国境や領土上の問題点をあらかじめ確認しておくことが東北工程の主な目的だったといえる。

高句麗はどの国の歴史であるのか

中国は漢族を始めとして五十六の民族で構成されている。人口の絶対多数を占める漢族を除き、五十五の少数民族が存在する。中国は、現在の中国の土地に住んでいるすべての民族を「中華民族」と規定する。これを基に「統一的多民族国家」を主張する。これによれば、中国は昔から多民族国家で構成されたと見る。時に彼らは競争したり分裂したりしたが、究極的には統一国家を建ててその中で活動をした。現在の中国領域の辺境に位置する少数民族は、統一国家の一構成員として中原の王朝と政治的・経済的・文化的に密接な関係を持ちながら中国史の形成に貢献しており、中華民族の歴史はそれこそ中国の歴史である。こうした「統一的多民族国家論」の論理通りであるならば、朝鮮族は中華民族であり、朝鮮族の歴史である高句麗史は中国史であり、満州地域にあった高句麗は中国の地方政権になる。

この論理に韓国は強く反発した。歴史的に中国と高句麗は厳格に区別され、高句麗は渤海、高麗に継承されたということが韓国の持っている基本的な歴史認識である。中国の記録でも、高句麗は中国史とは別に「東夷伝」、「異域列傳」の中で叙述されている。この問題に関して、韓国人の誰ひとりとして高句麗史が中国史であるという人はいないであろう。

しかし、ここですべての韓国人が高句麗史を朝鮮史であるという考えを持っているのではなく、異なる考えを民族主義歴史学と歴史教育を批判する人々から探すことができる。現在の国境や人種構成を基準として、高句麗史が朝鮮史であるか中国史であるかを論じることは無意味であると指摘したり、高句麗史は朝鮮史でも中国史でもなく、高句麗人の歴史であるとしたりする主張などである。扶余や女真のような種族の歴史でも同じ論理を適用できる。しかし、一見正しいと見えるこれらの主張が真に妥当であるかは疑問が残る。すべての歴史が当時生きていた人々の歴史であるという主張は、むしろ歴史の本質を正しく理解していないかもしれない。歴史は実際に起きたことそのものより、それを記録したことであるという観点からみれば、歴史は行為者ではなくそれを引き受けた人々の歴史である。高句麗史は、高句麗人ではなく高句麗を引き受けた人々がつくった歴史である。したがって、誰の歴史であるのかという論議の焦点は、誰が高句麗の継承意識を持っているかという点になるべきである。『三国史記』や『三国遺事』のような歴史書に高句麗、百済、新羅を結んで「三国」とした一方、中国の歴史書は高句麗を異民族の歴史と見た。このような点で、高句麗は中国ではなく韓国の歴史である。

韓国と中国の主張の間で一種の折衷論を取る場合もある。一史両用論がそれである。「歴史は一つであるが、二つで使用できる」という意味である。多数の朝鮮族学者がこうした主張をする。一史両用論では平壌遷都以前の高句麗と、平壌遷都以後の高句麗を区分する。平壌遷都以前の高句麗の歴史は中国史であり、平壌遷都以後の高句麗の歴史は朝鮮史ということである。一史両用論がどれだけ妥当であるかを問う前に、朝鮮族学者は現在中国に住んでいる中国国籍の人々でありながら韓国人の血を受けて生まれ、韓国との交流を切りたくないので、こうした主張をするのではないかと思われる。事実、一史両用論こそ、現在の領土を基準として過去の歴史を区分する論理である。

世界文化遺産に同時に登載された北朝鮮と中国の高句麗遺跡

二〇〇四年六月二十八日から七月七日まで開かれたユネスコ世界遺産委員会（ＷＨＣ）総会では、北朝鮮と中国内の高句麗遺跡を一緒に世界文化遺産リストに登載することを決定した。平壌の東明王陵（真坡里《チンパリ》古墳）、南浦の江西《カンソ》大墓と双楹塚《サンヨンチョン》、修山里古墳、黄海道の安岳三号墳など北朝鮮の六十三個の高句麗古墳群と、中国吉林省一帯にある国内城、丸都《ファンド》山城、広開土王碑、王陵十三基、五女《オニョ》山城などの高句麗遺跡が同時にユネスコ世界文化遺産になった。

中国はこのようなユネスコの決定を大歓迎した。ユネスコの決定以降、中国の集安や桓仁など高句麗遺跡地の所々に歓迎の垂れ幕が下がった。これに先立ち、中国はこの地域の高句麗遺跡を大々的に整備した。城壁に張り付いていた家屋を壊して国内城を整備した。広開土王碑と太王陵の間の建物も撤去して道路を整え、一つの遺跡群に仕上げた。太王陵を整備し、広開土王碑を保護するという理由により、ガラスで覆ったりした。将軍塚や集安博物館も新しく飾った。

中国が吉林・集安高句麗遺跡でのユネスコ登載を歓迎し貼られた横断幕

中国がガラスで覆うなどの整備をした広開土王碑

韓国内でも、北朝鮮と中国にある高句麗遺跡が共同でユネスコ世界文化遺産に登載されたことを歓迎する雰囲気であった。よくよく見れば、北朝鮮と中国の高句麗遺跡が共同で世界文化遺産に登録されることは、高句麗史であるか中国史か朝鮮史かという問題とは別に関係がない。世界文化遺産のリストは、その遺跡が現在どの国にあるのかを示すだけである。それにもかかわらず、韓国社会はユネスコのこの決定が持つ意味を、高句麗史を守る運動の成果として評価した。

続いて、八月二十三日には韓国と中

国政府当局の間に東北工程問題から招いた外交上の争いを解消するための会談が開かれた。会談は二回の外交次官会談を始め、おおよそ九時間三十分間にわたる「リレー交渉」で展開されたといわれる。合意文はなかったものの、外交通商部の高位当局者は、非公式の場で中国政府が教科書歪曲をしないという約束をしたこと明らかにした。そして五項の口頭での約束に合意したとした。「①中国政府は高句麗史問題が両国間の重大懸案に台頭したことを念頭に置く、②歴史問題による韓中友好協力関係の損傷を防止するための努力をし、全面的な協力とパートナー関係の発展に努力する、③高句麗史問題の公正な解決をはかって必要な措置を取り、政治問題化することを防止する、④中国側は中央および地方政府次元での高句麗史関連記述に対する韓国側の関心に理解を表明し、必要な措置を取っていくことで問題が複雑になることを防止する、⑤学術交流の迅速な開催を通じて問題を解決する」という内容であった。

北朝鮮と中国内の高句麗遺跡が同時に世界文化遺産に登録されたとしても、歴史問題が解決するものではなかった。韓国と中国外交高位当局者間の口頭合意の移行を保障する措置もなかった。私たちが見るかぎり、それは別に進展のない合意であった。しかしながら、この事件を契機に、東北工程の論争は少なくとも表面的には韓国社会で盛り上がることはなくなった。政府もこれ以上この問題に触れないようにし、民間や社会団体の活動も少なくなった。明確な答えもなく解決も見えない運動の中で、終結のための口実をここに求めたのかも知れない。

高まった高句麗史に対する関心

東北工程が及ぼした一番大きな社会的影響といえば、もちろん高句麗史に対する関心を大きく高めた点である。高句麗史を扱う本が何冊も出版され、高句麗の歴史を素材とする時代劇が流行した。「朱蒙《ジョモン》」「淵蓋蘇文《ヨンゲソムン》」「大祚榮《テジョヨン》」「広開土太王」など、高句麗の英雄を主人公とする時代劇が次々と放映された。「太王四神記」という高句麗の古墳壁画などの内容を神話として脚色し話を構成したファンタジー時代劇もあった。他の時代劇も作家の想像力が大きく反映した。高句麗史を知るための史料があまりないからである。しかし、一方でこうした時代劇がはなはだしく民族主義

聞慶の高句麗時代劇撮影セット、テレビドラマ「太王四神記」のポスター

的な情緒に依存し、高句麗史を誇張しているという心配の声も大きく聞かれた。時代劇では、高句麗が一時期中国の北京まで占領していたという歴史的に確認されてない内容を事実のように放映したりした。

政府は初め、この問題が政治的な問題として拡大されることを嫌がった。政府の姿勢は、日本の歴史歪曲に対する対応と大きく異なった。日本の歴史歪曲問題が引き起こされるたびに、政府は学界や民間だけではなく汎政府次元で対処しようとする立場を重ねて明らかにした。例えば、二〇〇一年に日本のつくる会が扶桑社で出版した『新しい歴史教科書』の歴史歪曲が問題にされると、民間の特定団体が作った教科書にもかかわらず、政府は検定の問題を挙げて駐韓日本大使に警告の意思を伝えた。日本文化開放を遅らせることを考慮する話も出した。一方、中国の東北工程問題が表面化すると、外務部は政府次元で対処することは困難であり、学術的な問題を政治的イシュー化しようとする人々を非難した。事実、韓国では東北工程問題が大きな社会問題をもたらしたことに比べて、多くの中国人はこの問題を知らなかった。政府の態度は中国を意識しているように見えた。東北工程に対する社会的関心が高まり、政府の消極的な対応に対する批判も次第に大きくなった。そこで政府は初めて立場を変え、中国政府に抗議をするなど積極的な対応に出た。

東北工程を契機として、国内で高句麗史を始めとする満州地域の歴史研究が疎かであったことを反省する声が高まった。国内の高句麗史専攻者が全員合わせても十人にも満たないことも非難された。批判の矢は政府に向けられた。日本の文科省に当たる教育人的資源部（当時）は、まず韓国と日本の間の歴史歪曲問題を解決するために、日韓共同研究を目的として作られた日韓歴史共同研究委員会においてもこの問題に関心を持って対処するようにした。引き続いて、高句麗史の専攻者が絶対的に不足しており、研究が体系的に行われていないという問題点を解決するために、百億ウォンの予算を確保して高句麗研究センターを作ることを発表した。

以後、高句麗研究センターの性格に関してさまざまな意見が出された。東北工程の性格とその対処方針をめぐる見解により、設立方針に関する意見が分かれた。それは、中国の高句麗史歪曲を反駁するために必要な学術研究を中心とする機構にするのか、東アジアの歴史と政治など全般的な問題を研究対象とする機構にするのかという違いである。また、運営の主体を誰にするかということも論争の一つであった。韓国古代史の専攻者を中心とする学界や教育人的資源部では、高句麗史の体系的研究と東北工程に対応する論理の開発に重点を置く学術研究機関の必要性を力説し、その運営主体は学界であるべきであると主張した。それに比べ、市民団体などは韓中関係史と日韓関係史を含む東アジア史全体とするべきであり、運営方式も政府が財政を支援するものの、学界と民間団体などが結合した形態になければならないと対立した。

高句麗史の学術的研究を強調した人々は、これまで高句麗史研究が体系的に行われてこなかったことを指摘しながら、国民の関心が高句麗史に集中した事実を持ち出した。それに比べ、東アジア全般の問題を研究する機構を主張する人々は、日韓歴史問題を教訓とし、単純に中国側の論理を反駁することに留まるのではなく東アジア共同体を指向するために地域と歴史を研究し、それを国民大衆に教育する方案を開発しなければならないという論理が下支えをした。しかし、高句麗史を中心とすることを主張する人々は「多くのことをすると研究の焦点がぼけて予算も不足する」、『高句麗』という名をなくしたら研究センターを運営する推進力を失う」という現実的な論理を打ち出し、高句麗史中心の研究機構を主張し続けた。

社会的関心は高句麗史の問題に集中しているが、研究センターの設立方案をめぐって開かれた討論会や公聴会では、むしろ東アジア全般の問題を研究する機構にしようとする見解が若干優勢であった。討論会に参加した韓国史の他の時代や東洋史の専攻者、他の学問専攻者たちが後者を支持したからである。しかし、結局は二つの案が折衷し、名前は「高句麗研究財団」とするものの、研究分野は高句麗史だけではなく北方史と日韓関係史を含む東北アジア史全般とする機構を設立することに決まった。

高句麗研究財団は二〇〇四年二月十八日に創立総会を開いて定款を確定し、組織運営と事業の方針の糸口をつかみ、三月一日に正式に発足した。財団の中心事業である研究のためには、高句麗歴史研究チーム、高句麗文化研究チーム、古朝鮮史研究チーム、渤海史研究チーム、東北亜関係史研究チーム、民族問題研究チームなど六つの研究チームを置いた。中国の歴史歪曲のための対応戦略樹立・推進、資料調査・収集・整理・情報化、翻訳作業および企画研究、民間学界の研究活動および人力養成支援、国内外学術会議開催、南北学術交流および国際学術交流網の構築、対国民教育および国際広報活動などの事業を行った。

2006年9月28日に設立された東北亜歴史財団の開所式

しかし、「高句麗研究財団」という名前は長く続かなかった。高句麗研究財団は歴史問題解決のためには高句麗史だけではなく、東北アジア全般の問題を研究し眺望しなければならないという趣旨で二〇〇六年九月二十八日に設立された東北亜歴史財団に統合された。東北亜歴史財団は高句麗史のような韓中間の歴史問題だけではなく、日本の歴史歪曲など東アジア歴史問題と独島問題を調査・研究し、政策代案を開発し政府に建議することを主な機能とする。また、資料を発掘して研究成果を刊行し、教育活動を通して社会と共有しようとした。そのため、生徒と教師向けの教育プログラムを運営し関連教材を刊行、関連市民団体を支援して生徒のクラブ活動を活性化するための努力を傾けている。その中では、セミナーやシンポジウム、研修などの堅いものだけではなく、「歴史コンサート」「歴史アカデミー」「青少年歴史体験発表大会」のような多様な方式により参加する階層を広げて関心を高めるための事業も含まれている。

東北工程は歴史教育に役に立ったのか

東北工程を契機として高句麗史に対する社会的関心は大きく高められたが、学校歴史教育には大きな影響を与えられなかった。一部の教師が授業で東北工程をめぐる問題を扱ったが、議論になった高句麗史叙述が教科書で特に増えたり、授業で重点的に扱われたりしたことはなかった。もちろん、学校歴史教育の内容は歴史研究を基にしたものであり、新しい高句麗史の研究成果がすぐに出て来ない状態の中で歴史教育の内容を変えることはできない。ただし、新しい研究成果が出る前でも高句麗史をさらに詳細に教えることはできる。しかし、韓国史教育全体を考えると、高句麗史の比重だけを増やすことは問題である。結局、さまざまな理由により、高句麗史を始めとする韓国古代史教育は東北工程以前と比べても大きな変化はなかった。ただ、韓国古代史を主体的な観点で見つめたり、東アジア古代史で朝鮮の位置を高く評価したりする傾向は強くなった。百済の遼西進出を既定の事実としたり、統一新羅と渤海を南北国と見る観点を積極的に取り入れたりしたことも、大きく見ればこうした傾向を反映したことであるといえる。

東北工程がニュースになっている頃、勤務している韓国教員大学校の食堂で食事をしている時に他の学科の教授から、「最近忙しいでしょう？　高句麗史問題があるから……」と話をかけられた。あまりよい気持ちではなかった。日本の歴史歪曲や中国の東北工程のような問題が起きることは、歴史で食べている人々にはむしろ良いことになるという皮肉な話をしばしば聞いていたところであった。このようなことでも、歴史に対する関心が高まればよいと自嘲的な話も出て来る。専攻が歴史教育であるので、私も個人的に東北工程に多くの関心を持っていた。しかし、専攻が高句麗史や韓中関係史ではない私がこの問題で特に忙しいわけがない。いくつか関連学術会議に傍聴人として参加したり、二回ぐらい頼まれて歴史教育の側面から東北工程の問題をいかに扱うかについての短い文章を書いたりした。よく知らない高句麗史の内容をインターネットや本などで調べた程度である。

一九九〇年代から歴史を始め人文教育の危機論が続いたが、それに対する対策はあまりなかった。私も歴史教育専攻者として継続的に歴史教育の強化を主張したが、社会的反応は微々たるものであった。東北工程のような民族的自尊心を刺激する事件がなければ、人々は歴史学や歴史教育に関心を持たない。しかし、東北工程問題が出てきたから人々はこのような話をする。「中国は歴史を研究するために莫大なお金を注いているのに、私たちはむしろ学校教育から歴史教育を縮小している。話にならない」。これはありがたい話である。本当に、歴史の比重は教育課程が変わるたびに学校教育から縮小され続けた。

東北工程に対抗して、一年に百億ウォンという人文学では決して少なくない予算を投入して高句麗研究財団を設立する過程でその方向性に対する争いが起こったことについて、歴史学界がこの機会を自分たちの利益だけに利用しようとしていると外部からの批判が出たことは当然なことである。いわば学問や専攻の利己主義に対する批判である。哲学を専攻するある教授は、日刊紙に寄稿した文章に皮肉っぽい調子で次のように話した。「結局、中国が高句麗史問題を提起してくれたお陰で醸成された国民的共感をだまし取り、実質的な負担なしに国民的次元の巨万の政府支援金で関連専攻者の数名だけで研究財団を立てるようになったという疑惑を打ち消すことができない。本当にそうであるのか？　そうであれば、どうせならもう一つ気前のよい姿を見せよ。人文学で一番疎外されている『哲学研究財団（仮称）』にも百億ウォン支援せよ。私が専攻した分野と関連する社会哲学研究財団であればさらに良い」（『ハンギョレ』二〇〇四年二月十二日）。嫉妬から出た話であるが、そのまま無視するには何となく気まずい。

高句麗歴史財団や東北亜歴史財団において、高句麗史を始めとする東アジア歴史、東北工程に対する多くの研究書と論文、資料が刊行されてきたが、一般人でこれらを見た人はあまりいないかもしれない。「大衆の正しい歴史の理解」とあまり関係ない歴史学者だけの祭りになることもある。果たして、私たちは歴史をなぜ勉強するのか?東北工程を始め歴史問題による関心の広がりにもかかわらず、歴史学界は歴史教育が多くの人々に必要であるという認識を与えることができなかった。歴史教育の本質と必要性を真面目に議論しなかったからである。

二十二 自国史を越えて地域史へ——東アジア史の誕生と歴史和解

社会科教育課程改訂試案研究公聴会（2005年12月16日）

二〇〇六年十一月二十三日当時、教育人的資源部は「歴史教育の強化方案」を発表した。「国史と世界史を統合した『歴史』科目独立において、歴史教育内実化の条件をつくる」、「高校一学年歴史の時間数を拡大する」ということであった。この間、歴史教育を強化せよという歴史学界の絶え間ない要求に目をそらしてきた教育部が、急に立場を変えて相当な部分を受け入れたのであった。

歴史教育に対する強化要求の核心は、歴史を社会科から独立させて必修科目とし、歴史教育の時間数を拡大させることにあった。建前においては、教育部も歴史教育の強化を標榜した。二〇〇〇年代に入り、日本の歴史歪曲と中国の東北工程などが社会問題となる状況であった。教育部は二〇〇五年四月に関連部署と「歴史教育発展方案」を協議した後、五月に歴史教育改善方案を発表した。「社会科」という教科体制を維持するものの、韓国史と世界史を統合した「歴史」科目を独立させ、地理と一般社会を「社会」科目として置くということであった。近現代史を強化し、面白い教科書を開発する内容も加えた。しかし、歴史科目の必修化や時間数の拡大などは含まれていなかった。このような教育部の発表に対して、歴史学界は歴史教育を強化する意思を表明しただけにとどまり、実際的な効果を得ることはできない案であると批判した。こうした歴史を「教科」として独立させるべきとする歴史学界の主張に目をそらして、教育部は社会科を依然としてそのまま維持したまま「科目」だけを独立させ顔を立てたのである。歴史を専攻していない教師が、歴史を教える問題点を改善する案も提示されなかった。しかし、教育部は歴史学界の批判を無視して教育課程の改訂作業を推進した。二〇〇五年十二月に開かれた社会科教育課程公聴会に提出した改訂試案も特に変わったことがなかった。二〇〇六年に入り、各科目別教育課程の各論開発に入った。中学校と高等学校の「歴史」、高等学校「韓国文化史」、「世界文化史」の教育課程を開発する作業が本格化した。こうした流れが二〇〇六年十一月二十三日に発表された歴史教育の強化方案で一気に変わってしまった。

電撃的に登場した東アジア史

新たに発表された歴史教育の強化方案では「社会科」という教科を維持するものの、韓国史と世界史を合わせた「歴史」科目を独立させ、地理と一般社会を扱う「社会」科目と分離させた。ここまではそれまでの案と差異はなかった。しかし、高等学校歴史を六単位（一年基準として週当たり三時間）として、以前と比べて週当たり一時間の時間数の増加を見た。大学入試時の国史の必修奨励、歴史教科書の全面的な検定への転換なども意味ある改訂であった。大学修学能力試験（以下「修能」）が絶対的な影響力を行使する現状の中で、「修能」の科目に入るかどうかは学校教育を左右する大きな要素となる。すべての教師と授業がそうだとは言えないが、「修能」で選択しない科目の授業時間に生徒が他の科目を勉強しても、教師がそのまま放置することが学校の現実であることを多くの人々はよく知っている。しかし、「修能」で国史を選択する生徒は毎年減っている。二〇〇四年十一月に施行された二〇〇五年度「修能」では、約十六万名（社会科十一科目中五番目）が国史を選択したが、二〇〇七学年度「修能」では約七万五千名（社会科十一科目中七番目）の生徒が国史試験を受け、半分以下に減った。このような現状が現れたのは、ソウル大学が「修能」の国史成績を入学査定での必修として反映したことも一つの原因であった。標準偏差を使用する「修能」成績は点数が良いが、ソウル大学を受験する生徒と同じ科目を受ける場合は成績が低くなる〔ソウル大学に入るために優秀な生徒たちが国史を選択する場合、全体的に標準偏差が下がる〕。二〇〇七年にはこうした現状が社会の批判を受け、七つの主要私立大学校がソウル大学同様、入学資格として「修能」で国史を必修とすることを発表したが、その取り消しをするハプニングが起きたこともあった。とにかく、ソウル大学だけでなくさまざまな大学において「修能」を国史での必修科目にするということが、高校における韓国史教育の強化に期待することであった。一方、国史教科書を検定制に変えるべきということも歴史学界の主張でもあった。その他、歴史授業改善のために歴史探究教室を設置・運営する内容も入っていった。歴史学界が絶えず要求してきた教科としての「歴史科」独立を果たすことはできなかったものの、他の要求は大部分が受容された。

しかし、発表された歴史教育方案において目を引くことは「東アジア史」の新設であった。「東アジア史」は二〇〇〇年代に入り、日本、中国と引き続いた歴史問題の対案として作られた。「高校選択課程における『東アジア史』の新設によって、韓・中・日共同歴史認識の涵養」をしようとしたのである。この頃、東アジアの歴史を各国の観点で見れば、自国中心の歴史認識と利害関係において対立と衝突が避けられず、東アジアという地域史の観点が必要であるという主張が学界や市民団体の間から提議されてきた。こうした考えは、歴史問題の解決のために日韓または、日中韓共同教材開発を模索する傾向や、民族主義歴史学と歴史教育への批判、国史解体の主張などに影響を受けたといえる。この時まで自国史を越えて東アジアの視角で歴史を見ようという主張は、韓国より日本の学者から多くでていた。歴史を「自国史－地域史〔東アジア史または東北アジア史〕－世界史」の体系で理解しようとする論理であった。しかしながら、日本の学者の主張は教育課程につなげることができなかった反面、韓国では電撃的に「東アジア史」という科目が生まれたのである。

教育当局が既存の立場を変えてこうした歴史教育の強化案を発表した経緯を私は知らない。このことを明らかにした文書や資料もまだ出ていなかった。教育部の歴史教育強化案の発表文ではこの間の経緯を書いているが、全般的な過程を説明するだけであった。当初教育部は全体の授業時数が限定されているため歴史の授業時数を増加したら他科目の時間数を減らさなければならないため、歴史の授業時間を増やすことは困難であるという立場であった。そのため、教科裁量時間に歴史を教えるように奨励する程度で処理しようとした。しかしこうした立場とは異なり、高校韓国史の時間数が増えた。新しい科目をつくったことに対しても、生徒の負担を大きくし他の科目の反発を起こすことを理由として否定的であった。こうした論理は「東アジア史」の新設で姿を消した。

当時、私は教育課程の改訂作業初期に「協力研究委員」という資格で参加した。社会科教育課程改訂研究委員会は、「諮問委員」、「共同研究委員」、「協力研究委員」などで構成され、教育課程改訂案を実際につくるのは共同研究委員の役割であった。しかし、実務的な仕事を担当していった韓国教育課程評価院の担当者はそのような区分する形式を問わずに互いに協調して良い教育課程を作ろうとしており、私もその趣旨に同意した。私は歴史教育を専攻し、普段は歴史教育課程と関連したいくつかの論文を書いた関係上、会議に参加して比較的よく意見を出した。教育課程の改訂作業初期、私は高校選択科目として韓国史と世界史科目の他に韓国史とそれに影響を与えた周辺地域の歴史を組み込んだ科目の新設を提案した。選択科目を「自国史、世界史、自国史+周辺地域の歴史」で構成する趣旨であった。具体的な教育課程案を用意したのではないが、韓国史と関連ある周辺地域の歴史が扱われる範囲は、実際に東アジア史と似通っているものであった。第七次教育課程において、一般社会の選択科目が四つ、地理の選択科目が三つであることに比べ、歴史は二つであった。そのため、歴史の選択科目をもう一つ増やすことは別に問題ではないと考えた。しかし、歴史教育課程の改訂作業に参加した人々はこれに反対した。「歴史科独立」を目標としている状況で、科目数の増加を主張すると焦点がぼやけ他科目の関係者に反発を買う恐れがあるということであった。私はこれ以上主張することができず、私の提案は本格的な論議も行わずに葬られた。その後、私は教育課程の改訂作業の進行に問題があると考え、この会より抜けた。わずか一週間ほどで新たな案を作成し検討するなど、非常に猛スピードで進行がなされたからであった。これを是正することを要求したが受け入れられず、一緒に作業を行っていた人にメールで理由を明かしこれ以上参加することはなかった。以後、歴史教育課程の改訂がどのように展開されたかについては具体的に分からない。

いずれにせよ、歴史教育を勉強し、今まで歴史教育の強化を主張してきた私のような立場にとって、教育部が発表した歴史教育の強化案は歓迎できることであった。しかし、もう一方で心配な点もあった。社会的論議や手続きが何もないまま社会科教育課程の枠組みが変わったからである。これは手続きが非合理的であったり非民主主義的であったりという問題が提起される可能性があった。この後も、教育的考慮ではなく政府の政策的意志とそこに歴史教育界が便乗して自己の利益を取った結果であると非難を受けることもあり得る。一九七〇年代に政府の政策で行われた国史教育の強化が、後に国史が国粋主義教科として批判を受けた結果を招いたことと類似した状況である。東アジア史もそうした憂慮から抜けだせない状況があった。

とにかく、政府の国史教育の強化方案は十二月に公聴会を経て、二〇〇七年二月二十二日に告示された教育課程としてそのまま確定された。東アジア史も高校で正式科目として出発するようになった。世界で初めて「東アジア史」が学校教科目になった瞬間であった。

たった二か月で開発された東アジア史教育課程

東アジア史は十分な論議や事前準備もないまま、政策的に急造された科目であった。歴史学界では、高校で東アジア史を教えることが適切であるかということ以上に「東アジア史」という科目の内容体系を作り教科書を開発することが果たして可能であるかという点に議論が集まった。東アジア史は韓国史や世界史と異なり、過去になかった科目である。さらに歴史学界でも東アジア史の概説書が出版されたこともなく、大学でもこのような講義はあまりなかった。研究が後押しできない状態で東アジア史を新設することは画期的であるが、その反面、無謀に近い一つの「事件」であった。

教育部は歴史教育の強化方案の発表後、急いで東アジア史教育課程の開発チームを結成した。一月末に東アジア史教育課程試案が発表された。たった二か月の間に教育課程が開発されたのである。二月二十二日には改訂教育課程が確定・告示されたことを考えると、東アジア史教育課程はこの日程に合わせたといえる。アイロニー的ではあるが、こうした理由のために実際に開発された東アジア史教育課程の内容分析や批判はむしろ少なかった。教育界はもちろん学界でも東アジア史の枠組みがない上にこの間の歴史歪曲や歴史認識の差異をめぐって東アジア国家間の対立に関心を持ったり、これを解消するために奔走してきたりした人々の多くが東アジア史教育課程開発に直接・間接に関与することで、分析や批判ができる主体がいなくなったからであった。

東アジア史の教育課程では「東アジア」という地域を理解し、東アジアの共同発展と平和に寄与することを強調している。そのため、「東アジアの過去と現在に対する客観的で均衡ある理解と分析能力を育て、和解と協力を基礎として東アジア共同の平和と繁栄を成し遂げていくことに関心を持つようにする(性格)」ということである。内容体系は、韓国・中国・日本を始めとする東アジアの歴史を時代順に六つの時期で分け、各時期の特徴といえる主題や現象の単元名(題目)が付けられた。どのような内容で構成されるのか頭に浮かびにくい科目であるため、単元(領域)と内容に分けられた。内容体系は以下である。

一つ目の単元である「東アジアの歴史の始まり」は、先史時代から紀元前後までの東アジアの歴史である。「人口移動と文化の交流」は、

単元(領域)	内容要素
東アジアの歴史の始まり	東アジアの自然環境、先史文化、農業と牧畜、国家の成立と発展
人口移動と文化の交流	地域間の人口移動と戦争、古代仏教、律令と儒教に基盤を置いた統治体制、東アジアの国際関係
生産力の発展と支配層の交代	北方民族、農業生産力の発展と小農経営、文臣と武臣、性理学
国際秩序の変化と独自的な伝統の形成	十七世紀前後の東アジアの戦争、銀の流通と交易網、人口増加と社会経済、庶民文化、各国の独自的な伝統
国民国家の模索	開港と近代国民国家の樹立、帝国主義の侵略、民族主義と民族運動、平和を志向する努力、西欧文物の受容と変化
今日の東アジア	戦後処理問題、東アジアでの分断と紛争、各国の経済成長、政治発展、対立と和解

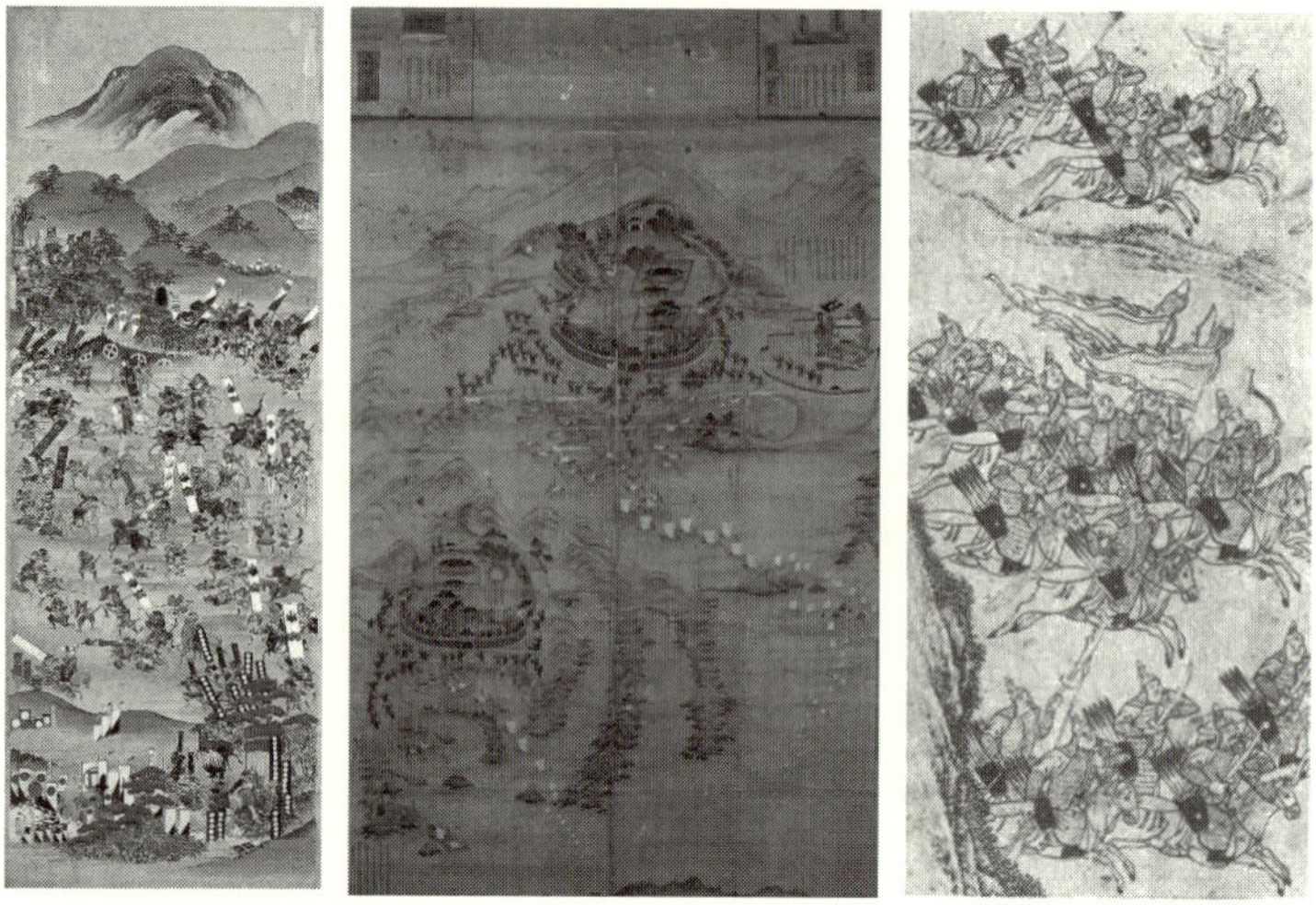

17世紀前後の戦争（左から明・清戦争、壬辰倭乱、関ヶ原の戦いを描いた画）

紀元前後から十世紀までを扱う。「生産力の発展と支配層の交代」は十世紀から十六世紀まで、「国際秩序の変化と独自的な伝統の形成」は十六世紀から十九世紀までを対象とする。「国民国家の模索」は十九世紀中盤から一九四五年までであり、「今日の東アジア」は第二次世界大戦が終わる一九四五年以後を扱う。全体的にみれば、東アジアの歴史を時代順に配列した通史体制である。区分された時代を一つの単元として編成した。そして、その時代の東アジアの特徴的な内容を単元名とした。例えば人口移動や文化の交流はいつの時代でもあったものであるが、教育課程を作成した人々は、特にそれが紀元前後から十世紀までに活発であったと見ている。同じく生産力の発展もすべての時期に渡って成し遂げていたが、十世紀から十六世紀までに飛躍的であり、この時期に支配層において意味ある変化が起こったと考えている。内容要素ではこの時期の支配層を「文臣と武臣」として表現した。推測するに、中国の士大夫、朝鮮の両班、日本の武士（サムライ）などを包括的に含む概念のようである。「国際秩序の変化と独自的な伝統の形成」単元の内容では、「十七世紀前後の東アジアの戦争と国際秩序の変化を理解する」、「十七世紀前後の東アジアの戦争の展開の様子と国際関係への影響を理解する」という文章がある。東アジアで十七世紀前後の戦争といえば、朝鮮で起きた壬辰倭乱〔豊臣秀吉の朝鮮侵略〕と丙子胡乱〔一六三六年～一六三七年に清が朝鮮に侵入した出来事」、中国をめぐって戦った明・清戦、そして日本で江戸幕府を誕生させた関ヶ原の戦いなどが浮かぶ。これらの戦いが東アジア三国の国際秩序を変え、独自的な伝統を形成したと解釈しているようである。日本の江戸幕府、朝鮮の性理学的伝統、清の統治構造などがそれである。

しかし、「東アジア史」とはいえ、内容がより詳細であることの他に世界史の東アジア史部分と大きな違いを感じることができない。多分、内容構成と展開方式が類似しているためだと考えられる。また、各時期の特徴といえる単元名や内容要素が妥当であるのかも問う必要がある。例えば、果たして紀元前後から十世紀までの東アジアの歴史の特徴を戦争による活発な人口移動として見ることができるのか。十世紀から十六世紀が他の時期より生産力の発展がより際立っているかも疑問である。東アジア専攻者の観点ではどうなのかわからないが、高校生がその根拠を理解できるように説明することは難しいだろう。十九世紀から第二次世界大戦までを扱う「国民国家の模索」単元の中で「平和を志向する努力」というのがあるが、この時期の東アジアで主な内容要素としてこの内容を扱うことができる動きがあったのかはよくわからない。

消滅の危機だったが生き残った東アジア史

ところが、東アジア史は実際に学校に適用されないまま消滅する危機もあった。二〇〇九年改訂教育課程のためである。二〇〇八年に発足した李明博《イミョンバク》政府では、ただちに「未来型教育課程」という名の教育課程改訂を推進した。二〇〇七年改訂教育課程の改訂作業が不備であるとの理由で全般的に手を入れた。各教科や領域（分野）、各界各層で教育課程の拙速改訂を批判したにもかかわらず強行したのである。二〇〇七年改訂教育課程で教科にされた歴史教育もまた縮小された。二〇〇七年改訂教育課程は、施行もしないまま消滅する運命に直面したのである。

二〇〇九年改訂教育課程では、生徒の負担を減らすという名目で社会科の三分野である一般社会、地理、歴史の選択科目を二科目に減らす原則を発表した。結果的に一般社会の選択科目が「法と社会」、「社会文化」、「経済」の三科目になるためこの原則は守れなかったが、歴史分野では二科目に制限する原則でない原則が固守された。「韓国文化史」、「東アジア史」、「世界歴史の理解」の中から一つを除外しなければならなかった。歴史学界はそれに反発したが、次第にどの科目を残し外すかについても関心を持った。

改訂作業の実務を担当した教育課程評価院は、最初に「東アジア史」を外して「韓国文化史」と「世界歴史の理解」を残す案を提示した。しかし、最終的に外された科目は「韓国文化史」であった。こうして「東アジア史」と「世界歴史の理解（確定された二〇〇九年改訂教育課程で「世界史」と科目名を変更）」が選択科目として確定した。選択科目を「東アジア史」と「世界史」にしたことは、教科目編制上では問題のあることであった。二〇〇七年改訂教育課程の体制を維持することが望ましいが、仕方なく一つ科目を減らすなら「東アジア史」をなくし、「歴史」、「韓国文化史」、「世界史」で構成する方がむしろ自然である。しかし、「東アジア史」と「世界史」が残ることで、歴史科目は「歴史」、「東アジア史」、「世界史」という編制になる。こうした科目編制をすれば、高校で韓国史を扱う科目が一つも残らないことになる。これは韓国史学界の強い反発を受けることが自明であり、国民の同意も得ることが難しいことが予想された。結局、教育課程の改訂作業チームは歴史科目編制に合わせるために、以前の「歴史」内容をおよそ残したままそれを「韓国史」と名称変更し、「韓国史」、「東アジア史」、「世界史」という三科目編成を取った。このため、高等学校「歴史」で検定申請した教科書が「韓国史」と名前を変え、検定に通過するハプニングが起こることもあった。いずれにせよ、こうして東アジア史を学校で正式科目として教えるようになったのである。

東アジア史教育のための準備

東アジア史が新設されるやいなや心配する声が上がった。「東アジア」という地域で結ばれているが、独自的な性格が強い日中韓の歴史を一つの基準で見ることが妥当であるかという疑問の提起は、学問次元の原論的問題であった。東アジア史教育課程で内容体系を提示したが、使える概説書もない状況で満足できる教科書を開発することができるのかという心配が一番大きかった。東アジア史のような性格の歴史を大学で学んだことがない教師が、果たしてうまく教えることができるかという問題もあった。

東アジア史教科書開発と授業準備は、東北亜歴史財団を中心に進められた。東北亜歴史財団は、東アジア教育課程を開発した人々と手を組んで東アジア史資料集の開発と教師教育に力を注いだ。東アジア史を主題としたシンポジウムや専門家研修が引き続き開かれた。教師と生徒の東アジア史の理解を助けるための本も発刊された。東アジア史教育課程の内容体系に合わせて二十六の主題を整理した教授・学習資料である『東アジア史教育総書』（二〇一一年）三巻の刊行は代表的事例であった。教育課程を解説し関連した東アジア史を説明する教師研修も毎年開設された。東北亜歴史財団資料によれば、二〇〇八年から二〇一二年までおよそ二五〇〇名の社会科教師が東アジア史研修を履修し、二〇一一年からはオンラインで「東アジア史教員サイバー研修」プログラムも運営されている。東アジア教科書の執筆を助けるためのサンプル単元を開発し、内容要素と到達基準を一つひとつ説明し、参考文献を提示した教科書執筆案内書を作成したりもした。教育科学技術部も東アジア史教科書を刊行した後、内容要素と関連した史料を集めた教科

2012年2月に東北亜財団が主催した東アジア史教員研修

東アジア教科書二種（上：天才教育、下：教学社）

書を補完する指導資料集を出した。一方、歴史教師も東アジア史にかなりの関心を示し、全国歴史教師の会の自主研修や全国教職員労働組合の真の教育実践報告大会の歴史分科において、東アジア史教育が主題として扱われた。

こうした努力により二〇一一年には東アジア史教科書が刊行され、二〇一二年から使用することになった。しかし、検定東アジア教科書はたった二種類に過ぎなかった。教科書の執筆者も、大方が東アジア史教育課程の開発に直接関わったり資料集の刊行、教師研修の講師を務めたりした人であった。東アジア史教育関連者の範囲はあまり広がらないまま、少数の人々の占有物になった気がしている。しかし、高等学校で東アジア史を学ぶ生徒は相当数に上っており、世界史を選択する生徒数に近づいて来ている。なじみは薄いが、東アジア史に対する好奇心や、世界史より扱う地域の範囲が狭いことで学習量が少ないという期待などが作用したからである。

地域史の観点から見た東アジア史？

韓国社会では一九九〇年代以降、「東アジア言説」が一つの流行になった。ポスト冷戦と合わせて、東アジア地域が世界経済で占める比重が大きく高まり、この地域の思想的・文化的特徴を究明しようとする論議が展開された。東アジアの範囲、東アジアのアイデンティティ（identity）、東アジアを見る観点が活発に議論された。東アジアを主題としたシンポジウムが開かれ、関連書籍も頻繁に刊行された。『発見としての東アジア』（鄭文吉他、文学と知性社）『周辺から見た東アジア』（鄭文吉他、文学と知性社）のようなタイトルを付けた本がこうした傾向を反映している。アジアのアイデンティティはあるか、あれば何であるのかについての討論が行われた。その一方で、儒教資本主義論を提起したり、韓国の東学のような伝統思想より対案を探す動きが見えたりもする。ここでは「東アジア言説」を紹介しない。それは私の領域や能力を越えることである。ただ、私のような観戦者が見る限り、「東アジア言説」のかなりの部分が、論客の専門や社会的位置を反映しているように見える。例えば、東アジアの平和を脅かす覇権国家がアメリカであるか、中国であるかの観点は、中国専門家とアメリカ専門家の間で異なる。当然な話ではあるが、東アジアをめぐる議論は政治的性格を外すことは難しい。そうであるならば、現在の東アジアではなく過去の東アジアを扱う東アジア史はこのような批判から自由になれるのだろうか。学校教育に東アジア史が入り、その普及過程を見る限り自信を持って答えることはできない。

東アジア史の説明は「耳触りの良い」言葉の饗宴である。前述した教育課程の東アジア史の性格では「客観的で均衡ある」という言葉が何回も出てくる。「客観的で均衡ある見方」を要求する言葉は、教科書でも反復されている。「近隣諸国に対する普遍的理解」（『東アジア史』「東アジア史を学びながら」、天才教育）、「歴史衝突を未来志向的に克服し、東アジアの平和と繁栄の基盤を備えていくことへも寄与」（『東アジア史』「前書き」、教学社）などの文言をあちこちで見つけることができる。東アジア史を主題とする論文では、多元的観点と歴史認識の相対化を主張する。このような言葉を見ていると、東アジア史を勉強するだけで東アジアの国家間のすべての争いがなくなり、生徒も平和のために努力する人間として成長できるようである。

東アジア史は「東アジア」という地域で起きた事件を国家ではなく地域の観点で扱うことを標榜する。実際に東アジア史教科書では、東アジア全般に影響を及ぼしたが以前の国史や世界史教科書であまり重視されていなかった事件に比重を置いて扱っている。古代東アジア各国の間で行われた人々と文化の交流、朝貢と冊封体制に代弁される東アジアの伝統的国際関係、第一次世界大戦以降に成立したワシントン体制、第二次世界大戦のアジア・太平洋戦争を整理するためのサンフランシスコ講和条約など、近現代東アジア史に大きな影響を与えた国際会議などに関心を傾けた。しかし、大部分は世界史でも扱う内容である。さらに、国家と国家間の衝突と対立が先鋭にぶつかる歴史的事実を東アジア史教科書がいかに「東アジア」の観点で叙述しているかという点は疑問である。例えば、戦争を国家史ではなく、地域史の観点で叙述すればどうなるのかを見てみよう。

六世紀末には東アジア情勢に大きな変化があった。対外拡張を図る隋に立ち向かって高句麗は突厥及び百済、倭と連結し対応しようとした。隋は突厥を屈従させ、周辺民族を征服した後、大軍を起こし高句麗を侵略したが失敗した。

隋は数回の無理な遠征が原因となって滅亡した。――『東アジア史』、教学社、四十四頁

三国統一戦争前、唐は突厥、高句麗と東アジアの覇権を争っていたが、新羅と百済は朝鮮半島で互いに競争していた。その過程で唐は高句麗を数回侵略したものの失敗し、新羅は百済の攻撃で苦労していた。結局、三国統一戦争は突厥、高句麗、百済、倭の連合で孤立された新羅と、高句麗を服従させ東アジアの覇権を取ろうとした唐が連合し、百済と高句麗を次々に滅亡させた。――安秉佑他、『東アジア史』、五十二頁

東アジア史の観点で叙述された上記の内容で勉強した生徒が高句麗と隋の戦争を見る視角と、国家史の観点で叙述された韓国史教科書で勉強した生徒の視角が異なるであろうか？　もちろん差異が出る場合もある。我々がよく新羅と唐の戦争という三国統一戦争において、新羅が唐を破ることができた理由を東アジア教科書では唐と吐蕃の戦争に求めた（『東アジア史』、天才教育、五十三頁）。百済と高句麗の復興運動と、新羅の決然とした意志だけを強調した既存の国定国史教科書とは異なる叙述である。しかし、壬辰倭乱を「壬辰戦争」とだけ変え、「日本に対する怒りと敵愾心」（『東アジア史』、教学社、百十六頁）だけで見ることから抜け出し、東アジア平和という観点から歴史を認識できるかは疑問である。独島〔竹島〕や間島《カンド》〔豆満江以北の満州にある朝鮮族居住地〕のような領土問題に至っては、いかにこれを東アジアの観点で教えられるのだろうか。尖閣諸島（魚釣島）は日本と中国が領有権を争っており、南クリル列島（北方四島）ではロシアと日本が緊張関係にあるが、独島は日本が不当に領有権を主張しているのである。東アジア史教育の東アジアは「観点」が東アジアであることではなく、「素材」が東アジアになるのかもしれない。

二十三 政権が変わると教科書内容も変わるべきか——『韓国近・現代史』教科書問題

「檀君以来」という言葉をよく耳にする。もちろん檀君神話は建国神話であり、「檀君以来」は「歴史全体をひっくるめて」という意味である。しかし、「檀君以来」という言葉が入った事件では、良い評価を得たものはないようである。「檀君以来の最大普請」と言われた高速鉄道（ＫＴＸ）工事は、環境破壊の議論を招き不誠実な工事で汚れてしまった。「檀君以来の最大国策事業」という李明博《イミョンバク》政府の四大河川開発事業は、多くの国民の強い反対にぶつかった。事業が終了した後も工事に関係した業者との談合と手抜き工事など各種疑惑が明らかになり、真相糾明の声が高くなった。また、「檀君以来の最大事業」という龍山開発事業は、撤去民五名と警察一名が死亡する惨事を生み出し、不動産景気の沈滞と施行主間の利害関係対立により二〇一三年五月現在、事実上取り消された状態にある。龍山惨事は「二つの門」という映画を生み出し、二〇一二年十二月に施行された大統領選挙での野党候補が観覧するほど社会的議論の対象となった。

うやむやに終わった「国旗を揺らした歴史歪曲」

「檀君以来」という言葉がついたのは主に経済の事件であった。ところが、歴史問題でも「檀君以来」という言葉が使用されたことがあった。二〇〇二年七月当時、ハンナラ党事務総長であった金榮馹《キムヨンイル》は「この政権が高校教科書まで動員して檀君以来最大の不正腐敗を隠し、熱狂的に大統領の偶像化を行うことは茫然自失」と猛烈に批判を浴びせかけた。ハンナラ党徐清源《ソチョンウォン》代表も、「歴史歪曲問題は国の基本を揺らしたことと同じ」と声を上げた。高校用『韓国近・現代史』教科書が前政府（金泳三《キムヨンサム》政府）をけなし、現政府（金大中《キムデジュン》政府）を一方的に美化したということであった。こうしたハンナラ党の攻勢にすくんだ与党民主党は、事実確認もしないままに「現存人物と進行中の事件に対しては教科書が慎重に評価し記述することが当然であり、公平性の是非を起こしたことは誤り」と同調した。教育部でさえ「検定に通過した四種の『韓国近・現代史』教科書内容を精密に検討し、修正・補完が必要な場合は修正を指示し、修正・補完が完了した後に配布するように」というように、教科書が問題であるということを既定の事実とした。

『韓国近・現代史』教科書は国定で発行された国史教科書と異なり、検定図書として二〇〇三年から高校で使用する予定であった。四種類が検定審査を通過し、学校採択などのために展示本が普及した状態であった。しかし、一部メディアで『韓国近・現代史』教科書が金泳三政府と金大中政府に対して偏向的に叙述したという問題を提起し、ここにハンナラ党が一緒に立ち上がったのである。ハンナラ党は「新龍飛御天歌」（朝鮮王朝の建国を讃える歌のようであるという意味）、「王朝時代でも想像できない前代未聞の犯罪行為」という極端な用語を使い、歴史歪曲の責任者を処罰せよと声を上げた。一部の歴史学者も教科書内容を確認しないままこうした批判に手を貸した。

検定教科書にもかかわらず、実際の批判は教科書を書いた著者ではなく検定過程に向けられた。当時、政府は検定過程で圧力を加え、教科書内容を歪曲したということであった。国会の教育委員会で提起された「大統領秘書室長と教育部総理の野心作」というハンナラ党国会議員の主張は、こうした視角をそのまま垣間見せてくれた。一部のマスコミは、検定で脱落した教科書が金泳三政府と金大中政府を公正に叙述したと報道し、まるで二つの政府をいかに叙述したかということが検定通過の基準であるように追い立てた。そして、検定委員の名簿を公開することを催促した。教育部は、検定委員の私生活保護などを理由として公開を拒否した。こうした雰囲気の中で、『朝鮮日報』は対外秘とされていた検定委員の名簿を取材報道した。さらに、こちらが推薦した人は一名しか選定されていなかったという検定を主管した韓国教育課程評価院院長の責任逃れの発言と、三倍数に数を調整する過程で推薦されていない人物を教育部編修担当者が任意で入れたという内容をともに報道して疑惑を深めた。検定委員は名簿が公開されるやいなや遺憾の意を表し、「公正な検定が不可能になった」という理由で辞任した。

議論の中で、私はあるラジオの時事プログラムから電話インタビューを受けた。私が『韓国近・現代史』教科書の著者であることを知らないまま、歴史教育専攻者としてこの問題をいかに考えるかについての意見を聞くためであった。教科書の著者であることを明らかに

『韓国近・現代史』教科書（左から、金星出版社、斗山、中央教育振興研究所、大韓教科書）

してからは、自然と放送は著者としてのインタビューに変わった。幸い、私が書いた金星出版社教科書は他の教科書に比べて、二つの政府の功罪両方を相対的に叙述したと評価されていた。金大中政府の問題点を指摘した内容を入れていたからであった。インタビューの焦点は、執筆過程で政府の圧力を受けたかどうかということであった。私は「教育部から電話一本もらったことはない」と答えた。これは事実であり、他の出版社の著者も同様なようであった。

与野は、国会で教科書特別委員会を組織することに合意した。教育部は、教科書検定制度を改善し、現政府に対する客観的事実を中心とする案を出した。しかし、それ以後の議論はうやむやになってしまった。実際に教科書検定委員が公開されてからは、メディアでの報道は急に少なくなった。国会の教科書特別委員会も特別な活動をしなかった。検定改善の措置もなかった。どう見てもこれは当然の結果であった。一部メディアの「期待」と異なり、検定委員は特定の性向を持たず、特定の地域出身でもなかった。実際に教科書内容を確認した人々は、メディアの報道が誇張したものであったことがわかった。教科書執筆と検定過程において圧力は存在しなかった。こうして、『韓国近・現代史』教科書の「前政府、現政府」問題は片付けられた。

しかし、この事件はこれ以後に起きる本格的な議論の予告であった。社会や政治家の間では、歴史教科書の近現代史の内容に敏感であることを見せつけたわけである。この騒動の過程において、ある新聞は『韓国近・現代史』教科書に普天堡《ポチョンボ》の戦いが掲載された事実を報道した。普天堡の戦いは、金日成が率いる東北抗日聯軍の一隊が一九三七年六月に咸鏡道甲山の普天堡に侵入し、警察駐在所と官公所を襲撃した事件である。北朝鮮はこの事件を金日成が行った抗日革命活動の主要業績として掲げていた。そのため、これまでは国史教科書では武装独立運動を叙述したとしても、この事件には言及していなかった。ところが、『韓国近・現代史』教科書に初めてこの内容が入ったのである。国定国史教科書の反共イデオロギーに手慣れた人々が見れば問題になるのかもしれない。しかし、当時この報道に対して特に議論もなかった。

本格化した『韓国近・現代史』教科書の議論

『韓国近・現代史』に関する本格的な教科書問題は、現代史内容を巡るものであった。二〇〇四年十月初めに開かれた国会教育委員会の教育部監査において、当時ハンナラ党の国会議員であった権哲賢《クォンチョルヒョン》は金星出版社の『韓国近・現代史』教科書が「親北・反米・反財閥」の観点で一貫していると問題を提起した。権哲賢は質疑書で「一番多く採択されている歴史教科書の内容がこのように北朝鮮とNL主思派の視角で著述されたとは想像もできなかった」と主張し、これは「執筆当時の政権が持つ歴史哲学と意志が反映されなければ、このような内容の教科書が執筆できるわけがないと判断できる」と断定した。保守メディアは権哲賢議員の主張を受け入れ、金星出版社の『韓国近・現代史』教科書を「民衆史観教科書」と名付けて大きく報道した。「(民衆史観教科書議論)教材六種の中、一番多くの学校で使用」(『東亜日報』二〇〇四年十月四日)、「七百一校で民衆史観教科書の授業」(『朝鮮日報』二〇〇四年十月四日)のような見出しであった。

権哲賢議員の質疑があった日、私は教育部歴史担当編修官から連絡を受け急いで質疑書の全文を見てみた。その内容はかなりの部分がその年四月に『月刊朝鮮』が既に報道した内容であった。『月刊朝鮮』二〇〇四年四月号は〈警告! あなたの子どもは危険な教科書に触れていた—高校国史教科書の「大韓民国を叩き、金日成親子をかばう」〉という刺激的な見出しで『韓国近・現代史』教科書を攻撃したものであった。『月刊朝鮮』は各教科書が李承晩《イスンマン》の独立運動の事実を縮小し、社会主義運動を詳細に叙述したと批判した。解放直後の政治状況を左翼偏向的に叙述して韓国政権を批判する一方、北朝鮮政権に対しては否定的に叙述しなかったという内容も書いた。そして『月刊朝鮮』は「このような教科書で勉強させるなら、韓国近・現代史科目をなくした方が良いと思われるほど」と結論づけた。しかし、月刊誌であるためか『月刊朝鮮』の文書はあまり社会的関心を引くことはできなかった。その内容の相当な部分が今回の権哲賢議員の主張に反復されていた。ただ、『月刊朝鮮』の文書は『韓国近・現代史』教科書全般を対象としていたのに対して、権哲賢議員の主張は金星教科書のみをターゲットとした点で違いを見せた。

私は、早速他の著者に連絡して状況を知らせた後、権哲賢議員の指摘事項に反駁文を作成した。そして次の日、国政監査の場であったソウル市教育庁を訪ねた。そこで記者会見を開き、反駁文を配布して権哲賢議員に公開討論をすることを提案した。私が教科書の代表著者であり、また議論になった現代史部分を執筆したからであった。教育部は報道資料を出し、『韓国近・現代史』教科書は検定審査を通過したものであるため大きな問題はないという立場を発表した。しかし、この事件は大きな波紋を呼び起こし、議論が続いた。

さまざまな団体が教科書叙述に関心を示した。特に一部のマスコミは、教科書内容の特定部分を取り出した。そこで、千里馬運動を北朝鮮社会主義建設に寄与したと金星教科書は高く評価するのに対し、セマウル運動を独裁政治に利用したと批判する報道をすると、セマウル運動関係者の強い抗議にあった。「セマウル指導者」という人々の抗議電話とメールが溢れた。実際の教科書ではこの二つの事件は比較されておらず、セマウル運動の肯定的側面と否定的側面の両方を叙述していた。また、教科書叙述はセマウル運動の歴史全体ではなく、一九七〇年代の状況を説明したものであった。しかし、教科書内容を確認したり叙述の脈絡を調べたりすることは彼らの関心の外にあった。教科書内容と直接関連のない私立学校校長会も現れた。その関係者は私立学校に公文書を送り、使用実態を報告して金星教科書の採択を再検討することを要求した。

『韓国近・現代史』教科書をめぐる社会的議論が過熱すると、韓国史と歴史教育関連学会は教科書内容を検討するシンポジウムを開いた。「韓国近・現代史高等学校検定教科書偏向性の是非を問う」という主題の下、歴史教育研究会、韓国史研究会、韓国歴史研究会が連合でシンポジウムを開催した。このシンポジウムでは、教科書執筆と検定審査過程、教科書内容、学校採択手続きなどを検討した。そして検定体制に照らし合わせ、左翼偏向教科書が出ることはあり得ず、金星教科書が反米・親北的であるという主張は政治的目的から出た歪曲であることを明らかにした。学会は声明書を出した。歴史教育と研究は学界と教育界において責任を持ち解決していく自律性を保障し、歴史教育を党利党略や理念攻勢の手段とする行為をただちに中止することを要求した。こうして教科書論争は、ある程度縮小するように見えた。

しかし、ニューライト団体の登場により議論は続いた。二〇〇四年後半期は社会の各分野でニューライト団体が登場した時であった。二回にわたって大統領選挙で負け続けた保守陣営は、ハンナラ党や既存保守勢力では再執権が難しいという判断の下、新たな保守勢力の結集に出た。彼らは合理性を持つ新たな右翼保守を意味する「ニューライト(New Right)」を標榜した。学問や教育界でもニューライト団体が生まれた。

二〇〇五年一月に発足した教科書フォーラムは、歴史教育問題を扱うニューライト団体であった。「大韓民国の近現代史と関連する各種教科書を分析・批判し代案を提示しながら、事実を追求する学徒として誠実性と厳粛性および謙虚を堅持することに最善を尽くす」という創立宣言文からわかるように、教科書の韓国近現代史内容を検討することを主な活動としていた。教科書フォーラムは、政治学・経済学・教育学など主に社会科学の各分野を専攻した研究者で構成された。歴史問題を扱うものの、歴史学者、特に韓国近現代史専攻者はほとんど参加していなかった。教科書フォーラムは「高等学校韓国近・現代史教科書はこのままで良いか」という主題で、二〇〇五年一月二十五日に創立記念シンポジウムを開いた。これを始めとして二〇〇六年四月六日に開いた「我が国の教育課程開発体制、何が問題であるか」という主題で、第五次シンポジウムまで高等学校『韓国近・現代史』と『経済』、中学校『社会』教科書の近現代史内容を分析・批判するシンポジウムを連続して開催した。彼らは歴史教科書だけではなく、韓国近現代史の学界全般を批判した。韓国史学界の近現代史研究が、一九八〇年代の運動史の論理に基づいているということであった。これ以後、教科書フォーラムの論理と主張は、韓国近現代史教科書を批判する際の根拠となった。教科書フォーラムは、二〇〇八年三月に既存の韓国近現代史研究と教科書の「代案教科書」を標榜した『代案教科書韓国近・現代史』(キパラン)を刊行した。しかし、この本の歴史認識は植民地近代化論、対外開放の一方的な賛成、過度な李承晩の美化、独裁政治の合理化などで社会と学界の批判を受けた。

教科書フォーラムが刊行した『代案教科書韓国近・現代史』

急変した教育部の態度

教育部は権哲賢議員の問題提起に少し慌てたが、基本的に『韓国近・現代史』教科書は検定審査を通過したもので特に問題がないという態度を保持していた。「歴史学界の定説を中心に執筆したもので、内容の間違いや偏向的な理論、視角、表現などのない検定基準および検定委員の審議を通じて編制および内容上の妥当性を揃えた教科書(二〇〇五年十二月十六日)」ということであった。しかし、教育部は教科書フォーラムやその他の社会・経済団体が提起した問題をそのまま著者に伝達し、彼らの主張を受容するかどうかその理由を明示することを要求した。公式的な立場とは異なり、ニューライトや社会・経済団体の顔色をうかがっていた。教育部から検討要求が出るたびに著者は修正するかどうかを議論し、修正しない場合はその理由を書いて提出した。この過程で何度か教科書内容が修正された。多くは彼らの指摘が妥当であるからではなく、あまり相違がなければ修正した方が議論の長引くことを避けることができるからであった。

こうした教育部の態度が変わったのは、二〇〇八年二月に李明博政府が発足してからであった。李明博政府では行政部署の変化により、日本の文科省に該当する教育人的資源部が教育科学技術部(以下、教科部)に変わった。李明博政府の発足直後の二〇〇八年四月、大韓商工会議所は「初・中・高教科書問題点と改善案の建議」という建議書を教科部に提出した。この建議書は、初・中・高等学校で使用している『社会』と『国史』、『経済』、『韓国近・現代史』教科書を分析し、問題がある部分を指摘して修正案を提示していた。社会教科書全般を対象としていたが、多くの部分が『韓国近・現代史』教科書内容を対象としたものであった。全国経済人連合会のような経済団体も、韓国史や経済教科書内容を分析し意見を提示することは以前からしばしばあったが、大韓商工会議所の建議書は意外であった。経済だけではなく、政治、社会、文化までを含んだ教科書全体内容を分析したからである。分析内容は大部分が教科書フォーラムなど右翼団体の主張と類似していた。教科部は、大韓商工会議所の建議内容を著者に送った。著者は以前のように各々の内容に対して、修正するか否かその理由を書いて教科部に提出した。ここまでは例年と同じ手続きであった。しかし、状況は大きく変わった。教科部が態度を変えたからである。

二〇〇八年五月十四日、ある右翼団体が主催した教育フォーラムで教科部の金道然《キムドヨン》長官は「今の歴史教科書や歴史教育が多少左向け左になっていたと思う」と述べ、教育科学技術部が前面的に乗り出し修正することを明らかにした。実際、教科部は『韓国近・現代史』教科書の修正手続きに入った。李明博も「歴史教科書修正問題は左偏向を右偏向へ是正することではなく、左も右も同意する真ん中に正常化すること」(『連合ニュース』二〇〇八年九月二十六日)と述べ、教科部の修正作業に力を貸した。私は新聞寄稿や放送インタビューなどを通して、教科部の歴史教科書修正作業は教育の自主性と教科書執筆の自律性を抑圧する危険な措置であることを述べた。そして教科部が教育の自主性と政治的中立性を守り良い教科書を作成することができるように要請したが、無駄であった。

こうした過程でも『韓国近・現代史』教科書に対する攻撃は続いた。二〇〇八年七月には教科部の依頼を受けた統一部と国防部を始めとする十七機関が、韓国近・現代史を含む社会科教科書を検討して修正意見を提出した。教科書フォーラムは、二〇〇八年九月に『韓国近・現代史』教科書を分析して内容修正を要求する建議案を再度教科部に提出した。この建議案は、今までとは異なり、金星教科書の現代史部分だけを対象としたものであった。建議案の内容は、教科部が修正作業を行うための基礎資料として使用された。

こうした事態は、李明博政府になった時にある程度憂慮したことであった。前の盧武鉉《ノムヒョン》政府の時にも続いた保守右翼の教科書攻勢は政権が変わって強化され、教科部も以前よりさらにこれらの人々の顔色をうかがうことは容易に予想されたことであった。しかし、実態は予想をはるかに超え、急速に展開した。この背景には、李明博政府発足直後に起こった「アメリカ産牛肉輸入反対ロウソクデモ」もあった。ロウソクデモに中・高校生が大挙して参加すると、李明博政府と右翼勢力は、教科書や歴史教育が反米感情とともに間違った歴史認識を生徒に注入したと判断したからであった。これが歴史教科書を始め、教科書内容の修正を早めた理由であった。

「修正勧告」から「修正指示」へ

教科部はいくつかの団体から修正意見を受け、二百五十七項目にわたる内容を検討することを国史編纂委員会に要請した。国史編纂委員会は審議委員を委嘱し、教科部が送った内容を検討することを試みた。しかし、審議委員は教科部が前面に出て教科書内容を修正することには問題があると指摘した。学界と教育界からの批判も強かった。そのため、国史編纂委員会は各項目に個別的な検討意見を付けることはできず、総四十九項の叙述ガイドラインだけを提示した。当初の意図とは異なる結果となった教科部は「歴史教科専門家協議会」という機構をつくり、そこで教科書内容を検討した。その結果、全五十五項目にわたる修正勧告案を作成し、それを出版社に送った。その五十五項目の修正勧告の内、金星教科書の内容に該当するものが三十八件であった。私は他の著者との議論を経て、修正勧告案の十六項目を含め総二十八の修正意見を提示した。しかし、教科部は著者が提出した修正意見の中で五件を受け入れただけで、他の内容と併せて修正勧告案の内に著者が修正しないと言った内容を教科部が提示した通りに修正することを「修正指示案」として送った。しかし、著者は「修正指示案」はすでに検討した意見を出した「修正勧告案」と同じ内容であり、受け入れることはできないと拒否した。この間、保守団体は教科部に検定取消を要求し、金星出版社前で抗議デモを行うなど圧力を加えた。金星教科書を使用する学校の名簿を公開したりもした。李明博大統領も「金星出版社は全教組だけが怖く、政府や他の団体は怖くないのか？」(『中央日報』二〇〇八年十一月二十六日)と金星出版社を抑え込んだ。結局、こうした圧力に負けた金星出版社は、著者の同意なしに教科部の修正指示をそのまま受け入れた修正教科書案を教科部に提出した。教科部はこれを受け入れて形式的な手続きを経て、著者の反対にもかかわらず、金星出版社は教科部の指示通りに教科書内容を修正して生徒に配布したのである。

教科部の修正勧告案と修正指示案を見て、私は苦々しく感じた。修正指示項目の中の多くは「生徒の水準に合わない」、「学習者が間違ったり誤解したりする恐れがある」、「正確な用語を使用するべき」、「主観的な表現である」などがその理由として提示されていた。修正を要求した項目は、右翼や経済団体で「左偏向」と主張されていた内容であった。「反米」、「反財閥」のような彼らの主張をここで繰り返すことは難しいので、他の理由がつけられていた。例えば、米軍政の時期に民衆が米の供出に反対したという教科書内容について、「供出」は政策の名称が米穀収集であるので「米穀収集」に書き換えるか併記するようにとしていた。教科書フォーラムや経済団体などが「供出」という言葉を問題としたことは、それが植民地期末の日本による食糧供出を連想させ米軍政に対する否定的認識を与える恐れからであった。そのため、こうした団体は教科書が「米穀収集」を「供出」と歪曲したと攻撃した。しかし、当時の民衆は米軍政の米穀収集令を供出と認識しており、実際に民衆が主張したことは供出反対であるので、教科書叙述は歴史的事実に一致していた。そのため、教科部は修正指示で「供出」を間違いであるとはできず、正式名称ではないという理由で直させたのであった。反民特委❶の活動が成果を得なかったと叙述しつつ加えた「民族精神に基づいた新しい国の出発は水泡に帰した」という内容に対しては、断定しすぎて主観的表現であるために削除や修正が必要であると指示した。このことは、この内容が李承晩を否定的に認識する恐れがあるからであった。また、六・二五戦争〔朝鮮戦争〕が起きる前にパルチザン活動があったことを紹介しながら、「智異山を始め韓国のあちこちでも、北韓〔北朝鮮〕を支持する武装遊撃隊の活動が続いた」という内容については、「北朝鮮を支持する」という言葉を使う代わりに「左翼」に直せという指示は笑えるほどであった。修正理由としては用語の統一が提示されていた。本来、この部分は「北朝鮮を支持する」という言葉から韓国の民衆の中で北朝鮮を支持する人々がかなりいたと生徒が誤解するという主張をニューライトと経済団体が行っていた。その理由をそのまま提示することはやはり気まずいのか、教科部が用語統一と理由を変えていた。私は、教科部がこのように大騒ぎしながら修正指示を強行し、不自然な理由をつけてこのような内容修正まで含んだことにあきれはてた。

左翼団体による金星出版社『韓国近・現代史』教科書への糾弾デモ

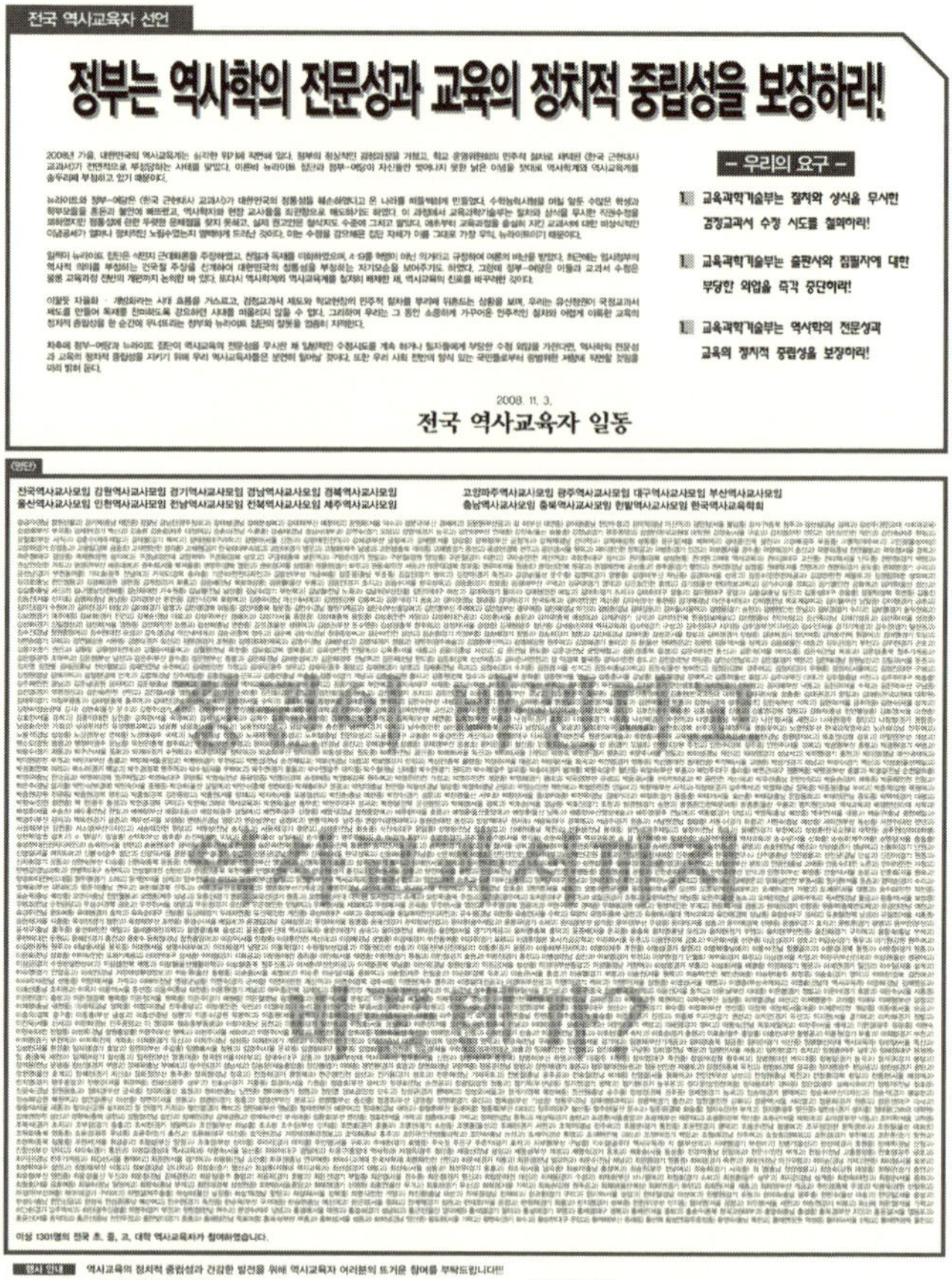

『韓国近・現代史』教科書の修正要求に反対する歴史教育者の宣言

これら修正指示案を作成した「歴史教科専門家協議会」という団体の実体が気になった。教科部によれば、そこに参加した委員は市・道教育庁の推薦を受けた経歴十年以上の教師や教頭、博士学位の所持者、教授や専門家である。教科部は、彼らの名簿を最後まで公開しなかった。もちろん、社会的議論になっている敏感な問題に関与した名簿が公開されると、個人的な被害を受けることがあるという理由であった。しかし、修正の理由とした「生徒の水準に合わない」、「学習者が間違ったり誤解したりする恐れがある」、「正確な用語を使用するべき」、「主観的表現である」という話は、果たして彼らがこの分野でどのくらい専門性を持っているのかという点に疑問を持たせる。こうした指摘は、歴史的事実の研究より、歴史教育と関連した問題であった。これを見ながら、私の専攻が歴史教育であることが浮かんだ。私は数十年もの間、歴史教育を勉強して歴史教育関連の解説書や専攻の書物を執筆してきた。果たして「歴史教科専門家協議会」という機構の委員がこの分野で私よりどの程度専門性を持っているのだろうかということも考えた。もちろん、歴史教育に対する理論的専門性を持っているかどうかとは関係なく、教師として教科書内容を検討し、問題点を指摘することは可能である。生徒の水準に合うかどうかは、理論的判断より教室で生徒たちを教えてきた教師たちの経験がより有効な場合もある。しかし、この点においても、金星教科書を書いた著者の半分は歴史教師であった。彼らも教師経歴は十年を超えており、修士学位を持っていたり青少年用の韓国史の本を執筆したりするなど歴史教育と関連した経験を持っていた。教科部が言った基準通りであるならば、歴史教科専門家協議会委員より劣ることは全くなかった。しかし、教科部は実名どころが、彼らがどのような経歴の持ち主かも徹底的に隠した。歴史教科専門家協議会委員の身上公開を要求する訴訟も起こしたが、未だに実体が知られていない*。まるで幽霊が作った修正勧告案や修正指示案と戦うようであった。

教科書交替圧力

教科書に対する圧迫は他方向でも展開された。教科書を変えろという圧力であった。二〇〇八年九月八日に開かれた全国市道教育監協議会が終わった後、ソウル市教育庁は「偏りがなくよく整理された表現で記述されている教科書選定」のために『韓国近・現代史』教科書六種を比較・分析した資料をつくり、校長と学校委員会委員を対象とした研修を実施することを発表した。教科書フォーラムなどがターゲットとした金星教科書を他の出版社のものに交替するように誘導するためであった。これを主導したソウル市教育監は、後に選挙法違反で教育監の職を失い、わいろ収受の疑いで拘束された孔貞澤《コンジョンテク》であった。孔貞澤はこの事件が起きる前の二〇〇八年七月に、ソウル特別市最初の直選制教育監選挙でハンナラ党の支援を受けて当選した。教科部は校長と運営委員会を対象とした研修資料を製作し、

＊本書の編集作業を進行している中、二〇一三年八月に歴史教科専門家協議会委員の名簿が明らかになった。教授・専門研究員2名、教員・教育専門家九名であった。確認された名簿を見てからも、この文章を書いた時の歴史教科専門家協議会に対する印象はあまり変わりがなかった。

『韓国近・現代史』教科書交替圧力に戦う教師の一人デモ

2008年11月10日に開かれたソウル市教育庁の歴史教科書選定関連校長研修 © オーマイニュース

局長が研修講師として参加して校長の意思での採択を強調するなどソウル市教育庁の金星教科書交替作業を手伝った。ソウル市教育庁に続いて、江原道、釜山広域市、京畿道、忠清南道などでも、金星教科書からの交替を狙った研修や行政指示があった。教科部は次年度に使用する教科書注文の締切を延ばしてまで、教科書交替作業を支えた。その結果、金星教科書を使用した約七百校の中、三百三十九校が教科書を変更した。金星教科書を使用する生徒数は、五十四・四パーセントから三十二・三パーセントへと二十パーセント位減少した。

検定教科書の選定は学校の教科担当教師たちが三種を選び、学校運営委員会に提出すれば学校運営委員会で順位を付けて校長にそれを上げて、校長がその中で一冊を採択するという手続きを踏む。学校運営委員会委員は特定科目についての専門性はなく、大抵、該当教科目の教師の意見にしたがい、校長も学校運営委員会が一位にした教科書を採択した。しかし、歴史教師の意見を無視して学校運営委員会と校長に教科書を新しく選定しろと圧力を加えたのである。そのため、多くの学校で金星教科書から交替しようとする校長・教頭と教科書交替を防ごうとする歴史教師の間に争いが起こった。いくつかの学校では教師の一人デモが起きた。この問題で校長と争い、次年度に転出した教師もいた。

保守陣営では『韓国近・現代史』教科書が六種もあるのに、金星教科書が半分程度の採択率を占めるのは全教組が介入した結果であると見た。そして、ある右翼のインターネットメディアでは、金星教科書を使用する全国の学校に一つひとつに電話をかけ、全教組加入と金星教科書採択の関係を確認までした。しかし、この作業は彼らの「期待」と正反対であり、全教組と金星教科書採択の間には何ら関係がないことを確認させるという結果を生んだ。教師の全教組加入率が一番高い光州広域市では金星教科書採択率が低かった半面、全教組加入率が一番低い大田広域市で金星教科書採択率が高かった。

教科書交替圧力に向けて歴史教師が大変な闘いをしていることを見て、私は本当にすまなく思った。私が書いた教科書をそこまでして守るほどの価値があるのかと思ったからである。もちろん、教師が教科書変更を拒否したことは内容だけではなかった。それよりも教科書採択の自律性、教育の自主性を守るためであった。そうだとしても、すまない気持ちは簡単に収まらなかった。歴史教育を専攻しているため、私は教科書を執筆する前にも他の人々より歴史教科書を多く検討したかもしれない。教科書内容を分析し、その問題点を批判する文章も何回か書いた。『韓国近・現代史』という科目が新しく生まれ、検定図書になり自然に教科書執筆に参加した。しかし、教育課程と準拠案、そして検定基準などさまざまな制約と私自身の能力の限界などによって、金星教科書の内容は自ら考えてもあまり満足できない状態であった。思うに「保守」と「進歩」の両側から批判を受けると思った。これまで歴史教科書についてかなりたくさん論じた割に、この程度しか書くことができなかったのかという批判であると予想した。しかし、思いもよらず、右翼保守陣営の執拗な教科書攻撃が継続され、私は歴史教師の激励を受ける恩恵を味わった。それが苦しみの代価であった。

教科書訴訟と教育の自主性

著者の修正拒否と歴史学界・教育界の批判にもかかわらず、結局、教科書内容は教科部の指示通りに修正された。どうしようもなかった。頼みの綱は法的措置しかなかった。金星出版社が著者の同意なく教科部の修正指示を受け入れ内容を修正しようとした時、著作権法違反を思い出させた。そして、著者の同意なしに内容を修正すれば、法的責任を含むすべての責任を問うと警告した。出版社も最初は著者の同意なしに教科書内容を修正することが著作権法違反になると考えていた。金星出版社の社長は放送インタビューにおいて、自身がＣＥＯとして出版社を生かすために仕方がない選択であり、それによる責任を負うと述べた。

事実、法的措置を取るという警告は著者の同意なしに教科書内容を勝手に直さないというメッセージであったのだが、教科書修正が既定事実になった状態で他の対処方法はなかった。私たちは著者の同意なしに修正された教科書の使用を防ぐための仮処分申請に続き、出版社を相手に著作権侵害停止訴訟を起こした。また、教科部の修正指示が不当であり、その取り消しを求めて行政訴訟を起こした。偶然にも二つの訴訟は一審では勝訴したが、二審では敗訴した。本書の原稿を仕上げていた二〇一三年二月十五日に大法院〔日本の最高裁判所に当たる〕は、修正指示取消請求の行政訴訟に関する三審判決を行った。すでに検定に通過した教科書内容を修正するためには検定に準じる手続きを踏まなければならないが、そうではなかったために修正指示は違法であるとした。そして、その根拠を教育の自主性・専門性・政治的中立性および教科用図書に関する検定制度の趣旨に求めた。憲法では「教育の自主性・専門性・政治的中立性および大学の自律性は法律が定めることにより保障される」（憲法第五十一条四項）と規定されている。しかし、教育の自主性が侵害されたり政治的中立性を維持できなかったりすることは珍しくない。歴史教科書もこのような批判をよく受けた。

『韓国近・現代史』の教科書議論の真っ最中であった二〇〇八年、私はある公共試験の出題者として内定を受けたが、その作業に入る二日前に取消の通報を急に受けた。業務を担当する機関としては社会的議論の中心にある人を排除する理由をつけることができるが、試験出題は教科書問題とは別に関連するものではなかった。さらに、『韓国近・現代史』教科書内容と歴史学界の韓国近現代史認識を批判していた人物がそれ以前に同機関が主管した公共試験の出題に参加したこともあり、原則があるわけでもなかった。これ以外にも、学術フォーラムの発表者とされ準備していたが、取消されたこともあった。これは教科部の予算で行われ長官が祝辞をするフォーラムであり、教科部を相手に行政訴訟を起こした人物が主題発表をすることは混乱するという理由であった。もちろん、このフォーラムの主題も

『韓国近・現代史』教科書問題とはあまり関連はなかった。長官や教育当局が直接このことを指示したとは考えにくい。多分、実務を担当する人物が判断したのであろう。このように、教育に従事する人々は政治権力の機嫌をうかがうことに慣れていたのかもしれない。私は当時、この一連の出来事を問題にしようかと考えたが止めた。これらの人々も混乱していることは同じであり、その中には個人的な知り合いもいたからである。社会的問題であると考えながらも、私も個人的な人間関係から逃れられないことは同じであるから、気まずく感じたことを心に留めるしかなかった。

学校の校長室に大統領の写真が飾ってあった時があった。大統領の国政指標を受けて行政を行うという意味であろう。このことは、学校を運営する人々にも喜ばれることではなかったようだ。一九八〇年代後半に私が高校教師として勤務した時、校長が話した言葉が思い出される。校長室に自分の写真を飾らないようにする大統領候補がいれば彼に投票したいということであった。私は実際、その校長の教育観や学校運営をあまりよく思っていなかった。一度や二度はぶつかった。しかし、この言葉には好感を持った。教育の自主性を守ることは教育に関係する人々の任務である。権力者がまずはこれを尊重する態度を持たなければならない。

〈訳注〉

❶反民特委　反民族行為特別調査委員会の略。一九四八年に韓国の制憲国会で制定された「反民族行為処罰法」に基づき植民地時代に日本に協力した反民族行為者を処罰するために国会内に設置された特別委員会。しかし、李承晩政権において多くの親日派が政権掌握の過程で中心的役割を果たしていたために、李承晩は反民特委の活動を妨害し無力化させた。

後記
歴史教育七十年の記録を残して

私は自分の生き方や能力以上に、知人から過分な関心と激励をもらいながら生きてきたと時々思う。社会にたくさんの借りがあるという思いもある。私はとても運がよい人間である。それらの関心や激励は、私に何かを見せろという要求もせず、借りを返せというような督促もしない。この本が私からの恩返しになるだろうか。

本を書こうと思ってからかなりの長い年月がたった。「本とともに」の柳鐘泌代表とパクウンボン先生にお会いした席で、大衆に歴史教育の姿を知らせる本を書くことを約束してから、もう五年以上の時間が流れた。とても長い年月である。このような場合、時間の問題や能力不足のせいにするだろう。能力不足は当たっているが、時間の問題は違う。私自身が低迷していたせいである。この間、色々なことがあり少し大変であったが、その問題自体より、これを言い訳にして私が怠けていたためである。

それでも、今は長い夢から覚めたように感じる。夢の中では歴史教育の話に悩まされた。最初の企画とは全く異なる本になってしまったわけだが、いずれにせよ、私はその夢で負担に思っていた義務を終えたわけである。歴史教育は韓国社会を照らし、現代史から歴史教育を探ることができるという思いをよく伝えられたかという疑問だけは残るが。

この本は韓国の歴史教育七十年の記録と同じ性格を帯びている。しかし、記録がもつ客観性に焦点を当ててはいない。一般的な記録ではなく、私が見て感じた記録である。そのため、この本に私の記憶を入れようとした。私の目に映った歴史教育の記録は現代史の姿である。歴史教育をめぐって起こったことは、まさに現代史である。歴史教育と関連した事件を通じて、そのような現代史の姿を話すことができたらよいということがあった。

このために、あれこれと資料をたくさん見つけ出した。これらの資料が本の中にどれだけ溶け込んでいるかはわからない。断片的で羅列しただけになってはしないかという憂慮もある。当初、本を書き始めた時の構成は、現在まで明確に整理されていなかった歴史教育のさまざまな姿を読みやすく、負担が少ないエッセイ風に書きたいと考えていた。「学術的な文章」を「大衆的な表現」で書きたかった。しかし、このような考えは、本格的に文章を書き始めると少しもたたないうちに完全に潰れてしまった。学術的な印象が強い内容、無味乾燥な文体等になってしまったのは私に文才がないからである。しかし、歴史教育の問題を現実社会と分離してみることができないという考えはそのままである。私の能力に照らし合わせてみても、このような問題意識が本に少しでも表れていたらそれだけで十分である。

この本を書く上で、さまざまな人より助けを受けた。梨花女子大の車美姫先生からは朴正熙政権期の文章を読んでもらい有益なアドバイスだけでなく、必要な資料も送っていただいた。私と同じ学科に勤務する李庸起先生は民衆史学と関連した資料を教えてくれた。ありがたいことである。初稿や校正文を読んでくれた李海栄、林河暎、盧相京先生にもお礼の言葉を述べたい。『韓国近・現代史』教科書の交代要求という苦い記憶であるにもかかわらず、一人示威写真を載せたいというこちらの要請を快く引き受けてくれた洪恵淑先生にもとても感謝している。その時期、私が書いた教科書のせいで困難を経験した多くの歴史教師に持っている心の借りは今も続いている。いつも私を支持してくれ、激励してくれる歴史教師に、この本が歴史教育の足跡を振り返る一つの記録になればよいという気持ちである。

この本を終わるにあたってのすっきりした気持ちを妻の壬蘭、娘の藝智とともに味わいたい。いつも講義だ、会議だといっては私より忙しい毎日の中でも世話をしてくれる妻と、実験室で毎日を送りながら私の名前が入った本が刊行されるたびに高い関心を持ってくれる娘の藝智に、この機会を通じてありがとうと伝えたい。藝智がこの社会で、私よりさらに意味のある幸福な生き方ができることを祈る気持ちである。

何よりも図書出版「本とともに」の柳鍾泌代表に大きな感謝の言葉を伝えたい。当初の約束とは異なり、何年も遅れた原稿を催促することもなく我慢強く待ってくれた。「本とともに」から初めて本を出してから、もう十年近くの年月が流れた。数少ない縁である。この縁が良い出会いとして長い間続いて欲しい。細かな校正と編集作業で本を刊行できるようにしてくれたのは、千覧珠編集長のおかげである。千覧珠編集長とも数多い縁があることをこの本を出す過程で実感できた。

この本が、どれほど読者の関心を引くことができるかはわからない。しかし、この本の執筆は今までの歴史教育を整理すると同時に、とるに足らない私の生き方を振り返る契機にもなった。そのような意味で、この本は歴史教育七十年の記録であるが同時に私の生き方と勉強の記録でもある。本の刊行を契機にして、さらに活動を行いたい。

二〇一三年九月

青藍里の研究室にて　金漢宗

訳者あとがき

一．韓国「歴史戦争」の行方

歴史認識の違いをめぐって行われる「歴史戦争」という言葉が韓国で使われ始めたのは二〇〇〇年代からだろうか。もちろん、それまでも日本や中国との歴史認識をめぐる摩擦から、対外的には「歴史戦争」と言えるほど国同士で衝突したことはあった。しかし、韓国国内の歴史教育において、二〇〇八年の金星出版社の韓国近・現代史教科書の問題、二〇一三年はいわゆるニューライトと言われる人々が書いた教学社の歴史教科書が大きな話題になった。特に後者は、それまでの「植民地近代化論」に代表される日本の植民地下での経済発展に対する見解の相違に加えて、一九四五年の解放以後からの韓国歴代政権の正統性をめぐる対立がその背景にあった。現代史という近い過去は、現在の政治体制や経済システム、社会状況に大きな影響を与える。むしろ日本や中国といった対外的な問題は、国内においてはある一種の内部団結をもたらしたりもする。しかし、国内の問題は内部での熾烈な対立を生み、怨念を残す。「歴史戦争」と言われる所以である。

本書は日本人に向けに書かれた本でない。言うなれば、韓国に住む韓国人に対して、歴史教育に関する問題を厳しく問う、韓国人のための書である。日本に住む私たちはこの本をどのように読むのだろうか。

二．韓国の歴史教育を見る視点

本書は、一九四五年以後二〇一〇年代までの韓国の歴史教育に関する二十三のテーマについて検討している。ここでは本書の特色として、韓国の歴史教育を見る視点とも言える以下の三つを指摘したい。

一つ目は民主化運動をめぐる政権と民衆の争いに関わる歴史教育である。

為政者と民衆の争いは、韓国の歴史教育を語る上で最も大事な論点である。一九四五年以後の韓国の歴史教育は、日本の三十六年間に渡る植民地支配の残滓を払拭する作業から始めなければならなかった。しかし、三十八度線をはさんでの米ソの対立、信託統治をめぐる対立、熾烈な理念対立などの中で、一九四八年に南北に二つの国家が成立し、一九五〇年からの朝鮮戦争では分断が固定化された。かろうじて平和が保たれる中で、南の韓国では李承晩による独裁政権と民主化運動（四・一九革命）の結果としての下野、一九六〇・七〇年代では強圧的な朴正熙軍事独裁政権への民衆の激しい反発が続いた。一九八〇年代も民主化を要求する民衆への武力制圧が続いたが、一九九一年には現在も精力的に活躍する全国歴史教師の会が結成された。既存の歴史教育は「支配層中心の歴史、権力従属の歴史」（十五節）であったとして、「生きている歴史教科書シリーズ」が作成された。「韓国現代史は民主化運動の歴史である」とある韓国の高校教師が言うのを聞いたことがある。それほど、韓国では民主化運動と歴史教育は大きく結びついている。

二つ目は日本や中国など隣国との摩擦に関わる歴史教育である。

一九八二年、日本の歴史教科書検定に対して中国や韓国など東アジア諸国からの強い批判があった。これを契機に日本では「近隣のアジア諸国との間の近現代の歴史的事象の扱いに国際理解と国際協調の見地から必要な配慮」を行なうという「近隣諸国条項」が教科書の検定基準に付け加えられた。また、民間でも日韓共同の歴史教科書分析や歴史研究が始まった。二〇〇〇年代には歴史認識をめぐる争いは日本だけでなく中国とも行われるが、その一方では民間での共同研究や共通歴史教材の作成が続けられた。そうした中で、韓国歴史教育においてもその民族主義性向を自ら見直す機運が生じた。二〇〇七年版教育課程において「国史」が韓国史と名称を変更し、中高の歴史教科書が国定制から検定制となり、高校では日本や中国の歴史も学ぶ「東アジア史」という科目が誕生した。この「東アジア史」は日本や中国の歴史をその国の歴史的脈略より伝え、隣国理解を深めるとともに韓国史を相対化する役割を果たしている。

三つ目は社会科・必修化・入試・教科書発行などに関わる歴史教育である。

ここでは、特に教科書発行について述べてみたい。二〇〇〇年代後半からのニューライトの動きは、韓国史教科書を再度国定化への道へ進ませようとしている。韓国は朴正熙政権の時に国史教科書が検定教科書から国定教科書へ移行した（一九七四年）。二〇〇七年版教育課程により中高の歴史教科書が国定制から検定教科書に戻ったが、まだ十年も経っていない。その中で、前述したように「植民地近代化論」、解放後の歴代政権の正統性に関して韓国史教科書の叙述をめぐり激しい衝突が起こった。こうした混乱を避けるために、ニューライト勢力を援護する現在の朴槿恵政権下からは韓国史教科書を再び国定化に戻すような発言が漏れ聞こえてくる。一九七〇年代から二〇〇〇年代初まで使用された国定国史教科書について、金漢宗は次のように表現する。「歴史解釈の多様性を阻害する画一性、面白さがない、硬い叙述、過度に多くの事実の羅列、とても重要と言いながらもかなり少ない製作費、政治権力の広報の役割や歴史認識を代弁したりすることが『国定国史教科書』で思い出すイメージである」（十一節）。国定化を画策する教育部を批判する声明書が二〇一四年十二月に歴史学・歴史教育関連学会からも出された。韓国史教科書は再び国定化の道へ進むのであろうか。

三．著者金漢宗の紹介

本書は金漢宗が韓国で刊行した本『역사교육으로 읽는 한국현대사 – 국민학교에서 역사교과서 파동까지 –』（책과함께、二〇一三）の日本語訳書である。

金漢宗は一九五八年にソウルで生まれた。ソウル大学校師範大学（教育学部）歴史教育科を卒業し、念願の高校教師になった。民主化運動の中で全国教職員労働組合に加入したが、脱退書を提出しなかったという理由で一九八九年に千五百名余りの教師とともに金漢宗は教師を罷免される。その後、彼はソウル大学校の修士・博士課程に進み、歴

史教育学で博士学位を取得した。学位論文名は「歴史学習における想像的理解（역사학습에서의 상상적 이해）」（一九九四）であった。日本も一九七〇年代頃まではそうであったように、韓国でも教科教育学は学問としての認知度が低かった。國分は一九九〇年代末に韓国の大学院で学んだが、歴史教育科であったにもかかわらずそのカリキュラム内容は歴史学が中心であった。そのような状況の中で、金漢宗は韓国国内で教科教育学の学位を取った先駆者となる。彼は歴史教育学を学問として成立させるための理論的な研究を体系的に行った。『歴史教育の理解』（共著二〇〇一）、『歴史教育と歴史認識』（単著二〇〇五）、『韓国近現代史教育論』（単著二〇〇五）、『歴史教育課程と教科書研究』（単著二〇〇六）、『歴史授業の原理』（単著二〇〇七）、『歴史教育の理論』（共著二〇〇九）などの著書である。また、歴史教育をめぐる隣国との争いについては『歴史歪曲と私たちの歴史教育』（単著二〇〇一）を書いたり、東アジアの共通歴史教材である『未来をひらく歴史—東アジア3国の近現代史』（共著二〇〇六）の作成にも関わったりした。これ以外にも訳書として『学校史で学ぶ日本近現代史』（共訳二〇一一）がある。

本書の中で金漢宗の個人的な経験が最も明瞭なところは、最終節「政権が代わると教科書内容も変化しなければならないのか—『韓国近・現代史』教科書問題」である。序文にも書かれているが、ここでは金漢宗自身が「歴史戦争」の主人公に祭り上げられた。この節は金漢宗自身の立場から論述が進められており、ある意味、客観的な叙述でない。しかし、当事者でしか知りえないことが書かれている。この節の詳細については本書を読んでいただくしかないが、結論から言うと数年にわたる裁判の末に金漢宗ら執筆者は勝利を勝ち取った。日本の最高裁判所に該当する大法院において歴史教科書検定をめぐる一つの重要な判断がここに下されたのである。

また、個人の歴史から叙述を始めるこうした本書のスタイルは歴史叙述の一つの類型としても大変興味深いものである。時に彼自身のユーモラスなエピソードを交えた文章は、私たちに隣国の政治史や歴史教育への親近感を持たせてくれるだけでなく、彼が意図したように、現代史と歴史教育が自らの生活と深く結びついていることを教えてくれる。

訳者の國分と金は筑波大学大学院の先輩と後輩の関係にある。訳者のひとりである國分は一九九八年から二年間、韓国教員大学校大学院で金漢宗に学んだ。金は社会科でも地理教育を中心に研究しているが韓国史についても造詣が深い。そのために共同で翻訳作業を行った。二人の翻訳分担であるが、國分が第一部、第二部九節～十三節、金が第二部十四節～十六節、第三部をおこなった。文体や語句については國分が調整しており、翻訳に関する最終的な責任は國分にある。本書を翻訳するにあたり一番頭を悩ませたのが、「韓国」「朝鮮」という用語の用い方である。本書ではできる限り日本で用いられる表記に合わせて翻訳しようと試みたが、こうした用語の使い方が成功しているかどうかは読者の皆さんのご意見をお聞きしてみたいと思う。これら翻訳を進めるうえで、明石書店編集者の森富士夫さんには大変お世話になった。感謝の気持ちを伝えたい。

二〇一五年の今年は日本の敗戦、朝鮮の解放から七十年であり、日韓条約締結から五十年の年である。記念すべきこの年に本書の訳書を刊行することができ、訳者としても大きな喜びを感じている。

二〇一五年八月

國分麻里・金　玹辰

写真・図版出典

86頁……newsis
321、333頁……東北亜歴史財団
312頁……東亜日報
269頁……民衆の声
154頁……歴史教育研究会
215頁……歴史問題研究所
347、350頁右……ohmynews
51頁……YUN GEUN HYEOG
19頁……LEE KYOUNG MO
185頁……LEE JEONG HEE
350頁左……月刊〈小さい本〉
223、226、229、237、289頁……全国歴史教師会
22、35、63頁……韓国教員大学校教育博物館
143頁……韓国教員大学校歴史教育科
301頁……韓国性奴隷問題対策協議会
136頁……hello photo
144、293、299、330頁……Wikimedia

김성수, 〈동아시아론의 전개와 역사 텍스트 속의 동아시아〉,《역사교육》102, 2007
동북아역사재단,《갈등을 넘어 화해로 동북아 역사재단 6 년의 활동과 지향》, 2012
박중현 외, 〈특집: 역사수업의 새로운 화두, '동아시아사'〉,《역사교육》88, 전국역사교사모임, 2010 년 봄호
손승철 외,《동아시아사》, 교학사, 2012
안병우 외,《동아시아사》, 천재교육, 2012
아시아평화와 역사교육연구소 편,《한중일 동아시아 교육의 현황과 과제》, 선인, 2008
유용태,《환호 속의 경종: 동아시아 역사인식과 역사교육의 성찰》, 휴머니스트, 2006
유용태, 〈동아시아사 지역사 서술의 현황과 과제〉,《동아시아사의 방법과 서술》, 역사학회 창립 60 주년 기념 추계학술대회자료집, 2012. 10. 6
임성모, 〈주변의 시선으로 본 동아시아사〉,《역사비평》79, 2007
조법종, 〈동북공정 이후 한국의 역사교육 교육과정 및 교과서, 기관활동을 중심으로〉, 한국고대사학회 · 동북아역사재단 편,《중국의 동북공정과 한국고대사》, 주류성, 2012
황지숙, 〈《동아시아사》모형단원 개발 보고〉,《역사교육》82, 2008 년 가을호

二十三　政権が変わると教科書内容も変わるべきか—『韓国近・現代史』教科書問題

교과서포럼,《고등학교 한국근현대사 교과서, 이대로 좋은가》, 교과서포럼 창립기념 심포지엄 자료집, 2005. 1. 25
교과서포럼,《(주) 금성출판사 판,《고등학교 한국근 · 현대사》의 현대사 서술의 문제점》, 2008. 9. 4.
교육과학기술부,《한국근현대사 교과서 수정권고 (안)》, 2008. 10. 30.
교육과학기술부,《한국근현대사 교과서 수정지시 (안) (금성)》, 2008. 11. 26.
권철현,《금성출판사 출간《한국근 · 현대사》교과서 분석 질의서》, 2004. 10. 4.
김한종 외,《권철현 의원의 주장에 대한 금성출판사《한국근 · 현대사》교과서 집필자들 의 의견》, 2004. 10. 5.
김한종, 〈《한국근 · 현대사》교과서 파동의 전말과 쟁점〉,《역사와 세계》35, 2009
김한종, 〈교과서 내용의 정치성과 교육통제〉,《우리교육》2011. 3
김한종, 〈이명박 정부의 역사인식과 역사교육 정책〉,《역사비평》96, 2011. 8
양정현, 〈역사 교과서 서술에서 사실과 관점 《한국근 · 현대사》교과서 수정지시 파동을 중심으로〉,《역사와 세계》35, 2009
역사교육연대회의,《뉴라이트 위험한 교과서, 바로 읽기》, 서해문집, 2009
이명희 · 강규형, 〈한국근 · 현대사 교과서의 문제점과 개선 방향〉,《사회과교육》48 (1), 2009
일본교과서바로잡기 운동본부 엮음,《한국사 교과서의 희망을 찾아서》,《역사비평》, 2003
지수걸, 〈'한국 근현대사 논쟁' 과 10 학년《역사》교과서 편찬〉,《역사교육》109, 2009
〈경고! 귀하의 자녀들은 위험한 교과서에 노출돼 있다 고교 국사 교과서의 '대한민국 때리고 김일성 부자 감싸기'〉,《월간 조선》2004 년 4 월호

사교육》101, 2007
이신철,《한·일 근현대 역사논쟁》, 선인, 2007
이찬희·임상선·윤휘탁,《동아시아 역사분쟁》, 동재, 2007
일본교과서바로잡기운동본부,《일본 '새역모'의 역사관·교육관·한국관》, 역사비평사, 2004
정재정,《일본의 논리》, 현음사, 1998
하종문,〈일본의 역사 교과서 왜곡 실태와 그 의도 후소샤의 교과서를 중심으로〉,《역 사와 현실》41, 2001
한국학중앙연구원 한국문화교류센터 엮음,《민족주의와 역사 교과서 역사갈등을 보는 다양한 시각》, 에디터, 2005
한일관계사연구논집편찬위원회 편,《한일 역사 교과서와 역사인식》, 경인문화사, 2010
한일 역사연대21 엮음,《한일 역사인식 논쟁의 메타히스토리》, 뿌리와이파리, 2008〔小森陽一/崔元植/朴裕河/金哲編著『東アジア歴史認識論争のメタヒストリー』青弓社, 2008〕

二十一　高句麗史はどの国の歴史であるのか—中国の東北工程と高句麗史論争

고구려연구재단,《중국의 '동북공정' 그 실체와 허구성》, 고구려연구재단 제1 차 국내학술회의 자료집, 2004. 10. 26
김남철,〈역사교육에서의 '동북공정'과 민족주의〉,《역사교육》95, 2005
김육훈 외,〈특집: 중국의 고구려사 왜곡과 우리의 역사교육〉,《역사교육》66, 전국역사
교사모임, 2004 년 가을호 김지훈,〈한·중 역사갈등 줄이기〉,《역사문제연구》17, 2007
김한종,〈중국의 '동북공정'에 대한 이해와 대처를 둘러싼 문제들〉,《역사교육》64, 전국
역사교사모임, 2004 년 봄호 송기호,《동아시아 역사분쟁》, 솔, 2007
윤휘탁,〈중국의 애국주의와 역사교육〉, 일본교과서바로잡기운동본부·역사문제연구소 엮음,《화해와 반성을 위한 동아시아 역사인식》, 역사비평사, 2002
윤휘탁,〈중국의 '동북공정'과 한반도 '방어적 전략'인가, '공세적 전략'인가〉,《만주연구》2, 2005
이개석,〈현대 중국 역사학 연구의 추이와 동북공정의 역사학〉, 이개석 외,《중국의 동북공정과 중화주의》, 고구려연구재단, 2005
이찬희·임상선·윤휘탁,《동아시아 역사분쟁》, 동재, 2007
조법종,〈동북공정 이후 한국의 역사교육 교육과정 및 교과서, 기관활동을 중심으로〉, 한국고대사학회·동북아역사재단 편,《중국의 동북공정과 한국고대사》, 주류성, 2012
한국학중앙연구원 한국문화교류센터 엮음,《민족주의와 역사 교과서 역사갈등을 보는 다양한 시각》, 에디터, 2005

二十二　自国史を越えて地域史へ—東アジア史の誕生と歴史和解

김성보,〈민족·국민사와 동아시아사의 접맥: 동아시아의 역사인식 공유를 위한 모색〉,《역사와 실학》32, 2007

육의 방향》, 책과함께, 2013
이영훈, 〈국사와 문명사〉, 비판과 연대를 위한 동아시아 역사포럼 기획, 임지현··이성시 엮음, 《국사의 신화를 넘어서》, 휴머니스트, 2004
이지원, 〈한국 근현대사교육에서 민족주의와 근대 주체〉, 《역사교육》 95, 2005
임지현, 《민족주의는 반역이다》, 소나무, 1999
임지현, 〈'국사' 의 안과 밖 헤게모니와 '국사' 의 대연쇄 (連鎖)〉, 비판과 연대를 위한 동아 시아 역사포럼 기획, 임지현 ·이성시 엮음, 《국사의 신화를 넘어서》, 휴머니스트, 2004
양정현, 〈역사교육에서 민족주의를 둘러싼 최근 논의 당위 ·과잉 ·폐기의 스펙트럼〉, 《역사교육》 95, 2005
윤해동, 〈내파하는 민족 주의〉, 《역사문제연구》 5, 2004
정연태, 《한국 근대와 식민지 근대화 논쟁》, 푸른역사, 2011

十九　「西欧中心」から「ヨーロッパ中心、中国副中心」へ―ヨーロッパ中心の世界史教育批判

《교육부 고시 1997-15 호 고등학교 교육과정 해설 (사회)》, 교육부, 2001
강선주, 〈참여와 상호작용의 세계사: 세계사 내용구성 방안〉, 《역사교육》 92, 2004
강성호, 〈유럽중심주의 세계사에 대한 비판과 반비판〉, 《역사학연구》 39, 2010
강정인, 《서구중심주의를 넘어서》, 아카넷, 2004
유용태, 《환호 속의 경종 동아시아 역사인식과 역사교육의 성찰》, 휴머니스트, 2006
이영효, 〈세계사교육에서의 '타자읽기' 서구중심주의와 자민족중심주의를 넘어〉, 《역사교육》 86, 2003
이옥순 외, 《오류와 편견으로 가득한 세계사 교과서 바로잡기》, 삼인, 2007
정선영, 〈지구사적 시각에 기초한 세계사교육에의 접근 방안〉, 《역사교육》 85, 2003
한국교육개발원, 《고등학교 세계사》, 문교부, 1979
한국교육개발원, 《고등학교 세계사 교사용 지도서》, 문교부, 1979
한국서양사학회 엮음, 《유럽중심주의 세계사를 넘어 세계사들로》, 푸른역사, 2009

二十　戦争と植民地支配を合理化する歴史教育―日本の歴史歪曲と日韓歴史紛争

김한종, 《역사왜곡과 우리의 역사교육》, 책세상, 2001
김한종, 〈지유샤 역사 교과서의 교수 ·학습적 성격〉, 《역사교육연구》 10, 2009
박중현, 〈역사교육에서의 한일관계와 민족주의〉, 《역사교육》 95, 2005
박중현, 〈역사교육을 통한 한 ·일간 '역사화해' 방안 연구〉, 공주대학교대학원 박사 학위논문, 2011. 8
송기호, 《동아시아 역사분쟁》, 솔, 2007
신주백, 〈일본의 역사왜곡에 대한 한국 사회의 대응 (1965~2001)〉, 《한국근현대사연구》 17, 2001
신주백, 〈'동아시아형 교과서 대화' 의 본격적인 모색과 협력모델 찾기 (1993~2006)〉, 《역

신영범,〈한국근·현대사 관련 역사용어의 이해〉,《역사교육》56, 1994
신영범,〈국사 교과서의 '현대사' 논쟁〉,《교과서연구》39, 2002
이존희 외,《국사교육 내용전개의 준거안 연구보고서〉, 1993 년도 교육부 정책과제 연구비에 의한 연구보고서, 1994. 7
정재정,〈국사 교과서의 현대사 분야 논쟁점〉,《근현대사강좌》7, 1995
정재정,《한국의 논리》, 현음사, 1998
최경옥,〈역사교육 문제에 관한 신문 보도의 양상과 여파: 1994 년 '국사 준거안 파동'을 중심으로〉, 서울대학교대학원 석사학위논문, 2004

三部　1990年代中盤以後から現在まで

十七　歴史と社会科は敵対関係なのか—社会科の統合と国史教育の選択をめぐる論争

교육개혁위원회,〈세계화·정보화시대를 주도하는 신교육체제 수립을 위한 교육개혁 방안（Ⅱ）〉, 제3 차 대통령보고서, 1996. 2. 9
김성자,〈교육과정 개발에서의 '중립성'과 '전문성' 사회과 통합 논의를 중심으로〉,《역사교육》98, 2006
김재복（발표),〈중학교 교육과정의 개정〉,《초·중등학교 교육과정 개정시안에 대한 제1 차 공청회》, 교육과정연구위원회, 1991. 9. 27
김한종,〈사회과 통합의 문제점과 국사교육의 위기〉,《역사비평》통권 49 호, 1999 년 겨울호
박선미,〈통합교육과정과 학문 중심 교육과정의 화해 가능성 탐색 중학교 사회과 통합 방향에 관한 교사 설문 결과를 중심으로〉,《한국지리환경교육학회지》12（1), 2004
양정현,〈사회과 통합 논의와 역사교육〉,《역사교육》61, 1997
양호환,〈현행 통합 사회과의 문제점과 역사과의 독립〉,《국사교육, 이대로 좋은가》, 국사교육 발전을 위한 공청회 자료집, 국사교육발전위원회, 2004
윤세철,〈사회과 교육통합의 본질〉,《역사교육》50, 1991
윤용혁,〈중등학교 사회과 통합과 국사교육〉,《역사와 역사교육》창간호, 1996
한면희,〈사회과 교육의 통합적 접근〉,《사회과교육》20, 1987
〈'소위 사회과 교육의 통합문제와 역사교육의 진로'의 발표 요지 및 토의내용〉,《역사교육》50, 1991

十八　ポストモダン歴史学と民族主義歴史学—民族主義歴史学と歴史教育の論争

강종훈,〈최근 한국사 연구에 있어서 탈민족주의 경향에 대한 비판적 검토〉,《한국고대 사연구》52, 2009
김기봉 외,《포스트모더니즘과 역사학》, 푸른역사, 2002
김기봉,〈동북아 시대에서 한국사 서술과 역사교육 《국사》를 넘어서〉,《역사교육》95, 2005
김한종,〈한국근현대사의 연구성과와 교과서 서술〉, 정기문 외,《역사학의 성과와 역사 교

1988
배경식, 〈민중과 민중사학〉, 《역사비평》 편집위원회 엮음, 《논쟁으로 읽는 한국사》 2 (근현대), 역사비평사, 2009
배성준, 〈1980~90 년대 민중사학의 형성과 소멸〉, 《역사문제연구》 23, 2010
역사교육을 위한 교사모임 · 한국역사연구회, 《중학교 국사 교과서 개정본 분석》, 1989
이세영, 〈1980, 90 년대 민주화 문제와 역사학〉, 《한국사인식과 역사이론》(김용섭 교수 정년 기념 한국사학논총 1), 지식산업사, 1997
전명혁, 〈'민중사' 논의와 새로운 모색〉, 《역사연구》 18, 2008
지방사회연구회, 《올바른 역사교육을 위하여 국정 국사 교과서에 대한 분석과 비판》, 역사강좌 자료집, 1990
차미희, 《한국 중 · 고등학교의 국사교육 국사과 독립시기 (1974~1994) 를 중심으로》, 교육과학사, 2011
최완기, 〈고등학교 《국사》 교과서의 내용구성과 특성〉, 《역사교육》 48, 1990
한국민중사연구회 편, 《한국민중사》 Ⅰ · Ⅱ, 풀빛, 1986〔韓国民衆史研究会編著, 高崎宗司訳『韓国民衆史　近現代篇』木犀社, 1998〕
한국역사연구회, 《한국역사》, 역사비평사, 1990
한완상, 《민중과 지식인》, 정우사, 1978
허영란, 〈민중운동사 이후의 민중사〉, 《역사문제연구》 15, 2005

十五　「生きている生活のための歴史教育」―全国歴史教師の会による歴史教育運動

국사편찬위원회 · 1 종도서연구개발위원회, 《고등학교 국사 (상)》, 문교부, 1982
김육훈, 〈역사교육운동과 '교사를 위한 역사교육론' 탐색〉, 《역사와 교육》 3, 역사교육연구소, 2011. 1
김진경, 《전환기의 민족교육》, 푸른나무, 1989
이재희, 〈전국역사교사모임의 활동에 대한 연구〉, 서울시립대학교교육대학원 석사학위논문, 2005. 8
전국교직원노동조합, 《민주화를 위한 교육백서》, 푸른나무, 1989
전국교직원노동조합, 《한국교육운동 백서》, 푸른나무, 1990
전국역사교사모임, 《미술로 보는 우리 역사》, 푸른나무, 1992
전국역사교사모임, 《사료로 보는 우리 역사》, 돌베개, 1992
전국역사교사모임, 《살아있는 한국사 교과서 (1) · (2)》, 휴머니스트, 2002
전국역사교사모임, 《살아있는 한국사 교과서 백서》, 2003
전국역사교사모임, 《살아있는 세계사 교과서 백서》, 2007
전국역사교사모임, 《전국역사교사모임 20 주년 백서》, 2008

十六　「抗争」か「暴動」か―国史教科書準拠案の問題

서중석, 〈국사 교과서 현대사 서술, 문제 많다〉, 《역사비평》 통권 56 호, 2001 년 가을호

원 석사학위논문, 2008. 8
문교부,《시련과 극복》, 1972;《시련과 극복》, 1976
문교부,《인문계 고등학교 국사》, 한국교과서주식회사, 1974
박정희,《민족중흥의 길》(박정희,《한국 국민에게 고함》, 동서문화사, 2006 에 수록)
이난영,〈1970 년대 박정희 집권기 국사교육의 특징: 중·고등학교 독본용 교과서《시련과 극복》분석을 중심으로〉, 서울시립대학교교육대학원 석사학위논문, 2003
이신철,〈국사 교과서 정치도구화의 역사〉,《역사교육》97, 2006
전재호,《반동적 근대주의자 박정희》, 책세상, 2000
정지영,〈1970 년대 '이조 여인'의 탄생 '조국근대화'와 '민족주체성'의 타자들〉,《여성학 논집》24 (2), 2007
차미희,《한국 중·고등학교의 국사교육 국사과 독립시기 (1974~1994)를 중심으로》, 교육과학사, 2011
최연식,〈박정희의 '민족' 창조와 동원된 국민통합〉,《한국정치외교사논총》28 (2), 2007

十三　国会に出された「国史を再び取り戻す運動」—上古史論争と国史教科書

강돈구,〈새로운 신화 만들기: 재야사학에 대한 또 다른 이해〉,《정신문화연구》23 (1), 2000
계연수 편, 임승국 주해,《한단고기》, 정신세계사, 1986
권덕규,《조선사》, 정음사, 1985
박광용,〈대종교 관련 문헌에 위작 많다 《규원사화》와《환단고기》의 성격에 대한 재검토〉,《역사비평》12, 1990 년 가을호
변태섭 외 7 인,〈국사교육 내용전개의 준거안〉, 1986 년도 문교부 정책과제 연구비에 의한 논문, 1987
북애, 고동영 옮김,《규원사화》, 뿌리, 1986
윤종영,《국사 교과서 파동》, 혜안, 1999
이기백,〈국사 교과서 개편 청원에 대한 국회 문공위에서의 진술〉,《한국사상 (韓國史像) 의 재구성》, 일조각, 1991
조인성,〈《규원사화》와《환단고기》〉,《한국사시민강좌》2, 1988
조인성,〈국수주의사학과 현대의 한국사학〉,《한국사시민강좌》20, 1997

十四　支配層の歴史から民衆の歴史へ—民衆史学の台頭と歴史教科書への批判

강만길,《분단시대의 역사인식》, 창작과비평사, 1978〔姜万吉著, 宮嶋博史訳『分断時代の歴史認識』学生社, 1984〕
구로역사연구소,《바로 보는 우리 역사》1·2, 거름, 1990
국사편찬위원회·1 종도서연구개발위원회,《고등학교 국사》, 문교부, 1990
남지대,〈고교 국사 교과서 근·현대편 서술의 문제점〉,《역사비평》1988 년 여름호
박준성,〈올바른 역사 이해와 '국정' 국사 교과서의 문제점〉,《교과교육》1, 푸른나무,

장영민,〈박정희 정권의 국사교육 강화정책에 관한 연구〉,《인문학연구》34 (2), 충남대학교 인문과학연구소, 2007
조미영,〈해방 후 국사교과의 사회과화 문제와 '국사과' 치폐〉,《역사교육》98, 2006
차미희,《한국 중 · 고등학교의 국사교육 국사과 독립시기 (1974~1994)를 중심으로》, 교육과학사, 2011

十一 主体的民族史観を大義名分として—国史教科書の国定化

강만길 외,〈국사 교과서의 문제점〉,《창작과 비평》32, 1974 년 여름호
김철준,〈국사학과 국사교육〉,《서울평론》1974 년 7 월호 (김철준,《한국문화사론》, 지식산업사, 1976 에 수록)
민영덕,〈1970 년대 교과서 출판: 한국 현대 교과서 출판의 발자취〉,《교과서 연구》11, 한국교과서연구재단 · 한국2 종교과서협회, 1991
변태섭,〈국정 국사의 문제점 국사 '국정화'를 계기로 본 국사교육의 진로〉,《독서신문》1973 년 7 월 15 일자 (변태섭,《한국사의 성찰》, 삼영사, 1979 에 수록)
양정현,〈국사 교과서 국정체제의 문제점과 대안 모색〉,《역사와 경계》44, 부산경남사 학회, 2002
윤종영,〈국사 교과서 발행제도에 대한 고찰〉,《문명연지》1 (2), 2001
윤종영,〈유신정권의 국정 국사 교과서 비판〉, 역사비평사 편집위원회 엮음,《논쟁으로 읽는 한국사》2, 역사비평사, 2009
이대의,《나와 검인정 교과서》, 중앙출판공사, 2002
이병희,〈국사 교과서 국정제도의 검토〉,《역사교육》91, 2004
이신철,〈국사 교과서 정치도구화의 역사 이승만 · 박정희 독재정권을 중심으로〉,《역 사교육》97, 2006
이원순 · 진영일 · 정선영,〈중 · 고등학교 국정 국사 교과서의 분석적 고찰〉,《역사교육》16, 1974
차미희,《한국 중 · 고등학교의 국사교육 국사과 독립시기 (1974~1994)를 중심으로》, 교육과학사, 2011
한기욱,〈국사 교과서의 국정화 방안 보고〉, 대통령비서실, 1973. 6. 9
한기욱,〈국사 교과서 번각 발행권 지정에 관한 보고〉, 대통령비서실, 1973. 8. 6
허강 외,《한국의 검인정교과서 변천에 관한 연구》, 연구보고서 '02−03, 한국교과 서재단, 2002

十二 国難克服史観と伝統倫理—朴正熙政府の歴史教育観

국사편찬위원회 ·1 종도서연구개발위원회,《고등학교 국사》, 문교부, 1979
권오헌,〈역사적 인물의 영웅화와 기념의 문화정치 1960~1970 년대를 중심으로〉, 고려대학교대학원 박사학위논문, 2010. 2
김동환,〈박정희시대 국가주의 교육론 연구: 역사교육을 중심으로〉, 연세대학교교육대 학

著, 宮原兎一・中川清訳『韓国史新論』清水弘文堂, 1971；武田幸男訳『韓国史新論　改訂新版』学生社, 1979〕
이기백·이우성·한우근·김용섭,《중·고등학교 국사교육 개선을 위한 기본 방향》, 보고서, 1969
이병도,《인문계 고등학교 국사》, 일조각, 1968
이병도,《인문계 고등학교 국사》, 일조각, 1971
정두희,《하나의 역사, 두 개의 역사학 개설서로 본 남북한의 역사학》, 소나무, 2001
한우근,《한국통사》, 을유문화사, 1970〔韓祐欣著, 平木実訳『韓国通史』学生社, 1976〕

二部　1960年代後半から一九七〇年代中盤まで

九　民族中興の歴史的使命—国民教育憲章と歴史教育

국민교육협의회 편,《국민교육헌장의 자료총람》, 한국경영개발협회출판부, 1972
김석수,〈'국민교육헌장'의 사상적 배경과 철학자들의 역할 국민윤리교육과 연계하여〉,《역사문제연구》15, 2005
김진균,〈현행 '국민교육헌장'의 정치적·교육적 문제〉,《경제와 사회》24, 1994
김한종,〈학교 교육을 통한 국민교육헌장 이념의 보급〉,《역사문제연구》15, 2005
대통령비서실 편,《박정희 대통령 연설문집》3 (제6 대편), 대한공론사, 1973
손인수·주채혁·민병위,《국민교육헌장의 민족사적 기저》, 한국교육개발원, 1974
신주백,〈국민교육헌장 이념의 구현과 국사 및 도덕과 교육과정의 개편(1968~1994)〉,《역사문제연구》15, 2005
신주백,〈국민교육헌장의 역사 (1968~1994)〉,《한국민족운동사 연구》45, 2005
오성철,〈박정희의 국가주의 교육론과 경제 성장〉,《역사문제연구》11, 역사문제연구소, 2003
유형진,《국민교육헌장과 현장교육》, 교학사, 1970
홍윤기,〈국민교육헌장, 왜 그리고 어떻게 만들어졌나〉,《내일을 여는 역사》18, 2004
황병주,〈국민교육헌장과 박정희 체제의 지배 담론〉,《역사문제연구》15, 2005

十　初等学校から大学校まで国史を必修に—国史教育強化と国史科独立

강우철,《역사의 교육》, 교학사, 1972
김성근,〈창간사〉,《역사교육》창간호, 1956
대통령비서실,〈국사교육 강화방안 건의〉, 대통령보고, 1972. 5. 11
서의식,《한국 고대사의 이해와 '국사' 교육》, 혜안, 2010
이경식,〈한국 근현대 사회와 국사교과의 부침〉,《사회과학교육》1, 서울대학교 사회교 육연구소, 1997
이기백·이우성·한우근·김용섭,《중·고등학교 국사교육 개선을 위한 기본 방향》, 보고 서, 1969
이우성,〈1960~70 년대 한국사학계의 회고와 전망 국사: 총설〉,《역사학보》49, 1971

김수자, 〈이승만의 일민주의의 제창과 논리〉, 《한국사상사학》 22, 2004
김한종, 〈일민주의와 민주적 민족교육론에 나타난 안호상의 역사인식〉, 《호서사학》 45, 2006
김혜수, 〈정부 수립 직후 이승만 정권의 통치이념 정립과정〉, 《이대사원》 28, 1995
서중석, 〈이승만 정권 초기의 일민주의와 파시즘〉, 《1950 년대 남북한의 선택과 굴절》, 역사비평사, 1998
안호상, 《일민론》, 일민출판사, 1951
안호상 편술, 《일민주의의 본바탕》, 일민주의연구소, 1950
오천석, 《한국신교육사 (하)》, 광명출판사, 1975
이승만, 《일민주의개술》, 일민주의보급회, 1949
한국교육문제연구소, 《문교사 1945~1973》, 중앙대학교출판부, 1974
〈나의 20 세기 안호상 박사 회고록〉, 《문화일보》, 1994~1995

七　互いに異なる三韓の位置—1950 ～60 年代の中学校国史教科書の学説問題

강우철, 〈교육과정과 교과서 중학교 국사 교과서에의 제언〉, 《역사교육》 1, 1956
문교부, 《편수자료》 5 집, 1963
변태섭, 〈국사상의 이설에 대한 지도〉, 《학습자료》 4 ·8, 1971 (변태섭, 《한국사의 성찰》, 삼영사, 1979 수록)
신석호, 《국사》, 동국문화사, 1957
역사교육연구회 엮음, 《중등국사》, 정음사, 1956
이병도, 《중등국사》, 을유문화사, 1959
오장환, 〈국사 지도상의 난문제 몇 가지 (一)〉, 《새교육》 1949 년 2 월호
오장환, 〈국사 지도상의 난문제 몇 가지 (中)〉, 《새교육》 1949 년 3 월호
이원순, 〈역사교육의 애로 중학교 교과서에 나타난 학설의 대립에 관하여〉, 《역사교육》 1, 1956
이홍직, 《우리나라 역사》, 민교사, 1961

八　発展的観点の韓国史認識—韓国史研究と国史教科書の植民史観克服

김용덕, 〈조선후기의 제문제〉, 역사학회 편, 《현대 한국역사학의 동향 (1945~1980)》, 일조각, 1982
김인걸, 〈1960, 70 년대 '내재적 발전론' 과 한국사학〉, 《한국사인식과 역사이론》(김용섭 교수 정년기념 한국사학논총 1), 지식산업사, 1997
김정인, 〈내재적 발전론과 민족주의〉, 《역사와 현실》 77, 2010
노태돈, 〈해방 후 민족사학론의 전개〉, 노태돈 외, 《현대 한국사학과 사관》, 일조각, 1993
민영규, 《인문계 고등학교 최신국사》, 양문사, 1973
민영규 ·정형우, 《인문계 고등학교 최신국사》, 양문사, 1967
이기백, 《한국사신론》(초판), 일조각, 1967; 《한국사신론》(개정판), 일조각, 1977 〔李基白

방기중, 〈해방 후 국가건설 문제와 역사학〉,《한국사인식과 역사이론》(김용섭 교수 정년기념 한국사학논총 1), 지식산업사, 1997
백남운, 〈조선역사학의 과학적 방법론〉,《민족문화》1, 1946 년 7 월호（하일식 엮음,《백남 운전집 4: 휘편（彙編), 이론과 실천, 1991 수록）
사공환, 〈국사교육 재건에 관한 별견〉,《새교육》창간호, 1948 년 7 월호（이길상 · 오만석 공편,《한국교육사료집성 미군정기편 Ⅲ》, 한국정신문화연구원, 1997 수록）
사공환, 〈사회생활과로 본 국사교육〉,《조선교육》제1 권 제5 호, 1947 년 9 월호（이길상 · 오 만석 공편,《한국교육사료집성 미군정기편 Ⅲ》, 한국정신문화연구원, 1997 수록）
사공환, 〈조국 재건하 국사교육의 새 사명〉,《조선교육》제1 권 제3 호, 1947 년 7 월호（이길상 · 오만석 공편,《한국교육사료집성 미군정기편 Ⅲ》, 한국정신문화연구원, 1997 수록）
손진태, 〈국사교육 건설에 대한 구상〉,《새교육》1（2), 1948 년 9 월호
손진태, 〈국사교육의 기본적 제문제〉,《조선교육》1（2), 1947 년 6 월호（이길상 · 오만석 공 편,《한국교육사료집성 미군정기편 Ⅲ》, 한국정신문화연구원, 1997 수록）
안재홍,《신민족주의와 신민주주의》, 민우사출판부, 1945
이만규, 〈건국교육에 관하여〉,《인민과학》1, 1946 년 3 월호（이길상 · 오만석 공편,《한국교육사료집성 미군정기편 Ⅱ》, 한국정신문화연구원, 1997 수록）
이병도,《국사와 지도이념》, 일조각, 1955
정두희,《하나의 역사, 두 개의 역사학 개설서로 본 남북한의 역사학》, 소나무, 2001

五　「広く人間を有益にする」—檀君思想と弘益人間の教育理念

권성아, 〈홍익인간 이념의 교육적 의의 교육법 제정 50 년의 회고와 전망〉,《단군학연 구》1, 1999
권성아, 〈홍익인간의 이상에서 본 한국 교육〉,《단군학연구》11, 2004
문교40 년사편찬위원회,《문교40 년사》, 문교부, 1988
박광용, 〈단군신앙의 어제와 오늘〉,《한국사시민강좌》27, 2000
박부권 · 정재걸,《교육이념과 홍익인간》, 연구보고RR89−21, 한국교육개발원, 1989
백낙준,《한국 교육과 민족정신》, 문교사, 1953
백남운, 〈조선역사학의 과학적 방법론〉,《민족문화》1, 1946 년 7 월호（하일식 엮음,《백남운전집 4: 휘편》, 이론과 실천, 1991 수록）
신창호, 〈교육이념으로서 홍익인간에 대한 비판적 검토〉,《한국교육학연구》9（1), 2003
오천석,《한국신교육사（하)》, 광명출판사, 1975
정영훈, 〈근대 한국에서의 '단군민족주의'〉,《민족운동사연구》29, 2001
정영훈, 〈홍익인간 이념과 21 세기 한국〉,《단군학연구》2, 2000

六　李承晩政府の統治イデオロギーに変化した歴史理念——民主義

김동길, 〈민족적 민주주의라는 교육이념〉,《새교육》1964 년 12 월호

정규영, 〈식민지시대 〈국민학교〉 성립 과정의 고찰〉, 《초등교육연구》 14 (2), 2001
조선총독부, 《초등국사》 제6 학년용, 1944 〔朝鮮総督府, 《初等国史》第6 学年用, 1944〕

二　解放以後の初めての国史教科書—『初等国史』と中等用『国史教本』

군정청 학무국, 《국사임시교재》, 밀양농잠학교, 1946
군정청 학무국, 《초등국사》, 전라북도 학무국, 1946
김봉석, 〈《초등 국사교본》의 특징과 역사인식〉, 《사회과교육》 47 (1), 2008
김한종, 〈해방 이후 국사 교과서의 변천〉, 《역사 교육과정과 교과서 연구》, 선인, 2006
문동석, 〈미군정기 초등학교 역사교육과 '초등 국사교본'〉, 《초등역사교육: 과거와 현재》, 국학자료원, 2006
박진동, 〈해방 후 역사 교과서 발행제도의 추이〉, 《역사교육》 91, 2004
심승구, 〈황의돈〉, 조동걸 · 한영우 · 박찬승 엮음, 《한국의 역사가와 역사학》 하, 창작과비평사, 1994
진단학회 편, 《국사교본》, 군정청 학무국, 1946

三　民主市民育成とアメリカ式民主主義教育—新教育運動と社会科の導入

김한종, 〈미국 사회과 교육의 변천과 역사교육〉, 《역사교육》 54, 1994
김한종, 〈신국가건설기 교육계 인맥과 이념적 성향〉, 《역사교육》 88, 2003
대한교련사편찬위원회 편, 《대한교련사》, 대한교육연합회, 1973
문교부, 《초 · 중등학교 각과 교수요목집 (12): 중학교 사회생활과》, 조선교육도서주식회사, 1948
사공환, 〈사회생활과로 본 국사교육〉, 《조선교육》 제1 권 제5 호, 1947 년 8 월호 (이길상 · 오 만석 공편, 《한국교육사료집성 미군정기편 Ⅲ》, 한국정신문화연구원, 1997 수록)
오천석, 《민주주의 교육의 건설》, 국제문화공사, 1946
오천석, 《한국신교육사 (하)》, 광명출판사, 1975
이강훈, 〈신국가건설기 '새교육운동' 과 '생활교육론' 〉, 《역사교육》 88, 2003
이길상, 《20 세기 한국교육사》, 집문당, 2007
이동원, 〈새교육운동기 사회과 수업방법의 수용과 실천〉, 《사회과교육연구》 4, 1997
이상선, 《사회생활과의 이론과 실천》, 금융도서문구주식회사, 1946
이진석, 〈해방 후 한국 사회과 성립 과정과 그 성격에 관한 연구〉, 서울대학교대학원 박사학위논문, 1992

四　民主的民族教育から科学的歴史認識まで—解放直後の朝鮮史認識と国史教育論

문교부, 《초 · 중등 각과 교수요목집 (12): 중학교 사회생활과》, 조선교학도서주식회사, 1948
박진동, 〈한국의 교원양성체계의 수립과 국사교육의 신구성: 1945~1954〉, 서울대학교대학원 박사학위논문, 2004. 2

参考文献

교육부,《초·중·고등학교 사회과·국사과 교육과정 기준 (1946~1997)》, 2000
교육50 년사편찬위원회,《교육50 년사》, 교육부, 1998
김한종,《역사 교육과정과 교과서 연구》, 도서출판 선인, 2006
김한종,《역사왜곡과 우리의 역사교육》, 책세상, 2001
김흥수,《한국역사교육사》, 대한교과서주식회사, 1992
대한교과서주식회사,《대한교과서사》, 1988
문교부,《문교개관》, 1958
문교40 년사편찬위원회,《문교40 년사》, 문교부, 1988
유봉호,《한국교육과정사연구》, 교학연구사, 1992
이길상,《20 세기 한국교육사》, 집문당, 2007
이대의,《나와 검인정 교과서》, 중앙출판공사, 2002
한국교육문제연구소,《문교사 1945~1973》, 중앙대학교출판부, 1974
허강,《한국의 검인정 교과서》, 일진사, 2004
坂井俊樹,《現代韓國における歷史教育の成立と葛藤》, 東京: 御茶の水書房, 2003

국사편찬위원회,《자료대한민국사》, 한국사데이터베이스 http://db.history.go.kr
네이버 뉴스 라이브러리 http://newslibrary.naver.com
한국언론진흥재단 미디어가온 http://www.kinds.or.kr/

一部　解放前後から1960年代まで

一　皇国臣民を育てる教育―国民学校と国民科

강만길 외,《일제 황민화 교육과 국민학교》, 한울, 1995
김경미,〈'황민화' 교육정책과 학교 교육 1940 년대 초등교육 '국사' 교과를 중심으로〉,《동방학지》124, 2004
김경미,〈1940 년대 조선의 '국사' 교과서와 일본의 '국사' 교과서〉,《한국교육사학》28 (2), 2006
김보림,〈일제하 국민학교 국민과의 도입과 '국사 (일본사)' 교육〉, 서울대학교대학원 박사학위논문, 2006. 8
김한종,〈학교 교육 국민 만들기〉, 아시아평화와역사교육연대,《한·중·일이 함께 쓴 동아시아 근현대사》2, 휴머니스트, 2012
이명화,〈일제 황민화교육과 국민학교제의 시행〉,《한국독립운동사연구》35, 2010
이병담·문철수,〈일제 강점기의《보통학교 수신서》연구 조선통감부의 식민지 교육과 지배이데올로기〉,《일어일문학》24, 2004
이치석,《전쟁과 학교》, 삼인, 2005

索　引

※日本語五十音

執筆者紹介（執筆順）

國分麻里（こくぶ・まり）
筑波大学人間系（教育学域）　准教授
福岡市の中学校教師（社会科）を経て、韓国教員大学校大学院歴史教育科修了。東京学芸大学修士課程、筑波大学博士課程修了。博士（教育学）。
専門：社会科、歴史教育、朝鮮教育史
著書：『植民地期朝鮮の歴史教育－「朝鮮事歴の教授をめぐって」－』（単著・新幹社 2010 年）
『日韓交流の歴史－先史から現代まで』（共著・明石書店 2007 年）
翻訳：『日韓でいっしょに読みたい韓国史』（共訳・明石書店 2014）

金玹辰（きむ・ひょんじん）
北海道教育大学旭川校　准教授
梨花女子大学校師範大学社会生活科卒業、同大学院修了、筑波大学博士課程修了。博士（教育学）
専門：社会科、地理教育、済州島研究
著書：『地理教育の国際比較－「地理的探究」の視点から－』（単著・学文社 2012 年）

［著者紹介］

金漢宗（キムハンジョン）

韓国教員大学校歴史教育科　教授

ソウル大学校師範大学歴史教育科卒業、高校歴史教師を経て、同大学修士課程・博士課程修了。教育学博士。

専門：歴史教育

主な単著

『歴史歪曲と私たちの歴史教育』（『역사왜곡과 우리의 역사교육』）本の世界、二〇〇一年

『歴史教育と歴史認識』（『역사교육과 역사인식』）本とともに、二〇〇五年

『歴史教育課程と教科書研究』（『역사교육과정과 교과서연구』）ソンイン、二〇〇六年

『歴史授業の原理』（『역사수업의 원리』）本とともに、二〇〇六年

『歴史教育の理論』（『역사교육의 이론』）本とともに、二〇〇九年

韓国の歴史教育

―皇国臣民教育から歴史教科書問題まで―

二〇一五年十月十日　初版第一刷発行

著　者　金漢宗

訳　者　國分麻里／金玹辰

発行者　石井昭男

発行所　株式会社　明石書店

１０１‐００２１東京都千代田区外神田６‐９‐５

電　話０３‐５８１８‐１１７１

ＦＡＸ０３‐５８１８‐１１７４

振　替００１００‐７‐２４５０５

http://www.akashi.co.jp

装丁　明石書店デザイン室

印刷・製本　モリモト印刷株式会社

ISBN978-4-7503-4248-1

（定価はカバーに表示してあります）

日韓でいっしょに読みたい韓国史

未来に開かれた共通の歴史認識に向けて

徐 毅植、安 智源、李 元淳、鄭 在貞著
君島和彦、國分麻里、山﨑雅稔訳

B5変型／並製／220頁 ◉2000円

日本の学生や一般読者に向けて韓国人研究者によって書かれた韓国史の概説書。韓国の歴史と文化、韓国と日本の文化交流の2部構成で、豊富な図版とともに大まかな流れが把握できるように叙述されている。韓国人の歴史認識を理解するうえで好適な入門書。

内容構成

第1部 韓国の歴史と文化
第1編 文明の発生と国家の登場
第2編 いくつかの国から統一国家へ
第1章 新羅・高句麗・百済・加耶
第2章 統一新羅と渤海
第3編 統一国家の安定と文化の発展
第1章 高麗の発展と繁栄
第2章 朝鮮の成立と発展
第4編 欧米との出会いと近代社会
第1章 近代化の試練と主権守護運動
第2章 日本の統治政策と国家独立のための抗争
第5編 南北分断と大韓民国の発展

第2部 韓国と日本の文化交流
—文化交流の歴史を正しく理解しよう
第1章 原始時代、東北アジア大陸と日本列島の文化交流
第2章 3国から日本列島に向かった人々、そして文化
第3章 統一新羅と高麗による対日外交の閉塞と民間での文化交流
第4章 朝鮮から日本に向かう文化の流れ
第5章 日本の近代化と文化の流れの逆転
第6章 韓国と日本の新しい関係と文化交流

高句麗の文化と思想
東北亜歴史財団編 東 潮監訳 篠原啓方訳 ◉8000円

高句麗の政治と社会
東北亜歴史財団編 田中俊明監訳 篠原啓方訳 ◉5800円

渤海の歴史と文化
東北亜歴史財団編 濱田耕策監訳
赤羽目匡由、一宮啓祥、井上直樹、金出地崇、川西裕也訳 ◉8000円

古代環東海交流史1 **高句麗と倭**
東北亜歴史財団編著 羅 幸柱監訳 橋本 繁訳 ◉7200円

古代環東海交流史2 **渤海と日本**
東北亜歴史財団編著 羅 幸柱監訳 橋本 繁訳 ◉7200円

朝鮮王朝時代の世界観と日本認識
河 宇鳳著、金 両基監訳、小幡倫裕訳 ◉6000円

朝鮮王朝儀軌 儒教的国家儀礼の記録
韓永愚著 岩方久彦訳 ◉15000円

古代韓国のギリシャ渦文と月支国 文化で結ばれた中央アジアと新羅
韓 永大 ◉6800円

〈価格は本体価格です〉